国学经典丛书

名家注译本

传习录

[明]王阳明 著

萧无陂 注译

长江出版传媒

长江文艺出版社

图书在版编目（CIP）数据

传习录 /（明）王阳明著 ；萧无陂注译. -- 武汉 ：
长江文艺出版社，2015.7（2023.9 重印）
（国学经典丛书）
ISBN 978-7-5354-8049-1

Ⅰ. ①传… Ⅱ. ①王… ②萧… Ⅲ. ①心学—中国—
明代②《传习录》—注释 Ⅳ. ①B248.2

中国版本图书馆 CIP 数据核字（2015）第 109436 号

责任编辑：杜东辉　　责任校对：毛季慧
封面设计：新华智品　　责任印制：邱　莉　胡丽平

出版：長江出版傳媒 | 长江文艺出版社
地址：武汉市雄楚大街 268 号　　邮编：430070
发行：长江文艺出版社
电话：027—87679360
http://www.cjlap.com
印刷：三河市百盛印装有限公司

开本：880 毫米×1230 毫米　1/32　　印张：10
版次：2015 年 7 月第 1 版　　2023 年 9 月第 3 次印刷
字数：278 千字

定价：78.00 元

总　序

郭齐勇　武汉大学国学院院长

国学大师钱穆先生曾说“今人率言‘革新’，然革新固当知旧”。对现代人尤其是青年一代来说，缺乏的也许不是所谓的“革新力量”，而是“知旧”，也即对传统的了解。

中国文化传统的源头，都在中国古代经典当中。从先秦的《诗经》《易经》，晚周诸子，前四史与《资治通鉴》，骚体诗、汉乐府和辞赋，六朝骈文，直到唐诗、宋词、元曲和明清小说，在传统经典这条源远流长的巨川大河中，流淌着多少滋养着我们精神的养分和元气！

《说文解字》上说“经”是一种有条不紊的编织排列，《广韵》上说“典”是一种法、一种规则。经与典交织运作，演绎中国文化的风貌，制约着我们的日常行为规范、生活秩序。中国文化的基调，总体上是倾向于人间的，是关心人生、参与人生、反映人生的，当然也是指导人生的。无论是春秋战国的诸子哲学，汉魏各家的传经事业，韩柳欧苏的道德文章，程朱陆王的心性义理，还是先民传唱的诗歌，屈原的忧患行吟，都洋溢着强烈的平民性格、人伦大爱、家国情怀、理想境界。尤其是四书五经，更是中国人的常经、常道。这些对当下中国人治国理政，建构健康

人格，铸造民族精魂都具有重要意义。经典是当代人增长生命智慧的源头活水！

长江文艺出版社历来重视中华民族优秀传统文化的传播及普及，近年来更在阐释传统经典、传承核心文化价值，建构文化认同的大纛下努力向中国古典文化的宝库掘进。他们欲推出《国学经典丛书》，殊为可喜。

怎么样推广这些传统文化经典呢？

古代经典和现代读者的阅读习惯及趣味本来有一定差距，如果再板起面孔、高高在上，只会让现代读者望而生畏。当然，经典也不是任人打扮的小姑娘，一味将它鸡汤化、庸俗化、功利化，也会让它变味。最好的办法就是，既忠实于经典的原汁原味，又方便读者读懂经典，易于接受。在这个原则的指导下，《国学经典丛书》首先是以原典为主，尊重原典，呈现原典。同时又照顾现实需要，为现代读者阅读经典扫除障碍，对经典作必要的字词义的疏通。这些必要精到的疏通，给了现代读者一把打开经典大门的钥匙，开启了现代读者与古圣先贤神交的窗口。

放眼当下出版界，传统文化出版物鱼目混珠、泥沙俱下，诸多出版商打着传承古典文化的旗号，曲解经典，对现代读者尤其是广大青少年认知传承经典起了误导作用。有鉴于此，长江文艺出版社推出的《国学经典丛书》特别注重版本的选取。这套丛书30个品种当中，大多数择取了当前国内已经出版过的优秀版本，是请相关领域的名家、专业人士重新梳理的。这些版本在尊重原典的前提下同时兼顾其普及性，希望读者能有一次轻松愉悦的古典之旅。

种种原因，这套丛书必然会有缺点和疏漏，祈望方家指正。

导言

王守仁（1472—1529），字伯安，浙江余姚人。“守仁”这个名字取自《论语·卫灵公》：“知及之，仁不能守之，虽得之，必失之。”因曾筑室故乡阳明洞中，自号阳明山人，故世人皆称阳明先生。王阳明是明代杰出的思想家、教育家、军事家，阳明心学的创始人。王阳明一生历经坎坷，在困顿中幡然觉悟，在非议中毅然前行，他是中国历史上少有的文治武功兼备的儒家知识分子，其一生正好证成了儒家内圣外王的理想人格。综观其一生，他的思想伴随着官宦生涯，历经数次变化，后来黄宗羲曾评论说，王阳明的学问经过三次大的变化才进入圣人之学的门庭。

王阳明出生于官宦世家，书香门第，其远祖乃东晋著名书法家王羲之。父亲王华，字德辉，是成化十七年（1481）状元，官至南京吏部尚书。良好的家庭教育对王阳明的成长起着重要作用，他幼年即才思敏捷，十余岁能诗。青年时期，他一度沉浸于诗词文学，颇富才气，后来进士及第，与当时的诗词名家李梦阳、何景明等竞相驰骋文坛。同时他也十分关心国家边境安危，精究兵法，“每遇宾饮，聚果核，列阵势为戏”，这为他后来的军事功绩奠定了基础。弘历二年（1489），王阳明18岁，拜访了明初醇儒吴与弼的高徒娄谅，谈及格物之学，以为“圣人必可学而至”，开始全面阅读朱熹的书籍，思考格物的意思，并且亲身实践，格庭前竹子，最终思劳成疾。格竹子的失败，促使他对朱熹格物的学说产生怀疑，认为圣人难做，并进而徘徊于佛老，加上身患沉疴，更加促成他悦慕仙家修炼之术。

弘治十二年（1499），王阳明28岁，举南宫第二人，赐进士及第，任职工部。中进士后，王阳明并没有十分顺畅，至少思想上几曾纠结，错综复杂。弘治十四年（1501），他曾游历九华山，访仙问道。次年，他回到家乡，筑室阳明洞，行导引术，与道士王思舆交往密切，这时期他还有“离家远遁”的念头，只是考虑祖母及父亲还在世，最终没有实行。同时应指出的是，从拜访娄谅到初涉政坛的十多年里，尽管遭遇格物失败，王阳明并没有完全放弃儒家的圣人之学，他仍然读儒家圣贤经典，并先后参加了乡试和会试，最终考中进士。为官后，弘治十七年（1504），他又曾应山东巡按监察御史的请求，主持了山东乡试。从这次乡试的出题可以看出王阳明强烈的经世志向，他极力宣扬儒家知识分子忧国忧民的社会责任，并且在官方推崇程朱理学的背景之下，他也体现出对这一正统理学的维护，大肆鼓吹辟佛老。综合这些，我们不难看出王阳明这一时期思想上的复杂性。

正德元年（1506），王阳明抗疏救忠良，得罪阉党刘瑾，遭廷杖下狱，随后谪守贵州龙场，这一件事成为他一生的重要转折。正德三年（1508），王阳明37岁，这一年的三月到达龙场驿。在龙场的三年（1508—1510），他动心忍性，深刻体悟到《大学》所讲“格物致知”的真实含义，终于明白“圣人之道，吾性自足，向之求理于事事物物者误矣”，这就是有名的“龙场悟道”。随后，王阳明讲学贵阳书院，开始谈论知行合一。正德五年（1510），王阳明的仕途日渐顺畅起来，先后升江西庐陵知县，南京刑部四川司主事，40岁调任验封司主事，41岁再升考功司郎中，南京太仆寺少卿。这一时期，王阳明的门人也日益增多，正德九年（1514），他正式开始以“致良知”行教。

正德十一年（1516），王阳明45岁，这是一个极为重要的年份。受兵部尚书王琼的举荐，他升都察院左佥都御使，巡抚南、赣、汀、漳等处，开始了他一生中最为重要的事功阶段。正德十二年（1517），王阳明到江西，采取多种方法，或招抚或镇压，同时增设行政区域，先后平定了漳州、横水、桶冈等地流寇与民变。次年又平定了大帽、浰头等处。正德十四年（1519）六月，正准备平叛福建时，听说宁王朱宸濠造反，于是起义师勤王，同时上疏朝廷告变。从六月中旬到七月底，短短一个多月时间，王阳明出兵扑灭了朱宸濠的造反，生擒了朱宸濠，江西平定。这次事件充分展示了王阳明的军事才能，然而也就是这次立功，得罪了明武宗身边的佞臣张忠、许泰，被他们诬蔑为宁王的同党，这就是《传习录》中所说的“张许之变”。

正德十六年（1521），王阳明50岁，升南京兵部尚书，十二月，朝廷封之为新建伯。从此王阳明开始了他晚年传道讲学的盛期。在这一时期，读书人从四面八方投到王阳明的门下，心学思想进一步流行。

嘉靖六年（1527），王阳明56岁，历经多年奔波，此时的他已经垂垂老矣，身体日渐虚弱，然而内心坚强的信念促使着他仍不放弃青年时期的强烈济世愿望。这一年的五月，受朝廷的调遣，他临危受命，总督两广、江西、湖广军务，开始征讨广西少数民族地区的叛乱，从而又开始了事功的另一个高峰期。第二年二月，他率兵先平定了思、田，七月又平定了长期作乱的八寨、断藤峡。然而他早年就有咳嗽怕热的毛病，遇到南方天气炎热，肺病更加严重，在这次胜利后的班师途中，王阳明因肺疾加重，终于不支，十一月逝世于青龙浦，终年57岁。

王阳明逝世之后，由于生前遭到朝廷佞臣的嫉恨，所以“爵荫赠谥诸典皆不行”，并且他倡导的致良知之学还被斥之为伪学，遭到朝廷的禁止。然而当时的心学思潮已经风靡天下，王阳明的门人中不少已经是朝廷和地方的重要官员，门人对朝廷此举十分愤慨，继而不断地掀起为师讨回公道的上疏。如詹事黄绾的上疏，详细地陈说了王阳明“功之大有四，学之大有三”，较为完整地概括了王阳明在学术与事功领域的重要贡献，然最终没有得到朝廷的认同。直到隆庆元年（1567），以大学士徐阶为首的王门子弟向刚即位的明穆宗上书，才正式追赠王阳明为新建侯，谥文成。万历十二年（1584），王阳明与陈献章、胡居仁一道从祀于孔庙，加上隆庆五年（1571）从祀的薛瑄，整个明朝，只有这四个人。王阳明的学术与功业终于获得官方的正式认定。

王阳明一生中最为重要的还是其学术思想。如果说他的事功直接影响到当时政局的话，那么他的心学思想则直接成为明朝一百多年的学术主流，随后影响了国人几百年的学术思想，并且还扩散到中国周边国家，如日本、朝鲜半岛以及东南亚。时至今日，这种影响依然存在。学界对阳明心学的研究已有很长的历史，取得了丰硕的研究成果，本文仅通过几个重要命题简要地介绍一下王阳明的心学思想。

一、心即理

“心即理”是王阳明谪守龙场时提出来的，或者说“龙场悟道”的一个主要内容就是“心即理”。王阳明早年曾遍读朱熹的著作，对朱熹的格物之说产生过浓厚兴趣，然而当他亲身实践这套格物学说后，发现行不通，也正是因为这些经历，刺激着他对格物之说产生怀疑。既然在外物上去格物穷理的路走不通，那么还能怎么去获得天理呢？对于先儒学说的种种怀疑直接促成了王阳明的思考，而这些正好积累至龙场，在那个困顿、穷厄、迷茫的境况下，他最终领悟到，圣人处此情境，还要向哪里去探求一个道？原来“圣人之道，吾性自足，向之求理于事物者误也”。（《年谱一》）至此，王阳明终于体会《大学》格物之说，并非向外物上去探求一个天理，此心即天理，天理不外乎人心，作圣之功只在自家本心上去探求。

王阳明的“心即理”学说解决了外在的天理并不能真正约束

人的道德行为问题，缓解了普遍性与个体性之间的紧张。在程朱理学看来，天理作为普遍的道德规范，外在地规范着现实经验中人的道德行为，但是在具体的道德实践中，真正做出道德决定的往往是具体的生存个体，真正起决定作用的是个体的意识，那么如何保证外在的道德规范能真正地促成个体的道德自觉从而做出正确的抉择呢？中国传统文化中缺乏西方文化中那种浓厚的宗教色彩，外在超越的权威（如上帝）或普遍的道德律令很难在现实的道德秩序维护中发挥作用。程朱理学中的这种内外紧张不仅有可能造成一些虚伪的道学先生形象，即空谈存天理去人欲，而现实道德生活中却往往背道而驰，同时也使王阳明这种有志于道的人遭遇格物的困境。此外，外在的道德原则无论如何都对个体的自由选择形成了一种压力，很难将道德行为看成是个体自由的、符合本性的选择结果。王阳明提出心即理，主张此心即是天理所在，本身纯善不恶，从而将普遍的道德原则纳入主体之内，个体能够依照自己的良心，自由地做出道德抉择，这不仅体现了强烈的主体性原则，同时也满足了主体的自我成就感，正好印证了“人皆可以为尧舜”的古训。

针对“心即理”的各种质疑，王阳明尖锐地批判了那种将理视为外在的看法，如他说：“且如事父，不成去父上求个孝的理？事君，不成去君上求个忠的理？交友治民，不成去友上、民上求个信与仁的理？都只在此心，心即理也。”（《传习录》卷上）很显然，“理”不是像具体事物一样的存在者，不是感官经验的对象，因此“孝”这个道理并不在“父亲”身上，“忠”这个道理也并不在“君主”身上。按照王阳明的看法，父亲、君主等伦理角色的呈现，是由主体意识的指向来决定的，奉养父母、侍奉君主等道德活动都是由人心在主导和作用。当主体的知觉没有指向一个对象时，这个对象的性质与活动是无法确定的，甚至这个对象对于特定的主体而言也是没有任何意义的。没有人心的作用，就没有所谓的对象，更谈不上天理。因此，要真正地实现这一天理，关键在于主体的意识与行为。

既然心外无理，那么格物穷理就不是向外探求了，但问题是外物又如何得到规定呢？按照王阳明的看法，不仅“理”不外物上，而且物本身也不能脱离心。顺着“心外无理”命题的逻辑，王阳明论述了心与天地万物的关系。“可知充天塞地中间，只有这个灵明。人只为形体自间隔了。我的灵明，便是天地鬼神的主宰。天没有我的灵明，谁去仰他高？地没有我的灵明，谁去俯他深？鬼神没有我的灵明，谁去辩他吉凶灾祥？天地鬼神万物，离却我的灵明，便没有天地鬼神万物了。我的灵明离却天地鬼神万物，亦没有我的灵明。”（《传习录》卷下）由此可知，人与天地万物本是一体，未曾分化，正是因为有了人心的灵明，才有了人与天地万物的区别，才有了人心对天地万物的体认。同时，王阳明也认为，如果没有天地万物鬼神，则人的灵明亦无。这表明他打通了心物之间的障碍，摒弃了两者之间的对立，心物互为体用，“此心在物则为理”（《传习录》卷下），理流行于心物之间。

二、知行合一

知行合一是王阳明早期提出的重要思想，同时又直接贯穿了王阳明思想的始终，尽管在晚年他谈及较少。早在龙场悟道后，他就主张知行合一，并以此和当时的贵州提督学政席书讨论，然而知行合一的思想和常识相距甚远，所以当时还很难被世人接受。

王阳明的知行合一可以从不同角度进行诠释，最重要的一个角度无疑是致良知，这一点放在下文探讨，这里先从两个方面来略加阐释。

首先，“知行合一”突破了前人探讨知行关系的藩篱，别出新意，构建了一个新的知行本体论，然而这一突破本身仍然存在着局限性。王阳明反对程朱理学所主张的知先行后说，认为知行分离割裂了知行本体，他认为：“知是行的主意，行是知的功夫；知是行之始，行是知之成。”“未有知而不行者，知而不行，只是未知。”（《传习录》卷上）在此基础上，他将《大学》的“如好好色、如恶恶臭”解释为知行合一。本来好好色与恶恶臭都是人的意识活动，是内在的心理活动过程，但按照王阳明的解释，却都属于行，这实际上是扩大了行的内涵，销知入行，模糊了知行界限。如果撇开“良知”与“致良知”来看，究竟什么是知，什么是行，在王阳明这里似乎已经不重要，因为在他看来，“知之真切笃实处，即是行，行之明觉精察处，即是知，知行工夫本不可离。”知行工夫只是一个，区别什么是知什么是行已经没有了意义。

其次，知行合一矫正了先儒知行观，提出了更加严格意义上的修身要求。王阳明认为古人知行分说是不得已补偏救弊的说法，并不是要把知行分为两截。而实际上他自己所倡导的知行合一的宗旨也很明确，也是补救宋儒之失，同时强调更加严格意义上的修身。为何这么说呢？因为王阳明主张“一念发动处便即是行了”，这样人的意念活动就完全被纳入行的范畴，而在传统学术中，无疑只属于知的范畴。王阳明反复强调要理解他讲知行合一的宗旨，如他说：“今人学问，只因知行分作两件，故有一念发动，虽是不善，然却未曾行，便不去禁止。我今说个‘知行合一’，正要人晓得一念发动处，便即是行了。发动处有不善，就将这不善的念克倒了，须要彻根彻底，不使那一念不善潜伏在胸中。此是我立言宗旨。”（《传习录》卷下）将属于知的心理活动纳入行的范畴，显然导致更为严格意义上的修身，人一旦有了不善的念头，虽然还只停留在意识层面，并未在现实经验活动产生任何作用，都应彻根彻底地消除。王阳明如此坚决地主张清除恶念，与他长期的经历颇有关系。经历数次平定民变后，他深深体会到“破山中贼易，破心中贼难”，要防患于未然，必须要从人的一点恶念处入手，绝不使邪念进入现实经验中为非作歹。从另一个角度来看，如果只读圣人书，知道什么是善，但不去实践，那么就谈不上真正的知。他说：“今人却就将知行分作两件去做，以为必先知了，然后能行。我如今且去讲习讨论，做知的工夫，待知得真了，方去做行的工夫，故遂终身不行，亦遂终身不知。此不是小病痛，其来已非一日矣。某今说个知行合一，正是对病的药。又不是某凿空杜撰，知行本体原是如此。”（《传习录》卷上）显然，王阳明反对割裂知行，反对先去知了再去行，确实是针砭时弊，主张笃实的道德实践，反对空谈性理。

三、致良知

致良知是王阳明心学的最后一个重要命题，也是他晚年的讲学宗旨。致良知观念的提出，追溯起来，应该与王阳明对《大学》格致诚正工夫的重新解释相关。因为致良知实乃致知的发挥，但从解释格致诚正到他明确提出“致良知”，中间仍经历了一些阶段，尤其是对格物的新解，对诚意的强调。

在龙场悟道后，王阳明已逐渐形成了良知的观念，如他说：“吾良知二字，自龙场以后，便已不出此意，只是点此二字不出。”（《传习录拾遗》）在此之后，王阳明对格物进行了重新诠释，他训“格”为“正”，“‘格物’，如《孟子》‘大人格君心’之‘格’，是去其心之不正，以全其本体之正。”（《传习录》卷上）正即是正心，正其本体。这样，格物便不是向外物探求，而是向内心去求正。这与他主张的心即理、心外无物观念保持了一致。但这样一来，他的格物说反而引起了不少疑虑，《大学》明言“格物”，怎么被替换为“格心”或“正心”呢？因此，王阳明必须围绕心物关系重新解释《大学》格致诚正工夫。他认为，心是身体的主宰，控制着人的视听言动，而人心的发动就是意念，意念的自觉灵敏处就是良知，意念所指向的地方就是事物。意念不是悬空的，必须附着事物。在这串关系中，意念成为由心到物的必经阶段。也正基于此，王阳明特别重视意念的真诚，强调《大学》的诚意工夫。他反对朱子改正《大学》，而主张《大学》古本，将诚意置于格物致知之前，他说：“《大学》工夫即是明明德，明明德只是个诚意，诚意的工夫只是格物致知。若以诚意为主，去用格物致知的工夫，即工夫始有下落。”（《传习录》卷上）“工夫到诚意，始有着落处。”（《传习录》卷下）至此，王阳明在提出心即理命题之后，打通了心、性、理、物，而在重新解释《大学》格致诚正工夫后，则贯通了身、心、意、知、物，进一步消解了程朱理学心物之间的内外隔阂。

以上还只是谈到王阳明中期对诚意的看重，由诚意过渡到致知则是晚年的事。虽然从字面上来看，王阳明49岁之前，没有明确地将“致知”解释为“致良知”，但他确实很早就已经有了良知以及致良知的观念，如“知是心之本体，心自然会知：见父自然知孝，见兄自然知弟，见孺子入井，自然知恻隐，此便是良知，不假外求。若良知之发，更无私意障碍，即所谓‘充其恻隐之心，而仁不可胜用矣’。然在常人，不能无私意障碍，所以须用致知格物之功，胜私复理。即心之良知更无障碍，得以充塞流行，便是致其知。知致则意诚。”（《传习录》卷上）在这段语录里，他已经把“知”解释为“良知”，并且认为良知的扩充流行即为致知，但致知在诚意，这里仍然表现出对诚意工夫的重视。到了晚年，王阳明突出了“致知”的地位，由诚意转向致知，如“诚意之本，又在于致知也。”（《传习录》卷下）在改正后的《古本大学序》中，他也明确写道：“《大学》之要，诚意而已矣。诚意之功，格物而已矣。诚意之极，止至善而已矣。止至善之则，致知而已矣。”“故致知者，诚意之本也；格物者，致知之实也。”至此，王阳明最终确立了致良知的立教宗旨。

致良知体现了王阳明知行合一的早年学术宗旨。在他看来，良知其实并不是现成的，而是需要去认知，通过认知过程使本然之良知走向道德之自觉良知。所以他说：“良知自知，原是容易的；只是不能致那良知，便是‘知之匪艰，行之惟艰’。”（《传习录》卷下）良知自知容易，表明从本然良知到道德自觉良知容易，但如果只自知而不知致良知，按照知行合一的逻辑，则犹“知而不行只是未知”。因此，只有将良知扩充到底，致良知于事事物物，则方能去恶尽善，良知才达到真正意义上自觉。可见致良知作为工夫，自然涵盖了行，但同时已经包含了两个阶段，一是使良知由本然转向自觉，一是由自觉推向现实经验生活，即良知的扩充流行。这两个阶段又不可分，正好体现了知行合一的宗旨。

最后，王阳明把致知解释为致良知，还剩下最后一道关口，那就是格物与致知的关系问题。他认为，致知不是悬空的，必须在实事上去格，意念在于为善去恶，就在为善去恶上去着实下工夫，这样就能使良知不为私欲所遮蔽，得以致其极。至此，我们可以看出，王阳明的致良知其实并非空头的说教，而是通过具体的格物工夫去实行，或者说在格物的活动中呈现良知。

《传习录》一书是王阳明与其弟子、友人的部分对话、书信汇集体，包含了王阳明的主要哲学思想，是研究阳明心学及其发展的重要资料。王阳明一生不重著述，尤其不赞成记录师徒对话，因为他担心后人不了解对话发生的场景，不知道很多话是对症下药，针砭时弊而发，而往往拘执于圣贤的只言片语，只在文辞句意上去辨析，而不能从内心确立良知这一道德本体。正是抱着十分审慎的态度，《传习录》上卷（即初刻《传习录》）的刻录印行，经过了王阳明本人的审阅。于是，《传习录》上卷便与同年七月刻录的《古本大学》一起成为王阳明生前公开印行的重要著作。

后来《传习录》一书经过了多次修订。嘉靖三年（1514），王阳明53岁。门人南大吉以初刻《传习录》为上册，王阳明《论学书》九篇为下册，命其弟南逢吉校对而刻录于越（今浙江绍兴），是为续刻《传习录》。嘉靖三十四年（1555），门人曾才汉编辑整理《遗言》，刻录于荆（今湖北江陵县），这就是《传习录》卷下的雏形。后来钱德洪在《遗言》的基础上，修订后命名为《传习续录》，刻录于宁国（今安徽）之水西精舍。嘉靖三十五年（1556），钱德洪全面整理《传习录》，由黄梅尹张君刊行。

至此，《传习录》上中下三卷终于汇聚一起，成为一部完整著作。隆庆六年（1572），谢廷杰在浙江刻录《王文成公全书》，以薛侃所编《传习录》为上卷，以钱德洪增删南大吉所编《论学书》的八篇为中卷，以钱氏亲定的《传习续录》为下卷，同时附上王阳明辑录的《朱子晚年定论》，这就是《王文成公全书》本的《传习录》。

本书的翻译和注释采用的是文渊阁四库全书《王文成公全书》中的《传习录》，该版本实翻刻自隆庆本，但也有一些错误，因此笔者参考了四部丛刊本《王文成公全书》、施邦曜辑评的《阳明先生集要》、陈荣捷先生的《王阳明传习录详评集注》、上海古籍出版社2014年出版的《王阳明全集》等书，对一些明显的错误进行了订正。为了让读者阅读到更为完整的《传习录》，我们将陈荣捷先生搜集的《传习录拾遗》附在后面。此外，《朱子晚年定论》自从谢廷杰刻录《全书》以来，已正式附在《传习录》后，因此本书也收录在后面。

《传习录》一书，笔者几年前曾做过一番校释的工夫，本书的翻译和注释，在前期工作的基础上又进行了重新的校正，由于时间仓促，加上笔者学识有限，书中难免有不少错误，恳请读者批评指正。

萧无陂　于麓山云栖谷抱朴书房

乙未年正月初十日

目　录

卷下

附录一

附录二

初刻《传习录》徐爱序

门人有私录阳明先生之言者。先生闻之，谓之曰："圣贤教人如医用药，皆因病立方，酌其虚实温凉阴阳内外而时时加减之，要在去病，初无定说。若拘执一方，鲜不杀人矣。今某与诸君不过各就偏蔽箴切砥砺，但能改化，即吾言已为赘疣。若遂守为成训，他日误己误人，某之罪过可复追赎乎?"爱既备录先生之教，同门之友有以是相规者。爱因谓之曰："如子之言，即又拘执一方，复失先生之意矣。孔子谓子贡，尝曰：'予欲无言。'他日则曰：'吾与回言终日。'又何言之不一邪？盖子贡专求圣人于言语之间，故孔子以无言警之，使之实体诸心，以求自得；颜子于孔子之言，默识心通无不在己，故与之言终日，若决江河而之海也。故孔子于子贡之无言不为少，于颜子之终日言不为多，各当其可而已。今备录先生之语，固非先生之所欲，使吾侪常在先生之门，亦何事于此，惟或有时而去侧，同门之友又皆离群索居。当时之时，仪刑既远而规切无闻，如爱之驽劣，非得先生之言时时对越警发之，其不摧堕靡废者几希矣。吾侪于先生之言，苟徒入耳出口，不体诸身，则爱之录此，实先生之罪人矣；使能得之言意之表，而诚诸践履之实，则斯录也，固先生终日言之之心也，可少乎哉?"录成，因复识此于首篇以告同志。门人徐爱序。

续刻《传习录》南大吉序

天地之间，道而已矣。道也者，人物之所由以生者也。是故人之生也，得其秀而最灵，以言乎性则中矣，以言乎情则和矣，以言乎万物则备矣，由圣人至于途人一也。故曰："人者，天地之德，阴阳之交，鬼神之会，五行之秀气也。"又曰："致中和，天地位焉，万物育焉。"是故古者大道之于天下也，天下之人相忘于道化之中，而无复所谓邪慝者焉。率性以由之，修道以诚之，皞皞乎而不知为之者，是故大顺之所积也，以天则不爱其道也，以地则不爱其宝也，以人则不爱其情也，以物则不爱其灵也。圣人于此，夫何言哉？恭己无为而已矣。至其后也，道不明于天下，天下之人相交于物化之中，而邪慝兴焉。失其性而不知求，舍其道而不知修。斯人也，日入于禽兽之归而莫之知也。是故万物弗序而天地弗官矣。圣人，生而知道者也。贤人，学而知道者也。其视天地万物，无一而非我。而斯人之不知道也，若已推而入之鸟兽之群也。理有所不可隐，心有所不容忍，恶能已于言哉？故孟子曰："予岂好辩哉？予不得已也。"故夫圣贤之言，将以明斯道示诸人，使天下之人晓然知道之在是，庶民兴焉。庶民兴，则邪慝息；邪慝息，则万物序而天地官矣，夫然后圣贤之心始安而其言始已也。是故其言也，求其是则已矣，非以为闻见之高也；求其明则已矣，非以为门户之高也。而后之为圣贤之学者，其初也，执闻见以自是，而不知圣人之所是者，天下之公是也；立门户以自明，而不知圣人之所明者，天下之同明也。故其后也，言愈多而愈支，支则不可行矣；门愈高而愈小，小则不可通。皆意也，已也，胜心之为也。而世之号为豪杰者，方皆溺于其中而莫之知也。其亦可衰已矣！

夫天之命于我而我之具于心者，自有真是真非，至明而不容有蔽者也。故天下之言道者，至不一也。苟以平心观之，易气玩之，则其是是非非，自不能遁吾心之真知也。唯夫闻见已执于未观之先，而门户又高于既玩之际，则其言虽是也，蔽于闻见之私，而不知其是；指虽明也，隔于门户之异，而不通其明。道之不明于天下，治之所以不能追复前古者，其所由来远矣！

是录也，门弟子录阳明先生问答之辞、讨论之书，而刻以示诸天下者也。吉也从游宫墙之下，其于是录也，朝观而夕玩，口诵而心求，盖亦自信之笃而窃见夫所谓道者，置之而塞乎天地，溥之而横乎四海，施诸后世，无朝夕人心之所同然者也。故命逢吉弟校续而重刻之，以传诸天下。天下之于是录也，但勿以闻见梏之，而平心以观其意；勿以门户隔之，而易气以玩其辞。勿以录求录也，而以我求录也，则吾心之本体自见，而凡斯录之言，皆其心之所固有，而无复可疑者矣。则夫大道之明于天下，而天下之所以平者，将亦可俟也已。

嘉靖三年冬十月十有八日，赐进士出身中顺大夫绍兴府知府、门人渭北南大吉谨序。

卷上

徐爱录[1]

先生于《大学》“格物”[2]诸说，悉以旧本[3]为正，盖先儒[4]所谓“误本”者也。爱始闻而骇，既而疑，已而殚精竭思，参互错综，以质于先生，然后知先生之说，若水之寒，若火之热，断断乎“百世以俟圣人而不惑”[5]者也。先生明睿天授，然和乐坦易，不事边幅。人见其少时豪迈不羁，又尝泛滥于词章，出入二氏之学[6]。骤闻是说，皆目以为立异好奇，漫不省究。不知先生居夷三载[7]，处困养静，精一[8]之功，固已超入圣域，粹然大中至正之归矣。爱朝夕炙门下，但见先生之道，即之若易，而仰之愈高；见之若粗，而探之愈精；就之若近，而造之愈益无穷。十余年来，竟未能窥其藩篱。世之君子，或与先生仅交一面，或犹未闻其謦欬[9]，或先怀忽易愤激之心，而遽欲于立谈之间，传闻之说，臆断悬度，如之何其可得也？从游之士，闻先生之教，往往得一而遗二。见其牝牡骊黄[10]，而弃其所谓千里者。故爱备录平日之所闻，私以示夫同志，相与考正之，庶无负先生之教云。门人徐爱书。

【注释】①徐爱（1488—1518），字曰仁，号横山，浙江余杭人，官至南京工部郎中。徐爱是王阳明的妹夫，早在王阳明赴谪贵州时，即入室称弟子，因而是他的第一位学生，有“王门颜回”之称，可惜英年早卒。下文中的“爱”即徐爱的自称。 ②格物：语出《大学》：“致知在格物，物格而后知至。” ③旧本：指郑玄作注、孔颖达疏解的《礼记·大学》。“误本”，朱熹认为《大学》的旧本有误，便将《大学》的原文划分为经（一章）、传（十章），并对文字作了修改，增加了传一章。王阳明认为《大学》原来并无错误。 ④先儒：主要指程颢、程颐和朱熹。程颢（1032—1085），字伯淳，号明道，北宋洛阳人，官至监察御史。程颐（1033—1107），字正叔，号伊川，程颢之弟，曾任西京国子监教授、崇正殿说书。程颢与程颐曾问学于周敦颐，是北宋著名哲学家、教育家，理学奠基人，合称“二程”。朱熹（1130—1200），字元晦，一字仲晦，号晦庵，徽州婺源人，曾任秘书阁修撰等职。他继承发展了二程的学说，集理学之大成，建立了博大精深的哲学思想体系，影响深远。著作有《四书章句集注》、《周易本义》、《诗集传》、《楚辞集注》，及后人编纂的《朱子语类》、《朱文公文集》等。 ⑤语出《中庸》第二十九章：“故君子之道，本诸身，征诸庶民，考诸三王而不缪，建诸天地而不悖，质诸鬼神而无疑，百世以俟圣人而不惑。” ⑥二氏之学：指佛与道。 ⑦居夷三载：正德元年（1506），王阳明因上疏抗辩，获罪下狱，后贬谪贵州龙场（今贵州修文县）驿丞，到正德五年（1509）三月任庐陵知县，前后三年。龙场当时尚未开化，故称“夷”。 ⑧精一：语出《尚书·大禹谟》：“人心惟危，道心惟危，惟精惟一，允执厥中。”下文的“惟精”“惟一”均源于此。意为现在人心动荡不安，道心幽暗难明，只有精诚专一，正确地实行中正之道。 ⑨謦欬（音 qǐng kài）：咳嗽，引申为言谈声教。 ⑩牝牡骊黄：语出《淮南子·道应训》，又见《列子·说符》。秦穆公派伯乐推荐的人去相马，使者报告说相中了一匹黄色的母马，秦穆公派人取回一看，结果是黑色的公马，因而不高兴，责备伯乐看人不准，连马的性别、颜色都分不清。伯乐感叹，人们只看到事物的外表，却看不到内在能力。等到测试时，果然是千里马。

【译文】先生对于《大学》中的格物等学说，全部以旧本为准，也就是先前学者们通常所认为的错误版本。我刚听到先生这种主张时，十分惊骇，进而感到疑惑，最后殚精竭虑，相互比较，因而求教于先生。然后才知道先生的学说，有如水之寒，火之热，确实是“等到百世之后再有圣人出现，也不会疑惑”。先生天生聪明睿智，然而平易近人，胸怀豁达，不拘小节。别人看到他青年时期豪迈放纵，又曾经浸淫于诗词文学，广博涉猎佛教和道教之学。突然听到他的这种学说，都认为是标新立异，没有经过深思熟虑。却不知先生在龙场那种未开化之地生活三年，身处困厄之中，静心思索，这种精粹专一的修养工夫使得他能够进入圣人的精神世界，对往圣先贤的思想学说理解得十分精深纯粹，从而达到中正的境界。我过去十余年来，终日追随先生，深知先生的学问思想，接近很容易，仰望就知道很高远，粗一看很平常，不断探寻就发现越来越精粹。眼看差不多就要接近了，但离真正理解仍然有距离，可以不断深化下去。十余年来，我都没有看到先生学问的边际。当世君子，有的人仅仅见过先生一面，有的人还未曾听闻先生的言谈声教，还有的人则是先怀着一份激奋之心，想在很短时间内对各种传闻进行臆想和揣度，照这样怎么可能理解先生的学问呢？跟随先生求学的人，听到先生的教诲，往往只领会一点，而遗漏了更多。这就是只看外表，得到一些粗浅看法，却遗弃了真知。所以我将平日从先生那里得到的教诲完整地记录下来，私下传给志同道合的朋友们看，互相琢磨求证，希望不会辜负先生的教诲。门人徐爱题。

【1】爱问："'在亲民'，朱子谓当作'新民'，后章'作新民'之文似亦有据；先生以为宜从旧本作'亲民'，亦有所据否?"先生曰："'作新民'之'新'，是自新之民，与'在新民'之'新'不同，此岂足为据？'作'字却与'亲'字相对，然非'新'字义。下面'治国平天下'处，皆于'新'字无发明。如云'君子贤其贤而亲其亲，小人乐其乐而利其利'①，'如保赤子'②，'民之所好好之，民之所恶恶之，此之谓民之父母'③之类，皆是'亲'字义。'亲民'犹孟子'亲亲仁民'④之谓，亲之即仁之也。百姓不亲，舜使契⑤为司徒，敬敷五教⑥，所以亲之也。《尧典》'克明峻德'⑦便是'明明德'⑧；'以亲九族'至'平章协和'，便是'亲民'，便是'明明德于天下'。又如孔子言'修己以安百姓'⑨，'修己'便是'明明德'，'安百姓'便是'亲民'。说'亲民'便是兼教养意，说'新民'便觉偏了。"

【注释】①语出《大学》："君子贤其贤而亲其亲，小人乐其乐而利其利，此以没世不忘也。"意为在先王盛德的治理之下，君子尊重贤人，热爱亲人，小人享受到快乐，获得实惠，因此先王逝世之后，无论是君子还是小人都对他念念不忘。 ②如保赤子：《大学》引自《尚书·康诰》："若保赤子，惟民其康乂。"意为保护臣民，就像保护小孩一样，臣民就会康乐安定。 ③语出《大学》："《诗》云：'乐只君子，民之父母。'民之所好好之，民之所恶恶之，此之谓民之父母。"意为《诗经》说："与民同乐的君子，就是人民的父母。"老百姓喜好什么，自己就喜好什么，老百姓厌恶什么，自己就厌恶什么，这就叫做民之父母。 ④语出《孟子·尽心上》："亲亲而仁民，仁民而爱物。"意为君子亲爱亲人，进而仁爱百姓，仁爱百姓，进而爱惜万物。 ⑤契：商族的祖先，帝喾之子，传说是舜的臣，助禹治水有功而封于商。 ⑥五教：即五常之教，指父义、母慈、兄友、弟恭、子孝五种伦理道德的教育。 ⑦克明峻德：语出《尚书·尧典》："克明峻德，以亲九族。九族既睦，平章百姓。百姓昭明，协和万邦。" ⑧明明德：语出《大学》首章："大学之道，在明明德，在亲民，在止于至善。"明明德意为学习和懂得正确的事理道德。 ⑨语出《论语·宪问》："修己以安百姓，尧舜其犹病诸！"意为修养自己来使老百姓安定，尧舜大概还没有完全做到呢！

【译文】我问："《大学》中的'在亲民'的'亲民'两字，朱子认为应该是'新民'，后面的'作新民'一章似乎也印证了这一点。但您却认为应该根据旧本作'亲民'，不知是否也有依据呢？"先生回答道："'作新民'的'新'字，是表示自新之民，和'在新民'的'新'的意思不同，这怎么可以作为根据呢？'作'字与'亲'字相对应，但不是'新'字的意思。下面的'治国平天下'这些内容都不是围绕'新'字来发挥。比如说，'君子贤其贤而亲其亲，小人乐其乐而利其利'，'如保赤子'，'民之所好好之，民之所恶恶之，此之谓民之父母'之类，都是讲'亲'字的意思。'亲民'就如孟子所讲的'亲亲仁民'，亲近他们就是仁爱他们。百姓不仁爱，于是舜任命契为司徒，恭谨地开展五种道德教育，就是为了使百姓仁爱。《尧典》中的'克明峻德'就是'明明德'，从'以亲九族'到'平章协和'这一部分，都是讲'亲民'，也就是'明明德于天下'。又比如孔子说的'修己以安百姓'，'修己'就是'明明德'，'安百姓'就是'亲民'。说'亲民'是同时包含着养育和教化的意思，而只说'新民'就偏向一边了。"

【2】爱问："'知止而后有定'，朱子以为'事事物物皆有定理'[①]，似与先生之说相戾。"先生曰："于事事物物上求至善，却是'义外'[②]也。至善是心之本体，只是'明明德'到'至精至一'处便是，然亦未尝离却事物。本注所谓'尽夫天理之极，而

无一毫人欲之私'[3]者得之。"

【注释】①语出朱熹的《大学或问》："能知所止，则方寸之间，事事物物皆有定理矣。" ②义外：告子的观点，语出《孟子·告子上》："告子曰：'食色，性也。仁，内也，非外也；义，外也，非内也。'" ③语出朱熹的《大学章句》。

【译文】我问："'知止而后有定'，朱子认为万事万物都有一定的道理，似乎和您的说法不一致。"先生说："在事事物物上追求至善，就把'义'看做是外在的东西了。至善是心之本体，只要'明明德'到'至精至一'的程度就实现了至善。但这一过程也从没有离开具体的事物。朱子所说的'体验到天理之极致，而没有一毫人欲掺杂其中'，这种理解是准确的。"

【3】爱问："至善只求诸心，恐于天下事理有不能尽。"先生曰："心即理也。天下又有心外之事、心外之理乎？"爱曰："如事父之孝，事君之忠，交友之信，治民之仁，其间有许多理在，恐亦不可不察。"先生叹曰："此说之蔽久矣，岂一语所能悟！今姑就所问者言之：且如事父，不成去父上求个孝的理？事君，不成去君上求个忠的理？交友治民，不成去友上、民上求个信与仁的理？都只在此心，心即理也。此心无私欲之蔽，即是天理，不须外面添一分。以此纯乎天理之心，发之事父便是孝，发之事君便是忠，发之交友治民便是信与仁。只在此心去人欲、存天理上用功便是。"爱曰："闻先生如此说，爱已觉有省悟处。但旧说缠于胸中，尚有未脱然者。如事父一事，其间温清定省[1]之类，有许多节目，不亦须讲求否？"先生曰："如何不讲求？只是有个头脑[2]，只是就此心去人欲、存天理上讲求。就如讲求冬温，也只是要尽此心之孝，恐怕有一毫人欲间杂；讲求夏清，也只是要尽此心之孝，恐怕有一毫人欲间杂：只是讲求得此心。此心若无人欲，纯是天理，是个诚于孝亲的心，冬时自然思量父母的寒，便自要去求个温的道理；夏时自然思量父母的热，便自要去求个清的道理。这都是那诚孝的心发出来的条件。却是须有这诚孝的心，然后有这条件发出来。譬之树木，这诚孝的心便是根，许多

条件便是枝叶，须先有根，然后有枝叶；不是先寻了枝叶，然后去种根。《礼记》言：‘孝子之有深爱者，必有和气；有和气者，必有愉色；有愉色者，必有婉容。’③须是有个深爱做根，便自然如此。”

【注释】①温凊定省：语出《礼记·曲礼上》：“凡为人子之礼，冬温而夏凊，昏定而晨省。”温，冬天让父母温暖；凊（qìng），夏天让父母凉快；定，夜里让父母睡得安稳；省，早上向父母问安。 ②头脑：要旨，宗旨。 ③语出《礼记·祭义》。

【译文】我问：“至善只是反求于自己的本心，恐怕不能穷尽天下万事万物的道理。”先生说：“本心就是天理。天下哪有心外之事，心外之理呢?”我说：“比如对父亲的孝顺，对君主的忠心，朋友之间的诚信，治理人民的仁爱之心，这中间都有好多道理在，恐怕不能不考察。”先生叹气道：“你这种说法的弊端由来已久，哪是一句话可以讲清呢！现在姑且就你所问的这些事情来说说，比如奉养父亲，难道要去父亲身上探求一个孝顺的道理吗？侍奉君主，难道要去君主身上探求一个忠心的道理？朋友交往和治理人民，难道是去朋友身上、人民身上探求个诚信、仁爱的道理？各种道理都只在人的本心中，本心就是天理。这个本心没有私欲蒙蔽，就是天理，不必从外面添加各种东西。以这个无私欲的天理之心，发挥出去奉养父亲，就体现出孝顺，去侍奉君主，就体现出忠心，去交朋友、治理老百姓，就体现出诚信和仁爱。只要在本心上下功夫，除掉私欲，保存住天理就可以了。”我说：“听先生您这么一说，我已经有所觉悟了。但是先前的学说缠绕胸中，还不能完全释然无疑。比如说奉养父亲，这中间有冬温夏凉、昏定晨省之类的很多细节和条目，不也必须去探求吗?”先生说：“怎么不探求呢！只是要有个主旨，就是在内心上探求去除人欲，存得天理。就如冬天要温暖，也就是要把内在的孝心发挥出来，唯恐有一丝人欲掺杂其中，再如夏天讲求清凉，也就是把内在的孝心发挥出来，唯恐有一丝人欲掺杂其中。都是探求自己的本心。如果此心没有私欲，纯粹是天理，就是真诚孝顺父母的心，冬天自然就会思量父母是否冷，自然就会去想法使他们暖和，探求个暖和的道理。夏天自然就会思量父母是否热，自然就会去想办法使他们清凉，探求个清凉的道理。这些都是那个真诚的心产生出来的具体条目和细节。但是必须具备了这个真诚孝顺的本心，才能产生这些具体条目和细节。譬如树木，这个真诚的孝心就是根，各种具体条目和细节就是枝叶。必须先有根，才会有枝叶，不是先去找枝叶，然后再去培植树根。《礼记》上说：‘真正有深爱的孝子，必定有祥和之气，有祥和之气的人，必定和颜悦色，和颜悦色的人，必定有和顺的仪容。’必须有个深厚的爱意作为根，才能自然如此。”

【4】郑朝朔[1]问：“至善亦须有从事物上求者？”先生曰：“至善只是此心纯乎天理之极便是，更于事物上怎生求？且试说几件看。”朝朔曰：“且如事亲，如何而为温凊之节，如何而为奉养之宜，须求个是当，方是至善，所以有学问思辨[2]之功。”先生曰：“若只是温凊之节、奉养之宜，可一日二日讲之而尽，用得甚学问思辨？惟于温凊时，也只要此心纯乎天理之极；奉养时，也只要此心纯乎天理之极。此则非有学问思辨之功，将不免于毫厘千里之谬，所以虽在圣人，犹加‘精一’之训。若只是那些仪节求得是当，便谓至善，即如今扮戏子，扮得许多温凊奉养的仪节是当，亦可谓之至善矣。”爱于是日又有省。

【注释】①郑一初，字朝朔，广东揭阳人，弘治十八年（1505）进士，官至监察御史。王阳明任吏部主事时，郑朝朔为御史，曾向王阳明问学。 ②思辨：语出《中庸》第二十章：“博学之，审问之，慎思之，明辨之，笃行之。”意为广博地学习，详细地询问，审慎地思考，清晰地辨别，踏实地践行。

【译文】郑朝朔问：“至善也必须从具体事物上去探求吗？”先生说：“至善就是此心达到天理之极致，怎么去事物上探求？你且举几个例子看看。”郑朝朔说：“比如说奉养父母，怎么把冬温夏凉做妥当，怎么把赡养的事做到适宜，必须探求个恰当的标准，才是至善，所以就有学问思辨的工夫。”先生说：“如果只是要把冬温夏凉、赡养之事做到合适，一两天就可以讲透彻，哪里需要什么学问思辨的工夫？只是在追求冬温夏凉之时，也就是要让自己的本心纯粹达到天理之极致，奉养的时候，也就是让自己的本心纯粹达到天理之极致。要达到这个程度，就非得有学问思辨的工夫才行，否则难免有毫厘之差，千里之谬的危险。所以即使是圣人，都要强调追求本心达到天理精粹纯一的状态。如果只是将那些具体仪式做得恰当，就称之为至善，那么如今演戏的戏子，他们都能把关心父母冬温夏凉的形式、奉养父母的一些礼仪演得很好，他们也可以被称作至善了。”这一天，我在旁听了这一席话，深有省悟。

【5】爱因未会先生“知行合一”之训，与宗贤[①]、惟贤[②]往复辩论，未能决，以问于先生。先生曰：“试举看。”爱曰：“如今人尽有知得父当孝、兄当弟[③]者，却不能孝、不能弟，便是知与行分明是两件。”先生曰：“此已被私欲隔断，不是知行的本体了。未有知而不行者。知而不行，只是未知。圣贤教人知行，正是要复那本体，不是着你只恁的便罢。故《大学》指个真知行与人看，说‘如好好色’、‘如恶恶臭’。见好色属知，好好色属行。只见那好色时，已自好了，不是见了后，又立个心去好。闻恶臭属知，恶恶臭属行。只闻那恶臭时，已自恶了，不是闻了后，别立个心去恶。如鼻塞人，虽见恶臭在前，鼻中不曾闻得，便亦不甚恶，亦只是不曾知臭。就如称某人知孝、某人知弟，必是其人已曾行孝行弟，方可称他知孝知弟。不成只是晓得说些孝弟的话，便可称为知孝弟？又如知痛，必已自痛了，方知痛；知寒，必已自寒了；知饥，必已自饥了：知行如何分得开？此便是知行的本体，不曾有私意隔断的。圣人教人，必要是如此，方可谓之知。不然，只是不曾知。此却是何等紧切着实的工夫！如今苦苦定要说知行做两个，是甚么意？某要说做一个，是甚么意？若不知立言宗旨，只管说一个两个，亦有甚用？”爱曰：“古人说知行做两个，亦是要人见个分晓，一行做知的功夫，一行做行的功夫，即功夫始有下落。”先生曰：“此却失了古人宗旨也。某尝说，知是行的主意，行是知的功夫；知是行之始，行是知之成。若会得时，只说一个知，已自有行在；只说一个行，已自有知在。古人所以既说一个知，又说一个行者，只为世间有一种人，懵懵懂懂的任意去做，全不解思惟省察，也只是个冥行妄作，所以必说个知，方才行得是；又有一种人，茫茫荡荡，悬空去思索，全不肯着实躬行，也只是个揣摸影响，所以必说一个行，方才知得真。此是古人不得已补偏救弊的说话，若见得这个意时，

即一言而足。今人却就将知行分作两件去做，以为必先知了，然后能行。我如今且去讲习讨论，做知的工夫，待知得真了，方去做行的工夫，故遂终身不行，亦遂终身不知。此不是小病痛，其来已非一日矣。某今说个知行合一，正是对病的药。又不是某凿空杜撰，知行本体原是如此。今若知得宗旨时，即说两个亦不妨，亦只是一个；若不会宗旨，便说一个，亦济得甚事？只是闲说话。”

【注释】①黄绾（1477—1551），字宗贤，号文庵，浙江黄岩人。官至礼部尚书，王阳明的学生。 ②顾应祥（1483—1565），字惟贤，号箬溪，浙江长兴人。官至刑部尚书，王阳明的学生。 ③弟：通“悌”，敬爱兄长。

【译文】我因为没有理解先生的“知行合一”学说，与宗贤、惟贤两人反复辩论，没有结论，因而请教于先生。先生说：“你举例看看。”我说：“如今人人都知道应当孝顺父亲、敬爱兄长，但却不能孝顺，不能敬爱，由此看出知与行分明是两件事。”先生说：“这已经被私欲隔断了，不是我说的知行本体了。没有知道却不能实行的。知道了却不实行，只能说他并不知道。圣贤教人知行，正是要恢复那个知行本体，不是教你只要那么去做就行。所以《大学》指出真知真行给人看，说‘如好好色’、‘如恶恶臭’。看见美色属于知，喜好美色属于行。一看见那个美色时，自己就已经喜好了，不是看见后，又有一个心思去喜好。闻到恶臭气味属于知，厌恶恶臭的气味属于行。只要闻到那个恶臭的气味，内心就已经产生了厌恶，不是闻到之后，另外兴起一个心思去厌恶。比如鼻子塞住了，虽然看见恶臭在眼前，但鼻子并没有闻到恶臭的气味，也就不怎么厌恶，也就是因为他不知道恶臭。就如称某人知道孝顺、知道友爱，一定是他已经践行了孝顺和友爱，才可以称他知道孝顺知道友爱，难道只知道说一些孝顺、友爱的话，就可以称之为知道孝顺、友爱？又比如知道痛，必定是自己已经痛过了，才知道痛，知道冷，必定是自己已经感受到寒冷了，知道饥饿，必定是自己已经体验到饥饿了。知与行怎么分得开呢？这才是知行本体，没有私欲阻隔。圣人教人，一定要这么去做了，才能称之为‘知’。不然，就是不知。这是多么紧要切实的工夫！如今大家苦苦要将知行分为两个，是什么用意呢？我要说知行合一，又是什么用意？如果不知道我学说的宗旨，只去谈论一个或两个，有什么用呢？”我说：“古人说知行分为两个，也是要人分个清楚，一边做知的工夫，一边做行的工夫，这样工夫才能落实。”先生说：“你这种说法违背了古人的宗旨。我曾经说，知是行的主导，而行是知的工夫，知是行的开始，而行是知的完成。如果理解了，只说一个知，就已经包含了行在内；只说一个行，也包含了知在内。古人所以既说一个知，又说一个行，主要是因为人世间有一种人，懵懵懂懂，盲目地去做事，完全不知道思考和反省，结果是冥行妄作，所以必须要说个知，才能践行得更顺畅。还有一种人，凭空思考，完全不去踏踏实实地行动，最终只是揣摩玄想，所以必定要说一个行，才能保证知的正确。这是古人不得已补偏救弊的讲法，如果知道了古人这番立意，那么一句话就可以讲清楚。现在人们将知行分为两件去做，认为一定要先知了，才能实行。我现在暂且去讲习讨论，做知的工夫，等认知真切了，然后再去做行的工夫，结果最后终身不行，终身不知。这不是小毛病，由来已久，不是一两天的问题了。我如今倡导知行合一，正是对症下药。这又不是我凭空杜撰，知行本体原本如此。现在如果知道了这一宗旨，那么讲两个也不碍事，也只是一个。如果没有领会这一宗旨，即便讲知行合一，又有什么用？不过是在说一些空话。”

【6】爱问：“昨闻先生‘止至善’之教，已觉功夫有用力处。但与朱子‘格物’之训思之，终不能合。”先生曰：“格物是止至善之功，既知至善，即知格物矣。”爱曰：“昨以先生之教，推之格物之说，似亦见得大略。但朱子之训，其于《书》之‘精一’，《论语》之‘博约’[①]，《孟子》之‘尽心知性’[②]，皆有所证据，以是未能释然。”先生曰：“子夏[③]笃信圣人，曾子[④]反求诸己。笃信固亦是，然不如反求之切。今既不得于心，安可狃于旧闻，不求是当？就如朱子，亦尊信程子，至其不得于心处，亦何尝苟从？‘精一’、‘博约’、‘尽心’本自与吾说吻合，但未之思耳。朱子‘格物’之训，未免牵合附会，非其本旨。精是一之功，博是约之功。曰仁既明知行合一之说，此可一言而喻。尽心、知性、知天，是生知安行事[⑤]；存心、养性、事天，是学知利行事；‘夭寿不贰，修身以俟’，是困知勉行事。朱子错训‘格物’，只为倒看了此意，以‘尽心知性’为‘物格知至’，要初学便去做生知安

行事，如何做得?”爱问：“‘尽心知性’，何以为‘生知安行’?”先生曰：“性是心之体，天是性之原，尽心即是尽性。‘惟天下至诚为能尽其性，知天地之化育[⑥]。’存心者，心有未尽也。知天，如知州、知县之知，是自己分上事，己与天为一；事天，如子之事父，臣之事君，须是恭敬奉承，然后能无失，尚与天为二，此便是圣贤之别。至于‘夭寿不贰其心’，乃是教学者一心为善，不可以穷通夭寿之故，便把为善的心变动了，只去修身以俟命；见得穷通寿夭有个命在，我亦不必以此动心。事天虽与天为二，已自见得个天在面前；俟命便是未曾见面，在此等候相似：此便是初学立心之始，有个困勉的意在。今却倒做了，所以使学者无下手处。”爱曰：“昨闻先生之教，亦影影见得功夫须是如此。今闻此说，益无可疑。爱昨晓思，格物的‘物’字，即是‘事’字，皆从心上说。”先生曰：“然。身之主宰便是心，心之所发便是意，意之本体便是知，意之所在便是物。如意在于事亲，即事亲便是一物；意在于事君，即事君便是一物；意在于仁民爱物，即仁民爱物便是一物；意在于视听言动，即视听言动便是一物。所以某说无心外之理，无心外之物。《中庸》言‘不诚无物’，《大学》‘明明德’之功，只是个诚意。诚意之功，只是个格物。”

【注释】①语出《论语·雍也》：“子曰：‘君子博学于文，约之以礼，亦可以弗畔矣夫!’”意为君子广泛地学习文献，再用礼节来加以约束，也就能做到不背离正道了。 ②语出《孟子·尽心上》：“孟子曰：‘尽其心者，知其性也。知其性，则知天矣。存其心，养其性，所以事天也。殀寿不贰，修身以俟之，所以立命也。’”意为充分扩张人的本心，就懂得了人的本性。懂得了人的本性，就知道了天命。保持人的本心，涵养人的本性，这就是对待天命的方法。不管是短命还是长寿，我只是修养自己的身心，等待天命，这就是安身立命的方法。 ③子夏：姓卜，名商，字子夏，春秋时晋国人，孔子的弟子。 ④曾子：即曾参，字子舆，鲁国人，孔了的弟子。 ⑤语出《中庸》第二十章：“或生而知之，或学而知之，或困而知之，及其知之一也。或安而行之，或利而行之，或勉强而行之，及其成功一也。”意为有些人生来就知道，有些人是通过学习才知道，有些人是经过艰难困苦才知道，等到知道的时候都是一样的。有些人是心安理得地去实行，有些人是为了有利才去实行，有些人是勉强才去实行，但等到成功的时候都是一样的。 ⑥语出《中庸》第二十二章：“唯天下至诚，为能尽其性；能尽其性，则能尽人之性；能尽人之性，则能尽物之性；能尽物之性，则可以赞天地之化育；可以赞天地之化育，则可以与天地参矣。”意为只有天下至诚的人，才能充分拓展他的本性；能够充分拓展他自己本性的人，才能充分地认知他人的本性；能够充分认知他人本性的人，才能充分知道万物的本性；能够充分认知万物的本性，就能够帮助天地万物化育；能够帮助天地万物化育，就与天地并列为三者了。

【译文】我问：“昨天听到先生讲‘止至善’，已经觉得工夫有入手处。但是与朱子的‘格物’之说一起思考，仍然不一致。”先生说：“格物是止至善的工夫，既然已经知道了至善，就已经知道格物了。”我说：“昨天以先生的教导，推究格物的思想，似乎也可知一个大概。但朱子的学说，对于《尚书》的‘精一’，《论语》中的‘博约’，以及《孟子》中的‘尽心知性’，都有证据，因此不能完全放弃疑虑。”先生说：“子夏笃信圣人之说，曾子反躬自省。笃信固然不错，但不如反躬自省真切。如今既不能有得于心，怎么能被先前的学说缠绕，不追求内心的适当呢？就如朱子，也尊重和相信程子，但对于那些不合内心的地方，何尝盲从？‘精一’、‘博约’、‘尽心’本来与我的学说相吻合，但你们没有思考而已。朱子的‘格物’学说，难免有牵合附会的地方，不是他的本意。精粹是专一的工夫，广博是精约的工夫。你既然明白了知行合一之说，那么这一点可以一句话说清楚。‘尽心’‘知性’‘知天’是生而知之且安于本性而行动的层次，‘存心’‘养性’‘事天’是通过后天的学习而获得知识然后顺利行动的层次，‘夭寿不贰，修身以俟’是在困顿中勉力行动的层次。朱子错误解释‘格物’，就是因为把这一层次颠倒了，把‘尽心知性’当做‘格物致知’，要初学者一开始便在生而知之且安于本性而行动的层次做功夫，这怎么能行呢？”我问：“为什么‘尽心知性’属于‘生知安行’呢？”先生说：“性是心之本体，天是本性的来源，尽心就是尽性。‘惟天下至诚为能尽其性，知天地之化育’。存养本心，则还没有达到尽心的程度。知天，如知州知县之知，是自己本分上的事情，自己与天合一。事天，就如儿子孝顺父亲，臣下侍奉君主一样，必须恭敬奉承，然后才能没有失误，只是这样的话仍然与天相对为二，这就是圣人与贤人的区别。至于‘夭寿不贰其心’，那是教学者一心求善，不能因为穷困或通达、长寿或夭折的缘故，就把为善的本心改变了，只要去修身等待天命。知道穷困与通达、长寿与夭折乃天命，我也不必为此动心。事天虽然与天为二，但已经知道天在上面；‘俟命’就是未曾谋面，在此等候差不多。这就是初学者树立本心的开始，有勉力而为的意思。现在把工夫倒过来了，所以使得学者无处下手。”我说：“昨天听到先生的教导，也隐约知道工夫应当如此。今天听您这么说，越发觉得没有什么值得怀疑的了。我昨天思考，格物的这个‘物’字，就是‘事’字，都是从心上讲的。”先生说：“对的。身体的主宰是心，心所发出来的就是意向，意向的本体是良知，意向所指向的就是事物。比如说意向在于奉养父母，则奉养父母就是一个事物，意向在于侍奉君主，则侍奉君主就是一个事物。意向在于仁爱百姓，爱惜事物，则仁民爱物就是一个事物。意向在于看见、听到、言说、行动，则看见、听到、言说、行动都是一个事物。所以我说没有心外之理，没有心外之物。《中庸》说‘不诚无物’，《大学》说‘明明德’的工夫，就是使意念真诚。意念真诚的工夫，就是格物。”

【7】先生又曰：“‘格物’，如《孟子》‘大人格君心’[①]之‘格’，是去其心之不正，以全其本体之正。但意念所在，即要去其不正以全其正，即无时无处不是存天理，即是穷理。天理即是‘明德’，穷理即是‘明明德’。”

【注释】①《孟子·离娄上》：“孟子曰：‘人不足与适也，政不足间也。惟大人为能格君心之非。’”意为那些当政的人不值得去谴责，他们的政治也不值得非议，只有大人才能纠正君主不正确的思想。

【译文】先生又说：“‘格物’，正如《孟子》中的‘大人格君心’之‘格’一样，是除去人心中不正确的地方，而回归到本体的纯正状态。只要产生意念，就要除去不正，而保全其纯正，就是随时随处要存养天理，也就是穷理。天理就是‘明德’，穷尽天理也就是‘明明德’。”

【8】又曰：“知是心之本体，心自然会知：见父自然知孝，见兄自然知弟，见孺子入井自然知恻隐，此便是良知，不假外求。若良知之发，更无私意障碍，即所谓充其恻隐之心，而仁不

可胜用矣[1]。然在常人，不能无私意障碍，所以须用致知格物之功，胜私复理。即心之良知更无障碍，得以充塞流行，便是致其知。知致则意诚。”

【注释】①语本《孟子·尽心下》：“人能充无欲害人之心，而仁不可胜用也；人能充无穿窬之心，而义不可胜用也。”意为人如果能够把不想害人的心扩充，那么仁爱就用不完了，人如果能够把不想偷窃的心扩充，那么义就用不完了。

【译文】先生又说：“良知是心之本体，心自然能认知，看见父亲自然知道孝顺，看见兄弟自然知道友爱，看见小孩子跌入井中，自然知道同情，这就是良知，不需要向外探求。如果良知发动，没有私意阻隔障碍，这就是所谓的‘充其恻隐之心，而仁不可胜用矣’。然而在一般人那里，良知的发动不能没有私意阻隔，所以必须要通过格物致知的工夫，战胜私欲，恢复天理。这样心中的良知就没有任何障碍，得以扩散流行，也就是呈现了良知。良知得以呈现，那么意念也就真诚了。”

【9】爱问：“先生以‘博文’为‘约礼’功夫，深思之，未能得，略请开示。”先生曰：“‘礼’字即是‘理’字。理之发见，可见者谓之文；文之隐微，不可见者谓之理：只是一物。约礼只是要此心纯是一个天理。要此心纯是天理，须就理之发见处用功。如发见于事亲时，就在事亲上学存此天理；发见于事君时，就在事君上学存此天理；发见于处富贵贫贱时[1]，就在处富贵贫贱上学存此天理；发见于处患难夷狄时，就在处患难夷狄上学存此天理；至于作止语默，无处不然，随他发见处，即就那上面学个存天理。这便是‘博学之于文’，便是‘约礼’的功夫。‘博文’即是‘惟精’，‘约礼’即是‘惟一’。”

【注释】①语本《中庸》第十四章：“素富贵，行乎富贵；素贫贱，行乎贫贱；素夷狄，行乎夷狄；素患难，行乎患难。君子无入而不自得焉。”处在富贵的地位，就做富贵地位应当做的事情；处在贫贱的地位，就做贫贱地位应当做的事情；处在未开化的夷蛮之地，就做处在未开化的夷蛮之地应当做的事情；处在患难的地位，就做患难的地位应当做的事情。君子守道而行，无论处在什么位置都能自得。

【译文】我问："先生将'博文'看做是'约礼'的工夫，我深入思考后，还是没有领会，请您稍微指点下。"先生说："'礼'字就是'理'字。理的显现，看得到的称之为'文'，隐而不见的称之为'理'，就是一个东西。'约礼'就是要使得人心纯粹呈现为天理。要使得人心纯粹呈现为天理，就必须在天理显现的地方用功。比如天理在奉养父母时呈现，那么就在奉养父母这件事上学习存养天理；天理在侍奉君主时呈现，就在侍奉君主这件事上学习存养天理；天理在身处富贵贫贱之时呈现，就在富贵贫贱之中学习存养天理；天理在身处危难和未开化之地时呈现，就在身处危难和未开化之地时学习存养天理。至于行动静止言谈沉默之中，无处不如此。天理呈现在哪里，就在哪里学习存养天理。这就是'博学于文'，也就是'约礼'的工夫。'博文'就是'惟精'，'约礼'就是'惟一'。"

【10】爱问："'道心常为一身之主，而人心每听命。'①以先生'精一'之训推之，此语似有弊。"先生曰："然。心一也，未杂于人谓之道心，杂以人伪谓之人心。人心之得其正者即道心，道心之失其正者即人心：初非有二心也。程子谓'人心即人欲，道心即天理'②，语若分析，而意实得之。今曰'道心为主，而人心听命'，是二心也。天理人欲不并立，安有天理为主，人欲又从而听命者？"

【注释】①语出朱熹《中庸章句·序》。 ②语出程颐，见《河南程氏遗书》卷十九。

【译文】我问："朱子说：'道心常常是人全身的主宰，人心都要听命于道心。'如果用先生对'精一'的解释来推断，那么这句话好像有弊病。"先生说："是的。心只有一个，没有人的私欲掺杂的状态称之为道心，有人的行为掺杂后称之为人心。人心能够保持本然状态的称为道心，道心失去了正常状态的就是人心。一开始并非两个心。程子说'人心就是人欲，道心就是天理'，这句话看上去好像把人心和道心区分开，但实际上是正确的理解。现在讲'道心为主，而人心听命'，是把道心和人心区分为两个心。天理人欲不能并存，哪有天理为主导，而人欲又听从天理的呢？"

【11】爱问文中子[①]、韩退之[②]。先生曰："退之，文人之雄耳；文中子，贤儒也。后人徒以文词之故推尊退之，其实退之去文中子远甚。"爱问："何以有拟经之失[③]？"先生曰："拟经恐未可尽非。且说后世儒者著述之意，与拟经如何？"爱曰："世儒著述，近名之意不无，然期以明道，拟经纯若为名。"先生曰："著述以明道，亦何所效法？"曰："孔子删述《六经》[④]，以明道也。"先生曰："然则拟经独非效法孔子乎？"爱曰："著述即于道有所发明。拟经似徒拟其迹，恐于道无补。"先生曰："子以明道者使其反朴还淳，而见诸行事之实乎？抑将美其言辞，而徒以哓哓于世也？天下之大乱，由虚文胜而实行衰也。使道明于天下，则《六经》不必述。删述《六经》，孔子不得已也。自伏羲画卦，至于文王、周公，其间言《易》如《连山》、《归藏》[⑤]之属，纷纷籍籍，不知其几，《易》道大乱。孔子以天下好文之风日盛，知其说之将无纪极，于是取文王、周公之说而赞之，以为惟此为得其宗。于是纷纷之说尽废，而天下之言《易》者始一。《书》、《诗》、《礼》、《乐》、《春秋》皆然。《书》自《典》、《谟》以后，《诗》自二《南》以降，如《九丘》、《八索》[⑥]，一切淫哇逸荡之词，盖不知其几千百篇；《礼》、《乐》之名物度数，至是亦不可胜穷。孔子皆删削而述正之，然后其说始废。如《书》、《诗》、《礼》、《乐》中，孔子何尝加一语？今之《礼记》诸说，皆后儒附会而成，已非孔子之旧。至于《春秋》，虽称孔子作之，其实皆鲁史旧文。所谓'笔'者，笔其旧；所谓'削'者，削其繁[⑦]：是有减无增。孔子述《六经》，惧繁文之乱天下，惟简之而不得，使天下务去其文以求其实，非以文教之也。《春秋》以后，繁文益盛，天下益乱。始皇焚书得罪，是出于私意，又不合焚《六经》。若当时志在明道，其诸反经叛理之说，悉取而焚之，亦正暗合删述之意。自秦、汉以降，文又日盛。若欲尽去之，断不能去，只宜取法孔子，录其近是者而表章之，则其诸怪悖之说，亦宜渐渐自废。不知文中子当时拟经之意如何？某切深有取于其

事，以为圣人复起，不能易也。天下所以不治，只因文盛实衰，人出己见，新奇相高，以眩俗取誉，徒以乱天下之聪明，涂天下之耳目，使天下靡然争务修饰文词，以求知于世，而不复知有敦本尚实、反朴还淳之行：是皆著述者有以启之。”爱曰：“著述亦有不可缺者，如《春秋》一经，若无《左传》，恐亦难晓。”先生曰：“《春秋》必待《传》而后明，是歇后谜语矣。圣人何苦为此艰深隐晦之词？《左传》多是鲁史旧文，若《春秋》须此而后明，孔子何必削之？”爱曰：“伊川亦云‘传是案，经是断’；如书弑某君，伐某国，若不明其事，恐亦难断。”先生曰：“伊川此言，恐亦是相沿世儒之说，未得圣人作经之意。如书‘弑君’，即弑君便是罪，何必更问其弑君之详？征伐当自天子出，书‘伐国’，即伐国便是罪，何必更问其伐国之详？圣人述《六经》，只是要正人心，只是要存天理、去人欲。于存天理、去人欲之事，则尝言之；或因人请问，各随分量而说，亦不肯多道，恐人专求之言语，故曰‘予欲无言’。若是一切纵人欲、灭天理的事，又安肯详以示人？是长乱导奸也。故孟子云：‘仲尼之门，无道桓、文之事者，是以后世无传焉。’此便是孔门家法。世儒只讲得一个伯[⑧]者的学问，所以要知得许多阴谋诡计，纯是一片功利的心，与圣人作经的意思正相反，如何思量得通？”因叹曰：“此非达天德者未易与言此也。”

又曰：“孔子云：‘吾犹及史之阙文也。’[⑨]孟子云：‘尽信《书》不如无《书》。吾于《武成》取二三策而已。’[⑩]孔子删《书》，于唐、虞、夏四五百年间，不过数篇，岂更无一事？而所述止此，圣人之意可知矣。圣人只是要删去繁文，后儒却只要添上。”爱曰：“圣人作经，只是要去人欲、存天理。如五伯以下事，圣人不欲详以示人，则诚然矣。至如尧、舜以前事，如何略不少见？”先生曰：“羲、黄[⑪]之世，其事阔疏，传之者鲜矣。此亦可以想见，其时全是淳庞朴素，略无文采的气象。此便是太古之治，非后世可及。”爱曰：“如《三坟》[⑫]之类，亦有传者，孔子何以删之?”先生曰：“纵有传者，亦于世变渐非所宜。风气益开，文采日胜，至于周末，虽欲变以夏、商之俗，已不可挽，况唐、虞乎？又况羲、黄之世乎？然其治不同，其道则一。孔子于尧、舜则祖述之，于文、武则宪章之。文、武之法，即是尧、舜之道。但因时致治，其设施政令已自不同。即夏、商事业，施之于周，已有不合。故周公思兼三王，其有不合，仰而思之，夜以继日[13]。况太古之治，岂复能行？斯固圣人之所可略也。”又曰：“专事无为，不能如三王之因时致治，而必欲行以太古之俗，即是佛、老的学术。因时致治，不能如三王之一本于道，而以功利之心行之，即是伯者以下事业。后世儒者许多讲来讲去，只是讲得个伯术。”

【注释】①王通（584—617），字仲淹，门人私谥“文中子”，隋朝绛州龙门（今山西河津）人，曾任蜀郡司户书佐。 ②韩愈（768—824），字退之，郡望昌黎，世称韩昌黎，卒谥文，又称韩文公，唐朝河阳（今河南孟州）人，官至吏部侍郎，倡导儒学，辟佛道，有《昌黎先生集》。 ③拟经之失：指王通仿效《六经》而制作经书，据朱彝尊《经义考》引司马光《补传》曰：“《礼论》二十二篇，《乐论》二十篇，《续书》百有五十篇，《续诗》三百六十篇，《元经》五十篇，《赞易》七十篇，谓之《王氏六经》。”后世儒者多以此讥讽其好名之心。 ④《六经》：孔子晚年编修删改《诗经》、《尚书》、《礼记》、《乐经》、《易经》和《春秋》六种经典，即《六经》。 ⑤《连山》、《归藏》：《周礼·春官·宗伯》云：“太卜掌三易之法，一曰《连山》，二曰《归藏》，三曰《周易》。其经卦皆八，其别皆六十有四。”《连山》相传为夏朝的《易》，《归藏》相传为商朝的《易》，后都失传。 ⑥《九丘》、《八索》：孔安国《古文尚书序》：“八卦之说，谓之《八索》；九州之志，谓之《九丘》。” ⑦笔削：语出《史记·孔子世家》：“笔则笔，削则削，子夏之徒不能赞一辞。” ⑧伯（bà)：古同“霸”。 ⑨语出《论语·卫灵公》：“子曰：‘吾犹及史之阙文也，有马者借人乘之。今亡矣夫!’”意为孔子说：“我还能看到史书存疑的地方。有马的人，先借给别人使用，这种精神，今天没有了吧。” ⑩语出《孟子·尽心下》。 ⑪羲、黄：分别指伏羲和黄帝。 ⑫《三坟》：孔安国《古文尚书序》曰：“伏羲、神农、黄帝之书，谓之《三坟》。坟，言大道也。” ⑬语出《孟子·离娄下》：“周公思兼三王，以施四事；其有不合者，仰而思之，夜以继日；幸而得之，坐以待旦。”

【译文】我询问先生对文中子和韩退之两个人的评价。先生回答道：“韩退之，是文人中的豪杰；文中子，是贤明的儒者。后人只以文章诗词的缘故推崇韩愈，其实韩愈与文中子相差很远。”我问：“那么为什么文中子会因为造经而遭到后世指责呢？”先生说：“仿造经书之事恐怕不能完全否定。你且说说看，后世儒者们著书立说的用意与文中子的造经之事相比如何？”我说：“后世儒者们著书立说，追求声名的心思当然有，但大体以明道为宗旨。而造经则纯粹是为了名声。”先生说：“著书立说来阐明道理，那是效法谁呢？”我说：“孔子曾删订《六经》，目的在于阐明大道。”先生说：“那为何唯独文中子的造经就不是效法孔子呢？”我说：“著书立说是要对大道有所阐发。而造经则仅仅模仿孔子删订《六经》之形式，对于阐明大道并没有什么帮助。”先生说：“你以为阐明大道的人是使他们回归淳朴状态，而在现实中笃实行动吗？还是要炫耀其华丽言辞，仅仅求得世人知晓他而已？天下混乱，主要在于虚浮的文辞盛行，而笃实的行为欠缺。假使大道明白于天下，则《六经》也不必阐述。孔子删订《六经》是不得已。伏羲画出八卦，然后到文王周公，这中间《易经》有《连山》、《归藏》等，纷繁杂芜，不知有多少，《易经》的真正精神被淆乱。孔子因为天下喜好文辞的风气日益昌盛，知道各种学说将没有一个尽头，于是才吸取文王、周公的学说而倡导它，认为只有这种学说才是《易经》的真正精神所在。于是其他各种纷扰的学说完全废弃，天下谈论《周易》的开始归为一统。《尚书》、《诗经》、《礼》、《乐》、《春秋》五经都是如此。《尚书》自《尧典》、《大禹谟》之后，《诗经》自《周南》、《召南》以下，如《九丘》、《八索》之类，一切淫秽放荡的诗词，不知道有好几千篇；《礼经》、《乐经》中的各种名物制度，也是数不胜数。孔子都进行了删订和改正，然后其他各种学说开始废弃。如今《尚书》、《诗经》、《礼经》、《乐经》中，孔子何尝加入了自己的话？今天我们看到的《礼记》都是后儒附会造成的，已经不是孔子当时的原本了。至于《春秋》，虽然都说是孔子写的，其实都是鲁国历史的旧文。所谓‘笔’，只是顺延旧有的文辞，所谓‘削’，是删除繁琐重复，总之是有减无增。孔子阐述《六经》，担心繁杂的文辞扰乱天下，追求精简，使得天下务必去除繁杂的文辞，以追求真实，不是要以文辞来教化天下。《春秋》以后，繁杂的文辞越来越昌盛，天下也越来越乱。秦始皇焚书遭到后人指责，是出于个人私心，又不应当焚烧《六经》。如果当时志向在于阐明大道，对于那些离经叛道的学说，全部拿来焚烧，则正暗合孔子删订《六经》的用意。自从秦汉以下，文辞又日益兴盛。想要彻底摒弃，自然不可能，只适宜效法孔子，选取那些接近大道的东西而传播宣扬，则那些怪诞荒谬的学说，也就自然慢慢废弃了。不知道文中子当时造经的用意怎么样？我深切感受到他造经这件事仍然有可取之处，哪怕是圣人再出世，也不能轻易改变。天下之所以治理不好，就是因为虚文昌盛而实行衰退，人人都各抒己见，标新立异以求显赫，以此在世人面前炫耀获得好的名声，扰乱了天下人的聪明智慧，混淆天下人的耳目，使天下跟风争着修饰文辞，以达到为世人所知晓的目的，而不再知道有崇尚实行、回归淳朴的行为，这都是著书立说的人带来的影响。”我说：“著述有的也不可或缺，比如说《春秋》一书，如果没有《左传》，恐怕很难看得明白。”先生说：“《春秋》必须靠《左传》才能明白，这是歇后谜语。圣人何苦要使用这种艰深晦涩的词语？《左传》也多是鲁国的旧文，如果《春秋》必须靠《左传》才能明白，那么孔子何必删削？”我说：“程伊川曾说：‘传是案，经是断’，比如写杀某个君主，讨伐某个国家，如果不详细说清楚这些事，恐怕也难以判断。”先生说：“程伊川这句话，恐怕也是沿袭了先前儒者们的讲法，还是没有领会圣人编订经书的用意。如写‘弑君’，那么杀君就是罪，何必追问杀君的详细情况？征伐诸侯国的命令必须出自天子，写‘伐国’，则‘伐国’就是罪行，何必去追问讨伐国家的详情？圣人阐述《六经》，主要是端正人心，只是要存养天理，去除人欲。对于存天理、去人欲的事情，圣人都说过；有时是因人请教，看事情的重要程度而有不同讲述，但也不肯讲很多，担心有人专门拘泥在语言上，所以孔子说‘予欲无言’。如果是一切放纵人欲、残害天理的事情，又怎敢详细地写出来给别人看呢？那岂不是助长混乱，引导奸佞吗？所以孟子说：‘孔子门下，没有人讲齐桓公、晋文公的事情，所以后世没有把这些东西传下来。’这就是孔门儒学所定下的规范和准则。后世儒者只讲称霸的学问，所以要知道很多阴谋诡计，这完全是一片功利心，和圣人述说经书的用意正好相反，怎么思考得通畅呢？”由此先生叹息道：“不能上达天德的人，不能轻易和他谈论这些东西。”

先生又说：“孔子讲：‘我还能够看到史书存疑的地方。’孟子说：‘完全相信《尚书》那还不如没有《尚书》，我对于《武成》这一篇，只相信其中的两三段话而已。’孔子删《尚书》，对于唐尧、虞舜、夏禹四五百年间的历史，不过几篇而已，难道就没有记载其他事？但所讲述的只有这些，圣人用意由此可知啊。圣人只是要删除那些繁杂重复的文本，后来的儒者们反而要添加上。”我问：“圣人制作经书，只是要去人欲存天理，如春秋五霸以下的历史，圣人不想详细地写出来给人看，那确实如此。但对于尧舜这些古代圣王以前的历史事实，为何也简略少见呢？”先生说：“伏羲黄帝时代的历史，事迹疏散，流传下来的也很少。由此也可以想象，那个时代全都是纯真素朴，几乎没有什么文采风气。这就是太古时代的治理状态，不是后世可以比得了的。”我说：“如《三坟》这类东西，也流传了下来，孔子为何要删除它呢？”先生说：“纵然有流传，但也因为世道变化，逐渐变得不合时宜。风气越放开，文采日益兴盛，到了周朝末年，即便想变回到夏商时代的习俗，也不可能了，何况唐尧虞舜的时代呢！又何况伏羲黄帝的时代呢！然而不同时代具体治理方法虽然有差异，但治道却一脉相承。孔子效法尧舜之道，仿效文武做法。文王武王的做法就是尧舜之道。但根据不同的时代设置不同的治理措施，具体政令措施已经各自不同。就是夏商时期的治世方式，放到周朝，已经有不合时宜的地方。所以周公想要继承三王之治，有不相适应的地方，就仰天深思，夜以继日，况且太古时代的治理，怎么能再次实行呢？这本来就是圣人可以略过的地方。”又说：“专讲无为，不能像三王时代的因时而治，而必定要奉行太古的习俗，这就是佛教道家的学术主张。因时而治，不能像三王那样坚持一以贯之的道，而以追求功利的心思实行治理，这就是春秋五霸以下所奉行的。后世儒者们讲来讲去，只是在讲称霸的法术。”

【12】又曰：“唐、虞以上之治，后世不可复也，略之可也；三代以下之治，后世不可法也，削之可也；惟三代之治可行。然而世之论三代者不明其本，而徒事其末，则亦不可复矣！”

【译文】先生又说：“唐尧虞舜以前的治理盛况，后世不可能恢复了，可以略去不论。三代以后的治理状况，后世不能效法，可以删削。只有三代之治可以推行。然而当世探讨三代之治的人往往不明白它的主旨，只知道效法它的枝节，那么三代之治也不可以恢复了。”

【13】爱曰：“先儒论《六经》，以《春秋》为史。史专记事，恐与《五经》事体终或稍异。”先生曰：“以事言谓之史，以道言

谓之经。事即道，道即事。《春秋》亦经，《五经》亦史。《易》是包牺氏之史，《书》是尧、舜以下史，《礼》、《乐》是三代史：其事同，其道同，安有所谓异？”

【译文】我说：“先儒讨论六经，认为《春秋》是史书。史书专门记载事实，恐怕与五经的体例题材终究有差异。”先生说：“从记载事实的角度而言称之为史，从蕴含根本道理的角度而言称之为经。史事中蕴含着道，道也离不开史事。《春秋》也是经，《五经》也是史。《易经》是伏羲时的历史，《尚书》是尧舜以下的历史，《礼经》、《乐经》是三代时的历史。所记载的史事是相同的，所蕴含的治道也是相同的，哪有什么差异呢？”

【14】又曰：“《五经》亦只是史。史以明善恶，示训戒。善可为训者，时存其迹以示法；恶可为戒者，存其戒而削其事以杜奸。”爱曰：“存其迹以示法，亦是存天理之本然；削其事以杜奸，亦是遏人欲于将萌否？”先生曰：“圣人作经，固无非是此意，然又不必泥着文句。”爱又问：“恶可为戒者，存其戒而削其事以杜奸，何独于《诗》而不删郑、卫？先儒谓‘恶者可以惩创人之逸志’[①]，然否？”先生曰：“《诗》非孔门之旧本矣。孔子云：‘放郑声，郑声淫。’[②]又曰：‘恶郑声之乱雅乐也。’[③]‘郑卫之音，亡国之音也。’[④]此是孔门家法。孔子所定三百篇，皆所谓雅乐，皆可奏之郊庙，奏之乡党，皆所以宣畅和平，涵泳德性，移风易俗，安得有此？是长淫导奸矣。此必秦火之后，世儒附会，以足三百篇之数。盖淫泆之词，世俗多所喜传，如今闾巷皆然。‘恶者可以惩创人之逸志’，是求其说而不得，从而为之辞。”

【注释】①语出朱熹《论语集注·为政第二》。　②语出《论语·卫灵公》：“放郑声，远佞人。郑声淫，佞人殆。”意为摒弃郑国的乐曲，斥退小人。郑国的乐曲淫靡，小人危险。　③语出《论语·阳货》：“子曰：‘恶紫之夺朱也，恶郑声之乱雅乐也，恶利口之覆邦家者。’”意为厌恶紫色夺去了大红色的光彩和地位，厌恶郑国的乐曲破坏了典雅的乐曲，厌恶强嘴利舌颠覆国家。　④语出《礼记·乐记》：“郑、卫之音，乱世之音也，比于慢矣，桑间、濮上之音，亡国之音也。”意为郑国和卫国的乐曲是扰乱世道的音乐，是亡国的音乐。

【译文】先生说："《五经》也只是史书。史书旨在彰明善恶，以示训诫。善行可以作为典范的，就记载当时的善行，作为后世的榜样；罪恶可以作为惩戒，就记载这种惩戒，而删削具体事迹，以杜绝奸恶之人的效尤。"我说："记载善行善举以作为准则，是保存天理的本然状态，删削具体事迹以防止奸恶，是为了遏制人欲的萌发吗？"先生说："圣人制作经书，本来就是这个目的，但不必拘泥于文辞。"我又问："恶行可以作为惩戒，保存戒律而删削事迹目的在于杜绝奸恶再犯，为何《诗经》中的郑风、卫风不删除呢？朱子说'恶者可以惩创人之逸志'，对吗？"先生说："《诗经》早已不是孔子所删订的原本了。孔子说：'放郑声，郑声淫。'又说'恶郑声之乱雅乐也'，'郑卫之音，亡国之音也'。这些都是孔门所定下的规则。孔子所确定的三百篇，都是所谓雅乐，都可以在祭天地的郊宫和祭祖先的宗庙里演奏，也可以在家乡演奏，都是为了宣扬和谐，涵养德性，移风易俗，怎么会有郑卫之音呢？这是助长淫邪通导奸恶。这必定是秦始皇焚书之后，后儒穿凿附会凑足三百篇之数。凡是淫邪之词，世俗之人多喜欢传播，如今大街小巷都是这样。'不好的事物可以警戒人纵欲放荡的志向'，是在不能真正了解《诗经》原始面貌，从而无法给出圆融解释的情况下，说出来的话。"

徐爱跋

爱因旧说汩没，始闻先生之教，实是骇愕不定，无入头处。其后闻之既久，渐知反身实践，然后始信先生之学为孔门嫡传，舍是皆傍蹊小径，断港绝河矣！如说格物是诚意的工夫，明善是诚身的工夫，穷理是尽性的工夫，道问学是尊德性[①]的工夫，博文是约礼的工夫，惟精是惟一的工夫。诸如此类，始皆落落难合，其后思之既久，不觉手舞足蹈。

【注释】①语出《中庸》第二十七章："故君子尊德性而道问学，致广大而尽精微，极高明而道中庸。"

【译文】我因沉浸于先前的学说之中，所以刚开始听到先生的教诲，实在是惊愕不已，理不清头绪。后来听到久了，逐渐知道反躬实践，才开始相信先生的学说确实是孔门的嫡传，抛弃了这个，其他的都是旁门左道，一湾死水。像先生讲格物是诚意的工夫，明善是诚身的工夫，穷理是尽性的工夫，道问学是尊德性的工夫，博文是约礼的工夫，惟精是惟一的工夫，诸如此类，刚开始都觉得很难融贯，后来通过长时间的思考，深感契合于心，不觉高兴得手舞足蹈。

陆澄[①]录

【1】陆澄问："主一之功，如读书则一心在读书上，接客则一心在接客上，可以为主一乎？"先生曰："好色则一心在好色上，好货则一心在好货上，可以为主一乎？是所谓逐物，非主一也。主一是专主一个天理。"

【注释】①陆澄，字原静，又字清伯，浙江吴兴（今湖州市）人，官至刑部主事，王阳明的学生。

【译文】我问："主一的工夫，如果读书就专心在读书上，接待客人就专心在接待客人上，这样可以看做是主一吗？"先生说："好色就专心在好色上，喜好财货就专心在喜好财货上，这样可以看做是主一吗？这是所谓追逐外物，不是主一。主一是专心于天理。"

【2】问立志。先生曰："只念念要存天理，即是立志。能不忘乎此，久则自然心中凝聚，犹道家所谓结圣胎也。此天理之念常存，驯至于美大圣神[①]，亦只从此一念存养扩充去耳。"

【注释】①美大圣神：语出《孟子·尽心下》："充实之谓美，充实而有光辉之谓大，大而化之之谓圣，圣而不可知之之谓神。"意为那些好处充满他本身叫做"美"，充实并且光闪耀人地呈现称之为"大"，既能够光闪耀人地呈现，又能够融会贯通，便叫做"圣"，圣德扩充却不能测度的境界便叫做"神"。

【译文】请问立志方面的问题。先生说："只要一心想着存天理，就是立志。能够不忘记存养天理，时间长了自然心中凝聚，就像道家所讲的心中形成了圣胎。时常保存着天理的想法，逐渐达到孟子所说的'美大圣神'，也就是从这一想法去涵养扩充。"

【3】日间工夫，觉纷扰则静坐，觉懒看书则且看书，是亦因病而药。

【译文】平常日里工夫，感觉纷扰烦乱就去静坐，感觉懒得看书，就专门去看看书，这就是对症下药。

【4】处朋友，务相下则得益，相上则损。

【译文】朋友之间相处，务必要互相谦让，才能受益，互相争上，就会带来损害。

【5】孟源①有自是好名之病，先生屡责之。一日，警责方已，一友自陈日来工夫，请正。源从傍曰："此方是寻着源旧时家当。"先生曰："尔病又发。"源色变，议拟欲有所辨。先生曰："尔病又发。"因喻之曰："此是汝一生大病根。譬如方丈地内，种此一大树，雨露之滋，土脉之力，只滋养得这个大根。四傍纵要种些嘉谷，上面被此树叶遮覆，下面被此树根盘结，如何生长得成？须用伐去此树，纤根勿留，方可种植嘉种。不然，任汝耕耘培壅，只是滋养得此根。"

【注释】①孟源，字伯生，滁州（今安徽滁县）人，王阳明的学生。

【译文】孟源有自以为是且喜好名声的缺点，先生常常责备他。一天，刚刚警告他不久，一个朋友陈述自己近日来的工夫，请先生指正。孟源从旁边插话说："这正是找到了我以前的病根。"先生说："你的病又犯了。"孟源听后脸色立变，想要进一步辩解。先生说："你病又犯了。"并跟他讲："这是你一生的最大病根。比如方丈土地内，种一棵大树，雨露的滋养，土壤的肥沃，却只养好了一个大根。四周即便要种一些五谷，但上面被树叶遮盖，下面又被这个树根缠绕住，怎么能长得好呢？必须要砍掉这棵树，一点根须都不要留下，才能种好五谷。不然的话，任凭你耕种培育，也只是把这个根养好了而已。"

【6】问："后世著述之多，恐亦有乱正学？"先生曰："人心天理浑然，圣贤笔之书，如写真传神，不过示人以形状大略，使

之因此而讨求其真耳；其精神意气，言笑动止，固有所不能传也。后世著述，是又将圣人所画，摹仿誊写，而妄自分析加增，以逞其技，其失真愈远矣。”

【译文】问：“后世著述很多，恐怕会扰乱正统学问？”先生说：“人心与天理本来是浑然一体，圣贤的著述，就像描写肖像表达人的神情相貌，不过把一个大概的形状展示给后人看，使别人凭借着画像去寻求真人面貌。而真人的精神气质，谈笑举止，本来就不可能完全通过肖像画来传达。后世著述，则是把圣人所画的东西，模仿誊写，然后随意地加以分析，添枝加叶，以表现自己的技能，因而也就越来越失真。”

【7】问：“圣人应变不穷，莫亦是预先讲求否？”先生曰：“如何讲求得许多？圣人之心如明镜，只是一个明，则随感而应，无物不照；未有已往之形尚在，未照之形先具者。若后世所讲，却是如此，是以与圣人之学大背。周公制礼作乐以文天下，皆圣人所能为，尧、舜何不尽为之，而待于周公？孔子删述《六经》，以诏万世，亦圣人所能为，周公何不先为之，而有待于孔子？是知圣人遇此时，方有此事。只怕镜不明，不怕物来不能照。讲求事变，亦是照时事。然学者却须先有个明的工夫。学者惟患此心之未能明，不患事变之不能尽。”曰：“然则所谓‘冲漠无朕，而万象森然已具’①者，其言何如？”曰：“是说本自好，只不善看，亦便有病痛。”

【注释】①语出朱熹、吕大临合编的《近思录·道体》，意为宇宙混沌虚寂无形，没有任何踪迹可循，而万事万物已经兴盛繁茂地生长起来。

【译文】问：“圣人对于各种问题都能应变不穷，是不是预先都做过一番探究呢？”先生说：“怎么能探究那么多？圣人的心就像一块明镜，就是完全的明澈，随所感知到的事物而应对，一切事物都在它的普照之下；不存在照过的事物之形态还在镜子中，而没有照过的事物之形态预先出现于镜子中的情形。而后世学者们所讲的，恰好是这样，这就与圣人之学相违背。周公制礼作乐，以此化成天下，都是圣人所能做到的，尧舜为什么不做完这些事，而要等到周公呢？孔子删订《六经》以教导后人，这也是圣人所能做到的，周公为什么不先做完这个事，而要等到孔子去做？由此可知，圣人处在那样的时代，才有那样的事业。只怕镜子不明澈，不怕事物来了照不到。探究事物变化，也是属于照镜子时的事情。然而学者必须先有一个追求心灵明澈的工夫。学者只要担心内心不澄明，不必担心事物的变化不能穷尽。"问："那么所谓的'冲漠无朕，而万象森然已具'，这句话是什么意思？"先生说："这种说法本来不错，但是如果不正确理解，也就有问题。"

【8】"义理无定在，无穷尽。吾与子言，不可以少有所得而遂谓止此也；再言之，十年、二十年、五十年未有止也。"他日又曰："圣如尧、舜，然尧、舜之上，善无尽；恶如桀、纣，然桀、纣之下，恶无尽。使桀、纣未死，恶宁止此乎？使善有尽时，文王何以'望道而未之见①'？"

【注释】①语出《孟子·离娄下》："文王视民如伤，望道而未之见。"意为周文王看待百姓好像他们受了伤害一样，追求大道却又似乎未曾看见。

【译文】"义理没有限定在某一处，也没有穷尽。我跟你谈论，不能因为略有所得，便认为义理只有所讲的这些。再探讨，十年，二十年，五十年也不能穷尽。"改天，先生又说："像尧、舜这样的圣人，然而尧、舜以上，善没有尽头；像桀、纣这样的恶人，但桀、纣以下，恶也没有尽头。假使桀、纣没有死，难道恶就到此为止了吗？假使善有尽头，文王为什么会发出'望道而未之见'的感叹？"

【9】问："静时亦觉意思好，才遇事便不同，如何？"先生曰："是徒知静养，而不用克己工夫也。如此，临事便要倾倒。人须在事上磨，方立得住，方能'静亦定，动亦定'①。"

【注释】①语出程颢《答横渠张子厚先生书》，见《河南程氏文集》卷二："所谓定者，动亦定，静亦定，无将迎，无内外。"意为所谓本性的安定，是指遇事行动时能定得住，安静时也能定得住，没有送往迎来，没有内外之分。

【译文】问："静下心来时，觉得自己的想法挺好，可是一遇到事情就不同了，怎么办？"先生说："你这是仅仅知道静中涵养，而没有用克己的工夫。如果这样，遇到事情就会把持不住。人必须在事情上磨炼自己，才能站得稳，才能做到‘静亦定，动亦定’。”

【10】问上达[1]工夫。先生曰：“后儒教人，才涉精微，便谓上达未当学，且说下学。是分下学、上达为二也。夫目可得见，耳可得闻，口可得言，心可得思者，皆下学也。目不可得见，耳不可得闻，口不可得言，心不可得思者，上达也。如木之栽培灌溉，是下学也；至于日夜之所息，条达畅茂，乃是上达。人安能预其力哉？故凡可用功、可告语者，皆下学，上达只在下学里。凡圣人所说，虽极精微，俱是下学。学者只从下学里用功，自然上达去，不必别寻个上达的工夫。”

【注释】①语出《论语·宪问》：“子曰：‘不怨天，不尤人，下学而上达。知我者其天乎！’”意为孔子说：“不怨恨天，不责备人，学习人事活动中的各种知识，以求向上通达天命。知道我的，只有上天罢！”

【译文】有人问上达工夫。先生说：“后世儒者教人，刚刚涉及精微之处，就说上达不能学，还是说下学。这是把上达和下学分为两截了。眼睛可以看得到，耳朵可以听得到，口可以说话，心可以思考，这些都是下学。眼睛看不到，耳朵听不到，口也说不出，心也不能思考到，这就是上达。就像对树木进行栽培灌溉，这是下学，至于日夜生息，枝叶畅达茂密，这是上达。人怎么能参与到树木的生长力之中？所以凡是可以用功、可以说出来告诫别人的，都是下学，上达只是在下学工夫中。凡是圣人所说的，虽然很精微，都是下学工夫。学者只要在下学里用功，自然就能上达，不必另外去探寻一个上达的工夫。”

【11】问：“‘惟精惟一’，是如何用功？”先生曰：“惟一是惟精主意，惟精是惟一功夫，非惟精之外复有惟一也。‘精’字从‘米’，姑以米譬之：要得此米纯然洁白，便是惟一意；然非加舂簸筛拣惟精之工，则不能纯然洁白也。舂簸筛拣是惟精之功，然亦不过要此米到纯然洁白而已。博学、审问、慎思、明辨、笃行者，皆所以为惟精而求惟一也。他如博文者，即约礼之功；格物

致知者，即诚意之功；道问学即尊德性之功；明善即诚身[①]之功：无二说也。”

【注释】①明善即诚身：语本《中庸》第二十章：“诚身有道，不明乎善，不诚乎身矣。”意为使自己真诚是有方法的，不明白善，就不能使自身真诚。

【译文】问：“‘惟精惟一’，是怎么用功的?”先生说：“‘惟一’是‘惟精’的主导，‘惟精’是‘惟一’的工夫，不是说在‘惟精’之外还有一个‘惟一’。‘精’字是‘米’字旁，姑且以米来打个比方：要使米干净洁白，这是‘惟一’的意思，然而不通过舂米、簸撒、筛米、挑拣这些‘惟精’的工夫，就不能实现米的干净洁白。舂米、簸撒、筛米、挑拣是‘惟精’的工夫，然而也只是要实现米的干净洁白而已。博学、审问、慎思、明辨、笃行，都是惟精的工夫，而目的在于追求惟一。其他的，如博文是约礼的工夫，格物致知是诚意的工夫，道问学是尊德性的工夫，明善是诚身的工夫，都是这个道理。”

【12】知者行之始，行者知之成。圣学只一个功夫，知行不可分作两事。

【译文】良知是行动的开始，行动是良知的完成。圣人之学只有一个工夫，知行不能分为两截。

【13】漆雕开[①]曰：“吾斯之未能信。”[②]夫子说之。子路使子羔[③]为费宰，子曰：“贼夫人之子[④]。”曾点[⑤]言志，夫子许之，圣人之意可见矣。

【注释】①漆雕开，名开，字子开，孔子的学生。 ②语出《论语·公冶长》：“子使漆雕开仕。对曰：‘吾斯之未能信。’子说。” ③子路，即仲由，字季路，孔子的学生。子羔，即高柴，孔子的学生。 ④语出《论语·先进》。 ⑤曾点：曾皙，曾参之父，孔子的学生。曾点言志，见《论语·先进》。

【译文】漆雕开说：“我对这个还没有信心。”孔子很高兴。子路派子羔去当费邑的长官，孔子说：“这是害别人家的孩子!”曾点谈论自己的志向，孔子赞许他，圣人的志向由此可见。

【14】问："宁静存心时，可为'未发之中'[①]否？"先生曰："今人存心，只定得气。当其宁静时，亦只是气宁静，不可以为'未发之中'。"曰："未便是中，莫亦是求中功夫？"曰："只要去人欲、存天理，方是功夫。静时念念去人欲、存天理，动时念念去人欲、存天理，不管宁静不宁静。若靠那宁静，不惟渐有喜静厌动之弊，中间许多病痛，只是潜伏在，终不能绝去，遇事依旧滋长。以循理为主，何尝不宁静？以宁静为主，未必能循理。"

【注释】①语出《中庸》首章："喜怒哀乐之未发，谓之中，发而皆中节谓之和。"下文的"已发"、"未发"、"中"、"和"均源于此。意为喜怒哀乐的情感没有发动的时候，内心平静，没有偏倚，这种状态就叫做"中"，喜怒哀乐的情感发出来都符合礼仪规范，没有过头和不及，这种状态就叫做"和"。

【译文】问："宁静存心时，可以认为是'未发之中'吗？"先生说："现在人们讲存心，只是定住气。当他们处在宁静时，也只是气息宁静，不能认为是'未发之中'。"问："情感没有发出来就是中的状态，莫非是求中的功夫？"先生说："只要去除人欲，存养天理，就是功夫。宁静时一心念着去人欲，存天理，行动时也一心念着去除人欲，存天理，不管宁静不宁静。如果一味追求宁静，就不仅会逐渐养成喜欢宁静、厌恶行动的弊病，中间还有很多病痛潜伏着，始终不能彻底摒除，一旦碰到事情就依旧滋生。以遵循天理为主导，何尝不宁静？以宁静为主导，则未必能够遵循天理。"

【15】问："孔门言志：由、求[①]任政事，公西赤[②]任礼乐，多少实用。及曾皙说来，却似耍的事，圣人却许他，是意何如？"曰："三子是有意必[③]，有意必便偏着一边，能此未必能彼；曾点这意思却无意必，便是'素其位而行，不愿乎其外'、'素夷狄，行乎夷狄，素患难，行乎患难，无入而不自得'矣。三子所谓'汝器也'[④]，曾点便有不器[⑤]意。然三子之才，各卓然成章，非若世之空言无实者，故夫子亦皆许之。"

【注释】①冉求，字子有，孔子的学生。 ②公西赤，字子华，孔子的学生。 ③意必：语出《论语·子罕》："子绝四：毋意，毋必，毋固，毋我。"意为孔子没有四种毛病：不悬空揣测，不绝对肯定，不拘泥固执，不唯我独是。 ④语出《论语·公冶长》："子贡问曰：'赐也何如?'子曰：'汝器也。'曰：'何器也?'曰：'瑚琏也。'" ⑤语出《论语·为政》："君子不器。"意为君子不像器皿一样，只有特定的用途。

【译文】问："孔子门人谈论志向，子路、冉求任政事，公西赤任职礼乐，这些工作或多或少还实用。等到曾皙说他的志向，却好像是游玩一类的事，圣人却赞许他，这是什么意思呢?"先生曰："子路等三个学生是有意向和执着，有执着就会偏向一边，能够做这个事未必能做那个事；曾点的言谈则没有执着，因而可以'在自己所处的地位，去做应当做的事情，不希望做本分之外的事情'、'处在未开化的夷蛮之地，就做处在未开化的夷蛮之地应当做的事情，处在患难的地位，就做患难的地位应当做的事情。君子守道而行，无论处在什么位置都能自得'。子路等三人所谈的都是孔子所说的'你好比是一个器皿'。曾点则有不愿意像器皿一样的想法。然而三个学生的才能，各自富有文采，不像世上那些浮夸不着实地的人，所以孔子也赞许他们。"

【16】问："知识不长进如何?"先生曰："为学须有本原，须从本原上用力，渐渐'盈科而进'①。仙家说婴儿②，亦善。譬婴儿在母腹时，只是纯气，有何知识？出胎后方始能啼，既而后能笑，又既而后能识认其父母兄弟，又既而后能立能行、能持能负，卒乃天下之事无不可能：皆是精气日足，则筋力日强，聪明日开，不是出胎日便讲求推寻得来。故须有个本原。圣人到'位天地、育万物'③，也只从'喜怒哀乐未发之中'上养来。后儒不明格物之说，见圣人无不知，无不能，便欲于初下手时讲求得尽，岂有此理?"又曰："立志用功，如种树然。方其根芽，犹未有干；及其有干，尚未有枝；枝而后叶，叶而后花实。初种根时，只管栽培灌溉，勿作枝想，勿作叶想，勿作花想，勿作实想。悬想何益！但不忘栽培之功，怕没有枝叶花实?"

【注释】①语出《孟子·离娄下》："原泉混混，不舍昼夜，盈科而后进，放乎四海。"意为有本源的泉水滚滚地往下流，昼夜不息，把低洼之处注满后再往前奔腾，一直流入大海。 ②婴儿：语出《老子·第十章》："专气致柔，能婴儿乎？" ③语出《中庸》第一章："致中和，天地位焉，万物育焉。"

【译文】问："知识没有长进怎么办？"先生说："求学必须有一个本原，必须从本原上努力，然后才能逐渐前进。仙家使用的婴儿比喻很好。比如婴儿在母亲肚中时，只是纯精气，哪有什么知识？等到从母体出生后，才能啼哭，继而能够笑，然后能够认识自己的父母兄弟，再接着能够站立行走、持拿背负物品，最终天下之事无所不能。这都是因为他的精气日益充足，筋骨日益强壮，智力日益开启，不是从母体出来那一天起便能探求推寻得到的，必须有一个本原。圣人达到天地各安其所、万物各遂其性的境界，也就是从'喜怒哀乐未发之中'上逐渐培育而来。后世儒者不明白格物的学说，看见圣人无所不知，无所不能，便希望在刚一下手时探究透彻，哪有这种道理？"又说："立志用功，就好比种树。当它是树芽的时候，还没有树干，等到有树干时，还没有枝条，有枝条然后才有叶子，有叶子才有花和果实。刚开始种树根时，只管去栽培灌溉，不要想着枝条、树叶，也不要想着花和果实。空想有什么用？只要不忘记栽培的工夫，还怕没有枝条树叶、鲜花果实？"

【17】问："看书不能明如何？"先生曰："此只是在文义上穿求，故不明。如此，又不如为旧时学问，他到看得多，解得去。只是他为学虽极解得明晓，亦终身无得。须于心体上用功，凡明不得，行不去，须反在自心上体当，即可通。盖《四书》、《五经》，不过说这心体，这心体即所谓道，心体明即是道明，更无二：此是为学头脑处。"

【译文】问："看书看不明白怎么办？"先生说："这是因为只在文辞句意上穿凿探求，所以有不明白之处。这样的话，还不如先前的那些学问家，他们倒还读得多，理解得清楚。只是他们在学问上虽然理解得极为透彻明白，但终身没有真正的心得体会。必须在心体上用功，凡是理解不清楚，实行不顺畅的，必须返回到自己内心上体会，然后才可以通达。《四书》、《五经》，也不过是探讨这个心体，这个心体就是'道'，心体澄明了，也就明白了'道'，再没有其他的解释。这才是做学问的关键。"

【18】虚灵不昧，众理具而万事出[①]。心外无理，心外无事。

【注释】①语本朱熹《大学章句》注："明德者，人之所得乎天，而虚灵不昧，以具众理而应万事者也。"王阳明借用朱熹的注，进行了改造。

【译文】心灵明亮澄澈，万物之理包含在其中，万事由心主导而施行。心外不存在天理，心外没有事物。

【19】或问："晦庵先生曰：'人之所以为学者，心与理而已。'[①]此语如何？"曰："心即性，性即理。下一'与'字，恐未免为二。此在学者善观之。"

【注释】①语出朱熹《大学或问》。

【译文】有人问："晦庵先生说：'人之所以做学问，是因为有心与天理。'这句话怎么样？"先生说："心就是性，性就是天理。说一个'与'字，恐怕难免把心与理看做两个事物。这就要求学者正确地去理解。"

【20】或曰："人皆有是心。心即理，何以有为善，有为不善？"先生曰："恶人之心，失其本体。"

【译文】有人问："人人都有这个心，心就是天理，为什么有人为善，有人为恶呢？"先生说："恶人的心，丧失了其本体。"

【21】问："'析之有以极其精而不乱，然后合之有以尽其大而无余'[①]，此言如何？"先生曰："恐亦未尽。此理岂容分析？又何须凑合得？圣人说精一，自是尽。"

【注释】①语出朱熹《大学或问》："析之极精不乱，说条目功夫；然后合之尽大无余，说明明德于天下。"

【译文】问："'天理可以通过分析达到极其精微而不混乱的程度，然后综合起来可以统括天下事物而没有遗漏'，这句话怎么样？"先生说："恐怕还没有完全说清楚。这个天理怎么能分析开呢？又何必要凑合起来呢？圣人说精一，就已经讲得很完备了。"

【22】省察是有事时存养，存养是无事时省察。

【译文】省察是有事的时候存养，存养是无事时省察。

【23】澄尝问象山[①]在人情事变上做工夫之说[②]。先生曰："除了人情事变，则无事矣。喜怒哀乐非人情乎？自视听言动，以至富贵贫贱、患难死生，皆事变也。事变亦只在人情里。其要只在'致中和'，'致中和'只在'谨独'。"

【注释】①陆九渊（1139—1193），字子静，自号存斋，江西抚州人，曾讲学于象山，学者称象山先生。南宋著名的理学家，倡导心学，与当时著名理学家朱熹齐名，史有"朱陆之辩"。 ②语本《象山全集》："复斋家兄一日见问云：'吾弟今在何处做工夫？'某答云：'在人情、事势、物理上做些工夫。'"

【译文】我曾经就陆象山在人情事变上做工夫的主张请教先生。先生说："除了人情事物，就没有任何事情了。喜怒哀乐难道不是人情吗？从视听言动到富贵贫贱、患难死生，都是事物变化。所有事情变化也都体现在人情中。关键在于达到中和的状态，而达到中和状态就在于'慎独'。"

【24】澄问："仁、义、礼、智之名，因已发而有？"曰："然。"他日，澄曰："恻隐、羞恶、辞让、是非[①]，是性之表德邪？"曰："仁、义、礼、智也是表德。性一而已：自其形体也谓之天，主宰也谓之帝，流行也谓之命，赋于人也谓之性，主于身也谓之心。心之发也，遇父便谓之孝，遇君便谓之忠，自此以往，名至于无穷，只一性而已。犹人一而已：对父谓之子，对子谓之父，自此以往，至于无穷，只一人而已。人只要在性上用功，看得一'性'字分明，即万理灿然。"

【注释】①语本《孟子·公孙丑上》："恻隐之心，仁之端也；羞恶之心，义之端也；辞让之心，礼之端也；是非之心，智之端也。"

【译文】我问："仁义礼智这几个名称，是因为本性呈现出来之后才具有的吗？"先生说："是的。"另外一天，我问："恻隐、羞恶、辞让、是非，是人性所体现出来的品德吗？"先生说："仁义礼智也是人的本性所呈现出来的品德。本性只有一个，从它的形体而言称之为天，从主宰人的行为而言称之为帝，从它流行扩散而言称之为命，从赋予到人之中而言称之为性，从主导人身而言称之为心。人心发动，奉养父亲就称之为孝，侍奉君主就称之为忠，以此推导，名称没有穷尽，但只是一个人性而已。就好像一个人，对父亲而言称之为子，对子女而言称之为父亲，以此推导，名称没有穷尽，但还是那一个人。人只要在本性上用功，把性字看清楚，那么一切道理都豁然开朗。”

【25】一日，论为学工夫。先生曰：“教人为学，不可执一偏。初学时心猿意马，拴缚不定，其所思虑，多是人欲一边，故且教之静坐，息思虑。久之，俟其心意稍定。只悬空静守，如槁木死灰[①]，亦无用，须教他省察克治。省察克治之功，则无时而可间。如去盗贼，须有个扫除廓清之意。无事时将好色、好货、好名等私，逐一追究搜寻出来，定要拔去病根，永不复起，方始为快。常如猫之捕鼠，一眼看着，一耳听着，才有一念萌动，即与克去，斩钉截铁，不可姑容与他方便，不可窝藏，不可放他出路，方是真实用功，方能扫除廓清。到得无私可克，自有端拱[②]时在。虽曰‘何思何虑’[③]，非初学时事。初学必须思省察克治，即是思诚，只思一个天理。到得天理纯全，便是‘何思何虑’矣。”

【注释】①槁木死灰：语出《庄子·齐物论》：“形固可使如槁木，而心固可使如死灰乎？” ②端拱：端坐拱手。 ③语出《周易·系辞下》：“天下何思何虑？天下同归而殊途，一致而百虑。天下何思何虑？”意为天下有什么需要去思考的呢？天下殊途同归，思虑万千却终归于一致。天下有什么需要去思考的呢？

【译文】一天，讨论为学工夫。先生说：“教人做学问，不能偏执。开始学习的时候，心猿意马，思虑不定，所想的大多是人欲方面的，所以应该教他静坐，平息思虑。时间长了，等他的心思稍微安定。但一味静守，就好像槁木死灰一样，也没有用。还得教他反省自身，克制私欲。这种反省克己的工夫，片刻不能间断。就好比清除盗贼，必须有彻底清除的决心。没有事情的时候，将贪慕美色、财货、名声等各种私欲，逐一追究搜刮出来，一定要彻底清除这个病根，使它永不再萌芽，才是要紧的事。就如猫抓老鼠，一眼看见了，一边耳朵听着，才有一丝欲念萌发，就立刻除去，斩钉截铁，绝不让它存留片刻，不能藏匿，也不能放它出去，这才是真正用功，才能彻底扫除干净。到了没有私欲可以清除的时候，自然有端坐拱手的那种状态。虽然有'何思何虑'之说，但这不是初学者的境界。初学者必须思考反省克己，也就是思考至诚，只思考一个天理。等到了纯粹天理的状态，就是'何思何虑'了。"

【26】澄问："有人夜怕鬼者，奈何？"先生曰："只是平日不能'集义'①，而心有所慊，故怕。若素行合于神明，何怕之有？"子莘②曰："正直之鬼不须怕；恐邪鬼不管人善恶，故未免怕。"先生曰："岂有邪鬼能迷正人乎？只此一怕，即是心邪。故有迷之者，非鬼迷也，心自迷耳。如人好色，即是色鬼迷；好货，即是货鬼迷；怒所不当怒，是怒鬼迷；惧所不当惧，是惧鬼迷也。"

【注释】①语出《孟子·公孙丑上》："是集义所生者，非义袭而取之也。"意为浩然正气是通过长期积聚正义感而形成的，不是行为偶尔符合正义便可获取。　②马明衡，字子莘，福建莆田人，官至御史，王阳明的学生。

【译文】我问："有人晚上怕鬼，怎么办？"先生说："这是因为平常不能集义，内心有愧疚，所以害怕。如果平日行为合于神明，有什么害怕的呢？"马明衡说："正直的鬼不必怕，就是担心邪恶的鬼，不管人是善是恶都来侵害人，所以难免害怕。"先生说："哪有邪恶的鬼能够侵害正直人的呢？就是这种害怕，表明心有邪念。所以那些迷误的人，不是鬼侵迷了他，而是内心迷蔽了自己。如人喜好美色，就是被色鬼迷上了；贪好财货，就是被财货鬼迷上了。在不当发怒的时候发怒，就是被怒鬼迷上了；害怕不当害怕的东西，就是被惧鬼迷上了。"

【27】定者心之本体，天理也，动静所遇之时也。

【译文】心之本体恒定不移，这就是天理，动静只是就心所遭遇事情的时机而言。

【28】澄问《学》、《庸》同异。先生曰："子思①括《大学》

一书之义，为《中庸》首章。”

【注释】①孔伋：字子思，孔子的嫡孙，相传为《中庸》的作者。

【译文】我问《大学》、《中庸》的异同。先生说：“子思把《大学》一书的主要含义概括为《中庸》的首章。”

【29】问：“孔子正名①，先儒说‘上告天子，下告方伯，废辄立郢’②。此意如何？”先生曰：“恐难如此。岂有一人致敬尽礼，待我而为政，我就先去废他，岂人情天理？孔子既肯与辄为政，必已是他能倾心委国而听。圣人盛德至诚，必已感化卫辄，使知无父之不可以为人，必将痛哭奔走，往迎其父。父子之爱，本于天性，辄能悔痛真切如此，蒯聩岂不感动底豫？蒯聩既还，辄乃致国请戮。聩已见化于子，又有夫子至诚调和其间，当亦决不肯受，仍以命辄。群臣百姓又必欲得辄为君，辄乃自暴其罪恶，请于天子，告于方伯诸侯，而必欲致国于父。聩与群臣百姓，亦皆表辄悔悟仁孝之美，请于天子，告于方伯诸侯，必欲得辄而为之君。于是集命于辄，使之复君卫国。辄不得已，乃如后世上皇故事，率群臣百姓尊聩为太公，备物致养，而始退复其位焉。则君君、臣臣、父父、子子③，名正言顺，一举而可为政于天下矣！孔子正名，或是如此。”

【注释】①孔子正名：语出《论语·子路》：“子路曰：‘卫君待子而为政，子将奚先？’子曰：‘必也正名乎！’” ②此春秋时事，《左传》有记载，据朱熹《论语集注》引胡氏云：“卫世子蒯聩，耻其母南子之淫乱，欲杀之不果而出奔。灵公欲立公子郢，郢辞。公卒，夫人立之，又辞。乃立蒯聩之子辄，以拒蒯聩。夫蒯聩欲杀母，得罪于父，而辄据国以拒父，皆无父之人也，其不可有国也明矣。夫子为政，而以正名为先。必将具其事之本末，告诸天王，请于方伯，命公子郢而立之。则人伦正，天理得。名正言顺而事成矣。” ③语出《论语·颜渊》：“齐景公问政于孔子。孔子对曰：‘君君，臣臣，父父，子子。’”

【译文】问：“孔子正名的具体主张，先儒说是向上禀告天子，向下告知各诸侯国，废掉辄的国君之位，而重新确立郢为国君，这种说法怎么样？”

先生说："恐怕很难这样去做。哪有别人真心实意地礼待我去帮他治理国家，我就先去废除他的国君之位的做法？这岂是人情天理？孔子既然赞同辄主持国政，必定是他能够尽心治理国家，对于各种意见都能听得进去。圣人德性高尚，以至诚之心，感化卫君辄，使他知道不孝顺父亲的人不是一个完整的人，辄必将痛哭前往迎接他父亲回来。父子之间的情感，出于天性，辄能够如此真诚地忏悔，蒯聩怎能不感动呢？蒯聩已经回国，于是卫君辄交出国君之位，并请求惩罚。蒯聩已经被儿子的真情所感化，又有孔子的至诚之心在中间调和，绝不肯接受君主之位，仍然命令儿子辄为君主。群臣百姓又必定想要辄继续做他们的国君，卫君辄坦诚自己的过错，请示天子，通告诸侯国，一定要让父亲当国君。蒯聩和群臣百姓都赞美辄的悔悟和仁爱孝顺之情，请示天子，通告诸侯国，一定要让辄继续做他们的国君。于是各方面的要求和任命集中于辄身上，使得辄继续当卫国的君主。辄不得已，按照后世奉养太上皇的做法，率群臣百姓尊崇蒯聩为太公，以丰厚的物品奉养他，然后才告退继续做国君。这样，君君、臣臣、父父、子子，名正言顺，一次性解决，并且可以治理天下了。孔子的正名，或许是这样。"

【30】澄在鸿胪寺仓居，忽家信至，言儿病危。澄心甚忧闷不能堪。先生曰："此时正宜用功。若此时放过，闲时讲学何用？人正要在此等时磨炼。父之爱子，自是至情。然天理亦自有个中和处，过即是私意。人于此处多认做天理当忧，则一向忧苦，不知已是'有所忧患，不得其正'①。大抵七情所感，多只是过，少不及者。才过便非心之本体，必须调停适中始得。就如父母之丧，人子岂不欲一哭便死，方快于心？然却曰'毁不灭性'②，非圣人强制之也，天理本体自有分限，不可过也。人但要识得心体，自然增减分毫不得。"

【注释】①语出《大学》："所谓修身在正其心者，身有所忿懥，则不得其正；有所恐惧，则不得其正；有所好乐，则不得其正；有所忧患，则不得其正。" ②语出《礼记·丧服四制》："三日而食，三月而沐，期而练，毁不灭性，不以死伤生也。"意为父母之丧，三天以后就可以喝粥，三个月后就可以洗头，一年后就可以改戴练冠，这期间虽然身心痛苦，但并不会损害人的身心性命，这体现了不因为死者而伤害生者的道理。

【译文】我在鸿胪寺居住，忽然接到家书，说自己的儿子病危。我内心十分忧郁，不能忍受。先生说："这个时候正适合用功。如果这个时候放过，平常空闲时讲学有什么用？人正是要在这个时候来磨炼自己。父亲疼爱儿子，本来是最真切的情感。然而天理也有一个中和的状态，过头了就是自私。人在这种时候常认为天理应当忧虑，于是一直忧愁苦恼，却不知道这已经是'有所忧患，不得其正'了。通常人有所感触而发出七情，多数情况下都过头了，很少有不及的。才过头就已经不是心之本体，必须调整适中才能实现。好比父母的过世，作为子女谁不想哭到死去活来，才能快慰于心？然而《礼记》却说'毁不灭性'，不是圣人强制要这么做，天理本体原本有一个限度，不能过头。人只要认识了这个心体，自然不能增加或减少分毫。"

【31】不可谓未发之中，常人俱有。盖"体用一源"[①]，有是体即有是用。有"未发之中"，即有"发而皆中节之和"。今人未能有"发而皆中节之和"，须知是他"未发之中"亦未能全得。

【注释】①语出程颐《周易程氏传·序》："至微者，理也，至著者，象也。体用一源，显微无间。"

【译文】不能说一般人都具备"未发之中"的状态。因为"体用一源"，有这样的体，就有这样的用。有"未发之中"的状态，就有"发而皆中节之和"的状态。现在的人不能达到"发而皆中节之和"的状态，可知他"未发之中"的状态也没有完全实现。

【32】《易》之辞，是"初九，潜龙勿用"六字；《易》之象，是初画；《易》之变，是值其画；《易》之占，是用其辞。

【译文】《周易》的爻辞，是"初九，潜龙勿用"六个字，《周易》的卦象是初爻的象，《周易》的变化，是围绕象而变化，《周易》的占卜，是运用爻辞。

【33】"夜气"[①]是就常人说。学者能用功，则日间有事无事，皆是此气翕聚发生处。圣人则不消说夜气。

【注释】①夜气：语出《孟子·告子上》："其日夜之所息，平旦之气，其好恶与人相近也者几希，则其旦昼之所为，有梏亡之矣。梏之反覆，则其夜气不足以存；夜气不足以存，则其违禽兽不远矣。”

【译文】孟子的“夜气”说是针对普通人而言。学者如能用功，那么不管白天有事无事，都是这个气汇聚与发散之时，圣人就不必说“夜气”了。

【34】澄问“操存舍亡”章。曰：“‘出入无时，莫知其乡’①，此虽就常人心说，学者亦须是知得心之本体亦元是如此，则操存功夫，始没病痛。不可便谓‘出’为‘亡’，‘入’为‘存’。若论本体，元是无出无入的。若论出入，则其思虑运用是出。然主宰常昭昭在此，何出之有？既无所出，何入之有？程子所谓‘腔子’，亦只是天理而已。虽终日应酬而不出天理，即是在腔子里。若出天理，斯谓之放，斯谓之亡。”又曰：“出入亦只是动静，动静无端，岂有乡邪？”

【注释】①语出《孟子·告子上》：“孔子曰：‘操则存，舍则亡；出入无时，莫知其乡。’惟心之谓与？”意为孔子说：“抓住它就存在，放弃它就亡失。出出进进没有一定的时候，也不知道它何去何从。”这是说人心吧？

【译文】我问孟子“操存舍亡”这一节。先生说：“‘出入无时，莫知其乡’，这虽然是针对普通人而言，但学者也必须认识心的本体原来就是这样，则操持存养的工夫才没有弊病。不能说‘出’就是亡失，‘入’就是存养。如果说本体，原本无所谓‘出’和‘入’。如果说‘出’‘入’，那么思虑运筹的时候是‘出’。然而心这个主宰时常昭然存在，哪有什么‘出’呢？既然没有出，哪有什么入呢？程子所谓的‘腔子’，也就是指天理。虽然整天应酬交际，但都不外乎天理，都是由天理在主导。如果超出了天理，那就称作‘放’，称之为‘亡’。”又说：“出入只是讲动静，动静没有终始，哪有方向呢？”

【35】王嘉秀①问：“佛以出离生死诱人入道，仙以长生久视诱人入道，其心亦不是要人做不好，究其极至，亦是见得圣人上一截，然非入道正路。如今仕者有由科，有由贡，有由传奉②，一般做到大官，毕竟非入仕正路，君子不由也。仙、佛到极处，

与儒者略同，但有了上一截，遗了下一截，终不似圣人之全；然其上一截同者，不可诬也。后世儒者又只得圣人下一截，分裂失真，流而为记诵、词章、功利、训诂，亦卒不免为异端。是四家者，终身劳苦，于身心无分毫益。视彼仙、佛之徒，清心寡欲，超然于世累之外者，反若有所不及矣。今学者不必先排仙、佛，且当笃志为圣人之学。圣人之学明，则仙、佛自泯。不然，则此之所学，恐彼或有不屑，而反欲其俯就，不亦难乎？鄙见如此，先生以为何如?”先生曰：“所论大略亦是。但谓上一截、下一截，亦是人见偏了如此。若论圣人大中至正之道，彻上彻下，只是一贯，更有甚上一截、下一截？‘一阴一阳之谓道’，但‘仁者见之便谓之仁，知者见之便谓之知，百姓又日用而不知，故君子之道鲜矣’③。仁、知岂可不谓之道？但见得偏了，便有弊病。”

【注释】①王嘉秀，字实夫，王阳明的学生。 ②科、贡、传奉：分别指古代入官的三种途径，即分科考试被录取入官、乡党推荐入官、内官安排入官。 ③语出《周易·系辞上》：“一阴一阳之谓道，继之者善也，成之者性也。仁者见之谓之仁，知者见之谓之知，百姓日用不知；故君子之道鲜矣。”

【译文】王嘉秀问：“佛教以脱离生死来引诱人们入道，道教以长生久视引诱人们入道，它们的本意也不是要人做不好，究其极致，也是只看到圣人之道的上一截，不是圣人之道的正途。如今进入仕途的方式有分科考试被录取入官，乡党推荐入官，内官安排入官，一样都可以做到大官，但终究不是做官的正路，君子不走这条路。道教、佛教修炼到极处，和儒者略同，只是有了上一截，遗漏了下一截，终究不像圣人之道那么完整。然而他们的上一截是相同的，不可否认。后世儒者往往又只得到了下一截，分开后就失真了，流变为背诵记忆、词章、功利、训诂之学，最终也不免沦为异端。这四门学问，终身劳苦，对于身心却没有丝毫益处。和道教佛教徒的清心寡欲，超然世外，不为俗世所牵累相比，反而有所不及。如今学者不必先去排斥道教佛教，应当确定从事圣人之学的志向。明白了圣人之学，则道教佛教自然泯灭。不然的话，现今所学，恐怕佛道们都会轻视，反而想要他们诚服，不是很难吗？这是我的一点粗浅看法，不知先生认为如何？”先生说：“你所讲的大致不错。但是说上一截、下一截，这是人们观点有偏激才如此划分。如果讨论圣人的中和至正之道，上下彻底贯通，哪有什么上一截、下一截呢？'一阴与一阳相互作用的规律叫做道'，但是对于这种规律，'仁者有仁者的看法，智者有智者的看法，而百姓每天都运用着这种规律却毫无知觉，所以真正全面认识这种规律的人很少'。仁和智难道不可以称之为道？但是认知有偏差，也就有弊病。"

【36】 蓍[①]固是易，龟亦是易。

【注释】①蓍：古代用以占卜的草。

【译文】蓍草诚然是周易占卜之法，龟甲也是周易占卜之法。

【37】 问："孔子谓武王未尽善[①]，恐亦有不满意。"先生曰："在武王自合如此。"曰："使文王未没，毕竟如何？"曰："文王在时，天下三分已有其二。若到武王伐商之时，文王若在，或者不致兴兵，必然这一分亦来归了。文王只善处纣，使不得纵恶而已。"

【注释】①语出《论语·八佾》："子谓《韶》，'尽美矣，又尽善也。'谓《武》，'尽美矣，未尽善也。'"《韶》为舜时的乐曲名，《武》为周武王时的乐曲名。孔子评论《韶》说："美极了，而且好极了。"评论《武》说："美极了，却还不够好。"

【译文】问："孔子认为周武王没有尽善，好像对他有不满的地方？"先生说："在周武王的时候也只能这样去做。"问："假使文王没有死去，最终会是怎么样？"先生说："文王在世的时候，天下已经有了三分之二归附于他。如果到武王讨伐商纣的时候，文王还活着的话，或许不至于兴兵讨伐，必定这剩余的三分之一也来归附了。文王只是善于与纣王相处，使他不能放纵自己的恶行而已。"

【38】 问孟子言"执中无权犹执一"[①]。先生曰："中只是天理，只是易，随时变易，如何执得？须是因时制宜，难预先定一个规矩在。如后世儒者，要将道理一一说得无罅漏，立定个格式，此正是执一。"

【注释】①语出《孟子·尽心上》："子莫执中，执中为近之，执中无权，犹执一也。”意为子莫这个人主张持守中道，持守中道就差不多了。但如果持守中道没有灵活性，就和执着于一点一样。

【译文】问孟子所说的“执中无权犹执一”。先生说：“中就是天理，就是变易，随时变易，怎么能执着？必须因时制宜，很难预先确定一个规范。像后世的儒者，要将道理逐一说得没有一个漏洞，确定一个格式，这正是执一。”

【39】唐诩[①]问：“立志是常存个善念，要为善去恶否？”曰：“善念存时，即是天理。此念即善，更思何善？此念非恶，更去何恶？此念如树之根芽，立志者长立此善念而已。‘从心所欲，不逾矩’[②]，只是志到熟处。”

【注释】①唐诩：江西人，王阳明的学生。 ②语出《论语·为政》：“七十而从心所欲，不逾矩。”意为七十岁的时候随心所欲而不会逾越规矩。

【译文】唐诩问：“立志是要时常保存一个善念，要去为善去恶吗？”先生说：“心存善念时就是天理。此刻的念头就是善，哪还有什么其他的善？此刻的念头不是恶，哪还有其他的恶要清除？这一念头就如树木的根芽，立志的人长久保存这个善念而已。‘从心所欲，不逾矩’，就是志向成熟的境界。”

【40】精神，道德，言动，大率收敛为主，发散是不得已。天地人物皆然。

【译文】精神，道德，言说行动，大都是以收敛为主，发散开来是不得已。天地万物与人都如此。

【41】问：“文中子是如何人？”先生曰：“文中子庶几‘具体而微’[①]，惜其蚤死。”问：“如何却有续经之非？”曰：“续经亦未可尽非。”请问。良久，曰：“更觉良工心独苦[②]。”

【注释】①语出《孟子·公孙丑上》：“昔者窃闻之：子夏、子游、子张，皆有圣人之一体；冉牛、闵子、颜渊，则具体而微。敢问所安？” ②语出杜甫《题李尊师松树障子歌》：“已知仙客意相亲，更觉良工心独苦。”王阳明引此，意为王通续经，颇费心思，自知其苦，难为他人言。

【译文】问：“文中子是什么样的人？”先生说：“文中子差不多大体接近圣人，只是没有那么博大精微而已，可惜他死得太早。”问：“为什么他会在编撰经书这事情上遭人非议呢？”先生曰：“编撰经书也不能完全否定。”请问原因。过了很久，先生说：“更觉良工心独苦。”

【42】许鲁斋[①]谓儒者以治生为先之说，亦误人。

【注释】①许衡（1209—1281），字仲平，号鲁斋，元朝怀州河内（今河南沁阳）人，力倡程朱理学，为理学在北方的传播贡献很大。他曾说：“学者治生最为先务。”

【译文】许衡认为儒者应当以治理生计为首要的任务，这一说法容易误导别人。

【43】问仙家元气、元神、元精。先生曰：“只是一件，流行为气，凝聚为精，妙用为神。”

【译文】问道家关于元气、元神、元精的学说。先生说：“这三者是一体的，就其畅通流行而言称之为气，就其凝聚结合而言称之为精，就其奇妙的作用而言称之为神。”

【44】喜怒哀乐，本体自是中和的。才自家着些意思，便过不及，便是私。

【译文】喜怒哀乐的本体原就是中正和谐的。只要掺杂自己的私意，就有过头和不及，就是自私。

【45】问哭则不歌[①]。先生曰：“圣人心体自然如此。”

【注释】①语出《论语·述而》：“子于是日哭，则不歌。”

【译文】请问先生为什么孔子哭泣就不再唱歌。先生说：“圣人的心体自然如此。”

【46】克己须要扫除廓清，一毫不存方是。有一毫在，则众

恶相引而来。

【译文】克己必须把私欲彻底扫除干净，丝毫不留才行。如果有一毫私欲存在，那么很多恶念就会接踵而至。

【47】问《律吕新书》[1]。先生曰："学者当务为急。算得此数熟，亦恐未有用，必须心中先具礼乐之本方可。且如其书说，多用管以候气[2]。然至冬至那一刻时，管灰之飞，或有先后，须臾之间，焉知那管正值冬至之刻？须自心中先晓得冬至之刻始得。此便有不通处。学者须先从礼乐本原上用功。"

【注释】①《律吕新书》：南宋蔡沈著，上卷《律吕本原》，下卷《律吕辨证》。 ②古人通过律管飞灰来测定节气。具体做法是：将芦苇茎中薄膜烧成灰，放在不同律管里，置案上，密封门户，等到某一气节来临时，相应律管里的灰就会自行飞出，以此测定几时几分气节至。

【译文】请问《律吕新书》方面的问题。先生说："学者应注重当务之急。就算熟知律吕，也未必有用。必须心中先具有礼乐的本体才可以。并且像书上所说，多用律管来测定气候。然而到了冬至那一刻，律管上的灰飞动时，有先有后，片刻之间，怎么知道哪一个律管上的灰飞动时恰好代表的是冬至那一刻呢？必须要心中先知道冬至那一刻才可以。这就是讲不通的地方。学者必须先在礼乐本体上用功。"

【48】曰仁云："心犹镜也。圣人心如明镜，常人心如昏镜。近世格物之说，如以镜照物，照上用功，不知镜尚昏在，何能照？先生之'格物'，如磨镜而使之明。磨上用功，明了后亦未尝废照。"

【译文】徐爱说："心就好比镜子。圣人之心好比明镜，常人之心好比昏暗的镜子。近世的格物学说，就好比拿镜子来照物，只知道在照的行为上用功，不知镜子还是昏暗的，怎么能够照呢？先生的格物学说，就好比让人先去磨镜，让镜子明亮起来。在磨的行为上用功，等到镜子明亮了，也没有放弃照的工夫。"

【49】问道之精粗。先生曰："道无精粗，人之所见有精粗。

如这一间房，人初进来，只见一个大规模如此；处久便柱壁之类，一一看得明白；再久，如柱上有些文藻，细细都看出来：然只是一间房。”

【译文】询问道的精粗问题。先生说：“道无所谓精粗，人理解的道有精粗而已。比如说这一间房，人刚一进来，只看见一个大致的规模，待久了，就连柱子墙壁之类的东西都一一看得清楚。再待久些，就连柱子上的花纹雕饰都能看清楚。但只是一间房而已。”

【50】先生曰：“诸公近见时少疑问，何也？人不用功，莫不自以为已知，为学只循而行之是矣。殊不知私欲日生，如地上尘，一日不扫，便又有一层。着实用功，便见道无终穷，愈探愈深，必使精白无一毫不彻方可。”

【译文】先生说：“近来诸位很少有疑问，这是为什么？人如果不用功，无不自认为什么都知道，为学只要循规蹈矩就可以了。却不知道平常的私欲一天天积累，就如地上的灰尘，一天不扫，就积累一层。踏踏实实地用功，就明白道没有终点，越探究越深奥，必须达到精粹清澈没有一毫不符合道才行。”

【51】问：“知至然后可以言诚意。今天理人欲，知之未尽，如何用得克己工夫？”先生曰：“人若真实切己用功不已，则于此心天理之精微，日见一日，私欲之细微，亦日见一日。若不用克己工夫，终日只是说话而已，天理终不自见，私欲亦终不自见。如人走路一般，走得一段，方认得一段；走到歧路处，有疑便问，问了又走，方渐能到得欲到之处。今人于已知之天理不肯存，已知之人欲不肯去，且只管愁不能尽知。只管闲讲，何益之有？且待克得自己无私可克，方愁不能尽知，亦未迟在。”

【译文】问：“知至了然后才可以讲诚意，如今都没有完全了解清楚天理人欲，怎么去用克己的工夫呢？”先生说：“人如果踏实地用功不间断，那么这个良心所蕴含的天理精微都能够日益洞察，对于细微的私欲，也能够每天见得更清晰。如果不用克己的工夫，整天只是空谈而已，天理最终不能自己呈现，私欲最终也不会自己呈现。就如人走路一样，走一段才认得一段，走到岔路口，有疑问就问路，问清楚了再走，才能逐渐到达想去的地方。现在的人对于已经知道的天理不肯保存，对于已经知道的人欲又不肯摒除，而只是担心不能完全知道天理人欲。只空谈一些东西，有什么好处呢？姑且等到自己没有私欲可以克制了，再去担心不能完全知道天理人欲，也还不迟。”

【52】问：“道一而已①。古人论道往往不同，求之亦有要乎？”先生曰：“道无方体，不可执着。却拘滞于文义上求道，远矣。如今人只说天，其实何尝见天？谓日月风雷即天，不可；谓人物草木不是天，亦不可。道即是天，若识得时，何莫而非道？人但各以其一隅之见，认定以为道止如此，所以不同。若解向里寻求，见得自己心体，即无时无处不是此道。亘古亘今，无终无始，更有甚同异？心即道，道即天，知心则知道、知天。”又曰：“诸君要实见此道，须从自己心上体认，不假外求始得。”

【注释】①语出《孟子·滕文公上》：“夫道，一而已矣。”

【译文】问：“道只是一个。古人谈论道往往不同，探求道有没有关键呢？”先生说：“道本没有形体方位，不可以执着。如果拘泥于文辞句意来探求道，则反而远离了道。就如现在的人只说天如何如何，其实何尝看见过天呢？不可以把日月风霜之类的气象说成是天，也不可以把人物草木等说成是天。道就是天，如果理解了，何处不是道？人们往往因自己的一孔之见，认定道只能如此，所有观点各有不同。如果反躬自求，看得自己的内在心体，则随时随地都是道。从古至今，无始无终，哪有什么异同？心就是道，道就是天，认识了心体就认识了道，认识了天。”又说：“各位要真实理解这个道，必须从自己内心上去体认，不需要向外探求来获得。”

【53】问：“名物度数，亦须先讲求否？”先生曰：“人只要成就自家心体，则用在其中。如养得心体，果有未发之中，自然有发而中节之和，自然无施不可。苟无是心，虽预先讲得世上许多名物度数，与己原不相干，只是装缀临时，自行不去。亦不是将名物度数全然不理，只要‘知所先后，则近道’①。”又曰：“人要随才成就。才是其所能为，如夔②之乐，稷③之种，是他资性合下

便如此。成就之者，亦只是要他心体纯乎天理。其运用处，皆从天理上发来，然后谓之才。到得纯乎天理处，亦能不器。使夔、稷易艺而为，当亦能之。”又曰：“如‘素富贵，行乎富贵，素患难，行乎患难’，皆是不器，此惟养得心体正者能之。”

【注释】①语出《大学》：“物有本末，事有终始，知所先后，则近道矣。” ②夔：传说是舜的乐官。 ③稷：周人的先祖，尧舜时主管农事的官。

【译文】问：“事物名称、规则、标准等，也必须预先研究吗？”先生说：“人只要造就自己的心体，各种作用就在心体之中。如果涵养心体，确实有‘未发之中’的状态，自然有‘发而中节之和’的状态，自然无论什么行为都会恰当合适。如果没有这个心体，虽然预先研究了世上许多事物的名称、规则、标准，但与自己本不相干，只是一种临时的装饰点缀，自然并不能真正实行。也不是说完全不去理会各种事物的名称、规则、标准，但要知道先后轻重，才接近道。”又说：“人要随各自的才能来成就自己。才能是个体所能做的，如夔是乐师，稷是主管农事的官，这都是他们各自的资质禀赋适合做这一行。成就他们的资质，也就是要他们的心体达到纯粹天理的状态。他们的作为，都是由天理主导所致，然后可以称之为才能。等到行为完全符合天理时，也就不再是专门的人才了。假使夔、稷换个职业去干，应当也可以承担。”又说：“像《中庸》所说的‘素富贵，行乎富贵，素患难，行乎患难’，都是不成为像器皿一样的人。只有涵养本心的人能做到这一点。”

【54】“与其为数顷无源之塘水，不若为数尺有源之井水，生意不穷。”时先生在塘边坐，傍有井，故以之喻学云。

【译文】“与其打造几亩没有源头的池塘，不如打几尺深但有源头的水井，这样生机无限。”当时先生正在池塘边坐，旁边有一口井，所以拿这个比喻求学。

【55】问：“世道日降，太古时气象如何复见得？”先生曰：“一日便是一元。人平旦时起坐，未与物接，此心清明景象，便如在伏羲时游一般。”

【译文】问：“世道越来越衰败，太古时候的气象怎么能再次看到？”先生说："一天就一元。人早晨起来，没有接触事物时，内心清明的景象，就像在伏羲时代游历一样。"

【56】 问："心要逐物，如何则可？"先生曰："人君端拱清穆，六卿[①]分职，天下乃治。心统五官，亦要如此。今眼要视时，心便逐在色上；耳要听时，心便逐在声上。如人君要选官时，便自去坐在吏部；要调军时，便自去坐在兵部。如此，岂惟失却君体？六卿亦皆不得其职。"

【注释】①六卿：明代六部分别为吏部、户部、礼部、兵部、刑部、工部，每部均设尚书。

【译文】问："内心追逐外物，怎么办才好呢？"先生说："君主端正坐着，清静肃穆，六部各安其职，天下由此得到治理。心统帅五官，也要这样。如今眼睛要看时，心就追逐美色。耳朵要听时，心就追逐声音。就像君主选择官员一样，一定要亲自到吏部，要调动军队时，亲自去兵部，如果这样，不仅君主这一主体失去了，六部也没法各就其职了。"

【57】 善念发而知之，而充之；恶念发而知之，而遏之。知与充与遏者，志也，天聪明也。圣人只有此，学者当存此。

【译文】善念产生时内心知道，并且充实它，恶念萌发时内心知道，并且遏制它。知道、充实与遏制，这都属于人的意志，是人生来就具备的。圣人也就是完全做到了这一点，学者应当存养这一点。

【58】 澄曰："好色、好利、好名等心，固是私欲，如闲思杂虑，如何亦谓之私欲？"先生曰："毕竟从好色、好利、好名等根上起，自寻其根便见。如汝心中，决知是无有做劫盗的思虑，何也？以汝元无是心也。汝若于货色名利等心，一切皆如不做劫盗之心一般，都消灭了，光光只是心之本体，看有甚闲思虑？此便是'寂然不动'[①]，便是'未发之中'，便是'廓然大公'，自然'感而遂通'，自然'发而中节'，自然'物来顺应'[②]。"

【注释】①语出《周易·系辞上》："寂然不动，感而遂通天下之故。”　②语出程颢《答横渠张子厚先生书》，见《河南程氏文集》卷二：“君子之学，莫若廓然大公，物来而顺应。”

【译文】我说：“喜好美色、喜好财利、喜好名声等心思，本是私欲，像闲思杂虑，怎么也称之为私欲呢？”先生说：“毕竟都是从喜好美色、喜好财利、喜好名声等根源上兴起的念头，自己去寻找这个根源就可以看得到。就像你心中必定没有做盗贼的想法，为什么？因为你原本就没有这个心思。你对于财货美色名声利益等心思，一切都和不做盗贼的心一样，都消灭掉，仅仅只有一个心的本体，看有什么闲思杂虑？这就是‘寂然不动’，就是‘未发之中’，也是‘廓然大公’，自然‘感而遂通’，自然‘发而中节’，自然‘物来顺应’。”

【59】问“志至气次”[①]。先生曰：“‘志之所至，气亦至焉’之谓，非‘极至次贰’之谓。‘持其志’，则养气在其中。‘无暴其气’，则亦持其志矣。孟子救告子[②]之偏，故如此夹持说。”

【注释】①志至气次：语出《孟子·公孙丑上》：“夫志，气之帅也；气，体之充也。夫志至焉，气次焉；故曰：‘持其志，无暴其气。’”意为人的思想意志主导着意气情感，意气情感是充满于体内的力量。思想意志一彰显，意气情感也就随之呈现，所以说坚定自己的意志，不要放纵意气情感。　②告子，名不害，战国人。他提出性无善恶论，并有“生之谓性”，“食色，性也”的论点，与孟子性善论相对立。

【译文】问“志至气次”。先生说：“这是‘志之所至，气亦至焉’的说法。不是‘极至次贰’的说法。持守志向，则养气就在其中。不放纵血气，就是持守志向。孟子补正了告子思想的偏激，所以这样混着说。”

【60】问：“先儒曰：‘圣人之道，必降而自卑；贤人之言，则引而自高。’[①]如何？”先生曰：“不然。如此却乃伪也。圣人如天，无往而非天。三光之上，天也；九地之下，亦天也。天何尝有降而自卑？此所谓大而化之也。贤人如山，守其高而已。然百仞者不能引而为千仞，千仞者不能引而为万仞，是贤人未尝引而自高也，引而自高则伪矣。”

【注释】①语出程颐，见《河南程氏外书》卷三。

【译文】问："程颐说：'圣人之道，必降而自卑；贤人之言，则引而自高。'这种说法怎么样？"先生说："不对，这样说乃是作伪。圣人就如同天一样，无处不是天。日月星三光之上是天，九层大地之下也仍然是天。天何尝降低自己到卑微地位呢？这是孟子所谓的'大而化之'。贤人就如同山一样，守住它的高度而已。然而百丈高的山不能提升到千丈，千丈的不能提升到万丈，因此贤人也没有拔高自己而自我标榜，有意拔高和自我标榜是作伪的表现。"

【61】问："伊川谓'不当于喜怒哀乐未发之前求中'①，延平②却教学者看未发之前气象，何如？"先生曰："皆是也。伊川恐人于未发前讨个中，把中做一物看。如吾向所谓认气定时做中，故令只于涵养省察上用功。延平恐人未便有下手处，故令人时时刻刻求未发前气象，使人正目而视惟此，倾耳而听惟此，即是'戒慎不睹，恐惧不闻'③的工夫。皆古人不得已诱人之言也。"

【注释】①语出程颐，见《河南程氏遗书》卷十八。 ②李侗(1093—1163)，字愿中，世称延平先生，今福建南平人。程颐三传弟子，朱熹曾从游其门下，并编撰其语录为《延平答问》。 ③语出《中庸》第一章："是故君子戒慎乎其所不睹，恐惧乎其所不闻。莫见乎隐，莫显乎微。故君子慎其独也。"意为君子在别人看不到的地方要警戒谨慎，在别人听不到的地方要敬畏持守。最幽暗不明的地方就是最容易看见的，最细微看不见的事物也就是最容易显现的，所以君子要在独处时谨慎。

【译文】问："程伊川所说的'不应当在喜怒哀乐之情没有流露出来的时候去探求一个中和的状态'，李延平却教学者去体认喜怒哀乐之情没有流露时的状态，这怎么解释？"先生说："都对。程伊川担心人在喜怒哀乐之情流露之前去讨论中和，把中和看做一个固定的事物，就像我以前把气息平定时看做中和的状态，所以他只教人在涵养省察上用功。李延平担心人不知道如何下手做工夫，所以教人时时刻刻去追求喜怒哀乐之情流露之前的状态，使人端正眼睛去注视是这样，倾耳去听也是这样，这就是《中庸》所讲的'戒慎不睹，恐惧不闻'的工夫。这都是古人不得已开导人的说法。"

【62】澄问："喜怒哀乐之中和，其全体常人固不能有。如一

件小事当喜怒者，平时无有喜怒之心，至其临时，亦能中节，亦可谓之中和乎？”先生曰：“在一时一事，固亦可谓之中和，然未可谓之大本达道。人性皆善，中和是人人原有的，岂可谓无？但常人之心既有所昏蔽，则其本体虽亦时时发见，终是暂明暂灭，非其全体大用矣。无所不中，然后谓之大本；无所不和，然后谓之达道。惟天下之至诚，然后能立天下之大本①。”曰：“澄于‘中’字之义尚未明。”曰：“此须自心体认出来，非言语所能喻。中只是天理。”曰：“何者为天理？”曰：“去得人欲，便识天理。”曰：“天理何以谓之中？”曰：“无所偏倚。”曰：“无所偏倚，是何等气象？”曰：“如明镜然，全体莹彻，略无纤尘染着。”曰：“偏倚是有所染着。如着在好色、好利、好名等项上，方见得偏倚；若未发时，美色名利皆未相着。何以便知其有所偏倚？”曰：“虽未相着，然平日好色、好利、好名之心，原未尝无；既未尝无，即谓之有；既谓之有，则亦不可谓无偏倚。譬之病疟之人，虽有时不发，而病根原不曾除，则亦不得谓之无病之人矣。须是平日好色、好利、好名等项一应私心，扫除荡涤，无复纤毫留滞，而此心全体廓然，纯是天理，方可谓之喜怒哀乐未发之中，方是天下之大本。”

【注释】①语本《中庸》第三十二章：“惟天下至诚，为能经纶天下之大经，立天下之大本，知天地之化育，夫焉所倚。”

【译文】我问：“喜怒哀乐的中和状态，其整体状态一般人确实不能持有，比如一件应当喜或怒的小事，平时没有喜怒之心，等到应对事情的时候，也符合礼仪，这可以称之中和吗？”先生说：“在一时一事上，确实也可以称之中和，但是不能称为大本达道。人性本善，中和是人人都具有，怎么能说没有呢？但常人的心智往往有所蒙蔽，因而其本体虽时时发现，终究是时明时暗，不是本体的全然发用状态。无时无处不符合中道，然后才可称之为大本；无处不和谐，然后才可称之为达道。只有天下最真诚的人，才能确立天下的大本。”我说：“我对于‘中’字的含义尚未明白。”先生说：“这个必须要自己的内心去体认出来，不是通过言语所能讲清楚的。中只是天理。”我说：“什么是天理呢？”先生说：“摒除人欲，就知道天理。”我说：“天理为什么称之为中？”先生说：“因为它没有偏倚。”我说：“没有偏倚是什么气象呢？”先生说：“就好像一块明镜，全体晶莹透彻，没有一丝灰尘沾染。”说：“偏倚是有沾染，比如说染在喜好美色、喜好财利、喜好名声等事情上，才可以看得见偏倚。如果喜怒哀乐之情没有呈现时，美色名利都没有沾染到心。那么怎样才知道它有偏倚呢？”先生说：“虽然没有附着，然而平日的喜好美色、喜好利益、喜好名声的心思原本没有放弃，既然没有放弃，那就是有，既然有这个心思，那么就不可以说没有偏倚。譬如患了病的人，虽然有时候不发作，但是病根却没有除去，所以也就不能称之为没病的人。必须把平日喜好美色、喜好利益、喜好名声等私心全部一并清除干净，没有毫发保留，而此心的全体廓然大公，纯粹是天理的状态，才可以称之为喜怒哀乐之情没有呈现时的中和状态，才是天下之大本。”

【63】问：“‘颜子没而圣学亡’①，此语不能无疑。”先生曰：“见圣道之全者惟颜子，观喟然一叹可见。其谓‘夫子循循然善诱人，博我以文，约我以礼’②，是见破后如此说。博文约礼，如何是善诱人？学者须思之。道之全体，圣人亦难以语人，须是学者自修自悟。颜子‘虽欲从之，末由也已’③，即文王‘望道未见’意。望道未见，乃是真见。颜子没而圣学之正派遂不尽传矣。”

【注释】①语出《王阳明全集》卷七，《别湛甘泉序》：“颜子没而圣人之学亡。” ②语出《论语·子罕》：“夫子循循然善诱人，博我以文，约我以礼，欲罢不能。”意为老师善于有步骤地诱导我们，用各种文献来丰富我的知识，又用一定的礼节来约束我的行为，使我想停止学习都不可能。 ③语出《论语·子罕》，意为想要继续跟着前进，又不知怎样走了。

【译文】问：“‘颜回死了后，圣人之学开始消亡’。这句话不能不让人产生疑问。”先生说：“体认到圣学全貌的只有颜回，看他的喟然一叹可以得知。颜回所谓‘老师循循善诱地教导我，让我广博地学习知识，以礼仪来规范我的行为’，这些都是看破之后才这样说。博文约礼怎么是善于诱导人呢？学者必须思考这个东西。大道的全体，圣人也难以告诉别人，必须是学者自己修养自己觉悟。颜回所说的‘虽欲从之，末由也已’，也就是文王‘望道未见’的意思。追求大道却没有看到，才是真正领会了大道。颜回死后，圣学的正统没有得到完整的流传。”

【64】问：“身之主为心，心之灵明是知，知之发动是意，意之所着为物，是如此否？”先生曰：“亦是。”

【译文】问：“身的主导是心，心的灵明知觉是良知，良知之发动是意念，意念所接触的是事物，是这样的吗？”先生说：“也可以这样讲。”

【65】只存得此心常见在，便是学。过去未来事，思之何益？徒放心耳！

【译文】只要存养心体，使之时常被知觉，就是学问。过去和未来的事情，想多了有何益处？只会把心放逐于外。

【66】言语无序，亦足以见心之不存。

【译文】说话颠三倒四，以此足可以看出他的心体没有存养。

【67】尚谦[①]问：“孟子之‘不动心’[②]与告子异。”先生曰：“告子是硬把捉着此心，要他不动；孟子却是集义到自然不动。”又曰：“心之本体原自不动。心之本体即是性，性即是理，性元不动，理元不动。集义是复其心之本体。”

【注释】①薛侃（？—1545），字尚谦，号中离，广东揭阳人，正德二年（1507）进士，官至行人司司正，王阳明的学生。②语出《孟子·公孙丑上》。

【译文】薛侃问：“孟子的‘不动心’与告子的不同。”先生说：“告子是强行把捉住这个心，要他不动。孟子则是通过集义达到自然不动心。”又说：“心的本体原来是不动的。心的本体就是性，性就是天理，性本来不动，天理本来不动，集义就是要恢复心的本体。”

【68】万象森然时，亦冲漠无朕；冲漠无朕，即万象森然。冲漠无朕者，一之父；万象森然者，精之母。一中有精，精中

有一。

【译文】天地万物兴盛繁茂之时，也就是宇宙混沌空寂无形之时；宇宙混沌空寂无形之时，也就是天地万物兴盛繁茂之时。宇宙混沌空寂无形的状态，是专一的开始，天地万物兴盛繁茂的状态是精粹的开始，专一中包含着精粹，精粹中包含着专一。

【69】心外无物。如吾心发一念孝亲，即孝亲便是物。

【译文】心之外没有事物。如我的心发出孝顺父母的一个念头，孝顺父母就是一个事物。

【70】先生曰："今为吾所谓格物之学者，尚多流于口耳。况为口耳之学者，能反于此乎？天理人欲，其精微必时时用力省察克治，方日渐有见。如今一说话之间，虽只讲天理，不知心中倏忽之间，已有多少私欲。盖有窃发而不知者，虽用力察之，尚不易见，况徒口讲而可得尽知乎？今只管讲天理来顿放着不循，讲人欲来顿放着不去，岂格物致知之学？后世之学，其极至，只做得个'义袭而取'①的工夫。"

【注释】①义袭而取：语出《孟子·公孙丑上》："是集义所生者，非义袭而取之也。"意为浩然正气是通过长期积聚正义感而形成的，不是行为偶尔符合正义便可获取。

【译文】先生说："如今跟我学习格物学说的人，很多还只是停留于口耳相传。何况那些专门口耳相传的人，能够超过他们吗？天理人欲的精微之处必须时时刻刻反省克制，才能逐渐有所见识。如今交谈之间，尽管只讲天理，但片刻之间，不知内心已经有了多少私欲。有偷偷流露出来而自己还不知道的，虽然用力省察，仍然不容易看清，何况只是口头上讲的人，可以认清全部吗？如今只知道讲天理，却把天理停放着不遵循，讲人欲的也停放着不清除，这怎么能算是格物致知的学问呢？后世之学，达到极致的，也只是做了个'义袭而取'的工夫。"

【71】问"格物"。先生曰："格者，正也。正其不正，以归于正也。"

【译文】问格物的学说。先生说："格是正的意思，纠正不正确的，以恢复到正确的状态。"

【72】问："知止者，知至善只在吾心，元不在外也，而后志定？"曰："然。"

【译文】问："知止就是知道至善只在我的内心，本来就不在心外，然后志向才能坚定吗？"先生回答道："是的。"

【73】问："格物于动处用功否？"先生曰："格物无间动静，静亦物也。孟子谓'必有事焉'①，是动静皆有事。"

【注释】①语出《孟子·公孙丑上》："必有事焉而勿正，心勿忘，勿助长也。"意为一定要使心处于清醒与自觉状态，但不要抱特定目的和意图，时刻记住，但不去违背规律地帮助它生长。

【译文】问："格物是在行动处用功吗？"先生说："格物的工夫本来没有动静间隔，静时也有事物在。孟子所谓'必有事焉'，表明不管动静都是有事的状态。"

【74】工夫难处，全在格物致知上，此即诚意之事。意既诚，大段心亦自正，身亦自修。但正心修身工夫，亦各有用力处，修身是已发边，正心是未发边。心正则中，身修则和。

【译文】工夫的难处全在格物致知上，这也就是诚意的工夫。意念既已真诚，大多时候心也就自然端正，身也就自然修善。但是正心修身的工夫，也分别有用力的地方，修身是意念发出来的状态。正心是意念没有发出来的状态。心端正了就达到中，身修了就达到了和。

【75】自"格物致知"至"平天下"，只是一个"明明德"。虽"亲民"，亦"明德"事也。明德是此心之德，即是仁。"仁者以天地万物为一体"①，使有一物失所，便是吾仁有未尽处。

【注释】①语本程颢，见《河南程氏遗书》卷二："学者须先识仁。仁者，浑然与物同体。"

【译文】从"格物致知"到"平天下"，只是阐述"明明德"。即便是

“亲民”，也是属于“明德”的内容。明德是人心的德性，也就是仁。“具有仁德的人把天地万物看作是一体的存在”，如果有一个事物不当其位，那就是我的仁德没有完全扩充开去。

【76】只说“明明德”，而不说“亲民”，便似老、佛。

【译文】只说“明明德”，而不说“亲民”，就和道教佛教的主张相似了。

【77】至善者性也。性元无一毫之恶，故曰至善。止之，是复其本然而已。

【译文】至善是人的本性。人的本性本来没有一毫恶，所以说是至善。止于至善，就是恢复人性的本然状态而已。

【78】问：“知至善即吾性，吾性具吾心。吾心乃至善所止之地，则不为向时之纷然外求，而志定矣。定则不扰扰而静，静而不妄动则安，安则一心一意只在此处。千思万想，务求必得此至善，是能虑而得矣。如此说是否？”先生曰：“大略亦是。”

【译文】问：“知道至善就是我的本性，我的本性内在于我的心。如果我的心就是至善的最后归宿，那么就不会因为过去的纷纷扰扰而向外探求，志向更为坚定了。坚定了就不会再纷纷扰扰，而是保持宁静，静心而不妄动就是安，安定则一心一意只在至善上。千思万想，务必追求达到至善，这就是思考之后而有所得。这样说对吗？”先生说：“基本差不多。”

【79】问：“程子云：‘仁者以天地万物为一体。’何墨氏‘兼爱’[①]反不得谓之仁？”先生曰：“此亦甚难言。须是诸君自体认出来始得。仁是造化生生不息之理，虽弥漫周遍，无处不是，然其流行发生，亦只有个渐，所以生生不息。如冬至一阳生，必自一阳生，而后渐渐至于六阳，若无一阳之生，岂有六阳？阴亦然。惟有渐，所以便有个发端处；惟其有个发端处，所以生；惟其生，所以不息。譬之木，其始抽芽，便是木之生意发端处；抽芽

然后发干，发干然后生枝、生叶，然后是生生不息。若无芽，何以有干有枝叶？能抽芽，必是下面有个根在。有根方生，无根便死。无根何从抽芽？父子兄弟之爱，便是人心生意发端处，如木之抽芽。自此而仁民，而爱物，便是发干、生枝、生叶。墨氏兼爱无差等，将自家父子兄弟与途人一般看，便自没了发端处。不抽芽，便知得他无根，便不是生生不息，安得谓之仁？孝弟为仁之本，却是仁理从里面发生出来。”

【注释】①墨氏兼爱：墨翟，战国初期鲁国人，一说宋国人，墨家学派的创始人，世称之为墨子。墨子主张兼爱、非攻、尚贤、尚同，反对儒家繁礼厚葬，提倡薄葬非乐。有《墨子》一书传世，为墨家学派的著作总集。

【译文】问：“程子说：‘具有仁德的人把天地万物看为一个整体。’为何墨子的‘兼爱’说，反而不可以称为仁呢？”先生说：“这也很难说。必须由你们自己去体认才行。仁是造化生生不息的天理，虽然弥漫周遍，无处不在，然而它的流行发用，也只是渐进，所以才生生不息。如冬至一阳产生，必定从一阳开始，然后才逐渐发展到六阳，如果没有一阳的产生，又怎么有六阳呢？阴也是如此。由于有渐进的过程，所以就有一个发端的地方，有个发端的地方，所以才能产生。唯有生长，所以不停息。譬如树木，它刚开始抽芽，就是树木的生机发端处，抽芽然后再发干，发干然后再生长枝叶，然后是生生不息。如果没有树芽，怎么会有树干有枝叶？能够抽芽，必定是下面有一个根。有根才能生长，没有根就会死去。没有根从哪里抽芽呢？父子兄弟之间的爱，就是人心的生机发端处，就像树木的抽芽。从这里开始仁爱人民，进而热爱事物，就是长出树干、生长出枝叶。墨子的兼爱没有差等，把自己的父子兄弟看成和路人一样，这是自己埋没了发端处。不抽芽，就知道他没有根，也就不会生生不息，怎么可以称作仁呢？孝悌是仁的根本，仁这个天理就是从孝悌这个根里生发出来的。”

【80】问：“延平云‘当理而无私心’①。当理与无私心，如何分别？”先生曰：“心即理也，无私心即是当理，未当理便是私心。若析心与理言之，恐亦未善。”又问：“释氏于世间一切情欲之私，都不染着，似无私心。但外弃人伦，却是未当理。”曰：

"亦只是一统事，都只是成就他一个私己的心。"

【注释】①语出李侗《延平答问》，指既合天理又没有私心。

【译文】问："李延平说'当理而无私心'，符合天理与没有私心，怎么分别呢？"先生说："心就是理，无私心就是符合天理，不符合天理就是有私心。如果把心和理分开来讲，恐怕也不好。"又问："佛教对于世间的一切情欲私欲，都不执着，好像是没有私心。但是放弃人伦，就是违背天理。"先生说："这也就是一回事，都只是成就了他自己的一个自私的心而已。"

薛侃录

【1】侃问："持志如心痛，一心在痛上，安有工夫说闲语，管闲事？"先生曰："初学工夫，如此用亦好；但要使知'出入无时，莫知其乡'。心之神明，原是如此，工夫方有着落。若只死死守着，恐于工夫上又发病。"

【译文】我问："持守志向就好比心痛，一门心思在痛上，哪有工夫说闲话，管闲事呢？"先生说："初学者这样去做也好；但是要使人知道'出入无时，莫知其乡'，心就是神明，原本就是这种存在状态，工夫才能落实。如果只是死死守着志向，恐怕又会在工夫上犯病。"

【2】侃问："专涵养而不务讲求，将认欲作理，则如之何？"先生曰："人须是知学，讲求亦只是涵养。不讲求，只是涵养之志不切。"曰："何谓知学？"曰："且道为何而学？学个甚？"曰："尝闻先生教，学是学存天理。心之本体，即是天理，体认天理，只要自心地无私意。"曰："如此则只须克去私意便是，又愁甚理欲不明？"曰："正恐这些私意认不真。"曰："总是志未切。志切，目视耳听皆在此，安有认不真的道理？'是非之心，人皆有之'①，不假外求。讲求亦只是体当自心所见，不成去心外别有个见？"

【注释】①语出《孟子·公孙丑上》，意为人人都具有判别是非的心。

【译文】我问："专心于涵养而不注重研究，将会把人欲当做天理，该怎么办？"先生说："人必须知道学问，研究也只是涵养。不研究，只是涵养的志向不真切。"我说："什么叫做知学？"先生说："你且回答我为什么要学？学什么东西？"我说："我曾经听先生讲，学是学会存天理。心的本体就是天理，体认这个天理，就是要自己的内心没有私意。"先生说："明白了这点，你只须清除私意就可以了，又担心什么天理人欲分不清楚呢？"我说："我就是担心这些私意把握不准确。"先生说："都是你的志向不真切。志向真切，眼睛看，耳朵听，都在这方面，哪有认不清的道理呢？'是非之心，人皆有之'，不必借助于向外探求。研究也只是体会自己内心所发现的，难道在心外另有一个见解？"

【3】先生问在坐之友："比来工夫何似？"一友举虚明①意思。先生曰："此是说光景②。"一友叙今昔异同。先生曰："此是说效验。"二友惘然，请是。先生曰："吾辈今日用功，只是要为善之心真切。此心真切，见善即迁，有过即改，方是真切工夫。如此，则人欲日消，天理日明。若只管求光景，说效验，却是助长外驰病痛，不是工夫。"

【注释】①虚明：周敦颐《通书》曰："无欲则静虚，虚则明。"②光景：犹"光影"，喻为虚幻不实的现象。黄宗羲的《论不宜立理学传书》曰："孟子言良知，文成恐人将此知作光景玩弄，走入玄虚，故就上面点出一'致'字，其意最为精密。"

【译文】先生问在座的一位朋友："近来做工夫怎么样？"这位朋友说出内心虚静空灵的感受。先生说："这是讲玄虚的景象。"一位朋友谈了过去与现在的异同。先生说："你这是讲效果。"两位朋友茫然不解，请先生指正。先生说："我们今天做工夫，就是要使为善的心真诚切实。这个心真诚切实了，看见好的就去追求，有过错就去改正，这才是真实切己的工夫。这样，人的私欲日益消退，天理逐渐彰显。如果只顾着追求玄虚体验，谈论效果，那都是人为滋长了向外追逐的病痛，不是工夫。"

【4】朋友观书，多有摘议晦庵者。先生曰："是有心求异，即不是。吾说与晦庵时有不同者，为入门下手处有毫厘千里之

分，不得不辩。然吾之心与晦庵之心，未尝异也。若其余文义解得明当处，如何动得一字？”

【译文】朋友们看书，有不少人指摘评议朱子。先生说：“这是存心去找差异，是不对的。我的学说与朱子时常有不同，但都是入门工夫有毫厘千里之分，不得不辨析清楚。但是我的心与朱子的心并没有不同。比如朱子在那些文辞语义讲解得很清楚明白的地方，又怎么能改动他的一个字？”

【5】希渊[①]问：“圣人可学而至。然伯夷[②]、伊尹[③]于孔子，才力终不同，其同谓之圣者安在？”先生曰：“圣人之所以为圣，只是其心纯乎天理，而无人欲之杂。犹精金之所以为精，但以其成色足而无铜铅之杂也。人到纯乎天理方是圣，金到足色方是精。然圣人之才力，亦有大小不同，犹金之分两有轻重。尧、舜犹万镒[④]，文王、孔子犹九千镒，禹、汤、武王犹七八千镒，伯夷、伊尹犹四五千镒。才力不同，而纯乎天理则同，皆可谓之圣人。犹分两虽不同，而足色则同，皆可谓之精金。以五千镒者而入于万镒之中，其足色同也；以夷、尹而厕之尧、孔之间，其纯乎天理同也。盖所以为精金者，在足色，而不在分两。所以为圣者，在纯乎天理，而不在才力也。故虽凡人而肯为学，使此心纯乎天理，则亦可为圣人。犹一两之金，比之万镒，分两虽悬绝，而其到足色处，可以无愧。故曰‘人皆可以为尧舜’[⑤]者以此。学者学圣人，不过是去人欲而存天理耳，犹炼金而求其足色。金之成色，所争不多，则煅炼之工省，而功易成。成色愈下，则煅炼愈难；人之气质，清浊粹驳。有中人以上，中人以下，其于道，有生知安行，学知利行，其下者，必须人一己百，人十己千，及其成功则一。后世不知作圣之本是纯乎天理，却专去知识才能上求圣人。以为圣人无所不知，无所不能，我须是将圣人许多知识才能，逐一理会始得。故不务去天理上着工夫，徒弊精竭力，从册子上钻研，名物上考索，形迹上比拟。知识愈广而人欲愈滋，才力愈多，而天理愈蔽。正如见人有万镒精金，不务煅炼成色，

求无愧于彼之精纯，而乃妄希分两，务同彼之万镒。锡铅铜铁，杂然而投，分两愈增，而成色愈下。既其梢末，无复有金矣。”时曰仁在傍曰：“先生此喻，足以破世儒支离之惑，大有功于后学。”先生又曰：“吾辈用力，只求日减，不求日增。减得一分人欲，便是复得一分天理，何等轻快脱洒！何等简易！”

【注释】①蔡宗兖，字希渊，号我斋，山阴（今浙江绍兴）人，官至四川提学佥事，王阳明的学生。 ②伯夷：孤竹君之子，曾与弟叔齐一起劝阻武王伐纣，武王灭商后，两人耻食周粟，饿死首阳山。 ③伊尹：名挚，商朝贤相，辅佐商汤攻灭夏桀。 ④镒（yì）：古代重量单位，合二十两，一说二十四两。 ⑤语出《孟子·告子下》：“曹交问曰：‘人皆可以为尧舜，有诸?’孟子曰：‘然。’”

【译文】蔡希渊问：“可以通过学习成为圣人。然而伯夷、伊尹和孔子相比，才智终究有差异，但他们同被称为圣人的根据在哪里?”先生说：“圣人之所以是圣人，就是他们的心纯粹达到天理，没有私欲掺杂在中间。好比纯金之所以为纯金，就是因为金的成色十足，没有铜铅混杂在其中。人心达到纯粹天理的状态才是圣人，金子达到成色单一的状态才是纯。然而圣人的才力本有大小不同，就像金子的分量有轻重。尧舜好比一万镒，文王孔子好比九千镒，禹、汤、武王好比七八千镒，伯夷、伊尹好比四五千镒。才力各有不同，但纯粹是天理这一点是相同的，都可以称之为圣人。好比金子的分量虽然不同，但都成色十足这一点相同，所以都能称之为纯金。把五千镒放到一万镒中去，成色相同。把伯夷、伊尹放在尧和孔子之间，他们纯粹都是天理这一点相同。之所以称为纯金，在于成色，不在于重量。所以为圣人，在于纯粹天理，而不在于才力大小。所以即便是普通人，只要肯学习，使得心达到纯粹天理的状态，就可以成为圣人。好比一两黄金与万镒黄金相比，分量虽然相差悬殊，但是从成色十足这一点上看，可以说毫无愧色。所以说‘人人都可以成为尧舜那样的圣人’正是从这个角度来讲的。学者学圣人，不过是摒弃人欲，存养天理而已，就如炼金追求成色十足。黄金的成色，如果杂物不多，那么炼制起来就省事多了，并且容易成功。成色越低下，炼制起来就越难。人的气质，清浊相杂，有中人以上的，有中人以下的，对于圣人之道，有生知安行的人，有学知利行的人，资质最低下的人，必须花费比别人多百倍的工夫，而最终的成功都一样。后世学者不知道成为圣人的根本是看纯粹天理，只专门在知识才能上去追求成为圣人。以为圣人无所不知，无所不能，自己必须将圣人的许多知识才能逐渐一一学会了才行。所以不专注在天理上下功夫，白白浪费精力，在书本上钻研，在事物名称上考察，在各种具体行为方式上模仿。知识越多而人的欲望越膨胀，才智越多，而天理遮蔽得越严重。正如看见别人有一万镒黄金，不去专心锻炼黄金的成色，以达到无愧于精纯的状态，而是希冀于重量，一定要和一万镒相等。结果是锡铅铜铁交杂混合，分量虽然增重了不少，但成色却越来越低。等到了极致，都不再有黄金了。"当时徐爱在旁边说："先生这个比喻，足以打破后世儒者求学过程中支离破碎的困惑，对于后学有巨大的贡献。"先生说："我们用功，只追求逐日减少，不追求逐日增加。减少一分人欲，就是恢复了一分天理，多么轻快洒脱！多么简单易行！"

【6】士德[①]问曰："格物之说，如先生所教，明白简易，人人见得。文公[②]聪明绝世，于此反有未审，何也？"先生曰："文公精神气魄大，是他早年合下便要继往开来，故一向只就考索著述上用功。若先切己自修，自然不暇及此。到得德盛后，果忧道之不明。如孔子退修六籍，删繁就简，开示来学，亦大段不费甚考索。文公早岁便著许多书，晚年方悔是倒做了。"士德曰："晚年之悔，如谓'向来定本之误'[③]，又谓'虽读得书，何益于吾事'[④]？又谓'此与守书籍，泥言语，全无交涉'[⑤]，是他到此方悔从前用功之错，方去切己自修矣。"曰："然此是文公不可及处。他力量大，一悔便转，可惜不久即去世，平日许多错处皆不及改正。"

【注释】①士德：杨骥，字士德，王阳明的学生。 ②文公：指朱熹，"文"是朱熹的谥号。 ③语出朱熹《答黄直卿书》，详见王阳明辑录的《朱子晚年定论》。 ④语出朱熹《与吕子约》，详见王阳明辑录的《朱子晚年定论》。 ⑤语出朱熹《答何叔京》，详见王阳明辑录的《朱子晚年定论》。

【译文】杨士德问："格物的学说，像先生所教的那样，明白简单，人人都能理解。朱子聪明绝世，对于这一点反而没有理解透彻，这是为什么呢？"先生说："朱子精神气魄大，他早年就注定要继往开来，所以一直在考辨著述上用功。如果一开始就密切结合自身来修养，自然没空顾及这些。等到品德完满后，果然担心圣人之道不被人家理解。就像孔子删订六经，删除繁杂实现简单精炼，昭示给后来的学者，基本上不费什么考究的工夫。朱子早年便写了很多著作，晚年才后悔把事情做反了。”杨士德说：“晚年反悔，如说‘以前确立根本的错误’，又说‘即使能读书，对于我们行事有什么好处呢’，又说‘这与死守书本、拘泥于语言完全没有关系’，说明他到了这个时候才后悔从前的工夫用错了地方，才去密切结合自身修养。”先生说：“然而这正是一般人比不上朱子的地方。他决心大，一后悔就开始转向，可惜不久就过世了，生前很多理解错了的地方都来不及改正。”

【7】侃去花间草，因曰：“天地间何善难培，恶难去？”先生曰：“未培未去耳。”少间，曰：“此等看善恶，皆从躯壳起念，便会错。”侃未达。曰：“天地生意，花草一般，何曾有善恶之分？子欲观花，则以花为善，以草为恶；如欲用草时，复以草为善矣。此等善恶，皆由汝心好恶所生，故知是错。”曰：“然则无善无恶乎？”曰：“无善无恶者理之静，有善有恶者气之动。不动于气，即无善无恶，是谓至善。”曰：“佛氏亦无善无恶，何以异？”曰：“佛氏着在无善无恶上，便一切都不管，不可以治天下。圣人无善无恶，只是‘无有作好’，‘无有作恶’，不动于气。然‘遵王之道’，‘会其有极’[①]，便自一循天理，便有个裁成辅相[②]。”曰：“草既非恶，即草不宜去矣。”曰：“如此却是佛、老意见。草若是碍，何妨汝去？”曰：“如此又是作好作恶？”曰：“不作好恶，非是全无好恶，却是无知觉的人。谓之不作者，只是好恶一循于理，不去又着一分意思。如此，即是不曾好恶一般。”曰：“去草如何是一循于理，不着意思？”曰：“草有妨碍，理亦宜去，去之而已。偶未即去，亦不累心。若着了一分意思，即心体便有贻累，便有许多动气处。”曰：“然则善恶全不在物？”曰：“只在汝心。循理便是善，动气便是恶。”曰：“毕竟物无善恶。”曰：“在心如此，在物亦然。世儒惟不知此，舍心逐物，将格物之学错看了，终日驰求于外，只做得个义袭而取。终身行不

著，习不察[3]。”曰：“‘如好好色，如恶恶臭’，则如何？”曰：“此正是一循于理。是天理合如此，本无私意作好作恶。”曰：“‘如好好色，如恶恶臭’，安得非意？”曰：“却是诚意，不是私意。诚意只是循天理。虽是循天理，亦着不得一分意，故有所忿懥好乐，则不得其正，须是廓然大公，方是心之本体。知此即知未发之中。”伯生曰：“先生云‘草有妨碍，理亦宜去’，缘何又是躯壳起念？”曰：“此须汝心自体当。汝要去草，是甚么心？周茂叔[4]窗前草不除，是甚么心？”

【注释】①语出《尚书·洪范》：“无有作好，遵王之道；无有作恶，遵王之路。无偏无党，王道荡荡；无党无偏，王道平平；无反无侧，王道正直。会其有极，归其有极。”无有作好、无有作恶，意为没有自私的好恶。遵王之道，意为遵行王道、公道。会其有极，意为会归于法度、准则。 ②裁成辅相：语出《周易·泰卦·象传》。裁成，意为剪裁成适用的样子。辅相，意为辅助、帮助。 ③行不著，习不察：语出《孟子·尽心上》：“孟子曰：‘行之而不著焉，习矣而不察焉，终身由之而不知其道者，众矣。’”意为做了却不能自觉其中的道理，习以为常却不知其所以然。一生都沿着这条路走下去，却不知道这是条什么路，这是一般人的生活状态。 ④周敦颐（1017—1073），字茂叔，号濂溪，北宋道州营道（今湖南道县）人，著名理学家，一般认为是宋代新儒学的开山，著有《太极图说》、《通书》等。

【译文】我清除花圃中间的杂草，因而发问：“天地之间为什么善很难培植，恶很难消除？”先生说：“这是因为没有去培植善，也没有去消除恶。”过了会，先生说：“这样去看待善恶，都是在形式上着意，因而不对。”我没有理解。先生说：“天地之间充满生机，就如花草一样，哪里有善恶之分呢？我想看花，就以花为善，以草为恶。如果想看草时，又以草为善了。这些善恶都是因为你内心的喜好和厌恶造成的，所以说不对。”我说：“那么没有善与恶的分别了吗？”先生说：“无善无恶的状态是天理宁静之时，有善有恶是气息流动之时。不随血气私欲而动，就没有善没有恶了，这就是至善。”我说：“佛教也主张没有善没有恶，怎么区别呢？”先生说：“佛教执着在没有善没有恶上面，于是一切都不再考虑，不能以此来治理天下。圣人无善无恶，只是‘没有有意识地为善’，‘没有故意为恶’，不为血气私欲所驱动。

然而‘遵守王道’，‘自然会达到一个极点’，自然完全遵循天理，自然就有天地之道的呈现，有万物生成的辅助。”我说：“草既然不是恶，那么草就不宜清除。”先生说：“这样就是佛教道教的主张了。草如果妨碍着人的行动，你清除它又有何妨?”我说：“这样不就是有专门的喜好和厌恶了吗?”先生说：“不着意于喜好和厌恶，不是说完全没有喜好和厌恶，否则那就是完全没有知觉的人了。之所以称之不着意，只是让喜好和厌恶完全遵循天理，不去另外添加自己的想法。这样也就和没有喜好和厌恶一样了。”我说：“清除草为什么是遵循了天理，没有附着自己的想法呢?”先生说：“草有妨碍，按理应当清除，那就清除掉。偶尔没有清除，也不会牵累本心。如果附着了自己的想法，心体就会有很多牵累，因而有很多血气私欲发动的时候。”我说：“那么善恶完全不在事物上面吗?”先生说：“只在你的心上。依循天理就是善，动气就是恶。”我说：“事物终究没有善恶。”先生说：“心没有善恶，事物也没有善恶。后世儒者不知道这一点，放纵内心追逐外物，把格物的学问理解错了，整天追逐与探求外物，也只是做个‘义袭而取’的工夫。终身行不著，习不察。”我说：“‘像喜好美色一样去喜好，像厌恶恶臭一样去厌恶’，怎么样?”先生说：“这正是完全依循天理的状态。天理应当如此，本就没有私意去喜好和厌恶。”我说：“‘像喜好美色一样去喜好，像厌恶恶臭一样去厌恶’，怎么可能不是有意的呢?”先生说：“这是诚意，不是私意。诚意就是完全遵循天理。即便是依循天理，也不能附着自己的私意，所以只要有一点忿恨好乐，就不能符合天理。必须达到廓然大公，才是心的本体状态。理解了这一点也就理解了未发之中。”孟源说：“先生说‘草如果妨碍了人的行动，清除也是理所当然’，为什么这又是在形式上着意呢?”先生说：“这个必须你自己内心去体会，你要清除杂草，是什么心思?周茂叔不清除窗前的草，又是什么心思?”

【8】先生谓学者曰：“为学须得个头脑，工夫方有着落。纵未能无间，如舟之有舵，一提便醒。不然，虽从事于学，只做个‘义袭而取’，只是行不著，习不察，非大本达道也。”又曰：“见得时，横说竖说皆是。若于此处通，彼处不通，只是未见得。”

【译文】先生对学者说：“求学必须抓住要旨，工夫才能落实。纵然不能没有间断，就像船有舵一样，一掌控就觉醒。不然的话，虽然在求学，也只是‘义袭而取’，仍然是行不著，习不察，不是大本达道。”又说：“理解了，随便怎么说都正确，如果在这个地方想通了，在另外一个地方又不通，那是因为没有理解透。”

【9】或问为学以亲故，不免业举之累。先生曰：“以亲之故而业举为累于学，则治田以养其亲者亦有累于学乎？先正云‘惟患夺志’①，但恐为学之志不真切耳。”

【注释】①语出《河南程氏外书》卷十一：“故科举之事，不患妨功，惟患夺志。”

【译文】有人问：“求学时因为亲人的缘故，不免受到科举事业的牵累。”先生说：“因为亲人的缘故而参加科举耽误了求学，那么种地来奉养亲人也会耽误求学吗？前人说‘只担心丧失了志向’，只担心求学的志向不真切罢了。”

【10】崇一①问：“寻常意思多忙，有事固忙，无事亦忙，何也？”先生曰：“天地气机，元无一息之停。然有个主宰，故不先不后，不急不缓，虽千变万化，而主宰常定，人得此而生。若主宰定时，与天运一般不息，虽酬酢万变，常是从容自在，所谓‘天君泰然，百体从令’②。若无主宰，便只是这气奔放，如何不忙？”

【注释】①欧阳德（1496—1554），字崇一，号南野，江西泰和人，官至礼部尚书，王阳明的学生。　②语出范浚《心箴》，朱熹《孟子集注·告子》曾引用。天君，人心。百体，身体上的所有器官组织。

【译文】欧阳崇一问：“平时心思忙碌，有事的时候固然忙碌，没事的时候也忙碌，这是为什么？”先生说：“天地万物的生机，本来就没有一刻停息。然而有个主宰，所以不管事情的先后缓急，即使千变万化，这个主宰常常安定，人依靠这个主宰而生存。如果主宰安定，和天地万物一样运行不息，那么即便应酬变化，也常常从容自在，这就是所谓的‘人心坦然自若，而身体各种器官都听从命令’。如果没有主宰，就只有血气私欲奔放，怎么会不忙乱？”

【11】先生曰：“为学大病在好名。”侃曰：“从前岁，自谓此

病已轻。比来精察，乃知全未，岂必务外为人？只闻誉而喜，闻毁而闷，即是此病发来？”曰：“最是。名与实对，务实之心重一分，则务名之心轻一分，全是务实之心，即全无务名之心。若务实之心，如饥之求食，渴之求饮，安得更有工夫好名？”又曰：“‘疾没世而名不称’①，‘称’字去声读，亦‘声闻过情，君子耻之’②之意。实不称名，生犹可补，没则无及矣。‘四十、五十而无闻’③，是不闻道，非无声闻也。孔子云：‘是闻也，非达也。’④安肯以此望人？”

【注释】①语出《论语·卫灵公》：子曰：“君子疾没世而名不称焉。”此句有二解，其一，人到死而名声不被别人称道，君子引以为恨；其二，人到去世时名声与自己的实际不相符，君子以之为恨。王阳明主张作后一种理解。 ②语出《孟子·离娄下》，意为名声超过了真实状况，君子以之为耻。 ③语出《论语·子罕》：“四十、五十而无闻焉，斯亦不足畏也已。”一般理解为一个人到了四五十岁还没有什么名望，也就不值得惧怕了。但王阳明对此显然有不同的看法。 ④语出《论语·颜渊》：“子张问：‘士何如斯可谓之达矣？’子曰：‘何哉，尔所谓达者？’子张对曰：‘在邦必闻，在家必闻。’子曰：‘是闻也，非达也。’”

【译文】先生说：“求学的病根在于喜好名声。”薛侃说：“从前年开始，我自认为这个病开始减轻了。近来仔细省察，才知道完全没有根除，难道人必定要依靠外在的名声？只是听见赞誉就高兴，听到批评就郁闷，这就是发病了吗？”先生说：“正是。名与实相对，追求实在的心重一分，则追求名声的心轻一分，完全是追求实的心，就完全没有追求名声的心了。务实的心就像饿了要吃饭，渴了要喝水一样，怎么会有时间去喜好名声？”又说：“孔子说‘疾没世而名不称’，‘称’字应读去声，也就是‘声闻过情，君子耻之’的意思。实不符合名，生前还可以弥补，死后就没法顾及了。‘四十、五十而无闻’，是说没有闻道，不是名声不被别人知道。孔子说：‘这是闻名，不是显达’，他怎么会拿名声来寄望于学生呢？”

【12】侃多悔。先生曰：“悔悟是去病之药，以改之为贵。若留滞于中，则又因药发病。”

【译文】我时常后悔。先生说：“悔悟是根除疾病的良药，但贵在改正。

如果悔悟留置在心中，那么就因为用药而引发了病根。”

【13】德章[①]曰：“闻先生以精金喻圣，以分两喻圣人之分量，以煅炼喻学者之工夫，最为深切。惟谓尧舜为万镒，孔子为九千镒，疑未安。”先生曰：“此又是躯壳上起念，故替圣人争分两。若不从躯壳上起念，即尧舜万镒不为多，孔子九千镒不为少；尧舜万镒只是孔子的，孔子九千镒只是尧舜的，原无彼我。所以谓之圣，只论精一，不论多寡。只要此心纯乎天理处同，便同谓之圣。若是力量气魄，如何尽同得？后儒只在分两上较量，所以流入功利。若除去了此较分两的心，各人尽着自己力量精神，只在此心纯天理上用功，即人人自有，个个圆成，便能大以成大，小以成小，不假外慕，无不具足。此便是实实落落明善诚身的事。后儒不明圣学，不知就自己心地良知良能上体认扩充，却去求知其所不知，求能其所不能，一味只是希高慕大，不知自己是桀纣心地，动辄要做尧舜事业，如何做得！终年碌碌，至于老死，竟不知成就了个甚么，可哀也已！”

【注释】①德章，生平不详。

【译文】刘德章说：“听到先生以纯金来比喻圣人的本质，以纯金的轻重来比喻圣人的才力大小，以锤炼来比喻学者的工夫，十分深刻贴切。只是说尧舜为一万镒，孔子为九千镒，恐怕不太妥当。”先生说：“你这又是从形式上着意，因而要去为圣人辨一个高低。如果不从形式上着意，那么尧舜为一万镒不算多，孔子九千镒也不算少。尧舜的一万镒也就是孔子的，孔子的九千镒也就是尧舜的，原本不分彼此。所以称之为圣，只看本质的精粹专一，不看重量的多少。只要这个心纯粹与天理相同，便同谓之圣。如果看才力与气魄，怎么可能完全相同？后世儒者只在轻重上计较，所以走向了功利。如果抛弃这个计较分量轻重的心思，每个人都竭尽自己的力量与精神，都去用功使这个心纯粹达到天理，那么人人都有天理，个个都能圆满成功，因而才力大的成就大的事业，才力小的成就小的事业，不借助于向外追求，本心无不完备。这就是实实在在的明善诚身的事情。后世儒者不明白圣人之学，不知道在自己的内心良知良能上体认扩充，却一味去追求那些自己不知道的东西，追求做自己不能做到的事情，一味地好高骛远，不知道自己已经是个桀纣的心思，还动不动就要做尧舜的事业，怎么可能呢？终身碌碌无为，直至老死，也不知道最终有什么成就，真是悲哀啊！”

【14】 侃问：“先儒以心之静为体，心之动为用①，如何？”先生曰：“心不可以动静为体用。动静时也，即体而言，用在体，即用而言，体在用：是谓‘体用一源’。若说静可以见其体，动可以见其用，却不妨。”

【注释】 ①语本程颐，见《河南程氏文集》卷九。

【译文】 我说：“程伊川以内心的宁静状态为本体，内心的发动为用，这种理解怎么样？”先生说：“心不能根据动静来区分体用。动静只是就心所处的时机而言，就体而言，用的工夫源于本体；就用而言，本体就在流行作用的工夫之中，这就是所谓的‘体用一源’。如果说宁静的时候可以体认到心之本体，行动的时候可以体验心的作用，倒也不妨。”

【15】 问：“上智下愚，如何不可移①？”先生曰：“不是不可移，只是不肯移。”

【注释】 ①语出《论语·阳货》：“子曰：‘唯上知与下愚不移。’”

【译文】 问：“上智与下愚，为什么不能变化？”先生说：“不是不能变化，只是不肯去改变。”

【16】 问“子夏门人问交”①章。先生曰：“子夏是言小子之交，子张是言成人之交。若善用之，亦俱是。”

【注释】 ①语出《论语·子张》：“子夏之门人问交于子张。子张曰：‘子夏云何？’对曰：‘子夏曰：“可者与之，其不可者拒之。”’子张曰：‘异乎吾所闻：君子尊贤而容众，嘉善而矜不能。我之大贤与，于人何所不容？我之不贤与，人将拒我，如之何其拒人也？’”

【译文】 问《论语》中“子夏门人问交”这一章的思想。先生说：“子夏是讲孩童间的交往，子张是讲成年人的交往，如果善于运用，都正确。”

【17】 子仁①问：“‘学而时习之，不亦说乎’，先儒以学为效先觉之所为②，如何？”先生曰：“学是学去人欲，存天理，从事

于去人欲，存天理，则自正。诸先觉考诸古训，自下许多问辨思索、存省克治工夫，然不过欲去此心之人欲，存吾心之天理耳。若曰‘效先觉之所为’，则只说得学中一件事，亦似专求诸外了。‘时习’者，‘坐如尸’，非专习坐也，坐时习此心也；‘立如斋’，非专习立也，立时习此心也。‘说’是‘理义之说我心’之‘说’，人心本自说理义，如目本说色，耳本说声，惟为人欲所蔽所累，始有不说。今人欲日去，则理义日洽浃，安得不说？”

【注释】①此人名有争议。一说是冯恩，字子仁，号南江，今上海松江人，王阳明的学生；一说是栾惠，字子仁，浙江西安人。②朱熹《论语章句·学而》注曰：“人性皆善而觉有先后。后觉者，必效先觉之所为，乃可以明善而复其初也。”

【译文】子仁问：“‘学而时习之，不亦说乎’，朱子以为学习是效仿先知先觉的作为，怎么样？”先生说：“学是学去人欲，存天理。从事于去人欲，存天理，就内心自正。那些先贤考察古代遗训，自然下了很多问辨思索、存养省察克己的工夫，然而都不过是去除人心的欲望，存养我内心的天理而已。如果说‘效仿先贤的作为’，那么还只是说到求学中的一件事，也好像是向外去探求了。‘时习’，像祭祀时的尸主一样端坐，不是专门学习端坐的姿态，端坐的时候学修习自己的内心。像斋戒时一样虔敬地站立，不是专门学习站立的姿势，而是在站立的时候修习内心。‘说’是义理使我心悦诚服的‘说’，人心本来就喜欢天理公义，如眼睛本就喜好美色，耳朵本就喜好声音，只是被人欲所遮蔽牵累，才有不高兴。如今人欲逐渐消去，则天理日益周遍，哪有不高兴的呢？”

【18】国英[①]问：“曾子‘三省’[②]虽切，恐是未闻‘一贯’[③]时工夫。”先生曰：“‘一贯’是夫子见曾子未得用功之要，故告之。学者果能忠恕上用功，岂不是‘一贯’？一如树之根本，贯如树之枝叶，未种根，何枝叶之可得？‘体用一源’，体未立，用安从生？谓‘曾子于其用处，盖已随事精察而力行之，但未知其体之一’[④]，此恐未尽。”

【注释】①陈杰，字国英，福建莆田人，王阳明的学生。②三省：

语出《论语·学而》:"曾子曰:'吾日三省吾身:为人谋而不忠乎?与朋友交而不信乎?传不习乎?'" ③一贯:语出《论语·里仁》:"子曰:'参乎!吾道一以贯之。'曾子曰:'唯。'子出,门人问曰:'何谓也?'曾子曰:'夫子之道,忠恕而已矣。'" ④语出朱熹《论语集注·里仁》。

【译文】陈杰问:"曾子三省工夫虽然切实,恐怕是没有听到一贯之说以前的工夫。"先生说:"一贯是孔子看见曾子没有领会用功的关键,所以告诉他。学者真能够在忠恕上用功,难道不是一贯?一就像树木的根,贯就像树木的枝叶,如果没有种根,怎么可能得到枝叶?'体用一源',体没有确立,用从哪里产生呢?说'曾子在运用方面已经能够随事物而省察,并且踏实践行,只是没有理解本体的一',这种理解恐怕也不全面。"

【19】黄诚甫[①]问"汝与回也孰愈[②]"章。先生曰:"子贡多学而识,在闻见上用功,颜子在心地上用功,故圣人问以启之。而子贡所对,又只在知见上,故圣人叹惜之,非许之也。"

【注释】①黄宗贤,字诚甫,号致斋,宁波人,正德九年(1514)进士,官至兵部侍郎,王阳明的学生。 ②语出《论语·公冶长》:"子谓子贡曰:'女与回也孰愈?'对曰:'赐也何敢望回?回也闻一以知十,赐也闻一以知二。'"意为孔子对子贡说:"你和颜回,哪一个强些?"子贡答道:"我怎敢和颜回相比?他听到一件事,可以推演知道十件事;我听到一件事,只能推知两件事。"

【译文】黄宗贤问《论语》"女与回也孰愈"这一章的意思。先生说:"子贡博学而知识丰富,在感观闻见上用功,颜回则在本心上用功,所以圣人发问来启发他们。但子贡所回答的,又只是在感官经验上,所以圣人为他叹息,不是赞许他。"

【20】颜子不迁怒,不贰过[①],亦是有未发之中始能。

【注释】①语出《论语·雍也》:"哀公问:'弟子孰为好学?'孔子对曰:'有颜回者好学,不迁怒,不贰过。不幸短命死矣!今也则亡,未闻好学者也。'"

【译文】颜回不迁怒别人,不犯同样的过错,只有做到"未发之中"的人才能如此。

【21】“种树者必培其根，种德者必养其心。欲树之长，必于始生时删其繁枝；欲德之盛，必于始学时去夫外好。如外好诗文，则精神日渐漏泄在诗文上去，凡百外好皆然。”又曰：“我此论学是无中生有的工夫。诸公须要信得及，只是立志。学者一念为善之志，如树之种，但勿助勿忘，只管培植将去，自然日夜滋长，生气日完，枝叶日茂。树初生时，便抽繁枝，亦须刊落，然后根干能大。初学时亦然。故立志贵专一。”

【译文】“种树必须培植好它的根，培养德性必须涵养本心。想要树木生长，必须在它开始生长的时候删剪繁密的枝条；想要道德高尚，必须在开始求学的时候摒弃外在的一些喜好。比如喜好吟诗作文，精神就日益倾放到吟诗作文上面去了，其他的外在喜好都是这样。”先生又说：“我这一番讨论治学，是无中生有的工夫。你们要是相信，就是去确立志向。学者一心想着为善，就如树木的种子，只要不刻意助长，不要遗忘，只是去做培养的工夫，自然日夜生长不息，生机日益充实，枝叶日益茂盛。树木刚开始生长的时候，就是长出了繁密的枝叶，也要裁剪掉，然后树根和树干才能长大。刚开始治学的时候也要如此。所以立志贵在专一。”

【22】因论先生之门，某人在涵养上用功，某人在识见上用功。先生曰：“专涵养者，日见其不足；专识见者，日见其有余。日不足者日有余矣；日有余者日不足矣。”

【译文】讨论先生的门人中，哪些人在涵养上用功，哪些人在知识见闻上用功。先生说：“专门涵养本心的人，每天都看到自己的不足；专心于知识见闻上的人，每天都看到自己有余。每天看到自己不足的人会一天天充裕，而每天看到自己有余的人会一天天损耗。”

【23】梁日孚[①]问：“居敬穷理是两事，先生以为一事，何如？”先生曰：“天地间只有此一事，安有两事？若论万殊，礼仪三百，威仪三千，又何止两？公且道居敬是如何？穷理是如何？”曰：“居敬是存养工夫，穷理是穷事物之理。”曰：“存养个甚？”

曰："是存养此心之天理。"曰："如此亦只是穷理矣。"曰："且道如何穷事物之理？"曰："如事亲，便要穷孝之理；事君，便要穷忠之理。"曰："忠与孝之理，在君亲身上？在自己心上？若在自己心上，亦只是穷此心之理矣。且道如何是敬？"曰："只是主一。""如何是主一？"曰："如读书，便一心在读书上，接事，便一心在接事上。"曰："如此，则饮酒便一心在饮酒上，好色便一心在好色上，却是逐物，成甚居敬功夫？"日孚请问。曰："一者天理。主一是一心在天理上。若只知主一，不知一即是理，有事时便是逐物，无事时便是着空。惟其有事无事，一心皆在天理上用功，所以居敬亦即是穷理。就穷理专一处说，便谓之居敬；就居敬精密处说，便谓之穷理。却不是居敬了，别有个心穷理，穷理时，别有个心居敬。名虽不同，功夫只是一事。就如《易》言'敬以直内，义以方外'②。敬即是无事时义，义即是有事时敬，两句合说一件。如孔子言'修己以敬'③，即不须言义。孟子言'集义'，即不须言敬。会得时，横说竖说，工夫总是一般。若泥文逐句，不识本领，即支离决裂，工夫都无下落。"问："穷理何以即是尽性？"曰："心之体，性也，性即理也。穷仁之理，真要仁极仁。穷义之理，真要义极义。仁义只是吾性，故穷理即是尽性。如孟子说充其恻隐之心，至仁不可胜用，这便是穷理工夫。"日孚曰："先儒谓'一草一木亦皆有理，不可不察'④，如何？"先生曰："夫我则不暇。公且先去理会自己性情，须能尽人之性，然后能尽物之性。"日孚悚然有悟。

【注释】①梁焯（1483—1528），字日孚，南海人，官至兵部职方司主事，王阳明的学生，他和薛侃等一起为阳明心学在岭南的传播与发展做出了贡献。 ②语出《周易·坤卦·文言》，意为君子持敬以使内心正直，处事合宜以对外公正。 ③语出《论语·宪问》："子路问君子。子曰：'修己以敬。'" ④语出程颐，见《河南程氏遗书》卷十八。

【译文】梁日孚问："居敬穷理是两件事，先生以为是一件事，为什么？"先生说："天地间只有这一件事，哪里有两件事？如果讲具体差异，礼仪有三百，威仪有三千，又何止两个？你且说说看居敬是什么意思？穷理又是什么意思?”梁日孚说:“居敬是存养的工夫,穷理是穷究事物的道理。”先生说:“存养什么呢?”梁日孚说:“存养本心所蕴含的天理。”先生说:“这样也就是穷理而已。”先生反问:“怎么穷究事物的道理呢?”梁日孚说:“比如侍奉父母,就是要穷尽孝顺的道理;侍奉君主,就是要穷尽忠诚的道理。”先生说:“忠与孝的道理,是在君主和父母身上?还是在自己心中?如果在自己心中,也只是穷究这个心的道理罢了。你且说什么是敬呢?”梁日孚说:“敬就是主一。”先生问:“什么是主一?”梁日孚说:“比如读书,就一心在读书上,处理事物,就一心在处理事物上。”先生说:“按照这种说法,那么喝酒就一心在喝酒上,喜好美色就一心在喜好美色上,这是追逐外物,哪里是什么居敬的工夫?”梁日孚请问。先生说:“一就是天理。主一是一心在天理上。如果只知道主一,不知道一就是天理,有事的时候就是追逐外物,没事的时候就是空想。只有当有事没事时,都一心在天理上下功夫,所以居敬也就是穷理。从穷理的专一特点而言,就称之为居敬;从居敬的精深特点而言,就称之为穷理。不是做到居敬了,另外有一个心去专门穷理,穷理时,又另外有一个心居敬。名称虽然不同,工夫就是一个。比如《周易》所说的‘敬以直内,义以方外’。敬就是没有应对事务时‘义’的状态,义就是处理事务时‘敬’的状态。两句话合起来只讲一件事。如孔子讲‘修己以敬’,就不必再讲义。孟子讲‘集义’,就不必再讲敬。理解了,随便怎么讲,工夫都是一样的。如果拘泥于文词,不得要领,就会支离破碎,工夫都没办法落实。”梁日孚说:“穷理怎么就是尽性呢?”先生说:“心的本体就是性,性就是天理。穷究仁的道理,就是要仁完全体现为仁,穷究义的道理,就是要义完全实现为义。仁义就是我的本性,所以穷理就是尽性。如孟子所说的‘扩充恻隐之心,可以达到仁德用不完的状态’,这就是穷理的工夫。”梁日孚说:“程颐讲的‘一草一木亦皆有理,不能不考察’,这句话怎么样?”先生说:“我就没有那么多空闲。你暂且先去体会自己的本性,必须先穷尽人的本性,然后才能穷尽事物的本性。”梁日孚猛然领悟。

【24】惟乾[①]问:“知如何是心之本体?”先生曰:“知是理之灵处。就其主宰处说,便谓之心,就其禀赋处说,便谓之性。孩提之童,无不知爱其亲,无不知敬其兄,只是这个灵能不为私欲遮隔,充拓得尽,便完完是他本体,便与天地合德。自圣人以下,不能无蔽,故须格物以致其知。”

【注释】①惟乾：冀元亨，字惟乾，武陵（今湖南常德）人，王阳明的学生。

【译文】冀元亨问："良知怎么是心的本体呢？"先生说："良知是自觉到天理的状态。从它主宰的作用而言，称之为心，从它的禀赋来源而言，称之为性。年幼的孩子，无不知道爱他们的父母亲，无不知道尊敬他们的兄长，就是因为这个灵根没有被私欲遮蔽，彻底地扩充，就是完整无缺的本体，因而与天地合德。圣人以下的人，没有不被遮蔽的，所以必须通过格物来呈现良知。"

【25】守衡[①]问："《大学》工夫只是诚意，诚意工夫只是格物。修齐治平，只诚意尽矣。又有'正心之功，有所忿懥好乐，则不得其正'，何也？"先生曰："此要自思得之，知此，则知未发之中矣。"守衡再三请。曰："为学工夫有浅深。初时若不着实用意去好善恶恶，如何能为善去恶？这着实用意，便是诚意。然不知心之本体原无一物，一向着意去好善恶恶，便又多了这分意思，便不是廓然大公。《书》所谓'无有作好作恶'，方是本体。所以说'有所忿懥好乐，则不得其正'。正心只是诚意工夫里面体当自家心体，常要鉴空衡平[②]，这便是未发之中。"

【注释】①守衡：生平不详。　②鉴空衡平：语出朱熹《大学或问》："人之一心，湛然虚明，如鉴之空，如衡之平，以为一身之主者，固其真体之本然。"鉴，镜子。衡，秤杆。此语以镜之空、秤之平比喻心体的澄明中正。

【译文】守衡问："《大学》工夫就是诚意，诚意工夫就是格物。修身、齐家、治国、平天下，也只要诚意就彻底实现了。但《大学》又讲'正心之功，有所忿懥好乐，则不得其正'，这是为什么呢？"先生说："这个要你自己去思考领会，理解了这一点，就知道'未发之中'的意思了。"守衡再三请求先生讲清楚。先生说："求学的工夫有深有浅，刚开始的时候如果不实实在在地想着去好善恶恶，怎么能够为善去恶呢？这实实在在地想，就是诚意。但如果不明白心的本体原本不附着任何事物，只是一直刻意地去好善恶恶，就又多了分做作，就不是廓然大公。《尚书》所说的'没有刻意为善为恶的心'，这才是本体。所以《大学》要说'有所忿懥好乐，则不得其正'。

正心就是在诚意的工夫里体认自己心体，常常要像镜子一样的虚心明澈，像秤杆一样公允持平，这就是未发之中的状态。”

【26】正之[①]问：“戒惧是己所不知时工夫，慎独是己所独知时工夫，此说如何？”先生曰：“只是一个工夫，无事时固是独知，有事时亦是独知。人若不知于此独知之地用力，只在人所共知处用功，便是作伪，便是‘见君子而后厌然’[②]。此独知处便是诚的萌芽，此处不论善念恶念，更无虚假，一是百是，一错百错，正是王霸义利、诚伪善恶界头。于此一立立定，便是端本澄源，便是立诚。古人许多诚身的工夫，精神命脉，全体只在此处。真是莫见莫显，无时无处，无终无始，只是此个工夫。今若又分戒惧为己所不知，即工夫便支离，亦有间断。既戒惧，即是知。己若不知，是谁戒惧？如此见解，便要流入断灭禅定。”曰：“不论善念恶念，更无虚假。则独知之地，更无无念时邪？”曰：“戒惧亦是念。戒惧之念无时可息。若戒惧之心稍有不存，不是昏瞶[③]，便已流入恶念。自朝至暮，自少至老，若要无念，即是己不知，此除是昏睡，除是槁木死灰。”

【注释】①黄宏纲（1492—1561），字正之，号洛村，江西人，官至刑部主事，王阳明的学生。　②语出《大学》：“小人闲居为不善，无所不至，见君子而后厌然，揜其不善，而著其善。”意为小人在独处的时候就做坏事，什么坏事都做得出来，看见君子后就躲躲藏藏，掩饰自己的恶行，炫耀自己的善行。　③瞶（kuì）：通聩，耳聋。

【译文】黄正之问：“戒惧是自己所不知道时的工夫，慎独是自己独知时的工夫，这种说法怎么样？”先生说：“只是一个工夫，没有处理事务时固然是独自知道，应对事情时也是独自知道。人如果不在这种自己独知的地方用功，只在大家都共同知道的地方用功，就是作伪，就是‘见君子而后厌然’，这种独知的时候就是‘诚’的萌芽，这个时候不论是善念还是恶念，完全没有虚假，一对全对，一错全错。这正是王道与霸道、正义与利益、真诚与虚伪、善念与恶念的分界线。在这个时候站稳脚跟，就是正本清源，就是确立了真诚。古人使自己真诚的很多工夫，精神命脉全部就在这里。这种独知之处，没有谁看见，也没有呈现什么迹象，但无时无处不在，无始无终，就是这个工夫。现在如果把戒惧区别为自己所不知道的，工夫就支离破碎，也就有间断了。既已戒惧，就是自己知道了。自己如果不知道，那么是谁在戒惧？照这种理解，就要陷入断灭念头的禅定境界。”黄正之说：“不论善念恶念，完全没有虚假。那么独知的时候，就完全没有无想法的时候吗？”先生说：“戒惧也是念头，戒惧的念头一刻都不能停息。如果戒惧的心稍有涣散，不是昏睡，就已经沦为恶念。从早到晚，从幼年到老年，如果要没有意念，即自己不知道，这种情形除非处在昏睡中，或者槁木死灰的状态。”

【27】志道[①]问：“荀子云‘养心莫善于诚’[②]，先儒非之，何也？”先生曰：“此亦未可便以为非。‘诚’字有以工夫说者。诚是心之本体，求复其本体，便是思诚的工夫。明道说‘以诚敬存之’[③]，亦是此意。《大学》‘欲正其心，先诚其意’。荀子之言固多病，然不可一例吹毛求疵。大凡看人言语，若先有个意见，便有过当处。‘为富不仁’[④]之言，孟子有取于阳虎，此便见圣贤大公之心。”

【注释】①此“志道”不知何人，通行本多误认为是管志道，显然错误。管志道（1536—1608），字登之，号东溟，江苏太仓人，官至南京兵部主事，王阳明门人耿定向的弟子。从年代上看，管志道不可能问道于王阳明。　②语出《荀子·不苟》，意为养心没有比让内心真诚更好的方法了。　③语出程颢《识仁篇》，见《河南程氏遗书》卷二上：“识得此理，以诚敬存之而已，不须防检，不须穷索。”　④语出《孟子·滕文公上》：“阳虎曰：‘为富不仁矣，为仁不富矣。’”阳虎，春秋晚期鲁国人，为季氏家臣，曾挟持季氏专政鲁国，后因失败而流亡。

【译文】志道问：“荀子说‘养心莫善于诚’，先儒认为这种说法不正确，为什么？”先生说：“这也不能说不对。‘诚’有从工夫角度说的。诚是心的本体，追求恢复本体，就是思诚的工夫。程明道说的‘以诚敬存之’，也是这个意思。《大学》说：‘欲正其心，先诚其意’。荀子的话固然有很多毛病，但不能一律吹毛求疵。通常看别人的话语，如果先有一个成见，就有不妥当的地方。阳虎说的‘为富不仁’，孟子都能从中吸取，由此可看出圣贤的心公正无私。”

【28】萧惠[1]问："己私难克，奈何？"先生曰："将汝己私来，替汝克。"先生曰："人须有为己之心，方能克己；能克己，方能成己。"萧惠曰："惠亦颇有为己之心，不知缘何不能克己？"先生曰："且说汝有为己之心是如何？"惠良久曰："惠亦一心要做好人，便自谓颇有为己之心。今思之，看来亦只是为得个躯壳的己，不曾为个真己。"先生曰："真己何曾离着躯壳？恐汝连那躯壳的己也不曾为。且道汝所谓躯壳的己，岂不是耳目口鼻四肢？"惠曰："正是。为此，目便要色，耳便要声，口便要味，四肢便要逸乐，所以不能克。"先生曰："美色令人目盲，美声令人耳聋，美味令人口爽，驰骋田猎令人发狂[2]，这都是害汝耳目口鼻四肢的，岂得是为汝耳目口鼻四肢？若为着耳目口鼻四肢时，便须思量耳如何听，目如何视，口如何言，四肢如何动。必须非礼勿视听言动，方才成得个耳目口鼻四肢，这个才是为着耳目口鼻四肢。汝今终日向外驰求，为名为利，这都是为着躯壳外面的物事。汝若为着耳目口鼻四肢，要非礼勿视听言动时，岂是汝之耳目口鼻四肢自能勿视听言动？须由汝心。这视听言动皆是汝心：汝心之视，发窍于目；汝心之听，发窍于耳；汝心之言，发窍于口；汝心之动，发窍于四肢。若无汝心，便无耳目口鼻。所谓汝心，亦不专是那一团血肉。若是那一团血肉，如今已死的人，那一团血肉还在，缘何不能视听言动？所谓汝心，却是那能视听言动的，这个便是性，便是天理。有这个性才能生这性之生理，便谓之仁。这性之生理，发在目便会视，发在耳便会听，发在口便会言，发在四肢便会动，都只是那天理发生，以其主宰一身，故谓之心。这心之本体，原只是个天理，原无非礼，这个便是汝之真己。这个真己是躯壳的主宰。若无真己，便无躯壳，真是有之即生，无之即死。汝若真为那个躯壳的己，必须用着这个真己，便须常常保守着这个真己的本体，戒慎不睹，恐惧不闻，惟恐亏损了他一些。才有一毫非礼萌动，便如刀割，如针刺，忍耐不

过，必须去了刀，拔了针，这才是有为己之心，方能克己。汝今正是认贼作子[3]，缘何却说有为己之心，不能克己？”

【注释】①萧惠，生平不详，王阳明的学生。 ②语出《老子·第十二章》：“五色令人目盲，五音令人耳聋，五味令人口爽，驰骋畋猎令人发狂。” ③认贼作子：语出《楞严经》：“佛告阿难，此是前尘虚妄相想，惑汝真性。由汝无始至于今生，认贼为子，失汝元常，故受轮转。”

【译文】萧惠问：“自己的私心难以克制，怎么办？”先生说：“把你的私心拿来，我帮你克制。”又说：“人必须要有为自己的心，才能克制自己。能够克制自己，才能成就自己。”萧惠说：“我也确实有为自己的心，但不知为什么不能克制自己？”先生说：“且说说你的为己之心是什么？”萧惠过了一会儿说：“我也一心要做好人，因而自认为有为己的心。如今看来，也只是为了自己的身体而已，并不是为了真正的自己。”先生说：“真正的自己怎么离得开身体呢？恐怕你连为自己身体的心都没有。且说你所谓的为了躯体的自己难道不是耳目口鼻四肢？”萧惠说：“正是。因为这样，眼睛就要看那颜色，耳朵就要听那声音，口就要尝那味道，四肢就要安乐享受，所以不能克己。”先生说：“美色使人的眼睛盲从，美声使人的耳朵聋，美味使人的口受到伤害，狂奔打猎使人狂躁不安，这都是危害耳目口鼻四肢的，怎么是为了你的耳目口鼻四肢呢？如果为了耳目口鼻四肢，就必须考虑耳朵怎么去听，眼睛怎么去看，口怎么去说，四肢怎么去运动。必须做到不符合礼仪规范的不去看、听、说和做，才能成就耳目口鼻四肢，这才是真正地为了耳目口鼻四肢。你如今整天向外追求，为了名利，这都是为了躯体之外的东西。你如果为了耳目口鼻四肢，就要不符合礼仪规范的不去看、听、说和做，这难道是你的耳目口鼻四肢自己能够不去视、听、言、动？必须源自你的心。这些视、听、言、动都必须由你的心来主导。你的心要看，就发命令给眼睛，你的心要听，就发命令给耳朵，你的心要说，就发命令给口，你的心要动，就发命令给四肢。如果没有你的心，就没有耳目口鼻。所谓你的心，也不只是指那血肉构成的心，如果是指血肉构成的心，如今已经死去的人，那肉身上的心还在，怎么不能视、听、言、动？所谓你的心，是那个能视听言动的，这个就是人的性，就是天理。有了这个性才能有生机，这个性的生机就是仁。这个性的理，发在于眼睛就会看，发在于耳朵就会听，发在于口就会说话，发在于四肢就会行动，都只是那个天理发动，因为它主宰人的身体，所以称之为心。这个心的本体，原本就是天理，本没有不符合礼仪规范的地方，这个就是你真正的自己。这个真正的自己是躯体的主宰。如果没有真正的自己，也就没有躯体。真是有了它就生存，没有它就死亡。如果你真的为了这个躯体的自己，必须借助于这个真正的自己，也就必须常常保存着这个真正自己的本体，在别人看不到的地方保持谨慎，在别人听不到的地方保持敬畏，唯恐损害了它。刚有一丝不符合礼仪的念头萌动，就必须像被刀割、被针刺一样，忍受不了，必须丢开刀，拔掉针，这才是为自己的心，才能克制自己。你现在正是认贼作子，怎么说有为自己的心，不能克制自己呢？”

【29】有一学者病目，戚戚甚忧。先生曰：“尔乃贵目贱心。”

【译文】有一个学者眼睛患病，整日忧愁不止。先生说：“你这是重视眼睛，轻视本心。”

【30】萧惠好仙、释，先生警之曰：“吾亦自幼笃志二氏，自谓既有所得，谓儒者为不足学。其后居夷三载，见得圣人之学若是其简易广大，始自叹悔错用了三十年气力。大抵二氏之学，其妙与圣人只有毫厘之间。汝今所学，乃其土苴①，辄自信自好若此，真鸱鸮窃腐鼠耳②。”惠请问二氏之妙。先生曰：“向汝说圣人之学简易广大，汝却不问我悟的，只问我悔的！”惠惭谢，请问圣人之学。先生曰：“汝今只是了人事问，待汝办个真要求为圣人的心来与汝说。”惠再三请。先生曰：“已与汝一句道尽，汝尚自不会。”

【注释】①土苴：语本《庄子·让王》：“道之真以治身，其绪余以为国家，其土苴以治天下。”意为糟粕。　②语本《庄子·秋水》：“夫鹓鶵发于南海而飞于北海，非梧桐不止，非练实不食，非醴泉不饮。于是鸱鸮得腐鼠，鹓鶵过之，仰而视之曰：‘吓！’”鹓鶵（yuān chú），凤凰一类的鸟。鸱鸮（chī xiāo），类似猫头鹰一类的鸟。

【译文】萧惠喜好道教佛教，先生警告他说：“我自幼也专心致志于佛道二家之学，自认为有所得，而儒家不值得学习。后来在贵州龙场居住三年，明白圣人之学是如此简明博大，才开始后悔自己错用了三十年工夫。通常佛道二家的学问，其精妙之处与圣人之学只有毫厘之差。你如今所学到的东西，不过是一些糟粕，就如此自信喜好到这种程度，真好比猫头鹰去偷吃腐烂的老鼠。”萧惠请问佛道二家学问的精妙处。先生说：“跟你说圣人之学简单易行，博大精深，你却不问我已经明白的，而问我后悔的。”萧惠惭愧谢罪，请问圣人之学。先生说：“你如今只是敷衍了事地发问，等到你真的有了一个追求做圣人的心，再来跟你讲。”萧惠再三请问。先生说：“已经跟你一句话讲清楚了，你还是不懂。”

【31】刘观时[①]问：“未发之中是如何？”先生曰：“汝但戒慎不睹，恐惧不闻，养得此心纯是天理，便自然见。”观时请略示气象。先生曰：“哑子吃苦瓜，与你说不得。你要知此苦，还须你自吃。”时曰仁在傍曰：“如此才是真知即是行矣。”一时在座诸友皆有省。

【注释】①刘观时，武陵（今湖南常德）人，生平不详，王阳明的学生。

【译文】刘观时问：“未发之中是什么状态？”先生说：“你只要在别人看不到的地方保持谨慎，在别人听不到的地方保持敬畏，涵养这个心达到纯粹天理的状态，就自然体会了。”刘观时请求稍微描述下景象。先生说：“哑巴吃苦瓜，跟你没法说。你要知道这种苦，还必须你自己去吃才行。”当时徐爱在旁边说：“这样才是真正的知，也就是行了。”一时在座的学生都有所领悟。

【32】萧惠问死生之道。先生曰：“知昼夜，即知死生。”问昼夜之道。曰：“知昼则知夜。”曰：“昼亦有所不知乎？”先生曰：“汝能知昼？懵懵而兴，蠢蠢而食，行不著，习不察，终日昏昏，只是梦昼。惟‘息有养，瞬有存’[①]，此心惺惺明明，天理无一息间断，才是能知昼。这便是天德，便是通乎昼夜之道而知，更有甚么死生？”

【注释】①语出北宋理学家张载（1020—1077）的《正蒙·有德篇》：“言有教，动有法；昼有为，宵有得；息有养，瞬有存。”意为言辞有教养，行动有准则，白天有所作为，晚上有心得和体会，休息时涵养，瞬间都能存养本心。

【译文】萧惠问死生方面的道理。先生说："知道昼夜，就知道死生。"萧惠继续问昼夜之道。先生说："知道什么是昼，也就知道什么是夜。"萧惠说："白天也有不知道的地方吗？"先生说："你能够知道昼，懵懵懂懂地做事，无知觉地进食，行不著，习不察，整天昏昏沉沉，这就是白天在梦中度过。只有'息有养，瞬有存'，这个心才能清醒自觉，天理才没有片刻间断，才是真正地知道昼。这就是天德，就是知晓昼夜之道，哪还有什么生死不知道的呢？"

【33】马子莘问："修道之教[①]，旧说谓'圣人品节吾性之固有，以为法于天下，若礼乐刑政之属'[②]。此意如何？"先生曰："道即性即命，本是完完全全，增减不得，不假修饰的，何须要圣人品节？却是不完全的物件。礼乐刑政是治天下之法，固亦可谓之教，但不是子思本旨。若如先儒之说，下面由教入道的，缘何舍了圣人礼乐刑政之教，别说出一段戒慎恐惧工夫？却是圣人之教为虚设矣。"子莘请问。先生曰："子思性、道、教，皆从本原上说。天命于人，则命便谓之性；率性而行，则性便谓之道；修道而学，则道便谓之教。率性是诚者事，所谓'自诚明，谓之性'[③]也。修道是诚之者事，所谓'自明诚，谓之教'也。圣人率性而行，即是道。圣人以下，未能率性，于道未免有过不及，故须修道。修道则贤知者不得而过，愚不肖者不得而不及，都要循着这个道，则道便是个教。此'教'字与'天道至教'[④]、'风雨霜露，无非教也'[⑤]之'教'同。'修道'字与'修道以仁'[⑥]同。人能修道，然后能不违于道，以复其性之本体，则亦是圣人率性之道矣。下面'戒慎恐惧'便是修道的工夫，'中和'便是复其性之本体，如《易》所谓'穷理尽性，以至于命'[⑦]，'中和''位育'便是尽性至命。"

【注释】①修道之教：语本《中庸》第一章："天命之谓性，率性之谓道，修道之谓教。"意为上天所赋予人身上的叫做人的本性，遵循本性去生存处世，叫做正道，探究这种源于天性的正道，使天地万物都符合正道，这就叫做教化。 ②语出朱熹《中庸章句》第一章。 ③语出

《中庸》第二十一章："自诚明谓之性，自明诚谓之道。诚则明矣，明则诚矣。"意为从真诚达到明善，这是天赋的本性，从明善而归于真诚，是属于人为的教化。真诚了就能明白道理，明白了道理就能真诚。 ④语出《礼记·礼器》："天道至教，圣人至德。"意为天道对人而言是极致的教化，圣人的德性是最高尚的。 ⑤语出《礼记·孔子闲居》："天有四时，春秋冬夏，风雨霜露，无非教也；地载神气，神气风霆，风霆流形，庶物露生，无非教也。"意为天有春夏秋冬四季，刮风下雨打霜降露，这些都是上天给人提供的教化内容。大地承载着神奇气息，气息促使风雷鼓荡，风雷鼓荡流行，滋润着万物生长发育，这些都是大地给人提供的教化内容。 ⑥语出《中庸》第二十章："故为政在人，取人以身，修身以道，修道以仁。" ⑦语出《周易·说卦》，意为穷尽事物的道理和人的本性，就能达到对天命的认识。

【译文】马子莘问："修道之教，朱子认为是'圣人将我们人性中固有的东西进行分层级和节制，从而作为天下奉行的法则，就像礼乐制度、刑法政令一样'，这种说法怎么样?"先生说："道就是性就是命，本来就是完整无缺，增减不得半分，不借助任何修饰，为什么要圣人去划分层级和进行节制呢？好像道是一个不完整的东西一样。礼乐刑政是治理天下的法则，本也可以称作教化，但不是子思的本来意思。如果按照先儒们的说法，下面所讲那些从教化进入圣人之道的，为什么放弃了圣人的礼乐刑政教化，另外说出一段戒慎恐惧的工夫呢？这样一来圣人的教化仅为摆设了。"马子莘请求解释。先生说："子思的性、道、教，都是从本原上讲的。天命赋予到人身上，天命就是性，遵循本性而行动，则本性就是天道。修圣人之道而治学，那么道也就是教化。遵循本性是真诚的内容，这就是所谓的'自诚明，谓之性'。探究圣人之道是使人的本性真诚这一活动的内容，这就是所谓的'自明诚，谓之教'。圣人遵循天性而行动，就是得道的状态。圣人以下的人，不能遵循本性，对于天道难免有过头或不及，所以必须修道。修道则贤人和智者都不会过头，愚蠢不肖的人不会不及，都是要遵循这个道，因此道就是教化。这个'教'字与'天道至教'、'风雨霜露，无非教也'中的'教'字相同，修道与修道以仁相同。人如果能修道，然后才会不违反道，以恢复人性的本体，这也是圣人遵循本性的方法。下面的'戒慎恐惧'就是修道的工夫，'中和'就是恢复人性本体，比如《周易》就说'穷理尽性，以至于命'，达到中和状态，化育天地万物，就是尽性至于知天命。"

【34】黄诚甫问："先儒以孔子告颜渊为邦之问[①]，是立万世常行之道[②]，如何？"先生曰："颜子具体圣人，其于为邦的大本大原都已完备。夫子平日知之已深，到此都不必言，只就制度文为上说。此等处亦不可忽略，须要是如此方尽善。又不可因自己本领是当了，便于防范上疏阔，须是要'放郑声，远佞人'。盖颜子是个克己向里德上用心的人，孔子恐其外面末节或有疏略，故就他不足处帮补说。若在他人，须告以'为政在人，取人以身，修身以道，修道以仁'，'达道'、'九经'及'诚身'[③]许多工夫，方始做得，这个方是万世常行之道。不然，只去行了夏时，乘了殷辂，服了周冕，作了《韶》《舞》[④]，天下便治得？后人但见颜子是孔门第一人，又问个'为邦'，便把做天大事看了。"

【注释】①为邦之问：语出《论语·卫灵公》："颜渊问为邦。子曰：'行夏之时，乘殷之辂，服周之冕，乐则《韶》、《舞》。放郑声，远佞人，郑声淫，佞人殆。'" ②朱熹在《论语集注·卫灵公》中注释"为邦之问"时引用程颐的话："问政多矣，惟颜渊告之以此。盖三代之制，皆因时损益。及其久也，不能无弊。周衰，圣人不作，故孔子斟酌先王之礼，立万世常行之道，发此以为之兆尔。" ③语出《中庸》第二十章："为政在人，取人以身，修身以道，修道以仁"，意为为政之道在于得到人才，而得到人才之道在于修养自身，修身要遵循与学习圣人之道，学习圣人之道则以仁爱为基础。"达道"，指天下人共同遵行的道路，喻为根本的伦常。"九经"，指九种恒常不变的根本性方法或原则。"诚身"，指使自身真诚。 ④《韶》《舞》：《韶》是舜时的乐曲名，《舞》即《武》，"舞"与"武"古通，《武》是周武王时的乐曲名。

【译文】黄诚甫问："程子、朱子把孔子告诉颜渊的为邦之道看做是万世常行的法则，怎么样？"先生说："颜渊大体接近圣人，他对于治理国家的根本原则大都已经了解。孔子平日已经深入了解颜渊，在这个问题上不必说太多，只从典章制度上讲。但这些地方也不能忽略，必须要这样做才能完善。又不能因为自己治国的基本原则了解透彻了，于是在防范上松懈，必须要'放郑声，远佞人'。颜回是个克己反省，在德性上用心的人，孔子担心他在外部的治理方式上或有不足，所以在他不足的地方补充说明。如果是对于其他人，必须告诉‘为政在人，取人以身，修身以道，修道以仁’，‘达道’、‘九经’及‘诚身’这些具体工夫，才可以做得到。这个才是万世常行的法则。不然的话，只是实行了夏朝的历法，乘坐了商朝的车子，戴了周朝的礼帽，使用《韶》《武》这样的乐曲，天下就能治理好？后人只看到颜回是孔子门徒中最优秀的人，又问了孔子治理国家的问题，就把这件事看得无比重要。”

【35】蔡希渊问：“文公《大学》新本，先‘格致’而后‘诚意’工夫，似与首章次第相合。若如先生从旧本之说，即‘诚意’反在‘格致’之前，于此尚未释然。”先生曰：“《大学》工夫即是‘明明德’，‘明明德’只是个‘诚意’，‘诚意’的工夫只是‘格物致知’。若以‘诚意’为主，去用‘格物致知’的工夫，即工夫始有下落，即为善去恶无非是‘诚意’的事。如新本先去穷格事物之理，即茫茫荡荡，都无着落处。须用添个‘敬’字，方才牵扯得向身心上来。然终是没根源。若须用添个‘敬’字，缘何孔门倒将一个最紧要的字落了，直待千余年后要人来补出？正谓以‘诚意’为主，即不须添‘敬’字，所以提出个‘诚意’来说，正是学问的大头脑处。于此不察，真所谓‘毫厘之差，千里之谬’。大抵《中庸》工夫只是‘诚身’，‘诚身’之极，便是‘至诚’；《大学》工夫只是‘诚意’，‘诚意’之极，便是‘至善’：工夫总是一般。今说这里补个‘敬’字，那里补个‘诚’字，未免画蛇添足。”

【译文】蔡希渊问：“朱文公的《大学》新本，先讲格物致知，然后才是诚意的工夫，似乎与《大学》首章的顺序正好相吻合。如果按照先生依从旧本立说，则诚意的工夫反而在格物致知的工夫之前，我对此还没有领悟。”先生说：“《大学》的工夫就是‘明明德’，‘明明德’就是‘诚意’，‘诚意’的工夫就是‘格物致知’。如果以‘诚意’为主导，去做‘格物致知’的工夫，那么工夫才会落实，为善去恶无非就是要使自己意念真诚。像《大学》新本主张先去穷尽事物的道理，那么就会迷茫，无法落实。必须要添加一个

‘敬’字，才能与身心关联起来。但终究没有根据。如果必须添加一个‘敬’字，为什么孔门圣学反而将一个最关键的字丢了，要等到一千多年后由后人来补充呢？如果以‘诚意’为主导，就不须添加一个‘敬’字，所以提出‘诚意’的工夫，正是做学问的关键。没有洞察这一点，真就是所谓的毫厘之差，千里之谬。大体说来，《中庸》的工夫就是‘诚身’，‘诚身’的极致就是‘至诚’。《大学》的工夫就是‘诚意’，‘诚意’的极致就是‘至善’。工夫都是一样。现在说这里补一个‘敬’字，那里补一个‘诚’字，难免有画蛇添足之嫌。”

卷中

钱德洪序

德洪[①]曰：昔南元善[②]刻《传习录》于越，凡二册。下册摘录先师手书，凡八篇。其《答徐成之》二书，吾师自谓："天下是朱非陆，论定既久，一旦反之为难。二书姑为调停两可之说，使人自思得之。"[③]故元善录为下册之首者，意亦以是欤？今朱、陆之辨明于天下久矣。洪刻先师《文录》，置二书于《外集》者，示未全也，故今不复录。其余指"知行之本体"，莫详于《答人论学》[④]与答周道通、陆清伯、欧阳崇一四书；而谓"格物为学者用力日可见之地"，莫详于《答罗整庵》一书。平生冒天下之非诋，虽陷万死一生，遑遑然不忘讲学，惟恐吾人不闻斯道，流于功利机智，以日堕于夷狄禽兽而不觉；其一体同物之心，譊譊终身，至于毙而后已。此孔、孟已来贤圣苦心，虽门人子弟未足以慰其情也。是情也，莫详于《答聂文蔚》之第一书。此皆仍元善所录之旧。而揭"必有事焉"即"致良知"功夫，明白简切，使人言下即得入手，此又莫详于《答文蔚》之第二书，故增录之。元善当时汹汹，乃能以身明斯道，卒至遭奸被斥，油油然惟以此生得闻斯学为庆，而绝无有纤芥愤郁不平之气。斯录之刻，人见其有功于同志甚大，而不知其处时之甚艰也。今所去取，裁之时义则然，非忍有所加损于其间也。

【注释】①钱德洪（1496—1574），字洪甫，号绪山，浙江余姚人，官至刑部郎中，王阳明的学生。 ②南大吉（1487—1541），字元善，号瑞泉，陕西渭南人，官至郎中知府，王阳明的学生。 ③语出王阳明《答徐成之》，见《王阳明全集》卷二十一。 ④《答人论学》：即《答顾东桥书》。

【译文】钱德洪说：南元善曾经在浙江绍兴刻录《传习录》，一共两册。下册收录了先师的书信，一共八篇。关于答徐成之的两封信，我的老师说过："天下赞同朱子，非议陆九渊，议论很久，一时很难反转过来。这两封信姑且为调停两种学说而写，使人自己去思考理解。"所以南元善收录在下册的卷首，大概也是这种想法吧？如今朱陆之辩已经大白于天下很久了。我刻录先师的《文录》，把这两封信放在《外集》，表明这两封信不能完整地反映先生的思想，所以现在不再收录。其余书信中，指明"知行之本体"的，没有比《答人论学》与答周道通、答陆清伯、答欧阳崇一四封信更详细的。而讲明"格物为学者用力日可见之地"，则没有比《答罗整庵》一信更为详细的了。先师平生冒着天下人的各种非议与指责，即使万死一生，惊慌不定却仍不忘记讲学，唯恐我们不能明白圣人之道，陷入功利机巧之中，逐日堕落到未开化的愚民与禽兽状态而不自觉。先生与天地万物同体之心，终身讲学论辩，死而后已。这种孔孟以来的圣贤苦心，即使是门人弟子也不足以慰藉这份真情。这种情感的流露，没有比答聂文蔚的第一封信更为详细的了。这些都仍然遵循南元善所收录的，没有改动。而揭示出"必有事焉"就是"致良知"功夫，明白简易，使人马上就能下手落实，这又没有比答聂文蔚的第二封信更为详细的了，所以我把它增补进来。南元善当时慷慨激昂，能亲身践行圣人之道，最终遭到奸佞排斥，然而他却悠然自得，只以此生能有幸听到这种学说而高兴，绝没有丝毫愤愤不平的意思。《传习录》的刻录刊行，大家看到它对于志同道合之人的巨大作用，却不知道他当初所处时事的艰辛。如今重新刊行，有所增删，是出于对当前时势的考虑，并非忍心要增加或减损他所编的这些内容。

答顾东桥[①]书

【1】来书云："近时学者务外遗内，博而寡要，故先生特倡'诚意'一义，针砭膏肓，诚大惠也。"

吾子洞见时弊如此矣，亦将何以救之乎？然则鄙人之心，吾子固已一句道尽，复何言哉！复何言哉！若"诚意"之说，自是圣门教人用功第一义。但近世学者乃作第二义看，故稍与提掇紧要出来，非鄙人所能特倡也。

【注释】①顾璘（1476—1545），字华玉，号东桥，南京上元（今江苏江宁）人，官至南京刑部尚书，王阳明的友人。

【译文】来信说："近来学者追求外物，遗忘本心，博学多识却不得要领，所以先生专门倡导'诚意'，针砭时弊，实在是嘉惠学林。"

您对现实的弊端有如此深刻的认识，那么将如何去救治它呢？我的心思，您一句话就已经说完了，我还需要说什么呢！我还需要说什么呢！至于"诚意"的学说，本来就是圣人教人用功的首要工夫。但是近世学者却把它当做次要的主张，所以我稍微指出这个关键处，并不是我首先倡导的。

【2】来书云："但恐立说太高，用功太捷，后生师传，影响谬误，未免坠于佛氏明心见性、定慧顿悟之机，无怪闻者见疑。"

区区"格致诚正"之说，是就学者本心、日用事为间，体究践履，实地用功，是多少次第、多少积累在！正与空虚顿悟之说相反。闻者本无求为圣人之志，又未尝讲究其详，遂以见疑，亦无足怪。若吾子之高明，自当一语之下便了然矣！乃亦谓"立说太高，用功太捷"，何邪？

【译文】来信说："就怕立论太高远，用功太快捷，年轻人受老师的传授，影响谬误，难免堕入佛教的明心见性、定慧顿悟的禅机中，难怪听到您这种学说的人会产生怀疑。"

我提出"格致诚正"的观点，是从学者本心和日常事务处入手，体验实践，扎实用功，有很多的条理，有很多的积累，正好与空虚顿悟的学说相反。听到这种学说的人本来没有追求做圣人的志向，又没有讲究详细，于是怀疑这种学说，这也很正常。像您这么高明的人，自然应当一言便了然于心。您也说"我的立论太高远，用功太快捷"，这是为什么呢？

【3】来书云："所喻知行并进，不宜分别前后，即《中庸》尊德性而道问学之功，交养互发，内外本末一以贯之之道。然工夫次第，不能无先后之差。如知食乃食，知汤乃饮，知衣乃服，知路乃行，未有不见是物，先有是事。此亦毫厘倏忽之间，非谓有等今日知之，而明日乃行也。"

既云“交养互发，内外本末，一以贯之”，则知行并进之说，无复可疑矣。又云“工夫次第，不能无先后之差”，无乃自相矛盾已乎？“知食乃食”等说，此尤明白易见，但吾子为近闻障蔽，自不察耳。夫人必有欲食之心，然后知食。欲食之心即是意，即是行之始矣。食味之美恶，必待入口而后知，岂有不待入口，而已先知食味之美恶者邪？必有欲行之心，然后知路：欲行之心即是意，即是行之始矣。路岐之险夷，必待身亲履历而后知，岂有不待身亲履历，而已先知路岐之险夷者邪？“知汤乃饮”，“知衣乃服”，以此例之，皆无可疑。若如吾子之喻，是乃所谓不见是物，而先有是事者矣。吾子又谓“此亦毫厘倏忽之间，非谓截然有等今日知之，而明日乃行也”，是亦察之尚有未精。然就如吾子之说，则知行之为合一并进，亦自断无可疑矣。

【译文】来信说：“所晓谕的知行并进，不应该分先后，就是《中庸》尊德性而道问学的工夫，互相涵养互相推进，内外本末，一贯之道。然而工夫次序，不能没有先后之分。比如知道食物才去吃，知道汤才去喝，知道衣服才去穿，知道了路才能行走，没有不知道这个事物，而先有这个事情发生的。这中间只有毫厘之差，不是说今天知道了，明天再去实行。”

既然您说互相涵养互相推进，内外本末，一以贯之，那么知行并进的说法也就不再有疑问。又说“工夫次序，不能没有先后之分”，这不是自相矛盾吗？知道食物才能去吃等说法，尤其明显易见，但您被当前学说所遮蔽，自己没有觉察到罢了。人必须有想要吃东西的心思，然后才知道吃，想要吃东西的心就是意念，也就是行动的开始。食物味道的好坏，必须等到入口之后才能知道，哪有不等食物入口就已经先知道食物味道好坏呢？一定有想要行走的心，然后才知道去走路，想要行走的心就是意念，也就是行走的开始了。岔路是危险还是平安，必须等到亲身经历过后才知道，哪有不等亲身经历就先知道岔路的危险与平安的呢？知道汤才能喝，知道衣服才能穿，以此类推，都没有什么疑问。如果像您所说的，那才真是没看见这个事物，就先有这个事情发生。您又说“这也是毫厘之差，不是说等到今天知道了，明天才去实行”，这也是因为思考还不深入。然而即便像您所说的，知行合一并进之说，也自然绝无可疑。

【4】来书云："真知即所以为行，不行不足谓之知，此为学者吃紧立教，俾务躬行则可。若真谓行即是知，恐其专求本心，遂遗物理，必有暗而不达之处，抑岂圣门知行并进之成法哉？"

知之真切笃实处即是行，行之明觉精察处即是知，知行工夫本不可离。只为后世学者分作两截用功，失却知行本体，故有合一并进之说。"真知即所以为行，不行不足谓之知"，即如来书所云"知食乃食"等说可见，前已略言之矣。此虽吃紧救弊而发，然知行之体本来如是，非以己意抑扬其间，姑为是说，以苟一时之效者也。"专求本心，遂遗物理"，此盖失其本心者也。夫物理不外于吾心，外吾心而求物理，无物理矣；遗物理而求吾心，吾心又何物邪？心之体，性也，性即理也。故有孝亲之心，即有孝之理；无孝亲之心，即无孝之理矣。有忠君之心，即有忠之理；无忠君之心，即无忠之理矣。理岂外于吾心邪？晦庵谓："人之所以为学者，心与理而已。心虽主乎一身，而实管乎天下之理；理虽散在万事，而实不外乎一人之心"[①]，是其一分一合之间，而未免已启学者心、理为二之弊。此后世所以有"专求本心，遂遗物理"之患，正由不知心即理耳。夫外心以求物理，是以有暗而不达之处：此告子"义外"之说，孟子所以谓之不知义也。心一而已。以其全体恻怛[②]而言谓之仁，以其得宜而言谓之义，以其条理而言谓之理。不可外心以求仁，不可外心以求义，独可外心以求理乎？外心以求理，此知行之所以二也。求理于吾心，此圣门知行合一之教，吾子又何疑乎？

【注释】①语出朱熹《大学或问》第五《知本知至章》。　②恻怛（cè dá）：恻隐，哀伤，恳切。

【译文】来信说："真知就是用来践行的，不能践行的不能称作知，这种说法如果是为了让学者们抓住要点，使他们务必着实践行就还可以。但如果真的认为行就是知，恐怕一味探求本心，于是遗忘了事物中的道理，必定有暗昧而不能明白的地方，这怎么是圣人知行并进的固有法则呢？"

求知时的真切笃实之处就是行，行动时的自觉洞察之处就是知。知行工夫本就不可以分离。只因为后世学者把知行当作两件事来做，违背了知行本体，所以才有知行合一并进的说法。“真知就是用来践行的，不能践行的不能称作知”，就用来信所说的“知道食物才能去吃”等比喻可知，前面我已经大略讲到了。这个固然是为了让学者抓住要点，为拯救时弊而提出来的，然而知行本体原本就是这样，并不是把自己的想法掺杂到里面，暂且提出这种学说，以追求一时的效果。“一味探求本心，于是遗忘了事物中的道理”，这种说法大概是指丧失了本心的人。事物的道理并不在我的心外，在我的心外探求事物之理，就找不到事物之理。遗忘物理而探求我的心，我的心又是什么事物呢？心的本体就是性，性就天理。所以有孝敬父母的心，就有孝敬的道理；没有孝敬父母的心，就没有孝敬的道理。有对君主忠诚的心，就有忠诚的道理，没有忠于君主的心，就没有忠诚的道理。天理难道在我的心外吗？朱子说：“人所以要为学，就是因为存在心和理。心虽然主导着人的身体，但实际上掌控着天地万物之理；理虽然分散在万事万物之中，但实际上都存在于人心中。”在这一分一合之间，难免产生促使学者们把心与理分为两个东西的弊病。后世学者所以有“一味探求本心，于是遗忘了事物中的道理”的担忧，正因为不知道心就是理。在心外探求事物的道理，就有暗昧而不明白的地方，这就是告子主张“义”在外，而孟子批评他不知“义”的原因。心只有一个，从它贯穿全体的情感而言称之为仁，从它的适宜恰当而言称之为义，从它的思索条理而言称之为理。不能在心外探求仁，不能在心外探求义，难道唯独可以在心外探求理吗？在心外探求天理，这是知行之所以被分为两截的原因。在自己的心中探求天理，这是圣人知行合一的教诲，您又有什么疑虑呢？

【5】来书云：“所释《大学》古本，谓‘致其本体之知’，此固孟子尽心之旨。朱子亦以虚灵知觉为此心之量。然尽心由于知性，致知在于格物。”

“尽心由于知性，致知在于格物”，此语然矣。然而推本吾子之意，则其所以为是语者，尚有未明也。朱子以“尽心、知性、知天”为“物格知致”，以“存心、养性、事天”为“诚意、正心、修身”，以“夭寿不贰、修身以俟”为知至仁尽、圣人之事。若鄙人之见，则与朱子正相反矣。夫“尽心、知性、知天”者，生知安行，圣人之事也。“存心、养性、事天”者，学知利行，贤人之事也。“夭寿不贰，修身以俟”者，困知勉行，学者之事也。岂可专以尽心知性为知，存心养性为行乎？吾子骤闻此言，必又以为大骇矣。然其间实无可疑者，一为吾子言之。夫心之体，性也；性之原，天也。能尽其心，是能尽其性矣。《中庸》云“惟天下至诚为能尽其性”，又云“知天地之化育”，“质诸鬼神而无疑，知天也”，此惟圣人而后能然，故曰“此生知安行，圣人之事也”。存其心者，未能尽其心者也，故须加存之之功；必存之既久，不待于存而自无不存，然后可以进而言尽。盖“知天”之“知”，如“知州”、“知县”之“知”。知州，则一州之事皆已事也，知县，则一县之事皆己事也，是与天为一者也；事天则如子之事父，臣之事君，犹与天为二也。天之所以命于我者，心也，性也。吾但存之而不敢失，养之而不敢害，如“父母全而生之，子全而归之”[①]者也。故曰“此学知利行，贤人之事也”。至于“夭寿不贰”，则与存其心者又有间矣。存其心者，虽未能尽其心，固已一心于为善，时有不存，则存之而已。今使之夭寿不贰，是犹以夭寿贰其心者也。犹以夭寿贰其心，是其为善之心犹未能一也。存之尚有所未可，而何尽之可云乎？今且使之不以夭寿贰其为善之心，若曰死生夭寿皆有定命，吾但一心于为善，修吾之身，以俟天命而已，是其平日尚未知有天命也。事天虽与天为二，然已真知天命之所在，但惟恭敬奉承之而已耳。若俟之云者，则尚未能真知天命之所在，犹有所俟者也，故曰所以立命。“立”者，“创立”之“立”，如“立德”、“立言”、“立功”、“立名”之类，凡言“立”者，皆是昔未尝有，而今始建立之谓，孔子所谓“不知命，无以为君子”[②]者也。故曰“此困知勉行，学者之事也”。今以尽心、知性、知天为格物致知，使初学之士，尚未能不贰其心者，而遽责之以圣人生知安行之事，如捕风捉影，茫然莫知所措其心，几何而不至于“率天下而路”[③]也！今世致知格物之弊，亦居然可见矣。吾子所谓“务外遗内，博而寡要”者，无乃亦是过欤？此学问最紧要处。于此而差，将无往而

不差矣！此鄙人之所以冒天下之非笑，忘其身之陷于罪戮，呶呶其言，其不容已者也。

【注释】①语出《礼记·祭义》："天之所生，地之所养，无人为大，父母全而生之，子全而归之，可谓孝矣；不亏其体，不辱其身，可谓全矣。" ②语出《论语·尧曰》："子曰：'不知命，无以为君子也。不知礼，无以立也。不知言，无以知人也。'" ③语出《孟子·滕文公上》："然则治天下独可耕且为与？有大人之事，有小人之事。且一人之身，而百工之所为备。如必自为而后用之，是率天下而路也。"

【译文】来信说："您所解释的《大学》古本称'呈现本体的良知'，这本来是孟子尽心的主旨。朱子也把虚灵知觉看做是心的标准。但尽心还必须通过知性，致知还在于格物。"

"尽心由于知性，致知在于格物"，这句话是对的。然而推究您的意思，之所以这么讲，还是因为有不明白的地方。朱子把尽心、知性、知天看做是格物致知，把存心、养性、事天看做是诚意、正心、修身，把"夭寿不贰，修身以俟"看做是洞察善恶，穷尽仁德的圣人事业。我的看法和朱子正好相反。尽心、知性、知天，生而知之，安命而行，这是圣人的层次。存心、养性、事天，通过学习而知道，有所利而行动，这是贤人的层次。"夭寿不贰，修身以俟"，在困顿中学习而知道，勉力而行，这是学者的层次。怎能只把尽心知性看做知，把存心养性看做行呢？您突然听到这种讲法，肯定又要惊骇了。然而这中间实在没有什么可怀疑的，让我逐一为您辨析清楚。心的本体是性，性的本源是天。能充分识得心，就能充分发挥人的本性了。《中庸》说"只有天下至诚的人能穷尽其本性"，又说"知道天地的化育"，"质问鬼神而没有疑问，这就是知天"，这是只有圣人才能达到的层次，所以说"这是生而知之，安命而行，圣人的行事状态"。存养了本心，不能完全穷尽本心，所以必须要添加存养的工夫。必须存养的工夫久了，等到不需要存养而本心自然存养，然后可以进一步说穷尽。"知天"的"知"，就像"知州"、"知县"的"知"一样。知州，则一州之内的事情都是自己的分内事，知县，则一县之内的事情都是自己的分内事，这是与天合为一体。事天就像子女侍奉父亲、臣下侍奉君主一样，仍然与天分开为两者。天赋予我的是心，是性。我只有保存它而不敢丧失，涵养它而不敢伤害，就如"父母全而生之，子全而归之"。所以说"这是通过学习而知道，有所利而行动，属于贤人行事的状态"。至于"夭寿不贰"，则与存养本心的人又有区别。存养本心，虽然没有穷尽本心，本来已经一心为善，偶尔不能存养，则保存而已。如今使它夭寿不贰，这是以夭寿两件事分离了他的心。由于夭寿使得人心不定，是由于为善之心不能专一。存养本心都还没有达到，怎么能谈论尽心呢？如今假使不因为夭寿而使为善的心出现不专一，就好比说死生夭寿都是命，我只要一心为善，修治我的身，来等待天命的安排而已，这是平日还不知道有天命的存在。事天虽然与天区分为二，然而已经真正知道了天命的存在，只是恭敬奉承天命而已。至于“修身以俟”之类的说法，是因为还没有真正知道天命之所在，仍然有所等待，所以说是立命。“立”，是“创立”之“立”，如“立德”、“立言”、“立功”、“立名”一样，凡是讲“立”，都是指过去没有，从今开始建立的意思，就是孔子所谓的“不知道天命，不能成为君子”一样。所以说“这是困顿中勉力而行，属于学者的行事状态”。现在把尽心、知性、知天看做是格物致知，使得初学者还没有做到内心专一，就急忙以圣人生知安行的行事状态来苛求他，这就好比捕风捉影，使人茫然不知如何安顿内心，怎不导致“率领天下的人疲于奔命”！当今之世，格物致知的弊端显而易见。您所谓的“追求外物，遗忘本心，博学多识却不得要领”不就是错在这里吗？这是学问最关键的地方。在这里出了问题，那么到处都会出问题。我之所以冒着天下人的非议和嘲笑，忘记自身陷于罪责刑戮之中，还不断叙说，实在是因为这个问题已经刻不容缓了。

【6】来书云：“闻语学者，乃谓‘即物穷理’之说，亦是玩物丧志。又取其‘厌繁就约’[①]、‘涵养本原’[②]数说标示学者，指为晚年定论，此亦恐非。”

朱子所谓“格物”云者，在“即物而穷其理”也。即物穷理，是就事事物物上求其所谓定理者也，是以吾心而求理于事事物物之中，析“心”与“理”而为二矣。夫求理于事事物物者，如求孝之理于其亲之谓也。求孝之理于其亲，则孝之理其果在于吾之心邪？抑果在于亲之身邪？假而果在于亲之身，则亲没之后，吾心遂无孝之理欤？见孺子之入井，必有恻隐之理，是恻隐之理果在于孺子之身欤？抑在于吾心之良知欤？其或不可以从之于井欤？其或可以手而援之欤？是皆所谓理也。是果在于孺子之身欤？抑果出于吾心之良知欤？以是例之，万事万物之理，莫不皆然。是可以知析心与理为二之非矣。夫析心与理而为二，此告子“义外”之说，孟子之所深辟也。“务外遗内，博而寡要”，吾子既已知之矣，是果何谓而然哉？谓之玩物丧志，尚犹以为不可欤？若鄙人所谓致知格物者，致吾心之良知于事事物物也。吾心之良知，即所谓天理也。致吾心良知之天理于事事物物，则事事物物皆得其理矣。致吾心之良知者，致知也。事事物物皆得其理者，格物也。是合心与理而为一者也。合心与理而为一，则凡区区前之所云，与朱子晚年之论，皆可以不言而喻矣！

【注释】①语本朱熹《与刘子澄》，详见王阳明辑录的《朱子晚年定论》。 ②语出朱熹《答吕子约》，详见王阳明辑录的《朱子晚年定论》。

【译文】来信说：“听您对学生说，‘即物穷理’的学说，也是玩物丧志。又从朱子的学说中选取‘厌繁就约’、‘涵养本原’等几种主张，教导给学生，并认为这是朱子晚年定论，这样恐怕也不正确。”

朱子所说的格物，意思是“接触事物并且穷究其道理”。即物穷理，是从事事物物上探求所谓的定理，这是以我的心去探求事事物物中蕴含的道理，把心与理分析为两个事物。在事事物物上探求道理，就好比说在父母身上探求孝顺的道理。在父母身上探求孝顺的道理，那么孝顺的道理到底是在我的心中呢？还是在父母的身上呢？假如真的在父母的身上，那么父母死了后，我的心是不是就没有孝顺的道理了？看见小孩子掉入井中，必定有同情的心，这种同情的心到底是在小孩子的身上呢？还是在我内心的良知上呢？或许不能跟着跳入井中？或者可以伸手拉他一下？这都是所谓的道理。这个道理果真在小孩子身上吗？还是存在于我内心的良知呢？以此类推，万事万物的道理，无不如此。这也可以看出把心和理区分为两个事物是不正确的。把心与理区分为二，这就是告子的义外学说，孟子对此进行了深刻批判。“追求外物，遗忘本心，博学多识却不得要领”的弊病，您既然已经知道了，这到底是因为什么才致使这样呢？称之为玩物丧志，您还认为不对吗？我所谓格物致知，是将我本心的良知推广到事事物物上。我本心的良知，就是天理。把我本心良知所包含的天理推行到事事物物上，那么万事万物就都得到它们自身的道理了。推究我内心的良知，就是致知。万事万物都得到各自的道理，就是格物。这是将心与理合为一体的说法。心与理合为一，那么我前面所讲的，与朱子晚年的言论，都可以不言而喻了。

【7】来书云："人之心体本无不明，而气拘物蔽，鲜有不昏。非学问思辨以明天下之理，则善恶之机，真妄之辨，不能自觉。任情恣意，其害有不可胜言者矣。"

此段大略似是而非，盖承沿旧说之弊，不可以不辨也。夫学、问、思、辨、行，皆所以为学，未有学而不行者也。如言学孝，则必服劳奉养，躬行孝道，然后谓之学。岂徒悬空口耳讲说，而遂可以谓之学孝乎？学射，则必张弓挟矢，引满中的；学书，则必伸纸执笔，操觚染翰[①]；尽天下之学，无有不行而可以言学者，则学之始固已即是行矣。笃者，敦实笃厚之意，已行矣，而敦笃其行，不息其功之谓尔。盖学之不能以无疑，则有问，问即学也，即行也；又不能无疑，则有思，思即学也，即行也；又不能无疑，则有辨，辨即学也，即行也。辨既明矣，思既慎矣，问既审矣，学既能矣，又从而不息其功焉，斯之谓笃行，非谓学问思辨之后而始措之于行也。是故以求能其事而言谓之学；以求解其惑而言谓之问；以求通其说而言谓之思；以求精其察而言谓之辨；以求履其实而言谓之行。盖析其功而言则有五，合其事而言，则一而已。此区区心理合一之体，知行并进之功，所以异于后世之说者，正在于是。今吾子特举学、问、思、辨以穷天下之理，而不及笃行，是专以学、问、思、辨为知，而谓穷理为无行也已。天下岂有不行而学者邪？岂有不行而遂可谓之穷理者邪？明道云："只穷理便尽性至命。"故必仁极仁，而后谓之能穷仁之理；义极义，而后谓之能穷义之理。仁极仁，则尽仁之性矣。义极义，则尽义之性矣。学至于穷理，至矣，而尚未措之于行，天下宁有是邪？是故知不行之不可以为学，则知不行之不可以为穷理矣；知不行之不可以为穷理，则知知行之合一并进，而不可以分为两节事矣。夫万事万物之理不外于吾心，而必曰穷天下之理，是殆以吾心之良知为未足，而必外求于天下之广，以裨补增益之，是犹析心与理而为二也。夫学、问、思、辨、笃行之功，虽其困勉至于人一己百，而扩充之极，至于尽性知天，亦不过致吾心之良知而已。良知之外，岂复有加于毫末乎？今必曰穷天下之理，而不知反求诸其心，则凡所谓善恶之机，真妄之辨者，舍吾心之良知，亦将何所致其体察乎？吾子所谓“气拘物蔽”者，拘此蔽此而已。今欲去此之蔽，不知致力于此，而欲以外求，是犹目之不明者，不务服药调理以治其目，而徒伥伥然求明于其外，明岂可以自外而得哉！任情恣意之害，亦以不能精察天理于此心之良知而已。此诚毫厘千里之谬者，不容于不辨，吾子毋谓其论之太刻也。

【注释】①操觚染翰：意为提笔作文。觚（gū），古人书写时用的竹简。翰，笔。

【译文】来信说：“人的心体本来无不光明，但为气所阻隔，被外物蒙蔽，很少有不昏昧的。如果不通过博学、审问、慎思、明辨的工夫来明白天下的道理，那么善恶、真假的分辨都不能够自觉。放纵情感与意志，那么危害无穷。”

这段大意，似是而非，继承了各种陈旧学说的弊端，不能不辨析清楚。博学、审问、慎思、明辨、笃行，都是为了求学，没有学习了却不实行的。比如说孝顺，必须勤劳奉养，践行孝道，然后才能称之为学。难道只是凭空讲学，然后就称之为学习孝道吗？学习射箭，必须拉弓上箭，拉满弓并且射中目标；学习书法，必须铺开纸张，提笔蘸墨；穷尽天下学问，没有不笃行而可以被称作学习的，所以学习的开始本来就是行。笃，就是踏实笃厚的意思，已经是行动了，使行动踏实敦厚，不让工夫间断的意思。学问不能没有疑惑，所以有详细的询问，询问就是学习，也就是行；又不能没有疑惑，然后思考，思考就是学习，也就是行；又不能没有疑惑，然后就要明辨，辨析就是学习，也就是行。辨析清楚了，思考也很谨慎了，询问也很具体了，学习也有所得了，又不间断这些工夫，这就叫作笃行。不是说在博学、审问、慎思、明辨之后再去实行。所以从有能力做某事的角度来说称之为学，从解答疑惑的角度来说称之为询问，从贯通理解学说的角度来说称之为思考，从深入考察的角度来说称之为辨析，从踏实履行的角度来说称之为行。分析具体的功效而言，有五个名称，合起来看则只是一件事。这就是我所讲的心理合一的本质，知行并进的工夫，所以和后世学说不同之处就在这里。现在您只列举了博学、审问、慎思、明辨以穷究天下的道理，唯独不提笃行，这是只把博学、审问、慎思、明辨看做知，而认为穷理没有包含行。天下哪有不笃行而学习的呢？哪有不行动就能称之为穷尽了道理的呢？程明道说："只要穷理就能充分扩充本性从而达到对命的体认。"所以必须要达到仁的极致，才能称之为穷尽了仁的道理，达到义的极致，才能称之为穷尽了义的道理。仁到达极致，就是实现了仁的本性，义到达极致，就是实现了义的本性。通过学习达到穷理，这是极致了，而还没有付诸实行，天下哪有这种道理呢？所以知道不践行不可以称作学习，也就知道了不践行不可以称之为穷理。知道不践行不可以称作穷理，也就知道知行合一并进，不可以分为两件截然不同的事。万事万物的道理不在我的心外，而一定要说穷尽天下的道理，这恐怕是认为我本心的良知不充分，而必须追求天下的广大事物，以补充良知的不足，这仍然是把心与理辨析为两个不同的东西。博学、审问、慎思、明辨、笃行的工夫，虽然困勉之人要付出比别人多一百倍的工夫，但是扩充到极点，达到彻底扩充人的本性，知晓天命，也不过是呈现我本心的良知而已。良知之外，难道还能再增加丝毫吗？如今一定要说穷尽天下的道理，而不知道反求于自己的内心，那么凡是善恶的萌芽，真假的辨析，放弃了我本心的良知，怎么能体认清楚呢？您所谓的"被气拘执，被外物蒙蔽"，都是受这种观点的拘执和蒙蔽。如今想要根除这一弊病，却不知道在良知上发力，而想要向外探求，这就好比眼睛看不清的人，不专门服药调理以治好眼睛，而只是无所适从地向外探求明目，明亮怎么能够从外面来获得呢？放纵情感和意志的危害，也是因为不能从本心的良知去深刻地体察天理。这真是毫厘之差，千里之谬，容不得我们不辨析清楚，您不要认为这种论辩太苛刻了。

【8】来书云："教人以致知明德，而戒其即物穷理，诚使昏暗之士深居端坐，不闻教告，遂能至于知致而德明乎？纵令静而有觉，稍悟本性，则亦定慧无用之见，果能知古今，达事变，而致用于天下国家之实否乎？其曰'知者意之体，物者意之用，格物如格君心之非'之'格'，语虽超悟独得，不踵陈见，抑恐于道未相吻合。"

区区论致知格物，正所以穷理，未尝戒人穷理，使之深居端坐而一无所事也。若谓即物穷理，如前所云“务外而遗内”者，则有所不可耳。昏暗之士，果能随事随物精察此心之天理，以致其本然之良知，则虽愚必明，虽柔必强，大本立而达道行，九经之属可一以贯之而无遗矣，尚何患其无致用之实乎？彼顽空虚静之徒，正惟不能随事随物精察此心之天理，以致其本然之良知，而遗弃伦理，寂灭虚无以为常，是以要之不可以治家国天下。孰谓圣人穷理尽性之学而亦有是弊哉？心者身之主也，而心之虚灵明觉，即所谓本然之良知也。其虚灵明觉之良知，应感而动者谓之意。有知而后有意，无知则无意矣。知非意之体乎？意之所用，必有其物，物即事也。如意用于事亲，即事亲为一物；意用于治民，即治民为一物；意用于读书，即读书为一物；意用于听讼，即听讼为一物。凡意之所用，无有无物者，有是意即有是物，无是意即无是物矣。物非意之用乎？“格”字之义，有以“至”字之训者，如“格于文祖”[①]、“有苗来格”[②]，是以“至”训者也。然“格于文祖”，必纯孝诚敬，幽明之间，无一不得其理，而后谓之“格”；有苗之顽，实以文德诞敷而后格，则亦兼有“正”字之义在其间，未可专以“至”字尽之也。如“格其非心”、“大臣格君心之非”之类，是则一皆“正其不正以归于正”之义，而不可以“至”字为训矣。且《大学》“格物”之训，又安知其不以“正”字为训，而必以“至”字为义乎？如以“至”字为义者，必曰“穷至事物之理”，而后其说始通。是其用功之要，全在一“穷”字，用力之地全在一“理”字也。若上去一“穷”、下去一“理”字，而直曰“致知在至物”，其可通乎？夫“穷理尽性”，圣人之成训，见于《系辞》者也。苟“格物”之说而果即“穷理”之义，则圣人何不直曰“致知在穷理”，而必为此转折不完之语，以启后世之弊邪？盖《大学》格物之说，自与《系辞》穷理大旨虽同，而微有分辨。“穷理”者，兼格致诚正而为功也，故言“穷理”，则格致诚正之功皆在其中；言“格物”，则必兼举致知、诚意、正心，而后其功始备而密。今偏举“格物”而遂谓之“穷理”，此所以专以“穷理”属“知”，而谓“格物”未尝有“行”，非惟不得格物之旨，并穷理之义而失之矣。此后世之学所以析知、行为先后两截，日以支离决裂，而圣学益以残晦者，其端实始于此。吾子盖亦未免承沿积习见，则以为“于道未相吻合”，不为过矣。

【注释】①语出《尚书·舜典》：“月正元日，舜格于文祖，询于四岳，辟四门，明四目，达四聪。”意为三年后的正月一个吉日，舜到了尧的太庙，与四方诸侯君长谋划政事，打开了明堂四门宣布政教，使四方看得明白真切，听得清楚全面。②语出《尚书·大禹谟》：“帝乃诞敷文德，舞干羽于两阶，七旬有苗格。”意为舜帝广泛地施行文德之教，让人拿起楯和翳这些跳舞用的器具在台阶前跳舞。撤兵七十天后，三苗前来归顺。

【译文】来信说：“您教人致良知而明德，反对即物穷理，使得那些昏暗不明的人，身居端坐，听不到各种教导，由此能够达到致知明德吗？即便静坐有觉悟，稍稍领悟到本性，那也是佛教定慧之类无用的见解，难道真能了解古今，通达世事变化，从而在国家的各项事务中发挥实际效用吗？您所说的‘良知是意念的本体，事物是意念作用之所在，格物就像端正人心之是非的格’，话语虽然超绝领悟，独具心得，不拘泥于成见，但恐怕和道不相吻合。”

我所谈论的格物致知，正是要教人穷理，从没有教人不去穷理，而让人深居端坐，无所事事。所谓即物穷理，像前面谈到的“追求外物而遗忘本心”，则不正确。道理不明的人，如果能随时随处体察这个心蕴含的天理，以实现人心的本然之良知，那么即使愚蠢的人也会变得聪明，即使柔弱也必定会强大，根本确立了，达道就可以畅行，九经之类的具体方法可以一以贯之而不会遗漏。还用担心它们没有致用的实效吗？那些顽劣虚空的人，正因为不能随事物体察这个心所蕴含的天理，以呈现他们的本然之良知，反而抛弃伦理道德，达到寂灭虚无的状态，并以之为常，因而不能治理国家天下。谁说圣人穷理尽性的学问有这种弊端呢？心是身体的主宰，而心的自觉状态就是本然之良知。自觉的良知，随外物之感应而发动的称作意念，有良知才有意念，没有良知就没有意念。良知不是意念的本体吗？意念的作用处，必然有事物，事物就是事情。比如意念作用于奉养父母，则奉养父母就是一个事物；意念作用于治理人民，则治理人民就是一个事物；意念作用于读书，则读书就是一个事物；意念作用于听讼，则听讼就是一个事物。凡是意念作用的地方都是事物，有这个意念，就有这个事物，没有这个意念就没有这个事物。事物不是意念的作用吗？“格”字的含义，有的用“至”来解释，比如“格于文祖”、“有苗来格”的“格”，这是用“至”来解释。然而“格于文祖”，必须真心孝顺，诚信敬服，幽暗与光明之间的道理，没有不通晓的，然后才能称之为“格”。有苗氏顽劣，着实要用文德去教化然后才能“格”，“格”字兼有“正”字的意思，不能仅仅用“至”字来完全解释清楚。比如“格其非心”、“大臣格君心之非”这些，都是“纠正其不正确，而使之归于正确”的意思，不能用“至”来解释了。并且《大学》对“格物”的解释，又怎么知道不是以“正”字来解释，而必须用“至”字来解释呢？如果用“至”字来解释，则必须说“穷至事物的道理”，这种说法才通畅。因此用功的关键全在一个“穷”字上，用功的对象都在一个“理”字上。如果上文取消一个“穷”字，下文去掉一个“理”字，而只说“致知在至物”，难道通畅吗？“穷理尽性”，是圣人的原本讲法，在《系辞》中曾出现。如果“格物”确实就是“穷理”的意思，那么圣人为什么不直接说“致知在穷理”，而一定要拐弯抹角说这些话，以引起后世的诟病呢？《大学》的“格物”，与《系辞》中的“穷理”主旨虽然相同，但有细微的区别。“穷理”包含了格致诚正的工夫，所以讲“穷理”，就把格物致知正心诚意的工夫都包括在其中了。讲“格物”，则必须同时讲致知、诚意、正心，然后格物的工夫才完备和严密。现在单讲“格物”并且认为就是“穷理”，这就是专门把“穷理”看做是“知”，而认为“格物”不包括“行”，这就不但没有领会格物的宗旨，而且连穷理的意思都错失了。这就是后世学者之所以把知和行分为先后两截，日益支离破碎，而圣人之学日益晦暗不明，其根源就在这里。您大概未免因循陈说，认为我的学说与圣人之道不相合，也就情有可原了。

【9】来书云：“谓致知之功，将如何为温凊、如何为奉养，即是‘诚意’，非别有所谓‘格物’，此亦恐非。”

此乃吾子自以己意揣度鄙见而为是说，非鄙人之所以告吾子者矣。若果如吾子之言，宁复有可通乎？盖鄙人之见，则谓意欲温凊、意欲奉养者，所谓“意”也，而未可谓之“诚意”。必实行其温凊奉养之意，务求自慊而无自欺，然后谓之“诚意”。知如何而为温清之节，知如何而为奉养之宜者，所谓“知”也，而未可谓之“致知”。必致其知如何为温清之节者之知，而实以之温清；致其知如何为奉养之宜者之知，而实以之奉养，然后谓之“致知”。温清之事，奉养之事，所谓“物”也，而未可谓之“格物”。必其于温清之事也，一如其良知之所知，当如何为温清之节者而为之，无一毫之不尽；于奉养之事也，一如其良知之所知，当如何为奉养之宜者而为之，无一毫之不尽，然后谓之“格物”。温清之物格，然后知温清之良知始致；奉养之物格，然后知奉养之良知始致。故曰“物格而后知至”。致其知温清之良知，而后温清之意始诚，致其知奉养之良知，而后奉养之意始诚。故曰“知至而后意诚”。此区区“诚意、致知、格物”之说盖如此。吾子更熟思之，将亦无可疑者矣。

【译文】来信说：“认为致知的工夫，就是如何去关心父母冬温夏凉，如何奉养父母，也就是诚意，不是另外有一个所谓的‘格物’，这种说法恐怕也不正确。”

这是您用自己的想法去揣度我的观点才这么说，但不是我所要告诉您的话的本意。如果像您所说的，怎么会讲得通呢？我的看法是，想要去关心父母冬温夏凉、想要去奉养父母的念头，就是所谓的“意”，但不能称之为“诚意”。必须实行了关心父母冬温夏凉和奉养父母的意念，务必达到自己满意，没有自欺，然后才能称之为“诚意”。知道怎么去关心父母冬温夏凉的具体方法，知道怎么去奉养父母才合适，这是所谓的“知”，但不能称之为“致知”。必须把知道如何关心父母冬温夏凉的知去推行，确实做到关心父母的冬温夏凉；把知道如何奉养父母才适宜的知去推行，实实在在地去奉养父母，然后才能称之为“致知”。冬温夏凉方面的事情，奉养方面的事情，是所谓的“物”，但不能称为“格物”。必须要人对于冬温夏凉方面的事情，完全按照人的良知所知，应当如何关心父母冬温夏凉的做法去做，没有一毫不尽心，对于奉养父母的事情，完全按照良知所知，应当如何奉养父母以达到合适，然后着实去做，没有一丝不尽心，然后才可以称为“格物”。冬温夏凉方面的事情得到了端正，然后知道冬温夏凉的良知得以呈现，奉养父母的事物得到了端正，然后知道奉养父母的良知才得以呈现，所以说“物格而后知至”。把知道冬温夏凉的良知去推行，然后知道冬温夏凉的意念才真诚，把知道奉养父母的良知去推行，然后奉养的意念才真诚。所以说“知至而后意诚”。我对“诚意、致知、格物”的大致理解就是这样。您再仔细考虑下，应当不会有什么疑惑。

【10】来书云：“道之大端，易于明白，所谓‘良知良能，愚夫愚妇可与及者’。至于节目时变之详，毫厘千里之谬，必待学而后知。今语孝于温凊定省，孰不知之？至于舜之不告而娶[①]，武之不葬而兴师，养志养口[②]，小杖大杖[③]，割股[④]庐墓[⑤]等事，处常处变，过与不及之间，必须讨论是非，以为制事之本，然后心体无蔽，临事无失。”

“道之大端易于明白”，此语诚然。顾后之学者，忽其易于明白者而弗由，而求其难于明白者以为学，此其所以“道在迩而求诸远，事在易而求诸难”[⑥]也。孟子云：“夫道若大路然，岂难知哉？人病不由耳！”[⑦]良知良能，愚夫愚妇与圣人同。但惟圣人能致其良知，而愚夫愚妇不能致，此圣愚之所由分也。节目时变，圣人夫岂不知？但不专以此为学。而其所谓学者，正惟致其良知，以精察此心之天理，而与后世之学不同耳。吾子未暇良知之致，而汲汲焉顾是之忧，此正求其难于明白者以为学之蔽也。夫良知之于节目时变，犹规矩尺度之于方圆长短也。节目时变之不可预定，犹方圆长短之不可胜穷也。故规矩诚立，则不可欺以方圆，而天下之方圆不可胜用矣；尺度诚陈，则不可欺以长短，而天下之长短不可胜用矣；良知诚致，则不可欺以节目时变，而天下之节目时变不可胜应矣。毫厘千里之谬，不于吾心良知一念之微而察之，亦将何所用其学乎？是不以规矩而欲定天下之方圆，不以尺度而欲尽天下之长短，吾见其乖张谬戾，日劳而无成也已。吾子谓“语孝于温凊定省，孰不知之”，然而能致其知者鲜矣。若谓粗知温凊定省之仪节，而遂谓之能致其知，则凡知君之当仁者皆可谓之能致其仁之知，知臣之当忠者皆可谓之能致其忠之知，则天下孰非致知者邪？以是而言，可以知“致知”之必在于行，而不行之不可以为致知也明矣。知行合一之体，不益较然矣乎？夫舜之不告而娶，岂舜之前已有不告而娶者为之准则，故舜得以考之何典，问诸何人，而为此邪？抑亦求诸其心一念之良知，权轻重之宜，不得已而为此邪？武之不葬而兴师，岂武之前已有不葬而兴师者为之准则，故武得以考之何典，问诸何人，而为此邪？抑亦求诸其心一念之良知，权轻重之宜，不得已而为此邪？使舜之心而非诚于为无后，武之心而非诚于为救民，则其不告而娶与不葬而兴师，乃不孝不忠之大者。而后之人不务致其良知，以精察义理于此心感应酬酢之间，顾欲悬空讨论此等变常之事，执之以为制事之本，以求临事之无失，其亦远矣。其余数端，皆可类推，则古人致知之学，从可知矣。

【注释】①语出《孟子·万章上》："万章问曰：'诗云："娶妻如之何？必告父母。"信斯言也，宜莫如舜。舜之不告而娶，何也？'孟子曰：'告则不得娶。男女居室，人之大伦也。如告，则废人之大伦，以怼父母，是以不告也。'" ②养志养口：语出《孟子·离娄上》："曾子养曾皙，必有酒肉。将彻，必请所与。问有余，必曰：'有。'曾皙死，曾元养曾子，必有酒肉。将彻，不请所与。问有余，曰：'亡矣。'将以复进也。此所谓养口体者也。若曾子，则可谓养志也。事亲若曾子者，可也。"曾子奉养父亲是遵从父亲意愿，曾元奉养父亲是把父亲养活而已。③小仗大杖：语出《孔子家语·六本》："曾子耘瓜，误斩其根。曾皙怒，建大杖以击其背，曾子仆地而不知人，久之有顷，乃苏，欣然而起，进于曾皙曰：'向也参得罪于大人，大人用力教参，得无疾乎。'退而就房，援琴而歌，欲令曾皙而闻之，知其体康也。孔子闻之而怒，告门弟子曰：'参来勿内。'曾参自以为无罪，使人请于孔子。子曰：'汝不闻乎，昔瞽瞍有子曰舜，舜之事瞽瞍，欲使之，未尝不在于侧；索而杀之，未尝可得。小棰则待过，大杖则逃走，故瞽瞍不犯不父之罪，而舜不失烝烝之孝。今参事父，委身以待暴怒，殪而不避，既身死而陷父于不义，其不孝孰大焉！'"孔子主张父亲用小棍子打就承受，用大棍打就逃跑。④割股：古时候孝子割下自身股肉以奉养父母的故事。 ⑤庐墓：古人于父母或师长死后，服丧期间在墓旁搭盖小屋居住，守护坟墓，谓之庐墓。 ⑥语出《孟子·离娄上》。 ⑦语出《孟子·告子下》。

【译文】来信说："圣人之道的主旨，容易明白，所谓'良知良能'，普通的人都可以达到。至于具体程序和世事变化的详细内容，毫厘之差，会导致千里之谬，必须等到学习后才能知道。如今讲孝顺要做到关心父母的冬暖夏凉，晚定晨省，谁不知道呢？至于舜不请示父母就结婚，武王不埋葬父亲就兴师讨伐商纣，曾子养志曾元养口，大仗逃小仗受，割股庐墓等内容，如何应对常规与变化，在过头与不及之间如何取舍，必须讨论一个是非，作为处理事务的根本原则，然后心体才会没有遮蔽，面临事情时才能没有失误。"

圣人之道的主旨，容易明白，这句话说得很对。反观后世学者，忽视易于明白的东西不去遵循，却追求学习那些难于明白的东西，这就是"圣人之道就在不远的地方，而向很远的地方去探求，事情实在简易却去找难事做"。孟子说："圣人之道就像宽广的大路，怎么难以认识呢？人的毛病在于不去遵循罢了！"良知良能，普通人和圣人都一样具有。只是圣人能够呈现他的良知，而普通人不能呈现，这就是圣人和普通人有区别的根源。礼仪细目和世事变化，圣人怎么不知道？但不去专门学习这个。他们所称作的学，正是呈现各自的良知而已，来深刻地认识此心蕴含的天理，这与后世学问不同。您没有来得及推致良知，而急切地担心这个，这正是去追求难于明白的东西从而受到蒙蔽。良知对于具体的礼仪细目和世事变化，就好像规矩尺度和方圆长短一样。具体礼仪细目和世事变化不能预先确定，就像方圆长短不能穷尽一样。所以规和矩作为标准一旦确立，方和圆自然就不能造假，而天下的方圆根本画不完。尺度一旦设置，长和短就无法造假，天下的长短也就量不完。良知一旦呈现，则各种礼仪细目和世事变化就不能造假，天下各种礼仪细目和世事变化都能应付自如。毫厘千里之谬，如果不从我本心的良知一念的细微处审视，那么将如何去学习呢？这是不通过规与矩而想确定天下的方和圆，不通过尺度就想穷尽天下的长和短，我认为这种乖张荒谬只会日益劳累而无所成。您说"讲孝顺要做到关心父母的冬暖夏凉，晚定晨省，谁不知道呢"，然而能够呈现良知的却很少。如果认为简单知道冬暖夏凉、晚定晨省的礼仪细目，就认为能够呈现他的良知，那么凡是知道作为君主应当仁慈的人，都可以称之为呈现了仁德的良知，知道臣下应当忠诚的，都可以称之为呈现了忠诚的良知，那么天下谁没有呈现良知呢？由此可知，"致知"必然要通过践行，不践行不能称之为致知，这是显而易见的。知行合一的本体，不也更加清楚了吗？舜不告诉父母就结婚，难道是舜之前就已经有不告

诉父母而结婚的事例作为准则，所以舜可以从某本经典中引证，询问某些人，从而这样做吗？还是探求他内心的良知，权衡轻重，不得已而这样做呢？武王不安葬父亲就兴师讨伐商纣，难道是武王之前就已经有了不安葬而兴师讨伐的准则，所以武王可以从某本经典中引证，询问某些人，从而这样做吗？还是探求自己的本心之良知，权衡轻重，不得已而这样做呢？假使舜的心不是真诚地担心没有后人，武王的内心不是真诚于拯救人民，则他们的不告而娶与不葬而兴师，都是不孝不忠的典型。后世人不追求良知的呈现，在人心感应外物的各种应酬接待活动中深刻认识义理的存在，反而想凭空讨论这些事情的常规与权变，作为处理事务的根本原则，来实现处理事务时没有失误，这就差远了。其余几个方面，都可以类推，古人致知的学问，由此可知了。

【11】来书云："谓《大学》'格物'之说专求本心，犹可牵合；至于《六经》、《四书》所载'多闻多见'[①]，'前言往行'[②]，'好古敏求'[③]，'博学审问'，'温故知新'[④]，'博学详说'[⑤]，'好问好察'[⑥]，是皆明白求于事为之际，资于论说之间者，用功节目固不容紊矣。"

"格物"之义，前已详悉；牵合之疑，想已不俟复解矣。至于"多闻多见"，乃孔子因子张之务外好高，徒欲以多闻多见为学，而不能求诸其心，以阙疑殆，此其言行所以不免于尤悔，而所谓见闻者，适以资其务外好高而已。盖所以救子张多闻多见之病，而非以是教之为学也。夫子尝曰："盖有不知而作之者，我无是也。"[⑦]是犹孟子"是非之心，人皆有之"之义也。此言正所以明德性之良知，非由于闻见耳。若曰"多闻择其善者而从之，多见而识之"[⑧]，则是专求诸见闻之末，而已落在第二义矣，故曰"知之次也。"夫以见闻之知为次，则所谓知之上者，果安所指乎？是可以窥圣门致知用力之地矣。夫子谓子贡曰："赐也，汝以予为多学而识之者欤？非也，予一以贯之。"[⑨]使诚在于"多学而识"，则夫子胡乃谬为是说，以欺子贡者邪？"一以贯之"，非致其良知而何？《易》曰："君子多识前言往行，以畜其德。"夫以畜其德为心，则凡多识前言往行者，孰非畜德之事？此正知行合一之功矣。“好古敏求”者，好古人之学，而敏求此心之理耳。心即理也；学者，学此心也；求者，求此心也。孟子云：“学问之道无他，求其放心而已矣。”[10]非若后世广记博诵古人之言词，以为好古，而汲汲然惟以求功名利达之具于其外者也。“博学审问”，前言已尽。“温故知新”，朱子亦以“温故”属之“尊德性”矣[11]。德性岂可以外求哉？惟夫“知新”必由于“温故”，而“温故”乃所以“知新”，则亦可以验知行之非两节矣。“博学而详说之者，将以反说约也。”若无“反约”之云，则“博学详说”者，果何事邪？舜之“好问好察”，惟以用中而致其精一于道心耳。道心者，良知之谓也。君子之学，何尝离去事为而废论说？但其从事于事为论说者，要皆知行合一之功，正所以致其本心之良知，而非若世之徒事口耳谈说以为知者，分知行为两事，而果有节目先后之可言也。

【注释】①语本《论语·为政》：“多闻阙疑，慎言其余，则寡尤；多见阙疑，慎行其余，则寡悔。”意为多听，有怀疑的地方加以保留；其余足以自信的部分，谨慎地说出，就能减少错误。多看，有怀疑的地方加以保留；其余足以自信的部分，谨慎地实行，就能减少懊悔。 ②语出《周易·大畜》：“君子多识前言往行，以畜其德。” ③语本《论语·述而》：“我非生而知之者，好古，敏以求之者也。”意为我不是生来就有知识的人，不过是爱好古代文化，勤奋敏捷去探求知识的人。 ④语本《论语·为政》：子曰：“温故而知新，可以为师矣。” ⑤语本《孟子·离娄下》：“博学而详说之，将以反说约也。” ⑥语本《中庸》：“舜好问而好察迩言。” ⑦语出《论语·述而》。 ⑧语出《论语·述而》。 ⑨语出《论语·卫灵公》。 ⑩语出《孟子·告子上》。 ⑪语本《朱子语类》卷六十四。

【译文】来信说：“认为《大学》‘格物’的学说专门探求本心，还可以勉强符合，至于《六经》、《四书》上所讲的‘多闻多见’，‘前言往行’，‘好古敏求’，‘博学审问’，‘温故知新’，‘博学详说’，‘好问好察’，都是讲在事物之中探求，在讲论之中立论，用功的次序细目实在容不得紊乱。”

“格物”的含义，前面已经详细介绍了，牵强吻合的疑虑，应该不需要重复解释了。至于“多闻多见”，乃是因为孔子看到子张追求外物，好高骛远，只想以多闻多见为学问，而不能求之于内心而存疑，这就是子张的言行难免有后悔的缘故，而所谓多闻多见，正好满足了他的好高骛远而已。孔子是为了挽救子张多闻多见的毛病，并非教他这样去求学。孔子曾经说：“有人自己不懂却能凭空创作，我则没有这样的本事。”这和孟子的“是非之心，人人都具有”的含义一样。这句话正是为了阐明德性所具有的良知并非来源于见闻。至于“多听，选择其中好的加以接受；多看，记在心里”，则是专门在见闻上去探求，已经落在第二层含义了，所以说这是“次一等的知识”。以通过见闻获得的知识为次要的，那么所谓上一层次的知，指的是什么呢？由此可以看出圣人教人致知用功的地方。孔子对子贡说：“赐，你以为我是通过学习而知道的吗？不是的，我将圣人之道一以贯之。”假使真的可以“多学习而获得知识”，那么孔子为什么错误地讲出这番话，为了欺骗子贡他们吗？“一以贯之”，不是推致良知又是什么呢？《周易》说：“君子多记住前人的话，过去的行为，以涵养自身的德性。”以涵养德性为人心，那么记住前贤言论和过往行为，哪一个不是涵养德性的事情呢？这正是知行合一的工夫。“好古敏求”，喜好古人的学问，迅速地探求此心之天理而已。心就是理，学就是学习存养这个心，求就是追求这个心。孟子说：“学问的方法没有什么，追求那个放逐出去了的心而已。”不像后世学者广泛记诵古人的言辞，自以为是好古，而实际上只是在急切地追求功名利禄等身外的东西而已。“博学审问”，前面已经讲清楚了。“温故知新”，朱子也认为“温故”属于“尊德性”。德性难道可以向外探求吗？“知新”必须源于“温故”，而“温故”正是为了“知新”，这也可以证明知行不是两截工夫。“广博地学习，详细地解说，是为了要达到精炼地阐述宗旨和大义的程度。”如果没有“反约”的说法，那么“博学详说”到底是什么事情呢？舜的“好问好察”，也只是用未发之中，使道心达到精一的状态而已。道心就是良知。君子的学问，何尝要放弃处理事务而废除讲论呢？他们所从事的应对事务、言谈讲论的活动，都是知行合一的工夫，这正是呈现他们本心之良知，而不像后世学者只把空谈作为知识，把知行分开为两件事，这才有细目次序先后的说法。

【12】来书云：“杨[①]、墨之为仁义，乡愿[②]之辞忠信，尧、舜、子之[③]之禅让，汤、武、楚项之放伐[④]，周公、莽、操之摄

辅[5]，漫无印正，又焉适从？且于古今事变，礼乐名物，未尝考识，使国家欲兴明堂[6]，建辟雍[7]，制历律，草封禅[8]，又将何所致其用乎？故《论语》曰'生而知之'者，义理耳。若夫礼乐名物，古今事变，亦必待学而后有以验其行事之实。此则可谓定论矣。"

所喻杨、墨、乡愿、尧、舜、子之、汤、武、楚项、周公、莽、操之辨，与前舜、武之论，大略可以类推。古今事变之疑，前于良知之说，已有规矩尺度之喻，当亦无俟多赘矣。至于明堂、辟雍诸事，似尚未容于无言者。然其说甚长，姑就吾子之言而取正焉，则吾子之惑将亦可少释矣。夫明堂、辟雍之制，始见于吕氏之《月令》、汉儒之训疏，《六经》、《四书》之中，未尝详及也。岂吕氏、汉儒之知，乃贤于三代之贤圣乎？齐宣之时，明堂尚有未毁，则幽、厉之世[9]，周之明堂皆无恙也。尧、舜茅茨土阶，明堂之制未必备，而不害其为治；幽、厉之明堂，固犹文、武、成、康之旧，而无救于其乱，何邪？岂能"以不忍人之心，而行不忍人之政"，则虽茅茨土阶，固亦明堂也，以幽、厉之心，而行幽、厉之政，则虽明堂，亦暴政所自出之地邪？武帝肇讲于汉，而武后盛作于唐，其治乱何如邪？天子之学曰辟雍，诸侯之学曰泮宫[10]，皆象地形而为之名耳。然三代之学，其要皆所以明人伦，非以辟不辟、泮不泮为重轻也。孔子云："人而不仁，如礼何！人而不仁，如乐何！"[11]制礼作乐，必具中和之德，声为律而身为度者，然后可以语此。若夫器数之末，乐工之事，祝史之守。故曾子曰："君子所贵乎道者三。笾豆之事，则有司存也。"[12]尧命羲和，"钦若昊天，历象日月星辰"[13]，其重在于"敬授人时"也。舜在"璇玑玉衡"[14]，其重在于"以齐七政"也。是皆汲汲然以仁民之心而行其养民之政，治历明时之本，固在于此也。羲、和历数之学，皋[15]、契未必能之也，禹、稷未必能之也，尧、舜之知而不遍物，虽尧、舜亦未必能之也。然至于今，循羲、和之法而世修之，虽曲知小慧之人，星术浅陋之士，亦能推步占候而无所忒。则是后世曲知小慧之人，反贤于禹、稷、尧、舜者邪？“封禅”之说，尤为不经，是乃后世佞人谀士，所以求媚于其上，倡为夸侈，以荡君心而靡国费。盖欺天罔人，无耻之大者，君子之所不道，司马相如⑯之所以见讥于天下后世也。吾子乃以是为儒者所宜学，殆亦未之思邪？夫圣人之所以为圣者，以其生而知之也。而释《论语》者曰：“生而知之者，义理耳。若夫礼乐名物，古今事变，亦必待学而后有以验其行事之实。”⑰夫礼乐名物之类，果有关于作圣之功也，而圣人亦必待学而后能知焉，则是圣人亦不可以谓之生知矣！谓圣人为生知者，专指义理而言，而不以礼乐名物之类，则是礼乐名物之类无关于作圣之功矣。圣人之所以谓之生知者，专指义理而不以礼乐名物之类，则是学而知之者，亦惟当学知此义理而已。困而知之者，亦惟当困知此义理而已。今学者之学圣人，于圣人之所能知者，未能“学而知之”，而顾汲汲焉求知圣人之所不能知者以为学，无乃失其所以希圣之方欤？凡此皆就吾子之所惑者，而稍为之分释，未及乎“拔本塞源”之论也。

【注释】①杨：杨朱，战国初期道家代表人物，主张“贵生”、“重己”、“为我”。 ②乡愿：语出《论语·阳货》：“乡愿，德之贼也。”指言行不符，欺世盗名的人。 ③子之：战国时燕王哙的相，哙让位给子之，结果燕国大乱。 ④汤、武、楚项之放伐：商汤讨伐夏桀，周武王讨伐商纣，楚王项羽先立楚怀王为帝，后来又放逐且杀害他。 ⑤周公、莽、操之摄辅：周武王过世后，周成王年幼，武王之弟周公旦摄政辅佐周成王，王莽开始作为汉相，后来篡汉自立，国号“新”。曹操为汉相，尊汉献帝，挟天子以令诸侯，后来其子曹丕篡汉自立，国号“魏”。 ⑥明堂：古代天子祭祀、朝见诸侯、宣明政教之处。 ⑦辟雍：亦作“璧雍”，是古代天子为教育贵族子弟设立的大学。 ⑧封禅：古代帝王祭祀天地的礼仪。 ⑨幽、厉之世：周幽王和周厉王，都是西周的暴君。 ⑩泮（pàn）宫：西周时期诸侯设置的学校。 ⑪语出《论语·八佾》。 ⑫语出《论语·泰伯》。 ⑬语出《尚书·尧典》：“乃命羲和，钦若昊天，历象日月星辰，敬授人时。” ⑭语出《尚书·舜典》：“正月上日，受终于文祖。在璇玑玉衡，以齐七政。” ⑮皋：皋陶（yáo），相传为舜时掌管刑罚的官员。 ⑯司马相如（前179—前117），字长卿，成都人，西汉著名文学家，曾有文章谈论封禅。 ⑰语出尹淳，朱熹《论语集注·述而》曾引用。

【译文】来信说：“杨朱、墨子宣讲仁义，乡愿谈忠信，尧舜、子之的禅让，商汤、周武王、项羽的讨伐，周公、王莽、曹操的摄政辅佐，这些事情悠久漫长，无从印证，又怎么去面对呢？并且古往今来，世事变化，礼乐名物制度，不去考证认识，假如国家要兴建明堂，设立辟雍，创造历法，拟制封禅文辞，又将如何派上用场呢？所以《论语》说‘生而知之’，是讲义理。‘至于礼乐名物制度，古今世事变化，必须要通过学习，进而在实践中加以验证’，这话可以作为定论。”

您所提到的杨朱、墨翟、乡愿、尧、舜、子之、商汤、周武王、项羽、周公、王莽、曹操等人的区分，和前面所谈到舜、周武王的事例之类，大致相同，可以类推。对于古往今来世事变化的疑惑，前面在谈论良知学说时，使用了规矩尺度的比喻来说明，应当不必赘述了。至于明堂、辟雍这些事，似乎还不能不说。但说来话长，姑且顺着您的话来辨正，这样您的疑惑或许会稍稍减少。明堂辟雍的制度，最早见于《吕氏春秋》中的《月令》和汉代儒者的注释，《六经》、《四书》中都没有提到。难道是《吕氏春秋》的作者和汉代儒生们的见识比夏商周三代的圣贤还高明吗？齐宣王的时候，明堂还没有毁弃，由此可知周幽王、周厉王时代，周朝的明堂都保全完好。尧、舜时代住茅草房，土阶梯，明堂的制度尚未齐备，但这不妨碍天下大治。周幽王、周厉王时代的明堂，虽然继承了周文王、周武王、周成王、周康王时代的原有制度，但却没法拯救当时治道混乱，为什么呢？难道不是因为能够“以不忍人的心来施行不忍人的政策”，那么即便是茅草房、土阶梯，也有明堂的作用吗？而用周幽王、周厉王的心思来治理天下，那么即使有明堂这样的完备制度，也仍然没法避免暴政的产生。汉武帝在汉朝重议明堂制度，后来武则天在唐代也兴起明堂制度，当时的治理情况又如何呢？天子设立的学校称之为辟雍，诸侯设立的学校称为泮宫，都是因场地的形象而取名。然而三代的学校，主旨都在于使人明白人伦秩序，并不把“辟”是否像玉璧、“泮”是否环水看得很重要。孔子说：“作为人却不讲仁道，那么会怎么对待礼呢？作为人却不讲仁道，那么会怎么对待乐呢？”制礼作乐，必须具备中和的德性，声音合乎音律，行为举止合乎法度的人，才能讲礼乐。至于乐

器、术数等具体方面，那是乐工和祝史们的工作。所以曾子说："君子所看重道的三个方面，笾豆这样的工作，都有具体负责的人。"尧命令羲和，"谨慎地遵循天数，推算日月星辰，制定历法"，其目的在于"恭敬地把时令告诉老百姓"。舜"观测北斗七星的运行"，目的在于"安排好七种政事"。这都是急切地想把爱民的心付诸实践，实施养民的政治。制定历法、使人知道时令的根本目的都在这里。羲、和在历法术数方面的知识，皋陶和契未必具备，夏禹、稷未必具备，尧、舜的才智也不能周遍万物，即使是尧、舜也未必具备。然而直到今天，遵循羲、和的历法，世代有人修习，即使那些一知半解、略有点小聪明的人，略懂星数的浅陋之人，也能推算历法占卜天象，而没有什么错误。难道后世一知半解略有点小聪明的人，反而比禹、稷、尧、舜更为高明吗？"封禅"的说法，尤其荒诞不经，是后世奸佞之人、阿谀奉承之士，为了献媚于君主，夸大其词，蛊惑君心，浪费国家财产。这大概算得上是欺天蒙人，最为无耻的行为，君子耻于谈论，而司马相如也因此被后世所讥讽。您却以为儒者应当学习这些，恐怕没有经过仔细考虑吧？圣人之所以为圣人，因为他们生而知之。而解释《论语》的人说："'生而知之'的人，是从义理角度而言。至于礼乐名物制度，古今世事变化，也必须等学习了然后在实际行动中加以检验才行。"礼乐名物制度之类，如果真的与修成圣人相关，圣人也必须等学习之后才能知道，那么圣人也不可以称之为生而知之了！说圣人生而知之，只就义理而言，不是指礼乐名物制度这类知识，因此礼乐名物制度之类的知识与修成圣人的工夫无关。圣人之所以被称作生而知之，只是就义理而言，不是指礼乐名物制度，就是通过学习而知道的人，也应当是通过学习来知道这个义理。在困顿中知道的人，也是在困顿之中知道这个义理而已。当今学者学习圣人，对于圣人所能知道的东西，没有去通过学习而获知，却急切地追求获知圣人所不能知道的东西，这不是丢失了所以希望成为圣人的方法了吗？所有这些都是从您感到困惑的东西，稍微进行分析解释，没有谈及拔本塞源的论点呢！

【13】夫"拔本塞源"之论不明于天下，则天下之学圣人者，将日繁日难，斯人沦于禽兽夷狄，而犹自以为圣人之学。吾之说虽或暂明于一时，终将冻解于西而冰坚于东，雾释于前而云滃于后，呶呶焉危困以死，而卒无救于天下之分毫也已！夫圣人之心，以天地万物为一体，其视天下之人，无外内远近，凡有血

气，皆其昆弟赤子之亲，莫不欲安全而教养之，以遂其万物一体之念。天下之人心，其始亦非有异于圣人也，特其间于有我之私，隔于物欲之蔽，大者以小，通者以塞，人各有心，至有视其父、子、兄、弟如仇雠者。圣人有忧之，是以推其天地万物一体之仁，以教天下，使之皆有以克其私，去其蔽，以复其心体之同然。其教之大端，则尧、舜、禹之相授受，所谓“道心惟微，惟精惟一，允执厥中”。而其节目，则舜之命契，所谓“父子有亲，君臣有义，夫妇有别，长幼有序，朋友有信”[①]五者而已。唐、虞、三代之世，教者惟以此为教，而学者惟以此为学。当是之时，人无异见，家无异习，安此者谓之圣，勉此者谓之贤，而背此者，虽其启明如朱[②]，亦谓之不肖。下至闾井、田野、农、工、商、贾之贱，莫不皆有是学，而惟以成其德行为务。何者？无有闻见之杂，记诵之烦，辞章之靡滥，功利之驰逐，而但使孝其亲，弟其长，信其朋友，以复其心体之同然。是盖性分之所固有，而非有假于外者，则人亦孰不能之乎？学校之中，惟以成德为事，而才能之异，或有长于礼乐，长于政教，长于水土播植者，则就其成德，而因使益精其能于学校之中。迨夫举德而任，则使之终身居其职而不易。用之者惟知同心一德，以共安天下之民，视才之称否，而不以崇卑为轻重，劳逸为美恶；效用者亦惟知同心一德，以共安天下之民，苟当其能，则终身处于烦剧而不以为劳，安于卑琐而不以为贱。当是之时，天下之人熙熙皞皞[③]，皆相视如一家之亲。其才质之下者，则安其农工商贾之分，各勤其业，以相生相养，而无有乎希高慕外之心。其才能之异，若皋、夔、稷、契者，则出而各效其能。若一家之务，或营其衣食，或通其有无，或备其器用，集谋并力，以求遂其仰事俯育之愿，惟恐当其事者之或怠而重己之累也。故稷勤其稼，而不耻其不知教，视契之善教，即己之善教也；夔司其乐，而不耻于不明礼，视夷之通礼，即己之通礼也。盖其心学纯明，而有以全其万物一体之仁，故其精神流贯，志气通达，而无有乎人己之分，物我之间。譬之一人之身，目视、耳听、手持、足行，以济一身之用，目不耻其无聪，而耳之所涉，目必营焉；足不耻其无执，而手之所探，足必前焉。盖其元气充周，血脉条畅，是以痒疴呼吸，感触神应，有不言而喻之妙。此圣人之学所以至易至简，易知易从[4]，学易能而才易成者，正以大端惟在复心体之同然，而知识技能非所与论也。

【注释】语出《孟子·滕文公上》。 ②朱：丹朱，尧之子。 ③皞(hào)，熙熙皞皞，光明祥和的样子。 ④至易至简，易知易从：语出《周易·系辞上》："乾以易知，坤以简能。易则易知，简则易从。"

【译文】"拔本塞源"的论点没有被天下人所知晓，则天下学习圣人之道的人，将日益繁琐困难，这些人堕落到禽兽与野蛮人的状态，还自以为学了圣人之学。我的学说尽管暂时明白于一时，但终究只是西边的刚解冻，东边又开始冻结起来，前面疑雾刚刚消散，而后面的云气又聚集起来。我就是喋喋不休，乃至危困到死，也最终不能挽救天下分毫。圣人的心与天地万物一体，他们看天下人，没有内外远近的分别，人人都像自己的兄弟子女一样亲近，都希望他们平安，并且教养他们，以实现他们万物一体的心愿。天下人的心，一开始与圣人并无差别，只是中间有个体私欲，被物欲所遮蔽，大者变小，通达的被堵塞，人人各有其心，以至于有的把自己的父亲、儿子、兄弟看做是仇人一样。圣人忧虑，因而将他们与天地万物一体的仁德推行到天下，以教化天下百姓，使他们都能够克制自己的私欲，清除遮蔽，以恢复本体相同的状态。他们教化的起点，就是尧舜禹传授的所谓"道心惟微，惟精惟一，允执厥中"。而具体的次序细目，则是舜命令契教化给百姓的"父子有亲，君臣有义，夫妇有别，长幼有序，朋友有信"五种伦理道德而已。唐虞三代之世，教化者只教化这些东西，求学者也只学习这些。当时，人与人之间没有不同的看法，家庭与家庭之间没有不同的习俗，生而知之且安心于这种状态的称之为圣人，通过努力达到这种状态的称之为贤人，而违背这种状态的，哪怕是像丹朱那样的聪明人，也被称之为不肖。下到里巷、田野中的农、工、商等下层人，无不学习这些，且只以成就他们的德行为目的。为什么呢？没有繁杂的见闻和记诵的烦恼，也没有泛滥词章和追逐功利，只是使他们孝顺自己的父母，敬爱兄长，相信朋友，以恢复共同的本心。这是人本性所固有的，不需要借助于外物，只要是人，谁不能做到呢？学校之中，只以修成德性为目的，而才能的差异，有的擅长礼乐，有的擅长政事教化，有的擅长水土种植，在各自德性基础上，让他们在学校里对自己的才能精益求精。等到德性完满才分配职务，使他们终身干自己的职业而不改变。任用他们的人，只要求他们同心同德，以安定天下老百姓，只看他们的才能是否与职位相称，而不以地位的高低来衡量，也不以职业的劳逸分好坏。被任命的人也同心同德，安定天下百姓，如果称职，就终身干劳苦的工作也不以之为辛苦，安于卑下繁琐的工作而不以之为贱。这个时候，天下人光明祥和，都好像一家人一样亲近。那些才质低下的人，安于农工商的职守，在各自岗位勤劳工作，互相依存给养，而没有好高骛远、羡慕外物的念头。才能有差异的，像皋、夔、稷、契，就能脱颖而出，各自贡献自己的才能。就好像一家人的事情，有的经营衣食，有的人互通有无，有的人准备各种器具，齐心协力，以实现他们奉养父母、抚育妻子儿女的心愿，唯恐做事时有所懈怠而使家人遭到自己的拖累。所以稷勤劳地耕种，而不因为不懂得教化而感到羞耻，认为契善于教化百姓，就是自己善于教化百姓一样；夔主管音乐，不以自己不懂礼仪而感到羞耻，把伯夷精通礼仪看做是自己精通礼仪。他们本心纯洁明澈，具有保全万物一体的仁德，所以精神贯通，意志气息相通，没有人我之分、物我之别。就好像一人的身体，眼睛负责看，耳朵负责听，手负责持拿物品，双脚负责行走，以达成全身的作用，眼睛不以听不到为耻，耳朵所听到的东西，眼睛必定会去关注；脚不以不能持拿东西为耻，双手所要触及的地方，脚一定会先过去。这样，全身气息条贯畅通，血脉筋骨舒展，因而各种痛痒、呼吸、感触、反应等，有不言而喻的神妙。这就是圣人的学问之所以极为简易，容易理解，容易实行的原因。学习容易，才能容易培养成，正因为宗旨在于恢复共同的心体，而各种知识技能则不是所要讨论的。

【14】三代之衰，王道熄而霸术焻；孔、孟既没，圣学晦而邪说横：教者不复以此为教，而学者不复以此为学。霸者之徒，窃取先王之近似者，假之于外，以内济其私己之欲，天下靡然而宗之，圣人之道遂以芜塞，相仿相效，日求所以富强之说，倾诈之谋，攻伐之计，一切欺天罔人，苟一时之得，以猎取声利之术，若管、商、苏、张[①]之属者，至不可名数。既其久也，斗争

劫夺，不胜其祸，斯人沦于禽兽夷狄，而霸术亦有所不能行矣。世之儒者，慨然悲伤，蒐猎先圣王之典章法制，而掇拾修补于煨烬之余。盖其为心，良亦欲以挽回先王之道。圣学既远，霸术之传积渍已深，虽在贤知，皆不免于习染，其所以讲明修饰，以求宣畅光复于世者，仅足以增霸者之藩篱，而圣学之门墙，遂不复可睹。于是乎有训诂之学，而传之以为名；有记诵之学，而言之以为博；有词章之学，而侈之以为丽。若是者，纷纷籍籍，群起角立于天下，又不知其几家，万径千蹊，莫知所适。世之学者，如入百戏之场，讙谑跳踉，骋奇斗巧，献笑争妍者，四面而竞出，前瞻后盼，应接不遑，而耳目眩瞀，精神恍惑，日夜遨游淹息其间，如病狂丧心之人，莫自知其家业之所归。时君世主亦皆昏迷颠倒于其说，而终身从事于无用之虚文，莫自知其所谓。间有觉其空疏谬妄，支离牵滞，而卓然自奋，欲以见诸行事之实者，极其所抵，亦不过为富强功利五霸之事业而止。圣人之学日远日晦，而功利之习愈趋愈下。其间虽尝瞽惑于佛、老，而佛、老之说卒亦未能有以胜其功利之心；虽又尝折衷于群儒，而群儒之论终亦未能有以破其功利之见。盖至于今，功利之毒沦浃于人之心髓而习以成性也，几千年矣。相矜以知，相轧以势，相争以利，相高以技能，相取以声誉。其出而仕也，理钱谷者则欲兼夫兵刑，典礼乐者又欲与于铨轴，处郡县则思藩臬[2]之高，居台谏则望宰执之要。故不能其事，则不得以兼其官；不通其说，则不可以要其誉；记诵之广，适以长其傲也；知识之多，适以行其恶也；闻见之博，适以肆其辨也；辞章之富，适以饰其伪也。是以皋、夔、稷、契所不能兼之事，而今之初学小生皆欲通其说，究其术。其称名借号，未尝不曰吾欲以共成天下之务；而其诚心实意之所在，以为不如是则无以济其私而满其欲也。呜呼！以若是之积染，以若是之心志，而又讲之以若是之学术，宜其闻吾圣人之教，而视之以为赘疣枘凿，则其以良知为未足，而谓圣人之学为无所用，亦其势有所必至矣！呜呼！士生斯世，而尚何以求圣人之学乎！尚何以论圣人之学乎！士生斯世，而欲以为学者，不亦劳苦而繁难乎！不亦拘滞而险艰乎！呜呼！可悲也已！所幸天理之在人心，终有所不可泯，而良知之明，万古一日，则其闻吾“拔本塞源”之论，必有恻然而悲，戚然而痛，愤然而起，沛然若决江河，而有所不可御者矣！非夫豪杰之士，无所待而兴起者，吾谁与望乎？

【注释】①管、商、苏、张：管仲（？—前645），名夷吾，字仲，春秋时齐国人，齐桓公时为卿，尊为仲父。协助齐桓公九合诸侯，为春秋时第一个霸主。商鞅（约前390—前338），即公孙鞅，亦称卫鞅。战国时卫国人。为秦相，主持变法，为秦国的富强打下基础，以战功封于商地，故称为商鞅。苏秦（？—前284），字季子，战国时东周洛阳人。游说诸侯国，力主合纵攻秦。张仪（？—前310），战国时魏国人。与苏秦同师鬼谷子，学习纵横术，秦惠文王时为秦相，力主连横，以功封为武信君。　②藩臬：藩指藩司，一省负责官吏的最高官员；臬指臬司，指巡视各省的臬使。

【译文】三代衰落，王道熄灭而霸术昌盛；孔、孟之学淹没，圣人之学晦暗不明，各种邪说横行世道。传道者不再以圣人之学作为教学内容，求学者也不再以圣人之学作为学习内容。霸者之徒，窃取与先王之道相似的东西，借助于外物，以满足内心的私欲，天下人跟风般学习，圣人之道于是被阻塞，互相模仿效法，每天追求如何富国强兵的学说，权谋机诈，攻伐的阴谋诡计，一切欺天蒙人以获得一时的效应，猎取声名利益的学说，像管仲、商鞅、苏秦、张仪之流，数不胜数。时间长了，各种斗争强夺，为祸不可胜数，人们堕落到禽兽和野蛮人状态，而霸术也都行不通了。世上的儒者们，感慨悲伤，搜寻先前圣王的典章制度，在毁损之余进行修修补补，大概他们的用心，也确实想要挽回先王之道。然而圣人之学已经疏远，霸术流传积累很深，即便是贤智之人，也难免沾染上各种习俗，他们所讲习修饰来求得光复先圣之道于当世的，也仅仅是增加了霸术的藩篱而已，圣人之学的门墙，于是不能再现。因此有训诂的学问，传授者以之博取名声；有记诵的学问，研习者以之炫耀博学；有诗词文章的学问，修习者以之夸耀华丽。诸如此类，纷纷纭纭，天下风起云涌，各立一方，不知有多少家，千万条路摆在面前，不知道走哪一条。世上的学者，就好像进入了戏院，有嬉笑跳跃的，有争奇斗巧的，有献媚比美的，四面八方都跑出来竞争，前瞻后盼，应接不暇，而人的耳目也就昏眩不清，精神恍惚不定，迷惑不解，日夜遨游和沉浸于其间，就好像丧心病狂的人，自己不知道何处是家园。同时君主也都沉迷于此而神魂颠倒，终身追逐一些没有实用的虚文，不知道自己所讲的到底是什么。偶尔察觉这些学说空疏荒谬，支离阻隔，进而毅然崛起，奋发图强，想要做一些实在事业，但说到底，也不过是成就了富国强兵、追求功利的五霸功业而已。圣人之学日益遥远晦暗，而各种功利习俗日益堕落。在这期间，虽然也被佛、道的学说所蛊惑，但佛、道学说最终并没能战胜他们的功利之心；即便曾经对于儒家学说有所取正，但群儒的观点最终也没能破除他们的功利之见。直到今天，功利的流毒浸入人心，深入骨髓，并且由习俗而养成了本性，几千年了！人们互相夸耀知识，互相争利，以权势互相倾轧，以技能相比高下，夺取声誉。那些出来做官的，掌管钱粮的人则想同时掌管军队和刑罚，掌管礼乐的人又想负责职官的任命，在郡县做官的，又想爬升到省级高位，作谏议官的则觊觎宰相的职位。本来不能胜任某事，就不能兼某一官职；不通晓某种学说，就不能以之沽名钓誉；记诵广博的人，恰好助长了他的傲气；知识丰富，恰好助长了他实施罪恶；见多识广，恰好助长了他的巧辩；诗词文章宏富，恰好掩饰了他的虚伪。因此皋陶、夔、稷、契所不能兼行的职事，现在那些初学后生们都想精通。他们借用各种名号，谁都说："我想要一起成就天下的事业。"而他们真正的心思，则认为如果不这样标榜的话，就不能满足他们的私欲。哎！像这样的积习污染，像这样的心胸志向，而且又鼓吹这样的学术，当他们听到圣人之教，而认为是多余的，格格不入，这也就难怪了！他们认为良知不足取，认为圣人的学问没有什么实用，也就是理所当然了。哎！学者生活在这样的世道中，要怎么去追求圣人之学呢！拿什么去讨论圣人之学呢！学者生活在这样的世道中，那些想要求学的人，不也是劳苦而艰难吗？不也是阻碍重重而前途艰难吗？哎！真的可悲啊！所幸天理在人心中，终究不会泯灭，而良知本然光明，万古永存。如果听到我这番拔本塞源的言辞，必定有人会恻然悲伤，忧戚而痛苦，毅然崛起，像江河决堤一样浩然奔放，不可抵挡！如果不是那些能够无所顾虑、毅然奋起的豪杰志士，我还能寄希望于谁呢！

启问道通[①]书

【1】吴、曾两生至，备道道通恳切为道之意，殊慰相念！

若道通，真可谓笃信好学者矣。忧病中会，不能与两生细论，然两生亦自有志向肯用功者，每见辄觉有进，在区区诚不能无负于两生之远来，在两生则亦庶几无负其远来之意矣。临别，以此册致道通意，请书数语，荒愦无可言者，辄以道通来书中所问数节，略下转语奉酬。草草殊不详细，两生当亦自能口悉也。

来书云："日用工夫只是'立志'，近来于先生诲言时时体验，愈益明白。然于朋友不能一时相离。若得朋友讲习，则此志才精健阔大，才有生意。若三五日不得朋友相讲，便觉微弱，遇事便会困，亦时会忘。乃今无朋友相讲之日，还只静坐，或看书，或游衍经行，凡寓目措身，悉取以培养此志，颇觉意思和适。然终不如朋友讲聚，精神流动，生意更多也。离群索居之人，当更有何法以处之？"

此段足验道通日用工夫所得，工夫大略亦只是如此用，只要无间断，到得纯熟后，意思又自不同矣。大抵吾人为学紧要大头脑，只是"立志"，所谓"困忘"之病，亦只是志欠真切。今好色之人，未尝病于困忘，只是一真切耳。自家痛痒，自家须会知得，自家须会搔摩得。既自知得痛痒，自家须不能不搔摩得。佛家谓之"方便法门"，须是自家调停斟酌，他人总难与力，亦更无别法可设也。

【注释】①周冲，字道通，号静庵，江苏宜兴人。先师从王阳明，后师从湛若水，能够协调王、湛两家学说。

【译文】吴、曾两位青年学生来到这里，详细地介绍了你恳切求道的心意，听后倍感慰藉，也十分想念你！你确实是笃信好学之人。我正好在生病之中，不能与两位青年学生详谈，然而两个青年学生也是有志向并且肯用功的人，每次相见都有新的进步，对我而言实在不能不辜负两位远道而来的诚意，对两位学生而言，希望没有辜负他们远道而来的诚意。临别之时，他们以来信表达你的问候，请我写几句话。我昏乱不清，不知说什么好，就以你来信中所问的几个问题，略微解释奉上。匆匆写成，很不详细，两位学生应当也能口头传达。

来信说："日用工夫只是'立志'，最近以来按照先生的教诲时刻体验，越来越清楚明白。然而一时不能离开朋友，如果得到朋友讲习，那么这种志向才会更加坚定恢宏，才会生机盎然。如果三五天不和朋友们讲论，就觉得志向微弱，遇到事情就会困惑，也常常忘记。现在没有和朋友们互相讨论的时候，只是静坐，或者看看书，或者随意游逛，凡是眼睛所看，身体所触，都要用来培养志向，也觉得想法适宜。然而终究不如和朋友们讨论时精神流动，更有生机。那些离群索居的人，应当采用什么方法来培养志向呢？"

这一段足以表明你平常的日用工夫确有体会，工夫大概也就是这样去做，只要没有间断，等到工夫熟练后，感受自然又会不同。一般我们求学，最关键的是要"立志"，所谓"困忘"的毛病，也就是因为志向不真切。如今喜好美色的人，并没有因"困忘"而拖累，就是因为真切而已。自己的痛痒，自己必须清楚，自己必须能够抓挠得到。既然自己知道了痛痒，自己不能不抓挠。佛教称它为"方便法门"，必须是自己调停斟酌，别人都是难以帮上忙，也没有其他办法可想。

【2】来书云："上蔡[①]尝问：'天下何思何虑。'伊川云：'有此理，只是发得太早。'[②]在学者工夫，固是'必有事焉而勿忘'，然亦须识得'何思何虑'底气象，一并看为是。若不识得这气象，便有'正'与'助长'之病。若认得'何思何虑'，而忘'必有事焉'工夫，恐又堕于'无'也。须是不滞于'有'，不堕于'无'。然乎否也？"

所论亦相去不远矣，只是契悟未尽。上蔡之问与伊川之答，亦只是上蔡、伊川之意，与孔子《系辞》原旨稍有不同。《系》言"何思何虑"，是言所思所虑只是一个天理，更无别思别虑耳，非谓无思无虑也，故曰"同归而殊途，一致而百虑，天下何思何虑"。云"殊途"，云"百虑"，则岂谓无思无虑邪？心之本体即是天理，天理只是一个，更有何可思虑得？天理原自寂然不动，原自感而遂通，学者用功，虽千思万虑，只是要复他本来体用而已，不是以私意去安排思索出来。故明道云："君子之学，莫若廓然而大公，物来而顺应。"若以私意去安排思索，便是用智自私矣。"何思何虑"正是工夫，在圣人分上便是自然的，在学者分上，便是勉然的。伊川却是把作效验看了，所以有“发得太早”之说。既而云“却好用功”，则已自觉其前言之有未尽矣。濂溪“主静”之论，亦是此意。今道通之言，虽已不为无见，然亦未免尚有两事也。

【注释】①谢良佐（1050—1103），字显道，河南上蔡人，世称上蔡先生，为程门四大弟子之一。 ②语出程颐，见《河南程氏外书》卷十二。

【译文】来信说：“谢上蔡曾经问：‘天下何思何虑。’程伊川说：‘有这个道理，只是这话讲得太早了。’在学者的工夫上，固然是‘必有事焉而勿忘’，但也必须知道‘何思何虑’的气象，结合起来理解才对。如果不知道这个气象，就会产生‘正’与‘助长’的毛病。如果理解了‘何思何虑’，而忘记了‘必有事焉’的工夫，恐怕又会堕入‘无’的境地。必须是不拘滞在‘有’上，也不堕入‘无’中。这样理解对吗?”

你所讲的也相差不远，只是还没有完全领悟透彻。谢上蔡和程伊川的问答，也只是他们自己的见解，和孔子《系辞》原本意思稍有不同。《系辞》说“何思何虑”，是说所思所虑的只是一个天理，再没有别的思虑了，不是说没有任何思虑，所以说“同归而殊途，一致而百虑，天下何思何虑”。说“殊途”，说“百虑”，难道是说没有思虑吗？心之本体就是天理，天理只有一个，哪还有什么要思虑的？天理原本寂然不动，原本感应而通畅，学者用功，虽然千思万虑，也只是要恢复它本来的体用而已，不是用自己的想法去有意安排思索出来。所以程明道说：“君子的学问，无不是廓然大公，物来顺应。”如果用自己的想法去操作安排，就是耍小聪明，自私自利了。“何思何虑”正是工夫，在圣人那里就是自然而然的，在学者这里，就是通过勤勉学习才能实现的。程伊川却把它当做效果来看了，所以有“发得太早”的说法。既然说“却好用功”，就已经自觉前面所说的话没有讲透彻。濂溪“主静”的说法，也正是这个意思。如今你的说法，虽然也有些见解，但仍未免把工夫分为两截。

【3】来书云：“凡学者才晓得做工夫，便要识认得圣人气象。盖认得圣人气象，把做准的，乃就实地做工夫去，才不会差，才是作圣工夫。未知是否?”

“先认圣人气象”，昔人尝有是言矣，然亦欠有头脑。圣人气象自是圣人的，我从何处识认？若不就自己良知上真切体认，如以无星之称而权轻重，未开之镜而照妍媸，真所谓以小人之腹而度君子之心矣。圣人气象何由认得？自己良知原与圣人一般，若体认得自己良知明白，即圣人气象不在圣人而在我矣。程子尝云：“觑着尧学他行事，无他许多聪明睿智，安能如彼之动容周旋中礼①？”又云：“心通于道，然后能辨是非②。”今且说通于道在何处？聪明睿智从何处出来？

【注释】①语出程颐，见《河南程氏遗书》卷十八。 ②语出程颐，见《河南程氏文集》卷九。

【译文】来信说：“学者刚知道做工夫，就要认识圣人气象。大概认识了圣人气象，把握得准确，扎实去做工夫，才不会出差错，这才是成为圣人的工夫。不知对不对？”

“先认识圣人气象”，过去曾有人这样说过，然而也有不圆融的地方。圣人气象本来是圣人的，我从哪里可以认识？如果不从自己良知上真切体认的话，就好像用没有星的秤杆去称东西的轻重，用没有开光的镜子去照美丑，真是所谓以小人之心去体会君子的心思了。圣人气象从哪里认识？自己的良知原本和圣人一样，如果体认到自己的良知透彻，那么圣人气象就不在圣人而在我身上了。程子曾经说：“偷看着尧学习他的行事风格，没有他那么多的聪明睿智，怎么能像他那样一举一动都符合礼仪呢？”又说：“心通达了道，然后才能辨别是非。”于今且说从哪里通晓道呢？聪明睿智从哪里产生出来？

【4】来书云：“事上磨炼，一日之内，不管有事无事，只一意培养本原。若遇事来感，或自己有感，心上既有觉，安可谓无事？但因事凝心一会，大段觉得事理当如此，只如无事处之，尽吾心而已。然乃有处得善与未善，何也？又或事来得多，须要次第与处，每因才力不足，辄为所困，虽极力扶起，而精神已觉衰弱。遇此未免要十分退省①，宁不了事，不可不加培养。如何？”

所说工夫，就道通分上，也只是如此用，然未免有出入。在凡人为学，终身只为这一事，自少至老，自朝至暮，不论有事无事，只是做得这一件，所谓"必有事焉"者也。若说"宁不了事，不可不加培养"，却是尚为两事也。"必有事焉而勿忘勿助"，事物之来，但尽吾心之良知以应之，所谓"忠恕违道不远"矣。凡处得有善有未善，及有困顿失次之患者，皆是牵于毁誉得丧，不能实致其良知耳。若能实致其良知，然后见得平日所谓善者未必是善，所谓未善者，却恐正是牵于毁誉得丧，自贼其良知者也。

【注释】①退省：意为退下来反省。语出《论语·为政》："吾与回言终日，不违如愚，退而省其私，亦足以发。回也不愚。"

【译文】来信说："在事情上修炼，一天之内，不管有事还是没有事，只是一心一意地去涵养本原。如果遇到事情来刺激自己，或者自己有感受，内心已经有了知觉，怎么可以说没有事情呢？但因为事情而静心片刻，大都觉得道理应当如此，只像没有事情时一样，充分呈现自己的本心而已。然而仍然有处理得好与不好之分，为什么呢？有时候事情蜂拥而至，必须要依次处理，往往因精力不足，常常被这些事情困扰，虽然极力去支撑，但已经感觉精神耗损而劳累。碰到这类情形，难免要在事后不断反省自己，宁可不去理会事情，但不能不加以修养。这样做如何？"

就你的天分而言，也就是这样去做，但未免有出入。一般人治学，终身只因为这一件事情，从小到老，从早到晚，不论有事还是无事，只是做一件事，这就是孟子所谓的"必有事焉"。如果说"宁可不去理会事情，也不能不加以培养"，这是分为两件事了。"一定要让心出于有事的状态，不要忘记，也不可以助长"，事情来了，只是充分呈现我本心的良知去应对，这就是所谓的"忠恕违道不远"。凡是担心事情处理得好与不好，以及有困顿混乱的情形，都是因为被毁誉得丧所牵制，不能真实地呈现他的良知。如果确实能够呈现良知，然后看得到平时所讲的好未必就是好，而所谓不好，却恐怕正是因为受毁誉得丧的牵制，自己戕害了良知。

【5】来书云："致知之说，春间再承诲益，已颇知用力，觉得比旧尤为简易。但鄙心则谓与初学言之，还须带'格物'意思，使之知下手处。本来'致知格物'一并下，但在初学，未知

下手用功，还说与‘格物’，方晓得‘致知’。”云云。

“格物”是“致知”工夫，知得“致知”，便已知得“格物”。若是未知“格物”，则是“致知”工夫亦未尝知也。近有一书与友人论此颇悉，今往一通，细观之，当自见矣。

【译文】来信说：“致知的学说，春天的时候再次承蒙教诲，已经很清楚应当如何用功，觉得比以前更为简单。但我认为，和初学者谈治学，还必须讲‘格物’，使他们知道如何着手。本来‘致知格物’一起落实，但初学者不知道如何着手用功，还得把‘格物’一起讲，才知道‘致知’”等等。

“格物”是“致知”的工夫，知道了“致知”，就知道了“格物”。如果不知道“格物”，那么“致知”的工夫也没有理解。最近有一封信和朋友谈到这点较为详细，现在寄给你，仔细看看，自然就明白了。

【6】来书云：“今之为朱、陆之辨者尚未已，每对朋友言正学不明已久，且不须枉费心力为朱、陆争是非，只依先生‘立志’二字点化人。若其人果能辨得此志来，决意要知此学，已是大段明白了，朱、陆虽不辨，彼自能觉得。又尝见朋友中，见有人议先生之言者，辄为动气。昔在朱、陆二先生所以遗后世纷纷之议者，亦见二先生工夫有未纯熟，分明亦有动气之病，若明道则无此矣。观其与吴涉礼[①]论介甫[②]之学，云：‘为我尽达诸介甫，不有益于他，必有益于我也。’[③]气象何等从容！尝见先生与人书中亦引此言，愿朋友皆如此，如何?”

此节议论得极是极是，愿道通遍以告于同志，各自且论自己是非，莫论朱、陆是非也。以言语谤人，其谤浅；若自己不能身体实践，而徒入耳出口，呶呶度日，是以身谤也，其谤深矣。凡今天下之论议我者，苟能取以为善，皆是砥砺切磋我也，则在我无非警惕修省进德之地矣。昔人谓“攻吾之短者是吾师”[④]，师又可恶乎?

【注释】①吴涉礼：据陈荣捷先生考证，“涉”为“师”之误，吴师礼，字安仲，杭州钱塘人，官至右司员外郎。②王安石（1021—1086)，字介甫，号半山，江西临川人，北宋文学家、政治家。神宗时为相，曾推行变法。 ③语出程颢，见《河南程氏遗书》卷一："伯淳近与吴师礼谈介甫之学错处，谓师礼曰：'为我尽达诸介甫，我亦未敢自以为是。如有说，愿往复。此天下之公理，无彼我。果能明辨，不有益于介甫，则必有益于我。'" ④语出《荀子·修身篇》："故非我而当者，吾师也；是我而当者，吾友也；谄谀我者，吾贼也。"

【译文】来信说："今天为朱、陆争是非的辩论还没有停息，我经常对朋友说，圣人之学晦暗太久了，不必枉费精神去为朱、陆争辩是非，只要顺着先生'立志'两个字来教人就可以了。如果有人真的能够辨明这个志向，决心要追求这个学问，就已经明白了大部分道理，虽然不去辨析朱、陆是非，自己已经觉悟了。我曾经看见朋友中，有人摘议先生的言论，常常为之生气。朱、陆两位先生之所以让后世纷争不已，可知两位先生的工夫还有不纯熟的地方，显然有意气之争的毛病，程明道就没有这个毛病。看他与吴涉礼讨论王安石的学问时说：'把我的话全部转达王介甫，对他没有益处的，必定会有益于我。'这是多么从容的气度！曾经看见先生写给别人的信中也引用了这句话，希望朋友们都能这样，怎么样？"

这段话分析得非常非常正确！希望你告诉所有志同道合的朋友，各自只去讨论自己的是非，不要议论朱子和陆象山的是非。以言语来诽谤人，这种诽谤比较浅；如果自己不能亲身实践，只是耳朵听进去，嘴里说出来，喋喋不休地混日子，这就是以自己的行为来诽谤，这种诽谤就很深了。当今天下凡是议论我是非的人，如果能从中吸取有益的东西，都可以看做是在和我砥砺切磋学问，对我而言，就是警惕反省自己以增进德性的机会。前人说"指出我错误的人是我的老师"，老师又怎么能厌恶呢？

【7】来书云："有引程子'人生而静以上不容说，才说性，便已不是性'①，何故不容说？何故不是性？晦庵答云：'不容说者，未有性之可言；不是性者，已不能无气质之杂矣。'②二先生之言皆未能晓，每看书至此，辄为一惑，请问。"

"生之谓性"③，"生"字即是"气"字，犹言"气即是性"也。气即是性，"人生而静以上不容说"，才说"气即是性"，即已落在一边，不是性之本原矣。孟子"性善"，是从本原上说。然性善之端，须在气上始见得，若无气亦无可见矣。恻隐、羞恶、辞让、是非即是气。程子谓："论性不论气，不备；论气不论性，不明。"[④]亦是为学者各认一边，只得如此说。若见得自性明白时，气即是性，性即是气，原无性、气之可分也。

【注释】①语出程颢，见《河南程氏遗书》卷一。 ②语出朱熹《朱熹文集》卷六十一《答严时亨》。 ③语出《孟子·告子上》："告子曰：'生之谓性。'孟子曰：'生之谓性也，犹白之谓白与？'" ④语出程颐，见《河南程氏遗书》卷六。

【译文】来信说："程明道说：'人刚出生时保持着宁静的状态，在此之前没有所谓的人性可言，刚一说到人性，就已经不是指人出生之前的性。'有人以此来请教朱子：为什么不能说？为什么不是性？朱子回答道：'不容说是指人出生之前并没有人性可言；不是性是指人性不可能没有气质掺杂其间。'两位先生的话我都不明白，每次看书到这里，就感觉困惑，请您指明。"

"出生以来就具有的称作性"，"生"字就是"气"字，好比说"气就是性"。气就是性，"人刚出生时保持着宁静的状态，在此之前没有所谓的人性可言"，才说"气就是性"，就已经落在有形生命之中，不是讲性的本原了。孟子说性善，是从本原上来讲。然而性善的端倪，必须在气质上才能呈现，如果没有气质，也就无法呈现性善的端倪。恻隐、羞恶、辞让、是非都是气质。程子说："讨论性而不谈论气，那么这个性就不完整；讨论气而不讨论性，那么这个性就无法呈现。"这也是因为学者只看到一半，所以只好这样说。如果理解了自己的本性，那么气就是性，性就是气，原本就没有本性与气质的区别。

答陆原静书（一）

【1】来书云："下手工夫，觉此心无时宁静。妄心固动也，照心亦动也；心既恒动，则无刻暂停也。"

是有意于求宁静，是以愈不宁静耳。夫妄心则动也，照心非动也；恒照则恒动恒静，天地之所以恒久而不已也。照心固照也，妄心亦照也；"其为物不贰，则其生物不息"[①]，有刻暂停则息矣，非"至诚无息"[②]之学矣。

【注释】①语出《中庸》第二十六章："天地之道，可一言而尽也。其为物不贰，则其生物不测。"意为天地万物之道，可以用一句话来概括：造物者至诚不二，化生万物有不可测知的奥妙。 ②语出《中庸》第二十六章，意为至诚之道永远没有间断。

【译文】来信说："着手做工夫时，总觉得内心没有一刻是安静的。所谓'妄心'固然是处在运动之中，但'照心'也是运动的；内心既然一直处在运动之中，那么就没有片刻停息了。"

你这是有意去追求宁静，因而越发不宁静了。"妄心"是心在妄动，照心则是心没有妄动；内心恒常照耀则恒久运动和宁静，这就是天地之所以长久而生生不息的原因。照心固然是光明的，妄心也是光明的；"其为物不贰，则其生物不息"，有片刻的停息和间断，就不是"至诚无息"的学问了。

【2】来书云："良知亦有起处。"云云。

此或听之未审。良知者，心之本体，即前所谓恒照者也。心之本体，无起无不起，虽妄念之发，而良知未尝不在，但人不知存，则有时而或放耳；虽昏塞之极，而良知未尝不明，但人不知察，则有时而或蔽耳。虽有时而或放，其体实未尝不在也，存之而已耳；虽有时而或蔽，其体实未尝不明也，察之而已耳。若谓良知亦有起处，则是有时而不在也，非其本体之谓矣。

【译文】来信说："良知也有发端处。"等等。

这或许是没有听仔细。良知是心的本体，就是前面所说的恒常光明的那个东西。心的本体，没有所谓发端不发端的问题，即便是起了妄念，而良知并非不在，但人不知道去存养，有时候放逐了而已；虽然是极度昏聩不明，良知也从没有不明朗的，只是人不知道觉察，有时候被遮蔽了。虽然有时候放逐了，但良知本体未尝不在，只要去存养而已。虽然有时候遮蔽了，但本体未尝不明，只要去察觉而已。如果说良知也有一个发端，就是认为它有不存在的时候，这就不是从本体意义上谈论良知了。

【3】来书云："前日精一之论，即作圣之功否？"

"精一"之"精"以理言，"精神"之"精"以气言。理者，气之条理，气者，理之运用。无条理则不能运用；无运用则亦无以见其所谓条理者矣。精则精，精则明，精则一，精则神，精则诚；一则精，一则明，一则神，一则诚：原非有二事也。后世儒者之说与养生之说，各滞于一偏，是以不相为用。前日“精一”之论，虽为原静爱养精神而发，然而作圣之功实亦不外是矣。

【译文】来信说：“前些天讨论的精一，就是成为圣人的工夫吗？”

“精一”的“精”是就天理而言，“精神”的“精”是就气而言。理是气所呈现出来的条理，气是理的运用。没有条理就不能运用，没有运用也就没法呈现所谓的条理。把握了天理之“精”，就具有精神之“精”，就能明达，就能专一，就能神妙，就能至诚；达到了专一就能精妙，就能明察，就能神妙，就能至诚。精和一原本不是两件事。后世儒者的各种学说以及养生之说，都偏执一边，因而不能让两者互相为用。前些日子所谈论的“精一”，虽然是针对你爱养精神而言，但是成为圣人的工夫实在也离不开这一点。

【4】来书云：“元神、元气、元精，必各有寄藏发生之处，又有真阴之精、真阳之气。”云云。

夫良知一也，以其妙用而言谓之神，以其流行而言谓之气，以其凝聚而言谓之精，安可形象方所求哉？真阴之精，即真阳之气之母；真阳之气，即真阴之精之父；阴根阳，阳根阴，亦非有二也。苟吾良知之说明，即凡若此类，皆可以不言而喻。不然，则如来书所云“三关、七返、九还”之属，尚有无穷可疑者也。

【译文】来信说：“元神、元气、元精，必须各自有寄存和发生的地方，此外还有真阴之精，真阳之气。”等等。

良知只有一个，从它的奇妙作用而言称之为神，从它的流行而言称之为气，从它凝聚状态而言称之为精，怎么能以具体形象和方位来探求呢？真阴之精，就是真阳之气的开始；真阳之气就是真阴之精的开始；阴根植于阳，阳根植于阴，也不是两件事。如果理解了我的良知学说，那么诸如此类，都可以不言而喻了。不然的话，就像来信所说的“三关、七返、九还”之类，值得怀疑的东西还数不胜数。

答陆原静书（二）

【1】来书云：“良知，心之本体，即所谓性善也，未发之中

也，寂然不动之体也，廓然大公也。何常人皆不能，而必待于学邪？中也，寂也，公也，既以属心之体，则良知是矣。今验之于心，知无不良，而中、寂、大公实未有也，岂良知复超然于体用之外乎？”

性无不善，故知无不良。良知即是未发之中，即是廓然大公，寂然不动之本体，人人之所同具者也。但不能不昏蔽于物欲，故须学以去其昏蔽，然于良知之本体，初不能有加损于毫末也。知无不良，而中、寂、大公未能全者，是昏蔽之未尽去，而存之未纯耳。体即良知之体，用即良知之用，宁复有超然于体用之外者乎？

【译文】来信说：“良知是心之本体，就是所谓的性善，是未发之中的状态，是寂然不动的本体，廓然大公。为何常人都不能而必须等到学习才行呢？中和、寂静、公正，既然把这些都归之于心体的状态，也就是良知。如今以本心来查验，良知无不善，而中和、寂静、大公的状态却实在没有，难道良知又超然体用之外吗？”

性没有不善的，所以良知没有不善的。良知就是未发之中的状态，就是廓然大公的状态，就是寂然不动时的本体，人人共同具有。但良知不能不被物欲遮蔽，所以必须通过学习除去昏暗和遮蔽，对于良知的本体，并不能有丝毫减损。良知没有不善的，而中和、寂静、大公不能完全实现，是因为昏聩和遮蔽没有彻底清除，因而保存得不纯正。体就是良知的本体，用就是良知的作用，哪还有超然体用之外的呢？

【2】来书云：“周子曰‘主静’，程子曰‘动亦定，静亦定’，先生曰‘定者，心之本体’，是静定也，决非不睹不闻、无思无为之谓，必常知、常存、常主于理之谓也。夫常知、常存、常主于理，明是动也，已发也，何以谓之静？何以谓之本体？岂是静定也，又有以贯乎心之动静者邪？”

理无动者也。“常知，常存，常主于理”，即“不睹不闻、无思无为”之谓也。不睹不闻、无思无为，非槁木死灰之谓也，睹、闻、思、为一于理，而未尝有所睹、闻、思、为，即是动而未尝动也。所谓“动亦定、静亦定”，体用一原者也。

【译文】来信说：“周子讲‘主静’，程子讲‘动亦定，静亦定’，先生说‘定是心之本体’，这个静定，绝非不看不听、没有任何思虑作为的意思，而是必须时刻清醒、时刻涵养、时刻以天理来主导的意思。时刻清楚天理、时刻存养天理、时刻主导于天理，显然是动，已经发动了，怎么可以称之为静呢？为什么称之为本体？难道静定又贯穿了心的动静两种状态吗？”

天理是不动的。“常知，常存，常主于理”就是“不看不听，没有思虑作为”的说法。不听不看，没有思虑作为，并不是说像槁木死灰一样，看、听、思虑、作为完全遵循天理，而并没有所看、所听、所思、所作，这就是运动了而未曾运动。所谓“动也是定，静也是定”，就是体用一原的意思。

【3】来书云：“此心未发之体，其在已发之前乎？其在已发之中而为之主乎？其无前后内外而浑然一体者乎？今谓心之动静者，其主有事无事而言乎？其主寂然感通而言乎？其主循理从欲而言乎？若以循理为静，从欲为动，则于所谓‘动中有静，静中有动’，‘动极而静，静极而动’①者，不可通矣。若以有事而感通为动，无事而寂然为静，则于所谓‘动而无动，静而无静’②者，不可通矣。若谓未发在已发之先，静而生动，是至诚有息也，圣人有复也，又不可矣。若谓未发在已发之中，则不知未发、已发俱当主静乎？抑未发为静，而已发为动乎？抑未发、已发俱无动无静乎？俱有动有静乎？幸教。”

“未发之中”即良知也，无前后内外而浑然一体者也。有事无事，可以言动静，而良知无分于有事无事也。寂然感通可以言动静，而良知无分于寂然感通也。动静者，所遇之时，心之本体固无分于动静也。理无动者也，动即为欲。循理则虽酬酢万变，而未尝动也。从欲则虽槁心一念，而未尝静也。“动中有静，静中有动”，又何疑乎？有事而感通，固可以言动，然而寂然者未尝有增也。无事而寂然，固可以言静，然而感通者未尝有减也。“动而无动，静而无静”，又何疑乎？无前后内外而浑然一体，则至诚有息之疑，不待解矣。未发在已发之中，而已发之中未尝别有未发者在；已发在未发之中，而未发之中未尝别有已发者存；是未尝无动静，而不可以动静分者也。凡观古人言语，在以意逆志而得其大旨，若必拘滞于文义，则“靡有孑遗”③者，是周果无遗民也。周子“静极而动”之说，苟不善观，亦未免有病。盖其意从“太极动而生阳，静而生阴”说来。太极生生之理，妙用无息，而常体不易。太极之生生，即阴阳之生生。就其生生之中，指其妙用无息者而谓之“动”，谓之阳之生，非谓动而后生阳也。就其生生之中，指其常体不易者而谓之“静”，谓之阴之生，非谓静而后生阴也。若果静而后生阴，动而后生阳，则是阴阳动静，截然各自为一物矣。阴阳一气也，一气屈伸而为阴阳；动静一理也，一理隐显而为动静。春夏可以为阳为动，而未尝无阴与静也；秋冬可以为阴为静，而未尝无阳与动也。春夏此不息，秋冬此不息，皆可谓之阳、谓之动也；春夏此常体，秋冬此常体，皆可谓之阴、谓之静也。自元、会、运、世、岁、月、日、时以至刻、杪、忽、微，莫不皆然。所谓“动静无端，阴阳无始”，在知道者默而识之，非可以言语穷也。若只牵文泥句，比拟仿像，则所谓心从法华转，非是转法华④矣。

【注释】①语出周敦颐《太极图说》。 ②语出周敦颐《通书》：“动而无静，静而无动，物也。动而无动，静而无静，神也。动而无动，静而无静，非不动不静也。” ③语出《孟子·万章》：“故说《诗》者，不以文害辞，不以辞害志。以意逆志，是为得之。如以辞而已矣，《云汉》之诗曰：‘周余黎民，靡有孑遗。’信斯言也，是周无遗民也。” ④语出《六祖法宝坛经·机缘品》：“心迷法华转，心悟转法华。”法华指《法华经》文句。

【译文】来信说：“这个心未发的本体，在已发之前存在吗？还是在已发之中而作为主导呢？没有前后内外浑然一体的存在吗？今天所谓心有动静，是就有事无事而说的？还是就寂然感通而说的呢？是就遵循天理顺从欲望而说的呢？如果以遵循天理为静，顺从欲望为动，那么对于所谓的‘动中有静，静中有动’，‘动极而静，静极而动’，就讲不通了。如果以有事情发生而感通为动，没事的时候寂然为静，那么对于所谓‘动而无动，静而无静’，又讲不通了。如果说未发在已发之前，静止而产生运动，这是至诚有息，圣人向德性回复，这又不对了。如果说未发在已发之中，则不知道未发已发都是以宁静为主吗？还是未发时为静，而已发时为动呢？还是未发已发都没有动和静呢？都有动有静呢？请您指教。”

未发之中就是良知，没有前后内外而浑然一体。有事无事，可以讲动静，但良知却不分有事无事。寂然与感通可以讲动静，但良知不分寂然、感通。动静只是讲所遭遇的时机，心之本体本来不分动静。天理不运动，运动就是为欲望所驱动。遵循天理则虽然应酬千万般变化，但未尝萌动。顺从欲望则虽然槁木死灰般的内心，也不是宁静了。“动中有静，静中有动”，又有什么疑问呢？有事时感通，固然可以说动，然而寂静的时候并没有增加什么。无事时寂静，固然可以说是静，然而感通时未曾减少什么。动而没有动，静而没有静，又有什么疑惑呢？没有前后内外而浑然一体，则至诚有息的疑惑，无需再解释了。未发就在已发之中，而已发之中未尝另有未发存在；已发在未发之中，而未发之中未尝另外有已发者存在；并不是没有动静，但不能以动静来划分。看古人的话，在于以自己的切身体会去揣测作者的本意，以把握根本主旨，如果拘泥于文辞句意，就有“靡有孑遗”的说法，周朝没有遗民。周子“静极而动”的说法，如果不正确理解，也未免有毛病。他的意思是从“太极动而生阳，静而生阴”中引申出来的。太极产生万物的道理，妙用没有停息，恒常之本体却从不改变。太极的生生之理，就是阴阳的生生之理。就在产生万物之中，指其妙用无息而言称之为“动”，称之为阳之生，不是说运动后才产生阳。就其生生的过程中恒常不变的本体而言称之为“静”，称之为“阴之生”，不是说寂静之后再生阴。如果真的寂静而后产生阴，运动后产生阳，那么阴阳动静截然分开各自作为一物单独存在了。阴阳只是一气，这个气的运动状态分为阴阳，动静就是一理，按照理的隐藏和彰显区分为动静。春夏可以为阳为运动，而并不是没有阴气和静止；秋冬可以为阴气和静止，但不是没有阳气和运动。春夏这样不停息，秋冬也这样不停息，都可以称之为阳、称之为动。春夏也只是这个恒常的本体在起作用，秋冬也只是这个恒常的本体在起作用，都可以称之为阴，称之为静。从元、会、运、世、岁、月、日、时一直到刻、秒、忽、微，无不是这样。所谓“动静无端，阴阳无始”，在于体认大道的人铭心体会，不可以通过语言来穷尽。如果只是拘泥于文辞，比拟模仿，那就是所谓的本心随着法华转，不是转法华了。

【4】来书云："尝试于心，喜怒忧惧之感发也，虽动气之极，而吾心良知一觉，即罔然消阻，或遏于初，或制于中，或悔于后。然则良知常若居优闲无事之地而为之主，于喜怒忧惧若不与焉者，何欤？"

知此，则知"未发之中"、"寂然不动"之体，而有"发而中节"之和，"感而遂通"之妙矣。然谓"良知常若居于优闲无事之地"，语尚有病。盖良知虽不滞于喜怒忧惧，而喜怒忧惧亦不外于良知也。

【译文】来信说："我曾经通过内心来体验，当碰到喜怒忧惧感情激发出来时，虽然动气到了极点，但我内心的良知一觉醒，就全部消除了，有时候在情感萌发之初加以遏制，有时候在过程中克制，有时候在事后悔悟。然而良知好像常常处在悠然无事的状态而作为主导，对于喜怒忧惧好像不参与一样，为什么呢？"

知道了这一点，就知道未发之中、寂然不动的本体，就有"情感发出来都符合礼仪"的和谐状态，有"感受之后通畅无碍"的奇妙体验。所谓"良知常常处在一个悠然自得无所事事的状态"，这种说法还是有弊病。良知虽然不受喜怒忧惧的阻滞，但喜怒忧惧的情感也没有在良知之外来呈现。

【5】来书云："夫子昨以良知为照心。窃谓：良知，心之本体也；照心，人所用功，乃戒慎恐惧之心也，犹思也。而遂以戒慎恐惧为良知，何欤？"

能戒慎恐惧者，是良知也。

【译文】来信说："老师以前把良知比作照心。我以为，良知是心之本体，照心指人用功，是戒慎恐惧的心，就像思考一样。那么把戒慎恐惧当做良知可以吗？"

能够做到戒慎恐惧的那个东西才是良知。

【6】来书云："先生又曰：'照心非动也'。岂以其循理而谓之静欤？'妄心亦照也'，岂以其良知未尝不在于其中，未尝不明于其中，而视听言动之不过则者，皆天理欤？且既曰妄心，则在

妄心可谓之照，而在照心则谓之妄矣。妄与息何异？今假妄之照以续至诚之无息，窃所未明，幸再启蒙。”

“照心非动”者，以其发于本体明觉之自然，而未尝有所动也，有所动即妄矣。“妄心亦照”者，以其本体明觉之自然者，未尝不在于其中，但有所动耳，无所动即照矣。无妄无照，非以妄为照，以照为妄也。照心为照，妄心为妄，是犹有妄有照也。有妄有照，则犹贰也，贰则息矣。无妄无照则不贰，不贰则不息矣。

【译文】来信说：“先生又说：‘照心不运动。’难道是因为它遵循天理而称之为静吗？‘妄心也是照’，难道是因为良知无不在心中，无不在心中澄明，而视听言动不违反准则，就都符合天理吗？并且既然说妄心，那么妄心可以称之为照，而在照心，就可以称之为妄了。虚妄与止息有什么差异？如今借妄心有照来接着‘至诚无息’讲，我没有明白，希望得到您再次教诲。”

“照心非动”，因为它是澄明觉悟的本体自然发散出来的，并没有活动，有所动就是妄心了。“妄心亦照”，是因为澄明觉悟的本体时刻都存在于内心，但是有运动，没有运动就是照了。没有妄没有照，不是以妄为照，以照为妄。照心为照，妄心为妄，这仍然是有妄有照。有妄心有照心，那么仍然是将照心与妄心区分为两个不同的心，区分为两个不同的心就会有止息。无妄无照就没有区分，没有区分就不停息了。

【7】来书云：“养生以清心寡欲为要。夫清心寡欲，作圣之功毕矣。然欲寡则心自清，清心非舍弃人事而独居求静之谓也。盖欲使此心纯乎天理，而无一毫人欲之私耳。今欲为此之功，而随人欲生而克之，则病根常在，未免灭于东而生于西。若欲刊剥洗荡于众欲未萌之先，则又无所用其力，徒使此心之不清。且欲未萌而搜剔以求去之，是犹引犬上堂而逐之[①]也，愈不可矣。”

必欲此心纯乎天理，而无一毫人欲之私，此作圣之功也。必欲此心纯乎天理，而无一毫人欲之私，非防于未萌之先，而克于方萌之际不能也。防于未萌之先，而克于方萌之际，此正《中庸》“戒慎恐惧”、《大学》“致知格物”之功，舍此之外，无别功矣。夫谓“灭于东而生于西”、“引犬上堂而逐之”者，是自私自利、将迎[②]意必之为累，而非克治洗荡之为患也。今曰“养生以清心寡欲为要”，只“养生”二字，便是自私自利、将迎意必之根。有此病根潜伏于中，宜其有“灭于东而生于西”、“引犬上堂而逐之”之患也。

【注释】语出《河南程氏遗书》卷二下：“至如养犬者，不欲其升堂，则时其升堂而扑之。若既扑其升堂，又复食之于堂，则使孰从？虽日挞而求其不升，不可得也。” ②语出《庄子·知北游》：“无有所将，无有所迎。”

【译文】来信说：“清心寡欲是养生的关键。能够做到清心寡欲，成为圣人的工夫就完成了。没有欲望，内心自然清静，内心清静并不是说舍弃人事活动而离群索居，追求安静，而是要使这个心纯粹是天理，没有一毫私欲罢了。现在想要做这个工夫，在人欲产生之时去克制，那么常常会留着一个病根，难免东边刚刚消除，西边又产生了。如果想要在各种欲望没有产生的时候彻底剥除洗涤，又不知道如何用功，只会让这个心不清静。并且想要在欲望没有萌发的时候搜求剔除，这又好比诱使狗进入礼堂之内又去赶它出去，更加不行。”

一定要让这个心纯粹是天理，没有一毫人欲，这就是成为圣人的工夫。一定要让此心纯粹是天理，没有一毫人欲，除非在人欲没有萌发的时候进行防备，在人欲刚刚萌发之际进行克制，否则不能实现。在欲望没有萌生的时候防备，在欲望刚刚萌生之时加以克制，这正是《中庸》“戒慎恐惧”、《大学》“致知格物”的工夫，除此之外，再没有别的工夫了。说“欲望刚在东边克制住，又在西边萌生”，“诱使狗进入堂屋又赶出去”，这是因为内心受自私自利、迎合固执的牵累，不是克制工夫所要担心的。现在说“养生的关键在于清心寡欲”，正是“养生”两个字，就是自私自利、迎合固执的病根。这个病根潜伏在心中，当然也就有“欲望刚在东边被克制住，又在西边萌生”，“诱使狗进入堂屋又赶出去”的担忧。

【8】来书云：“佛氏于‘不思善不思恶时认本来面目’[①]，于吾儒‘随物而格’之功不同。吾若于不思善不思恶时，用致知之功，则已涉于思善矣。欲善恶不思，而心之良知清静自在，惟有

寐而方醒之时耳。斯正孟子‘夜气’之说。但于斯光景不能久，倏忽之际，思虑已生。不知用功久者，其常寐初醒而思未起之时否乎？今澄欲求宁静，愈不宁静，欲念无生，则念愈生，如之何而能使此心前念易灭，后念不生，良知独显，而与造物者游乎[②]？”

“不思善不思恶时认本来面目”，此佛氏为未识本来面目者设此方便。“本来面目”即吾圣门所谓良知。今既认得良知明白，即已不消如此说矣。“随物而格”，是“致知”之功，即佛氏之“常惺惺”[③]，亦是常存他本来面目耳。体段工夫，大略相似，但佛氏有个自私自利之心，所以便有不同耳。今欲善恶不思，而心之良知清静自在，此便有自私自利、将迎意必之心，所以有“不思善不思恶时用致知之功，则已涉于思善”之患。孟子说“夜气”，亦只是为失其良心之人，指出个良心萌动处，使他从此培养将去。今已知得良知明白，常用致知之功，即已不消说“夜气”；却是得兔后不知守兔，而仍去守株，兔将复失之矣。欲求宁静，欲念无生，此正是自私自利、将迎意必之病，是以念愈生而愈不宁静。良知只是一个良知，而善恶自辨，更有何善何恶可思？良知之体本自宁静，今却又添一个求宁静；本自生生，今却又添一个欲无生；非独圣门致知之功不如此，虽佛氏之学亦未如此将迎意必也。只是一念良知，彻头彻尾，无始无终，即是前念不灭，后念不生。今却欲前念易灭，而后念不生，是佛氏所谓“断灭种性”[④]，入于槁木死灰之谓矣。

【注释】①语出《六祖法宝坛经·行由品》：“惠能云：不思善，不思恶，正与应时，那个是明上座本来面目。” ②语出《庄子·天下》：“上与造物者游，而下与外死生无始终者为友。” ③常惺惺：禅语，意为经常保持清醒状态。 ④断灭种性：语出玄奘《成唯识论》。

【译文】来信说：“佛教的‘在不思考善不思考恶的时候认识本来面目’，和我们儒家‘随物而格’的工夫不同。我如果在不考虑善也不思考恶的时候用致知的工夫，就已经进入思考善的境地了。想要善恶都不去思考，保持内心良知清静自在的状态，只有在睡着刚醒来的时候。这正是孟子的

‘夜气’学说。但这个时刻不能长久，片刻之间，思虑就已经产生了。不知道用功长久的人，能否常常处于睡着初醒而思虑没有产生的状态吗？现在我想要追求宁静，越发不宁静，想要不产生念头，越发产生念头，怎么样才能使这个心做到先前的念头消失，而后面的念头不产生，良知独立彰显，而与造物主同游呢？”

“不思善不思恶时认本来面目”，这是佛教给那些没有认识本来面目的人设置的简单方法。“本来面目”就是我们儒家所谓的良知。如今既然已经把良知认识清楚，就不必这样说了。“随物而格”，是“致知”的工夫，也就是佛教的“常惺惺”，也是常常保存他的本来面目。两段工夫，大略相似，但佛教有一个自私自利的心，所以就有不同了。如今想要不思考善恶，内心的良知清静自在，这就有了自私自利、迎合固执的心，所以有“不思考善不思考恶的时候用致知的工夫，已经进入思考善的境地”这种担忧。孟子说的“夜气”，也只是针对那些丢失了良心的人而言，指出良心萌动的地方，使他从这里培养下去。如今已经领会了良知，时常用致知的工夫，就不需要再讲“夜气”；如果得到兔子后不知道守着这只兔子，却仍然守住那个树桩，那么兔子也将再次丢失。想要追求宁静，想要不产生念头，这正是自私自利、迎合固执的毛病，这是因为意念越产生越不宁静。良知就是一个，但善恶自然会辨明，哪还有什么善什么恶可以考虑的呢？良知的本体本就宁静，现在却另外增添了一个念头去追求宁静；良知本来是生生不息，现在却又增添了一个意念想要不生；不仅圣人之学所讲的致知工夫不是这样，就是佛教也不是这样迎合固执。只要一念良知，就彻头彻尾，无始无终，就是先前的念头不会消失，后来的念头不会产生。现在却想要前面的想法容易消失，而后面的想法不产生，这是佛教所讲的“断灭种性”，进入枯槁死灰的沉寂状态了。

【9】来书云：“佛氏又有‘常提念头’①之说，其犹孟子所谓‘必有事’，夫子所谓‘致良知’之说乎？其即‘常惺惺，常记得，常知得，常存得’者乎？于此念头提在之时，而事至物来，应之必有其道。但恐此念头提起时少，放下时多，则工夫间断耳。且念头放失，多因私欲客气之动而始，忽然惊醒而后提，其放而未提之间，心之昏杂，多不自觉。今欲日精日明，常提不放，以何道乎？只此常提不放，即全功乎？抑于常提不放之中，

更宜加省克之功乎？虽曰常提不放，而不加戒惧克治之功，恐私欲不去；若加戒惧克治之功焉，又为‘思善’之事，而于‘本来面目’又未达一间也。如之何则可？”

“戒惧克治”即是“常提不放”之功，即是“必有事焉”，岂有两事邪？此节所问，前一段已自说得分晓；末后却是自生迷惑，说得支离，及有“本来面目，未达一间”之疑，都是自私自利、将迎意必之为病。去此病，自无此疑矣。

【译文】来信说：“佛教有‘常提念头’的说法，是否和孟子所谓的‘必有事’，您所讲的‘致良知’学说一样呢？就是‘常警惕，常记得，常知道，常保存’吗？当这个念头提起来的时候，面对事物，必定有应对的方法。但是唯恐这个念头提起来的时候少，放下来的时候多，因而工夫间断了。并且念头的丢失，很多时候是因为私欲客气的产生，忽然惊醒之后又提起来，在放下和没有提起来之间，内心混杂，多半不自觉。如今想要日益精密明白，常常提起来不放下，用什么方法呢？这种常常提起不放，就是全部工夫吗？或者是常常提起不放失之时，再增加省察克制的工夫吗？即使说常常提起不放松，而不增加戒惧克制的工夫，恐怕私欲不会消除；如果添加了戒惧克制的工夫，又是思考善了，对于‘本来面目’而言似乎又隔了一层。像这样要怎么办？”

戒惧克制就是常提不放的工夫，就是“必有事焉”，难道有两件事吗？这一段所问的东西，前面一段已经讲得很清楚了；最终还是自己迷惑了自己，话说得支离破碎，至于“本来面目，未达一间”的疑虑，都是因为自私自利、迎合固执的毛病。除去了这个毛病，自然没有这种疑问。

【10】来书云：“质美者明得尽，渣滓便浑化[①]。如何谓‘明得尽’？如何而能‘便浑化’？”

良知本来自明。气质不美者，渣滓多，障蔽厚，不易开明。质美者渣滓原少，无多障蔽，略加致知之功，此良知便自莹彻，些少渣滓，如汤中浮雪，如何能作障蔽？此本不甚难晓。原静所以致疑于此，想是因一“明”字不明白，亦是稍有欲速之心。向曾面论“明善”之义，明则诚矣，非若后儒所谓明善之浅也。

【注释】①语出程颢，见《河南程氏遗书》卷十一。

【译文】来信说："气质好的明白得充分，有渣滓就会混杂。什么样才叫做明白得透彻？什么样才叫做混乱？"

良知本来就光明。气质不好的人，渣滓多，遮蔽得厉害，不容易开化。气质好的人渣滓本就少，没什么遮蔽，稍微加点致知的工夫，这个良知就会晶莹透彻，一点点渣滓就好像汤中漂着的雪花点，怎么能够遮蔽得了？这本不很难知道。你之所以在这个问题上有疑惑，估计是因为一个"明"字不清楚，也是稍有求快的心思。过去曾经和你当面讨论了"明善"的含义，明白道理就能真诚，不是像后来学者所讲的明善那种浅显理解。

【11】来书云："聪明睿知果质乎？仁义礼智果性乎？喜怒哀乐果情乎？私欲客气果一物乎？二物乎？古之英才，若子房[①]、仲舒[②]、叔度[③]、孔明、文中、韩范[④]诸公，德业表著，皆良知中所发也，而不得谓之闻道者，果何在乎？苟曰此特生质之美耳，则生知安行者，不愈于学知困勉者乎？愚意窃云，谓诸公见道偏则可，谓全无闻，则恐后儒崇尚记诵训诂之过也。然乎？否乎？"

性一而已，仁义礼知，性之性也；聪明睿知，性之质也；喜怒哀乐，性之情也；私欲客气，性之蔽也。质有清浊，故情有过不及，而蔽有浅深也。私欲客气，一病两痛，非二物也。张、黄、诸葛及韩、范诸公，皆天质之美，自多暗合道妙；虽未可尽谓之知学，尽谓之闻道，然亦自其有学，违道不远者也。使其闻学知道，即伊、傅、周、召矣。若文中子则又不可谓之不知学者，其书虽多出于其徒，亦多有未是处，然其大略则亦居然可见，但今相去辽远，无有的然凭证，不可悬断其所至矣。夫良知即是道，良知之在人心，不但圣贤，虽常人亦无不如此。若无有物欲牵蔽，但循着良知发用流行将去，即无不是道。但在常人多为物欲牵蔽，不能循得良知。如数公者，天质既自清明，自少物欲为之牵蔽，则其良知之发用流行处，自然是多，自然违道不远。学者学循此良知而已，谓之知学，只是知得专在学循良知。数公虽未知专在良知上用功，而或泛滥于多岐，疑迷于影响，是以或离或合而未纯。若知得时，便是圣人矣。后儒尝以数子者尚皆是气质用事，未免于行不著，习不察，此亦未为过论。但后儒之所谓著、察者，亦是狃于闻见之狭，蔽于沿习之非，而依拟仿象于影响形迹之间，尚非圣门之所谓著、察者也，则亦安得以己之昏昏，而求人之昭昭[⑤]也乎？所谓“生知安行”，“知行”二字亦是就用功上说；若是知行本体，即是良知良能，虽在困勉之人，亦皆可谓之“生知安行”矣。“知行”二字更宜精察。

【注释】①张良（？一前186），字子房，西汉沛郡城父（今河南襄城）人。刘邦的重要谋士，辅佐刘邦得天下，被封为留侯。 ②董仲舒（前179—前104），西汉信都广川（今河北枣强）人。汉景帝时为博士，汉武帝时，以贤良对策，主张罢黜百家，独尊儒术，开启此后两千余年以儒学为正统学术之先声。其学以儒学为中心，杂以阴阳五行说，形成“天人感应”的神学系统。著述有《春秋繁露》、《举贤良对策》等。 ③黄宪，字叔度，东汉汝南慎阳（今河南正阳县）人，以学行彪炳当世，有颜回之称，初举孝廉，又辟公府，终生不仕。 ④韩、范：韩琦（1008—1075），字稚圭，号赣叟，北宋相州安阳（今属河南）人，官至右仆射，封魏国公。与范仲淹久在兵间，名重一时，天下称韩范。范仲淹（989—1052），字希文，北宋苏州吴县（今江苏苏州）人，宋真宗时进士，官至枢密副使、户部侍郎，北宋政治家、文学家，有《范文正公集》。 ⑤语出《孟子·尽心下》：“孟子曰：‘贤者以其昭昭使人昭昭，今以其昏昏使人昭昭。’”

【译文】来信说：“聪明睿智真的是材质吗？仁义礼智果真是性吗？喜怒哀乐果真是情吗？私欲客气果真是一个东西吗？还是两个东西？古时候的英雄，像张良、董仲舒、黄宪、孔明、王通、韩琦、范仲淹等人，德性与功业显著，都是从各自良知中发出的，却不能称之为闻道，到底是为什么呢？如果说他们只是天生材质好而已，那么生知安行的人，不比学知利行、困知勉行的人更好吗？我以为，说这些人见道不全还差不多，说完全没有闻道，恐怕是后儒崇尚记诵训诂所带来的偏见。这种理解对吗？”

性就是一个。仁义礼智是性的本质，聪明睿智是性的材质，喜怒哀乐是性所体现出来的情，私欲客气，是性的蔽障。材质有清浊，所以情有过与不及之分，蔽障有深浅之别。私欲和客气就是一个病根带来的两个毛病，并不是两个不同的东西。张良、黄宪、诸葛亮以及韩琦、范仲淹等人，都是材质天生很好，自身很多地方都符合圣人之道；虽然不能完全说他们知道学问，知道圣人之道，但也仍然有他们自己的学问，离圣人之道不远。假使他们通过求学而知道圣人之道，那么就成为伊尹、傅说、周公、召公那样的人物了。至于文中子则不能说不知道学问，他的书虽然多半由他的弟子们所撰写，也有很多不正确的地方，但他的思想大体昭然可见，只是古今相隔太远，没有确实的证据，不能凭空断定他所达到的高度。良知就是道，良知在人心中，不仅圣贤如此，即便是常人也都一样。如果没有物欲的牵累遮蔽，只要遵循良知的流行去做，就没有不符合圣人之道的。但是普通人经常被物欲遮蔽，不能遵循良知。如刚所说的几位人物，天生材质本就清澈光明，自然很少被物欲所牵累遮蔽，他们的良知扩充流行自然就多了，自然离道不远。学者学习遵循这个良知而已，称之为知道学问，只是知道专门学习遵循良知。几位虽然不知道专门在良知上用功，有的浸淫于不同领域，被虚幻不实的东西所迷惑，因而有时候背离了道，有时候相合于道，但都不纯正。如果知道了真正的学问，也就是圣人了。后世儒者认为这几位前辈都还只是在气质层面做事，难免"行不著，习不察"，这种评价也不算过分。但是后儒所谓的自觉、省察，也是被狭隘的见闻知识所阻断，被各种陈旧习惯所遮蔽，而模仿各种影子、回响与行迹，还不是圣人所说的自觉、省察，怎么可以自己还是昏昧无知，却企图使别人明白清晰呢？所谓"生知安行"，"知行"两个字也就是从用功方面来说的；如果是知行本体，则就是良知良能，虽然是困顿中勤勉的人，也都可以称之为"生知安行"了。"知行"两个字尤其需要体察透彻。

【12】来书云："昔周茂叔每令伯淳寻仲尼、颜子乐处。敢问是乐也，与七情之乐同乎？否乎？若同，则常人之一遂所欲，皆能乐矣，何必圣贤？若别有真乐，则圣贤之遇大忧、大怒、大惊、大惧之事，此乐亦在否乎？且君子之心常存戒惧，是盖终身之忧也，恶得乐？澄平生多闷，未尝见真乐之趣，今切愿寻之。"

"乐"是心之本体，虽不同于七情之乐，而亦不外于七情之乐。虽则圣贤别有真乐，而亦常人之所同有。但常人有之而不自知，反自求许多忧苦，自加迷弃。虽在忧苦迷弃之中，而此乐又未尝不存，但一念开明，反身而诚①，则即此而在矣。每与原静论，无非此意。而原静尚有“何道可得”之问，是犹未免于“骑驴觅驴”[2]之蔽也。

【注释】①语出《孟子·尽心上》：“孟子曰：‘万物皆备于我矣。反身而诚，乐莫大焉。强恕而行，求仁莫近焉。’” ②语出《景德传灯录》之《志公和尚大乘赞》：“不解即心即佛，真似骑驴觅驴。”

【译文】来信说：“周茂叔常常要程明道探寻孔子和颜回的快乐。请问这种快乐，和七情之乐是否相同？如果相同，那么常人一旦满足了欲望，都能快乐起来，何必圣贤才有这种快乐呢？如果另外有真正的快乐，那么圣贤碰到忧虑、愤怒、惊吓、恐惧之事时，这种快乐还在吗？并且君子的心常常保存着戒慎恐惧，这就是终身忧虑了，怎么会有快乐呢？我平时常常郁闷，没有体味到真正的快乐，如今真切地希望探寻到。”

“乐”是心的本体，虽然与七情的快乐不相同，但是也没有超出七情的快乐。虽然圣贤另有真正的快乐，但这种快乐普通人也都具有。只是普通人有这种快乐却自己不知道，反而给自己找来很多忧愁苦恼，自己在迷惑之中丢弃了快乐。即使在忧苦迷茫之中，但这种快乐又何尝不在呢？只要一念豁然开朗，反躬自问，达到至诚，那么就能体味到这种快乐。每次与你讨论，都是这个意思。但你却还有“哪里才能获得这种快乐”的追问，这就未免有“骑驴觅驴”的弊病。

【13】来书云：“《大学》以‘心有好乐、忿懥、忧患、恐惧’为‘不得其正’，而程子亦谓‘圣人情顺万事而无情’[1]。所谓‘有’者，《传习录》中以病疟譬之，极精切矣。若程子之言，则是圣人之情不生于心而生于物也，何谓耶？且事感而情应，则是是非非可以就格。事或未感时，谓之有，则未形也；谓之无，则病根在有无之间，何以致吾知乎？学务无情，累虽轻，而出儒入佛矣，可乎？”

圣人致知之功，至诚无息。其良知之体，皦如明镜，略无纤翳。妍媸之来，随物见形，而明镜曾无留染，所谓“情顺万事而无情”也。“无所住而生其心”[2]，佛氏曾有是言，未为非也。明镜之应物，妍者妍，媸者媸，一照而皆真，即是生其心处。妍者妍，媸者媸，一过而不留，即是无所住处。病疟之喻，既已见其精切，则此节所问可以释然。病疟之人，疟虽未发，而病根自在，则亦安可以其疟之未发，而遂忘其服药调理之功乎？若必待疟发而后服药调理，则既晚矣。致知之功，无间于有事无事，而岂论于病之已发未发邪？大抵原静所疑，前后虽若不一，然皆起于自私自利、将迎意必之为祟。此根一去，则前后所疑，自将冰消雾释，有不待于问辨者矣。

【注释】①语出程颢《答横渠张子厚先生书》，见《河南程氏文集》卷二："圣人之常，以其情顺万事而无情。" ②语出《金刚经》第十品。

【译文】来信说："《大学》将'心有好乐、忿懥、忧患、恐惧'看做是'不得其正'，而程子也说'圣人情顺万事而无情'。所谓'有好乐、忿懥、忧患、恐惧'，《传习录》中以疾病来作比喻，十分深刻准确。如果像程子所说的，那么圣人的情感不产生于内心而产生于外物，这是什么意思呢？并且人们感觉到事物进而发出情感，那么是是非非都可以得到端正。没有感觉到事物时，称之为有，但情没有显现；称之为无，则病根在有与无之间，怎么推致我的良知呢？专门去学习无情，虽然负担要轻，但已经不再是儒家圣人之道，而是进入佛教修养之中了，这样行吗？"

圣人的致知工夫，意念真诚，没有间断。他的良知本体，如明镜一样洁净，没有一丝遮蔽。美丑的事物在明镜前，呈现其本来面目，而明镜没有一丝污染，这就是所谓的"情顺万事而无情"。"无所住而生其心"，佛教曾经说过这种话，也是有道理的。明镜照物，美的东西自然美，丑的东西自然丑，通过照，万物各自呈现它们的本真面目，这就是"生其心"。美的事物自然美，丑的事物自然丑，经过明镜一照，丝毫不会留存在明镜中，这就是不滞留。疾病的比喻，既然已经看到了它的深刻和准确，那么这一段的问题可以很清楚了。患病之人，病虽然没有发作，但病根仍然存在，怎么可以因为病没有发作，而忘记服药调理的工夫呢？如果一定要等到疾病发作了再去服药调理，那就太晚了。致知的工夫，不分有事无事，难道还要区分病是否发作与否吗？大概你所疑惑的，虽然前后不一样，但都是源于自私自利、迎合固执的毛病。这个病根一日除掉，那么前后的疑问，自然涣然冰释，廓清疑雾，不要问难与答辩了。

答原静书出，读者皆喜。澄善问，师善答，皆得闻所未闻。师曰："原静所问，只是知解上转，不得已与之逐节分疏。若信得良知，只在良知上用工，虽千经万典，无不吻合，异端曲学，一勘尽破矣，何必如此节节分解！佛家有‘扑人逐块’[①]之喻，见块扑人，则得人矣，见块逐块，于块奚得哉？”在座诸友闻知，惕然似有惺惺悟。此学贵反求，非知解可入也。

【注释】①见《涅槃经》第二十六品：“凡一切凡夫，虽观于果，不观因缘，如犬逐块而不逐人，亦复如此。”

【译文】答陆原静的信公开后，读者们都很高兴。陆澄善于提问，老师善于解答，都是闻所未闻的见解。先生说：“原静所提的问题，都是围绕着文辞句意的辨析与理解展开，不得已跟他逐段分析。如果相信良知，只在良知上用功，那么即使翻阅再多的经典，也没有不吻合的，各种异端邪说，一经核对就彻底破除，哪用得着这样逐段辨析呢？佛教有‘扑人逐块’的比喻，看见石块去追人，可以追到投掷石块的人，如果看见石块去追逐石块，那么在石块上能得到什么呢？”在座的朋友听到后，警觉而有所省悟。由此可知，学问在于反求诸已，不是靠文辞句意的辨析可以达到的。

答欧阳崇一

【1】崇一来书云：“师云：‘德性之良知，非由于闻见，若曰多闻择其善者而从之，多见而识之，则是专求之见闻之末，而已落在第二义。’窃意良知虽不由见闻而有，然学者之知，未尝不由见闻而发。滞于见闻固非，而见闻亦良知之用也。今曰‘落在第二义’，恐为专以见闻为学者而言，若致其良知而求之见闻，似亦知行合一之功矣。如何？”

良知不由见闻而有，而见闻莫非良知之用，故良知不滞于见闻，而亦不离于见闻。孔子云：“吾有知乎哉？无知也。”[①]良知之外，别无知矣。故“致良知”是学问大头脑，是圣人教人第一义。今云专求之见闻之末，则是失却头脑，而已落在第二义矣。近时同志中，盖已莫不知有“致良知”之说，然其功夫尚多鹘突者，正是欠此一问。大抵学问功夫只要主意头脑是当，若主意头脑专以致良知为事，则凡多闻多见，莫非致良知之功。盖日用之间，见闻酬酢，虽千头万绪，莫非良知之发用流行，除却见闻酬酢，亦无良知可致矣。故只是一事。若曰致其良知而求之见闻，则语意之间未免为二，此与专求之见闻之末者虽稍不同，其为未得精一之旨，则一而已。“多闻，择其善者而从之，多见而识之”，既云择，又云识，其良知亦未尝不行于其间；但其用意乃专在多闻多见上去择识，则已失却头脑矣。崇一于此等处见得当已分晓，今日之问，正为发明此学，于同志中极有益。但语意未莹，则毫厘千里，亦不容不精察之也。

【注释】①语出《论语·子罕》：“子曰：‘吾有知乎哉？无知也。有鄙夫问于我，空空如也。我叩其两端而竭焉。’”

【译文】欧阳崇一来信说：“老师讲：‘德性良知不从见闻中获得，如果说多听，选择其中好的加以接受；多看，记在心里，那么就是在见闻之中去寻求了，已经落在第二层含义了。’我认为，良知虽然不从闻见中获得，但学者的良知，不能不通过见闻发挥出来。拘执于见闻固然不正确，但见闻确实是良知发挥作用的地方。现在说‘落在第二层含义’，恐怕是针对那些专门以闻见作为学问的人而言，如果扩充良知到闻见中去，似乎也是知行合一的工夫，这种理解如何？”

良知不通过见闻产生，但见闻都是良知的作用，所以良知不滞留于见闻之上，但也离不开见闻。孔子说：“我有知识吗？没有啊。”在良知之外，没有其他知识了。所以致良知是学问的关键，是圣人教人的首要内容。如今说专门在见闻上去探求，就是没有把握关键，已经落在第二层含义上了。近来，诸位同志大概没有不知道致良知学说的，但是做工夫仍然有点糊涂，正是因为欠缺这一追问。一般而言，学问工夫只要宗旨把握准确，如果专心以致良知为要务，那么凡是多闻多见，没有不是致良知工夫的。在日常生活中，待人接物，虽然千头万绪，都是良知的扩充作用，除了各种应酬交往，再没有良知可以扩充了。所以只是一件事。如果说扩充良知要去见闻中探求，那么这种说法就难免将良知和见闻分为两截了。这和那些在见闻上探求的人虽然稍有不同，但他们没有得到精一的宗旨，这一点却都是相同的。“多听，选择其中好的加以接受；多看，记在心里。”既然说选择，又说认识，那么良知没有不在这些活动中呈现的；但如果用意只是专门在多听多见上去选择和认识，那么就丢失了学问的宗旨。你在这些地方应当已经洞察分明，如今发问，正是要阐发这个学问，对同道极为有益。但是如果话没有讲透彻，那么就毫厘之差，千里之谬了，不得不仔细辨析清楚。

【2】来书云："师云：'《系》言"何思何虑"，是言所思所虑只是天理，更无别思别虑耳，非谓无思无虑也。心之本体即是天理，有何可思虑得！学者用功，虽千思万虑，只是要复他本体，不是以私意去安排思索出来。若安排思索，便是自私用智矣。'学者之蔽，大率非沉空守寂，则安排思索。德辛壬之岁着前一病，近又着后一病。但思索亦是良知发用，其与私意安排者何所取别？恐认贼作子，惑而不知也。"

"思曰睿，睿作圣。"①"心之官则思，思则得之。"②思其可少乎？沉空守寂与安排思索，正是自私用智，其为丧失良知，一也。良知是天理之昭明灵觉处，故良知即是天理。思是良知之发用。若是良知发用之思，则所思莫非天理矣。良知发用之思，自然明白简易，良知亦自能知得。若是私意安排之思，自是纷纭劳扰，良知亦自会分别得。盖思之是非邪正，良知无有不自知者。所以认贼作子，正为致知之学不明，不知在良知上体认之耳。

【注释】①语出《尚书·洪范》。　②语出《孟子·告子上》："心之官则思，思则得之，不思则不得也。"

【译文】来信说："老师讲：'《系辞》所谓"何思何虑"，是讲所思所虑只是一个天理，再没有别的思虑，不是说没有任何思虑。心之本体是天理，有什么好思虑的呢？学者用功，虽然千思万虑，也只是要恢复心之本体，不是以自己的私意去揣摩思索出来。如果刻意去思索，就是自私和耍小聪明了。'学者的毛病，通常不是沉迷于空虚寂静，就是刻意思虑。正德十六年以前我犯了前面一个毛病，近来又犯了后一个毛病。但思虑也是良知的发用流行，与刻意安排怎么区别呢？我总担心认贼作子，迷惑而不知。"

"思考能够使人睿智，睿智是成为圣人的基础。""心这个器官其职能在于思考，思考就可以得到。"思虑怎么可以少呢？沉迷于空寂与刻意思索安排，都是自私、耍小聪明，从丧失良知这一点来说，都是一样的。良知是天理昭明灵敏的地方，所以良知就是天理。思考是良知发生作用。如果是良知发生作用的思考，那么所思考的东西都是天理。良知发挥作用的思考，自然明白简单，良知也自然能知道。如果是刻意的思考，自然纷纷扰扰，良知也自然能分别清楚。思虑的是非与正邪，良知没有不知道的。所以认贼作子，正因为致良知的学问不明白，不知道在良知上体认。

【3】来书又云："师云：'为学终身只是一事，不论有事无事，只是这一件。若说宁不了事，不可不加培养，却是分为两事也。'窃意觉精力衰弱，不足以终事者，良知也。宁不了事，且加休养，致知也。如何却为两事？若事变之来，有事势不容不了，而精力虽衰，稍鼓舞亦能支持，则持志以帅气可矣。然言动终无气力，毕事则困惫已甚，不几于暴其气已乎？此其轻重缓急，良知固未尝不知，然或迫于事势，安能顾精力？或困于精力，安能顾事势？如之何则可？"

"宁不了事，不可不加培养"之意，且与初学如此说，亦不为无益。但作两事看了，便有病痛在。孟子言必有事焉，则君子之学终身只是集义一事。义者，宜也，心得其宜之谓义。能致良知则心得其宜矣，故集义亦只是致良知。君子之酬酢万变，当行则行，当止则止，当生则生，当死则死，斟酌调停，无非是致其良知，以求自慊而已。故"君子素其位而行"①，"思不出其位"②，凡谋其力之所不及而强其知之所不能者，皆不得为致良知；而凡"劳其筋骨，饿其体肤，空乏其身，行拂乱其所为，动心忍性以增益其所不能"③者，皆所以致其良知也。若云"宁不了事，不可不加培养"者，亦是先有功利之心，较计成败利钝而爱憎取舍于其间，是以将了事自作一事，而培养又别作一事，此便有是内非外之意，便是自私用智，便是"义外"，便有"不得于心，勿求于气"④之病，便不是致良知以求自慊之功矣。所云"鼓舞支持，毕事则困惫已甚"，又云"迫于事势，困于精力"，皆是把作两事做了，所以有此。凡学问之功，一则诚，二则伪。凡此皆是致良知之意欠诚一真切之故。《大学》言"诚其意者，如恶恶臭，如好好色，此之谓自慊"。曾见有恶恶臭，好好色，而须鼓舞支持者乎？曾见毕事则困惫已甚者乎？曾有迫于事势、困于精力者乎？此可以知其受病之所从来矣。

【注释】①语出《中庸》："君子素其位而行，不愿乎其外。" ②语出《论语·宪问》："君子思不出其位。" ③语出《孟子·告子下》。④语出《孟子·告子上》。

【译文】来信又说："老师讲：'为学终其一生只有一件事，不论有事还是无事，都只是这一件事。如果说宁愿做不完事情，也不能不加以培养，这又是分为两件事了。'我认为，感觉到精力衰弱，不足以支撑下去完成事情的是良知，宁愿不完成也要加以培养，这是致知。怎么是两件事呢？如果事情来了，有的事情是形势所逼，不容不完成，但精力虽然衰弱，稍微振作也能够支撑下去，这是以心志主导身体。然而说话行动最终没有一丝气力，事情完成时已经疲惫不堪，差不多是彻底拖垮身体了吗？这种轻重缓急，良知没有不知道的，然而有时候迫于形势，怎么能顾及精力？有时候受精力所困，怎么能考虑到事情的形势？这种情况要怎么才好？"

"宁可做不完事情，也不能不加以培养"的意思，和初学者这么说，也不算没有益处。但如果把它当做两件事来看，就有病痛。孟子讲一定要让心时刻处在有事的状态，那么君子之学终身就只是"集义"这一件事了。义是适宜的意思，心处在适宜的状态称之为义。能够扩充良知，那么心就能够达到适宜。所以集义也只是致良知。君子在应酬交往的各种事变之中，应当做就做，应当停止就停止，应当生就生，应当死就死，斟酌调停，无非也是推致良知，以求实现自己内心满意而已。所以"君子按照自己所处的位置来行动"，"思虑不超过自己所处的位置"，凡是谋求自己能力所不能达到的以及勉强自己知识所不能实现的东西，都不是致良知。而凡是"筋骨劳累，躯体饥饿，穷困身体，行动扰乱他的行为，震动心意，坚韧他的性情，增加其能力"都是致良知。如果说"宁愿不做完事情，也不能不加以培养"，这是先有功利之心，计较成败利钝而有爱憎取舍，这是将做事看做一件事，把培养又看做另外一件事，这就有肯定内心否定外物的意思，就是自私耍小聪明，这就是"义外"，就有"不能从内心得到，不可求之于气"的毛病，就不是致良知以求自己内心满意的工夫了。所说的"鼓舞振作，事情完了后疲惫不堪"，又说"迫于形势，精力困顿"，都是把它当做两件事做了，所以才有这个毛病。凡是学问的工夫，要么真诚，要么虚伪。凡是这些都是致良知的意念欠缺真诚的缘故。《大学》说"使自己意念真诚，像厌恶恶臭一样去厌恶，像喜好美色一样去喜好，这叫做使自己内心满意”。你曾见到过厌恶恶臭，喜好美色，却需要鼓舞振作的吗？你曾见到过事情完了之后疲惫不堪的吗？你曾见过迫于形势，受困于精力的吗？由此可知病痛的根源了。

【4】来书又有云：“人情机诈百出，御之以不疑，往往为所欺，觉则自入于逆、亿[①]。夫逆诈即诈也，亿不信即非信也，为人欺又非觉也。不逆不亿而常先觉，其惟良知莹彻乎？然而出入毫忽之间，背觉合诈者多矣。”

“不逆不亿而先觉”，此孔子因当时人专以逆诈、亿不信为心，而自陷于诈与不信，又有不逆、不亿者，然不知致良知之功，而往往又为人所欺诈，故有是言。非教人以是存心，而专欲先觉人之诈与不信也。以是存心，即是后世猜忌险薄者之事，而只此一念，已不可与入尧、舜之道矣。不逆、不亿而为人所欺者，尚亦不失为善，但不如能致其良知而自然先觉者之尤为贤耳。崇一谓“其惟良知莹彻”者，盖已得其旨矣。然亦颖悟所及，恐未实际也。盖良知之在人心，亘万古，塞宇宙而无不同，“不虑而知”，“恒易以知险”[②]，“不学而能”，“恒简以知阻”，“先天而天不违”[③]，“天且不违，而况于人乎？况于鬼神乎？”夫谓“背觉合诈”者，是虽不逆人，而或未能无自欺也；虽不亿人，而或未能果自信也。是或常有求先觉之心，而未能常自觉也。常有求先觉之心，即已流于逆、亿，而足以自蔽其良知矣，此“背觉合诈”之所以未免也。君子学以为己[④]，未尝虞人之欺己也，恒不自欺其良知而已；未尝虞人之不信己也，恒自信其良知而已；未尝求先觉人之诈与不信也，恒务自觉其良知而已。是故不欺则良知无所伪而诚，诚则明矣；自信则良知无所惑而明，明则诚矣。明诚相生，是故良知常觉常照。常觉常照，则如明镜之悬，而物之来者自不能遁其妍媸矣。何者？不欺而诚则无所容其欺，苟有欺焉，而觉矣；自信而明，则无所容其不信，苟不信焉，而觉矣。是谓易以知险，简以知阻，子思所谓“至诚如神，

可以前知”者也。然子思谓“如神”，谓“可以前知”，犹二而言之，是盖推言思诚者之功效，是犹为不能先觉者说也。若就至诚而言，则至诚之妙用即谓之“神”，不必言“如神”。至诚则“无知而无不知”，不必言“可以前知”矣。

【注释】①逆亿：《论语·宪问》：“子曰：‘不逆诈，不亿不信，抑亦先觉者，是贤乎！’”意为不预先怀疑别人的欺诈，也不臆测别人的不诚实，却能先知先觉，这样的人是一位贤者。 ②语出《周易·系辞下》：“夫乾，天下之至健也，德行恒易以知险。夫坤，天下之至顺也，德行恒简以知阻。”意为乾是天下最刚健的，它的德行经常是平易的，却知道艰险。坤是天下最柔顺的，它的德行经常是简约的，却知道险阻。 ③语出《周易·乾卦·文言》：“夫大人者，与天地合其德，与日月合其明，与四时合其序，与鬼神合其吉凶。先天而天弗违，后天而奉天时。天且弗违，而况于人乎？况于鬼神乎？” ④语出《论语·宪问》：“子曰：‘古之学者为己，今之学者为人。’”

【译文】来信又说：“人情机巧诈伪层出不穷，以不怀疑的姿态面对，往往容易被他们所欺骗，提高警觉来对待，自己又陷入了怀疑和臆测之中。怀疑别人欺诈其实就是欺诈，臆测别人不诚信本身就是不诚信，被人欺骗又不能察觉。不怀疑、不臆测而常常预先察觉到了，只有良知能做到吧？但这种片刻差异，违背自我察觉，合谋欺诈的还是很多。”

“不怀疑不臆测而事先察觉”，这是因为孔子看到当时人一心只想怀疑别人欺诈、臆测别人不诚信，从而将自己陷入欺诈和不诚信之中去，还有一些不怀疑、不臆测的人，但却不知道致良知的工夫，往往又被人欺诈，所以才有这种说法。不是教人存心去做这个事，预先察觉别人的欺诈与不诚信。存心去做这个事，就是后世的猜忌阴险刻薄之事，只要有这一个念头，就已经不能进入尧舜圣人之道。不怀疑、不臆测而被别人所欺诈，还可以说是善，但不如那些通过致良知而自然预先察觉到别人欺诈与不诚信的人贤明。你所谓的“只有良知晶莹透彻”，已经知道了本旨。然而聪颖所悟，恐怕还是不符合实际。人们心中的良知，横亘古今，充塞宇宙，没有不同，这就是古人所谓“不虑而知”，“恒易以知险”，“不学而能”，“恒简以知阻”，“先天而天不违”，“天且不违，而况于人乎？况于鬼神乎？”至于说“背离知觉而合于欺诈”的人，这种人虽然不怀疑别人，但却不能做到不自欺；虽然不臆测别人，但却不能果敢自信。这或许常有追求先知先觉的心思，而不能常常自觉。常常有追求先知先觉的心，就已经和怀疑、臆测为伍了，足以遮蔽自己的良知，这就是“背离知觉而合于欺诈”的人所不能免除的弊病。君子学习是为了自己，不曾要去臆测别人会欺骗自己，常常不欺骗自己的良知就够了；不曾预料别人不相信自己，常常相信自己的良知就够了；不曾去追求预先察觉别人的欺诈和不诚信，常常致力于自觉其良知而已。因此，不自欺则良知没有伪饰而真诚，真诚也就能明白道理；自信则良知不被迷惑而明白道理，明白道理也就能真诚。明理与真诚互相成就，所以良知常常自觉，常常朗照。常常自觉，常常朗照，就像明镜高悬，凡是所照之物，自然不能隐藏它的美丑了。为什么呢？不自欺而真诚，就没有地方可以受欺诈，即便有欺诈，良知已经觉察到了；自信而明理，就没有地方可以容纳不诚信，即便有不诚信，良知已经察觉到了。这就是“易以知险”，“简以知阻”，也就是子思所谓的“至诚如神，可以前知”。然而子思所谓的“如神”，“可以前知”，还是分为两件事来讲，这大概是从思诚的功效上来说的，仍然是对那些不能预先知觉的人说的。如果就至诚而言，那么至诚所达到的奇妙状态就是“神”，不必讲“如神”。至诚则“无知而无不知”，不必言“可以前知”了。

答罗整庵①少宰书

【1】某顿首启：昨承教及《大学》，发舟匆匆，未能奉答。晓来江行稍暇，复取手教而读之。恐至赣后，人事复纷沓，先具其略以请。

来教云：“见道固难，而体道尤难。道诚未易明，而学诚不可不讲。恐未可安于所见，而遂以为极则也。”幸甚幸甚！何以得闻斯言乎？其敢自以为极则而安之乎？正思就天下之有道以讲明之耳。而数年以来，闻其说而非笑之者有矣，诟訾之者有矣，置之不足较量辨议之者有矣，其肯遂以教我乎？其肯遂以教我，而反复晓谕，恻然惟恐不及救正之乎？然则天下之爱我者，固莫有如执事之心深且至矣！感激当何如哉！夫“德之不修，学之不讲”②，孔子以为忧。而世之学者稍能传习训诂，即皆自以为知学，不复有所谓讲学之求，可悲矣！夫道必体而后见，非已见道而后加体道之功也；道必学而后明，非外讲学而复有所谓明道之事也。然世之讲学者有二：有讲之以身心者，有讲之以口耳者。讲之以口耳，揣摸测度，求之影响者也；讲之以身心，行著习察，实有诸己者也。知此则知孔门之学矣。

【注释】①罗钦顺（1465—1547），字允昇，号整庵，江西泰和人。弘治进士，官至南京礼部尚书，明代程朱理学的重要代表人物，著有《困知记》。②语出《论语·述而》。

【译文】某顿首启：昨天听了您对《大学》的见解，因匆忙上船离开，未能答复您。今天清晨，船行江面，稍微空闲，我又把您的信拜读了一遍。我担心到江西后，人事繁杂，先在这里略作答复，请您指正。

您信中说："认识圣人之道确实很难，而要切身体验圣人之道就更难。圣人之道的确不易明白。但学问实在不能不探究。恐怕不能满足于已有的认知，从而把它当作最终的原则。"实在是太荣幸了！我能从哪里听到这种见解呢？我怎敢自以为达到了最终的原则而心安理得呢？我正想着求教天下有道之士以探究明白。多少年来，凡是听到我学说的人，有的嘲笑，有的谩骂，有的认为无足轻重，不屑去辩论。他们谁肯来教导我呢？他们肯教导我，反复讲明道理，真心实意地唯恐来不及补正我吗？天下那些关爱我的人中，确实没有谁像您这样对我如此用心至深，我的感激要如何来表达啊！孔子曾经忧虑当时人不修习道德，不探究学问。而当世学者，稍微能够读点经典，稍微懂点训诂，就认为自己精通了学问，而不再去探究学问，真可悲啊！圣人之道必须体察后才能洞明，而不是在认识了圣人之道之后再去做体察的工夫。圣人之道必须通过学习才能真正理解，不是在探究学问之外还有所谓其他理解圣人之道的事。然而世间探究学问的人有两种，一种是通过身心来探究，一种是通过口耳来探究。用口耳来探究学问的人，推测揣摩，探求那些虚幻不实的东西。通过身心来探究学问的人，言行自觉省察，都是自己体验出来的。知道这一点，就知道孔门圣学了。

【2】来教谓某"《大学》古本之复，以人之为学但当求之于内，而程、朱'格物'之说不免求之于外，遂去朱子之分章，而削其所补之传"。非敢然也。学岂有内外乎？《大学》古本乃孔门相传旧本耳。朱子疑其有所脱误，而改正补缉之，在某则谓其本

无脱误，悉从其旧而已矣。失在于过信孔子则有之，非故去朱子之分章而削其传也。夫学贵得之心，求之于心而非也，虽其言之出于孔子，不敢以为是也，而况其未及孔子者乎！求之于心而是也，虽其言之出于庸常，不敢以为非也，而况其出于孔子者乎！且旧本之传数千载矣，今读其文词，既明白而可通；论其工夫，又易简而可入，亦何所按据而断其此段之必在于彼，彼段之必在于此，与此之如何而缺，彼之如何而误？而遂改正补缉之，无乃重于背朱而轻于叛孔已乎？

【译文】您信中说我“之所以恢复《大学》旧本，是认为学问只应在内心探求，而程朱的格物学说却不免要在心外探求，于是摒弃了朱子所分的章节，删除他增补的传”。我不敢这样做。学问难道有内外之分吗？《大学》古本是孔门所传，朱子怀疑古本《大学》有脱落的文字和错误，于是加以纠正增补。我却认为古本并没有脱落和错误，因此完全遵从古本。我可能在过分相信孔子上有失误，但并不是要故意摒弃朱子所分的章节，删除他增补的传。做学问最重要的是内心有所得，如果内心认为错误，那么即使是孔子的话也不敢认为正确，何况那些不如孔子的人呢。如果内心认为正确，那么即便是普通人所讲，也不敢认为不对。何况这些话出自孔子呢？而且《大学》旧本流传几千年了，如今阅读书中的语句，通畅而易懂，所讲的工夫也简易可行，有什么根据能够断定这一段一定在这里，那一段一定在那里，又如何断定这里缺了，那里又如何去增补，于是加以纠正增补，这岂不是把违背朱子看得比违背孔子更严重吗？

【3】来教谓：“如必以学不资于外求，但当反观内省以为务，则‘正心诚意’四字亦何不尽之有？何必于入门之际，便困以‘格物’一段工夫也？”诚然诚然。若语其要，则“修身”二字亦足矣，何必又言“正心”？“正心”二字亦足矣，何必又言“诚意”？“诚意”二字亦足矣，何必又言“致知”？又言“格物”？惟其工夫之详密，而要之只是一事，此所以为精一之学，此正不可不思者也。夫理无内外，性无内外，故学无内外。讲习讨论，未尝非内也；反观内省，未尝遗外也。夫谓学必资于外求，是以己

性为有外也，是“义外”也，用智者也；谓反观、内省为求之于内，是以己性为有内也，是有我也，自私者也：是皆不知性之无内外也。故曰：“精义入神，以致用也；利用安身，以崇德也。”①“性之德也，合内外之道也。”②此可以知“格物”之学矣。“格物”者，《大学》之实下手处，彻首彻尾，自始学至圣人，只此工夫而已。非但入门之际有此一段也。夫“正心诚意”、“致知格物”，皆所以“修身”，而格物者，其所用力，日可见之地。故格物者，格其心之物也，格其意之物也，格其知之物也；正心者，正其物之心也；诚意者，诚其物之意也；致知者，致其物之知也：此岂有内外彼此之分哉？理一而已，以其理之凝聚而言则谓之“性”；以其凝聚之主宰而言则谓之“心”；以其主宰之发动而言则谓之“意”；以其发动之明觉而言则谓之“知”；以其明觉之感应而言则谓之“物”。故就物而言谓之“格”，就知而言谓之“致”，就意而言谓之“诚”，就心而言谓之“正”。正者，正此也；诚者，诚此也；致者，致此也；格者，格此也。皆所谓穷理以尽性也。天下无性外之理，无性外之物。学之不明，皆由世之儒者认理为外，认物为外，而不知“义外”之说，孟子盖尝辟之，乃至袭陷其内而不觉，岂非亦有似是而难明者欤？不可以不察也！

【注释】①语出《周易·系辞下》。　②语出《中庸》第二十五章。

【译文】您来信说：“如果认为做学问不必在心外探求，只要反省内求就行了。那么‘正心诚意’这四个字不都全部包含了吗？又何必在入门的时候用格物的工夫来要求人呢？”

您讲得有道理。如果要说宗旨，那么“修身”二字也就足够了。何必要说“正心”呢？“正心”二字也就够了，何必又说“诚意”呢？“诚意”二字也就够了，何必又说“致知”、又说“格物”呢？只是由于做学问的工夫很详细周密，而概括起来只有一件事，这就是所谓的“精一”的学问，这正是不能不思考的问题。天理没有内外之分，人性没有内外之分，所以学问也没有内外之分。讲习讨论未尝不属于内省探求，反省内求也没有遗弃外部人事活动。如果认为学问必然离不开向外探求，这是认为人性有外在的部分，这就是“义外”、“用智”；如果认为反观内省只是在心中探求，这就是认为人性还有内在的部分，这就是“有我”、“自私”。这两种观点都是不懂得人性没有内外之分。所以说：“精研义理达到神妙，是为了让天地万物尽其所用。万物各尽其用，安顿人的身体，是为了涵养德性”；“由本性产生道德的作用，贯通了成就自身和成就万物的内外之道。”由此就可以明白“格物”的学问了。“格物”是《大学》着实下手的工夫，从头到尾，从开始学习到成为圣人，也只是这个工夫，而不是仅在入门时有这么一段工夫。“正心”“诚意”“致知”“格物”，都是为了“修身”，而“格物”所做的工夫，每天都可以看得到。“格物”就是端正心中的物，端正意念中的物，端正良知中的物。“正心”就是端正成物之心，“诚意”就是使接触事物的意念真诚，“致知”就是呈现应对事物时的良知。难道有内外和彼此之分吗？天理只有一个，从天理凝聚于身来说称之为性，从天理凝聚于身的主宰来说称之为心，从天理主宰人身而发出命令指示来说称之为意念。从天理发出指令时的澄明自觉来说称之为知，从澄明自觉所感应到的东西来说称之为事物。所以从事物来说就是“格”，从良知来说就是“致”，从意念来说就是“诚”，从心来说就是“正”。正就是正天理，诚就是诚天理，致就是致天理，格就是格天理，都是所谓的“穷究天理而扩充人的本性”。天下没有人性之外的天理，也没有人性之外的事物。圣人之学晦暗不明，都是因为世上儒者认为天理在心外，事物在心外，却不知道孟子曾经批判过“义外”之说，以至于陷入“义外”而不自觉，这难道不是因为有似是而非而难以明白的地方吗？不能不考察啊！

【4】凡执事所以致疑于格物之说者，必谓其是内而非外也，必谓其专事于反观、内省之为，而遗弃其讲习讨论之功也，必谓其一意于纲领、本原之约，而脱略于支条节目之详也，必谓其沉溺于枯槁、虚寂之偏，而不尽于物理、人事之变也。审如是，岂但获罪于圣门，获罪于朱子，是邪说诬民，叛道乱正，人得而诛之也，而况于执事之正直哉？审如是，世之稍明训诂，闻先哲之绪论者，皆知其非也，而况执事之高明哉？凡某之所谓“格物”，其于朱子“九条”[①]之说，皆包罗统括于其中；但为之有要，作用不同，正所谓毫厘之差耳。然毫厘之差而千里之谬实起于此，不可不辨。

【注释】①语本朱熹《大学或问》。

【译文】您之所以怀疑我的格物学说，必然是认为我肯定内求而否定外求，必然是认为我专门致力于反思内省而放弃外在的讲习讨论工夫，必然是认为我只注重纲领、本原的精炼简约，而忽视了详备的细节条目，必然是认为我沉浸在枯槁虚寂的偏执中，而不能穷尽人情事物的变化。如果真是这样，我岂止是圣人之学的罪人，是朱子学问的罪人，这简直是用邪说欺骗百姓，背离纲常扰乱正道，人人都可以杀了我，何况像您这样正直的人呢？如果真是这样，世上只要稍微懂得训诂、知道圣贤只言片语的人，都知道我是错误的，何况像您这样高明的人呢？我所说的格物包括了朱子的"九条"。但我的格物学说有关键之处，作用和朱子的不同，这中间只有毫厘之差。然而毫厘之差导致谬之千里，实起源于此，不能不辨析清楚！

【5】孟子辟杨、墨，至于"无父无君"。二子亦当时之贤者，使与孟子并世而生，未必不以之为贤。墨子"兼爱"，行仁而过耳，杨子"为我"，行义而过耳。此其为说，亦岂灭理乱常之甚，而足以眩天下哉？而其流之弊，孟子至比于禽兽夷狄，所谓"以学术杀天下后世"[①]也。今世学术之弊，其谓之学仁而过者乎？谓之学义而过者乎？抑谓之学不仁、不义而过者乎？吾不知其于洪水猛兽何如也！孟子云："予岂好辩哉？予不得已也！"[②]杨、墨之道塞天下，孟子之时，天下之尊信杨、墨，当不下于今日之崇尚朱说，而孟子独以一人呶呶于其间，噫，可哀矣！韩氏云："佛、老之害甚于杨、墨。"[③]韩愈之贤不及孟子，孟子不能救之于未坏之先，而韩愈乃欲全之于已坏之后，其亦不量其力，且见其身之危，莫之救以死也！呜呼！若某者，其尤不量其力，果见其身之危，莫之救以死也矣！夫众方嘻嘻之中，而独出涕嗟若；举世恬然以趋，而独疾首蹙额以为忧，此其非病狂丧心，殆必诚有大苦者隐于其中，而非天下之至仁，其孰能察之？其为《朱子晚年定论》，盖亦不得已而然。中间年岁早晚，诚有所未考，虽不必尽出于晚年，固多出于晚年者矣。然大意在委曲调停，以明此学为重。平生于朱子之说，如神明蓍龟，一旦与之背驰，心诚有所未忍，故不得已而为此。"知我者谓我心忧，不知我者谓我何求"[④]，

盖不忍牴牾朱子者，其本心也；不得已而与之牴牾者，道固如是，“不直则道不见”⑤也。执事所谓“决与朱子异”者，仆敢自欺其心哉？夫道，天下之公道也；学，天下之公学也，非朱子可得而私也，非孔子可得而私也。天下之公也，公言之而已矣。故言之而是，虽异于己，乃益于己也；言之而非，虽同于己，适损于己也。益于己者，己必喜之；损于己者，己必恶之。然则某今日之论，虽或于朱子异，未必非其所喜也。“君子之过，如日月之食，其更也，人皆仰之。”⑥而“小人之过也必文”⑦。某虽不肖，固不敢以小人之心事朱子也。

【注释】①语出陆九渊《象山全集》卷一《与曾宅之书》：“此岂非以学术杀天下哉？” ②语出《孟子·滕文公下》。 ③语出韩愈《韩昌黎全集》卷十八《与孟简尚书书》。 ④语出《诗经·王风·黍离》。 ⑤语出《孟子·滕文公上》：“孟子曰：‘吾今则可以见矣。不直，则道不见；我且直之。’” ⑥语出《论语·子张》：“子贡曰：‘君子之过也，如日月之食焉：过也，人皆见之；更也，人皆仰之。’” ⑦语出《论语·子张》：“子夏曰：‘小人之过也必文。’”

【译文】孟子批判杨朱、墨子的学说会导致无父无君。这两人也是当时的贤人，如果与孟子同处一个时代，孟子未必不会认为他们是贤人。墨子提倡“兼爱”，这是倡导仁爱过了头；杨朱主张“为我”，这是倡导义过了头。他们的这套学说，难道不是泯灭天理扰乱纲常，足以迷惑天下人吗？他们学说的弊端，孟子把它比作夷狄、禽兽，这就是“以学术损害天下后世”。当今学术的弊端，是倡导仁爱过头了吗？是倡导义过头了吗？还是倡导不仁不义过头了呢？我不知他们同洪水猛兽有什么不同？孟子说：“我难道是喜好辩论吗？我是不得已啊！”杨朱、墨子的学说流行天下，孟子生活的时代，天下人尊崇杨朱、墨子的学说不亚于当今人们推崇朱子的学说。而孟子独自一人力排众议，辩论不已。唉！可悲啊！韩愈说：“佛道两家学说的危害比杨朱、墨子更严重。”韩愈不如孟子贤达，孟子不能在世道衰败之前拯救它，韩愈却想在世道衰败之后保全圣人之道，他这也是自不量力，而且我们都知道他身陷危境也没有人救他。唉，至于我，更是自不量力，发现自己面临危险，却没有人能救我于死地。大家正在高兴地嬉笑，我却独自流泪叹息。天下人都欣欣然追逐，我却独自皱眉忧虑。这种情形，如果不是丧心病狂，那就一定是心中有极大的痛苦。如果不是天下至仁之人，谁又能体察这种愁苦呢？我辑录《朱子晚年定论》，也是不得已。至于这些书信的写作年代先后，确实有些未经考证，虽然不全是创作于朱子晚年，但大部分是他晚年所写。我的目的在于调和，重在彰显圣人之学。我平生始终把朱子的学说奉为神明，一旦和他背离，内心实在不忍，所以说是不得已而为之。“知道我的人说我内心在忧愁，不知道我的人说我有什么要求。”我本心不愿与朱子之学相抵触，但不得已这样做，是因为圣人之道本就是如此。“不说直话，圣人之道就不能呈现。”您说我“一定要与朱子的学说对立”，我怎么敢骗自己的良心呢？圣人之道是天下人共同的道，圣人之学是天下人共同的学问，不是朱子可以私有的，也不是孔子可以私有的。对于天下共有的东西，应该公正地探讨罢了。所以只要说得对，即使和自己的见解不同，那也是对自己有益。说得不对，即使和自己的见解相同，那也会对自己有害。对自己有益的，自己一定喜欢。对自己有害的，自己一定厌恶。那么我今天所讲的，虽然有的地方与朱子不同，但未必不是朱子所喜欢的。“君子的过失好比日蚀月蚀，更改的时候，每个人都仰望着。”但是“小人对于错误一定加以掩饰。”我虽然不贤明，实在不敢用小人之心来对待朱子。

【6】执事所以教，反覆数百言，皆以未悉鄙人格物之说。若鄙说一明，则此数百言皆可以不待辨说而释然无滞，故今不敢缕缕以滋琐屑之渎。然鄙说非面陈口析，断亦未能了了于纸笔间也。嗟乎！执事所以开导启迪于我者，可谓恳到详切矣！人之爱我，宁有如执事者乎！仆虽甚愚下，宁不知所感刻佩服；然而不敢遽舍其中心之诚然，而姑以听受云者，正不敢有负于深爱，亦思有以报之耳。秋尽东还，必求一面，以卒所请，千万终教！

【译文】您写了几百字，反复地教诲我，都是因为没有理解我的格物学说。如果理解了我的学说，那么这几百字都不用辩论而自然无疑了，所以我现在不敢详细地述说，以免琐碎劳烦。然而我的学说实在不能通过书信来讲清楚，除非当面交流。唉！您对我的开导和启迪真可谓详尽恳切。关爱我的人哪有像您这样的呢！我虽然愚钝，难道不知感激敬佩吗？然而我不敢急忙放弃内心的真实想法而姑且接受您的看法，正是因为不敢辜负您的厚爱，并想对您有所回报。等秋天过后，我回来一定要去拜访您，当面向您请教，到时希望您赐教。

答聂文蔚[①]（一）

【1】春间远劳迂途枉顾，问证惓惓，此情何可当也！已期二三同志，更处静地，扳留旬日，少效其鄙见，以求切劘[②]之益；而公期俗绊，势有不能，别去极怏怏，如有所失。忽承笺惠，反覆千余言，读之无甚浣慰[③]。中间推许太过，盖亦奖掖之盛心，而规砺真切，思欲纳之于贤圣之域；又托诸崇一以致其勤勤恳恳之怀，此非深交笃爱，何以及是！知感知愧，且惧其无以堪之也。虽然，仆亦何敢不自鞭勉，而徒以感愧辞让为乎哉！其谓"思、孟、周、程无意相遭于千载之下，与其尽信于天下，不若真信于一人。道固自在，学亦自在，天下信之不为多，一人信之不为少"者，斯固君子"不见是而无闷"[④]之心，岂世之谫谫屑屑[⑤]者知足以及之乎！乃仆之情，则有大不得已者存乎其间，而非以计人之信与不信也。

【注释】①聂豹（1487—1563），字文蔚，号双江，江西永丰人。正德十二年（1515）进士，官至兵部尚书，王阳明的学生。 ②切劘（mó）：切磨，切磋。 ③浣慰（huàn wèi）：快慰、宽慰。 ④语出《周易·乾卦·文言》："遁世无闷，不见是而无闷。" ⑤谫谫（jiǎn）屑屑：浅薄猥琐的样子。

【译文】春天里，你远途劳累，绕道前来拜访，勤勉地问学求证，这种真情我哪敢承受！原已约好几个志同道合的朋友，再找个安静的地方，挽留你住十来天，稍稍讨论我的粗浅看法，以求在切磋中有所收获。然而由于公务繁忙，无法实现，离开时我内心十分惆怅，若有所失。突然收到你的信，洋洋洒洒千余言，读后倍感欣慰。信中你对我的推重和赞许太多，大概也是出于对我的鼓舞和提携之心，因而真切地勉励，想要将我推至圣贤之列。你又托欧阳崇一转达深切的关怀，如果不是厚爱深交的人，怎会做到这样！我既感动又惭愧，并且担心辜负了你的这番情谊。尽管如此，我怎敢不自我鞭策和勉励，而仅仅表示出感激、惭愧和辞让呢？你所说的"子思、孟子、周敦颐、程颢、程颢并无意于千年以后取信于人，与其完全取信于天下人，还不如被一个人真正相信。圣人之道本就自然存在，圣人之学也自然存在，天下之人都相信不算多，只有一个人相信也不算少”，这确实是君子“不被世人认可也没有苦闷”的心态，这又哪是世上那些浅薄猥琐的人凭他们的智慧所能理解的呢？至于我的想法，这其中有很多万不得已的苦衷，并不是要去在乎别人是否相信。

【2】夫人者，天地之心。天地万物，本吾一体者也。生民之困苦荼毒，孰非疾痛之切于吾身者乎？不知吾身之疾痛，无是非之心者也。是非之心，不虑而知，不学而能，所谓“良知”也。良知之在人心，无间于圣愚，天下古今之所同也。世之君子惟务致其良知，则自能公是非，同好恶，视人犹己，视国犹家，而以天地万物为一体，求天下无治，不可得矣。古之人所以能见善不啻若己出，见恶不啻若己入，视民之饥溺犹己之饥溺[①]，而一夫不获[②]，若己推而纳诸沟中者[③]，非故为是而以蕲天下之信己也，务致其良知，求自慊而已矣。尧、舜、三王之圣，言而民莫不信者[④]，致其良知而言之也；行而民莫不说者，致其良知而行之也。是以其民熙熙皞皞，杀之不怨，利之不庸[⑤]，施及蛮貊[⑥]，而凡有血气者莫不尊亲，为其良知之同也。呜呼！圣人之治天下，何其简且易哉！

【注释】①语本《孟子·离娄下》：“孟子曰：‘禹思天下有溺者，由己溺之也；稷思天下有饥者，由己饥之也，是以如是其急也。’”意为禹想着天下有人遭到了水的淹没，好像是自己使他淹没了一样；稷想着天下人有挨饿的，好像是自己使他挨饿一样，所以他们才急切地去拯救百姓。　②一夫不获：语出《尚书·说命》：“一夫不获，则曰时予之辜。”意为只要有一个人没有妥善安置，就说是我的罪过。　③沟中：语本《孟子·万章上》：“思天下之民，匹夫匹妇有不被尧舜之泽者，若己推而内之沟中。”意为想着天下的百姓，只要有人没有蒙受尧舜之道的惠泽，就好像是自己把他们推进山沟中一样。　④语本《中庸》第三十一章：“见而民莫不敬；言而民莫不信；行而民莫不说。”意为表现为外的仪容，人民没有不尊敬的；所说的话，人民没有不信服的；所做的事，人民没有不喜悦的。 ⑤语出《孟子·尽心上》："王者之民皞皞如也。杀之而不怨，利之而不庸，民日迁善而不知为之者。"皞皞（hào），广大自得的样子。 ⑥蛮貊（mán mò）：古代南方少数民族称为蛮，北方少数民族称为貊。

【译文】人就是天地的心。天地万物与我本为一体。百姓的困苦和悲痛，哪一个对我们而言不是切肤之痛呢？不能体知我们自身痛苦的人是没有是非之心的人。人的是非之心，不必思考就已经知道，不必学习就已经具有，这就是良知。人心中的良知，不论是圣人还是愚人，普天之下，古往今来，无不相同。世上的君子只要专注于呈现他们自己的良知，自然就有共同的是非好恶，把别人看做是自己一样，把国家看做是自己的家一样，把天地万物看做一个整体，这种情形之下，想要治理不好天下都不可能。古人之所以能够看见别人行善就如同自己做了好事，看到别人作恶就如同自己做了坏事，把百姓的饥饿痛苦看做是自己的饥饿痛苦一样，只要有一个人没有妥善安置，就像是自己把他推进山沟中一样，他们并不是有意要这样去做，以取信于天下，而是专注于呈现良知，以达到使自己内心满足与快乐。尧、舜、商汤、周文王、周武王所说的话，老百姓没有不信服的，这是因为他们在呈现自己良知的时候才说的这番话；他们所做的事，老百姓没有不喜欢的，也是因为他们在呈现自己良知的时候才做的这些事。所以他们的百姓舒坦安逸，被杀死也不怨恨，得到好处也不认为应该去酬谢，将这种治理推广到未开化的蛮荒之地，凡是有生命的人没有不孝敬父母的，因为他们具有相同的良知。哎！圣人治理天下是多么简单容易啊！

【3】后世良知之学不明，天下之人用其私智以相比轧，是以人各有心，而偏琐僻陋之见，狡伪阴邪之术，至于不可胜说；外假仁义之名，而内以行其自私自利之实，诡辞以阿俗，矫行以干誉，揜人之善而袭以为己长，讦[①]人之私而窃以为己直，忿以相胜而犹谓之徇义，险以相倾而犹谓之疾恶，妒贤忌能而犹自以为公是非，恣情纵欲而犹自以为同好恶，相陵相贼，自其一家骨肉之亲，已不能无尔我胜负之意，彼此藩篱之形，而况于天下之大，民物之众，又何能一体而视之？则无怪于纷纷籍籍，而祸乱

相寻于无穷矣！

【注释】①讦（jié）：揭露。

【译文】后世良知的学说晦暗不明，天下人用自己的私心才智互相倾轧，因而人心各异，那些偏激浅陋的见解，狡诈阴险的手段，数不胜数；他们对外假借着仁义的名号，实际上做些自私自利的事情，说虚假的话来迎合世俗社会，矫情行事来博得名誉，掩饰别人的善行并剽取作为自己的优点，攻击别人的隐私并窃取出来彰显自己的正直，为私怨而相互争斗，却说成是为正义献身，阴险地互相倾轧却说成是疾恶如仇，嫉妒贤能却自以为在主持公义，放纵情欲却自认为是与人具有相同的好恶，互相侵凌互相侵害，就是一家人骨肉至亲，彼此间也要分出胜负，形成隔阂，更何况天下如此广大，人民与万物繁多，又怎么能把他们看成与自己是一体呢？这就难怪天下人情事物繁多杂乱，祸乱相继，没有穷尽。

【4】仆诚赖天之灵，偶有见于良知之学，以为必由此而后天下可得而治。是以每念斯民之陷溺，则为之戚然痛心，忘其身之不肖，而思以此救之，亦不自知其量者。天下之人见其若是，遂相与非笑而诋斥之，以为是病狂丧心之人耳。呜呼！是奚足恤哉！吾方疾痛之切体，而暇计人之非笑乎！人固有见其父子兄弟之坠溺于深渊者，呼号匍匐，裸跣[①]颠顿，扳悬崖壁而下拯之。士之见者，方相与揖让谈笑于其傍，以为是弃其礼貌衣冠而呼号颠顿若此，是病狂丧心者也。故夫揖让谈笑于溺人之傍而不知救，此惟行路之人，无亲戚骨肉之情者能之，然已谓之无恻隐之心，非人矣。若夫在父子兄弟之爱者，则固未有不痛心疾首，狂奔尽气，匍匐而拯之。彼将陷溺之祸有不顾，而况于病狂丧心之讥乎？而又况于蕲人之信与不信乎？

呜呼！今之人虽谓仆为病狂丧心之人，亦无不可矣。天下之人心皆吾之心也，天下之人犹有病狂者矣，吾安得而非病狂乎？犹有丧心者矣，吾安得而非丧心乎？

【注释】①裸跣（luǒ xiǎn）：露体赤脚。

【译文】我实在是靠着上天的眷顾，偶然发现了良知的学说，认为必须通过这种学说，天下才能得到治理。因此每当我想到百姓的苦难，就为之痛心疾首，忘了自身才疏学浅，而想用良知学说来拯救天下，算是自不量力。天下人看到我这样做，纷纷一起嘲笑我，诋毁我，认为我是丧心病狂的人。哎！这有什么值得忧虑的呢？我正在感受切肤之痛，哪有空闲去计较别人的嘲笑呢？看到人家父子兄弟坠落到深渊之中的人，呼喊着爬过去，哪怕是露体赤脚奔跑，也要抓住悬崖峭壁，下去拯救他们。看到这种情形的士人，却在旁边作揖谈笑，认为像这种丢弃衣冠鞋帽而奔跑呼喊的人是丧心病狂之人。所以在旁边作揖谈笑却不知道去救人，这只有那些没有亲戚骨肉之情的过路人才做得出来，但已经是孟子所谓的“没有同情心，不是人”。如果是有父子兄弟之爱的人，就无不痛心疾首，尽力狂奔，趴着去解救他们。他们连坠入深渊的危险都不顾，还会担心被讥笑为丧心病狂吗？又怎么会在意别人相信与不相信呢？

哎！当今天下人即便称我为丧心病狂之人，也无所谓。天下人的心就是我的心，天下还有疯狂的人，我又怎能不疯狂呢？天下还有丧心的人，我又怎能不丧心呢？

【5】昔者孔子之在当时，有议其为谄者，有讥其为佞者，有毁其未贤，诋其为不知礼，而侮之以为东家丘者，有嫉而沮之者，有恶而欲杀之者；晨门、荷蒉之徒，皆当时之贤士，且曰：“是知其不可而为之者欤？”[①]“鄙哉！硁硁乎！莫己知也，斯已而已矣。”[②]虽子路在升堂之列，尚不能无疑于其所见，不悦于其所欲往，而且以之为迂，则当时之不信夫子者，岂特十之二三而已乎？然而夫子汲汲遑遑，若求亡子于道路，而不暇于暖席者，宁以蕲人之知我、信我而已哉？盖其天地万物一体之仁，疾痛迫切，虽欲已之而自有所不容已，故其言曰：“吾非斯人之徒与而谁与？”[③]“欲洁其身而乱大伦。”[④]“果哉，末之难矣！”[⑤]呜呼！此非诚以天地万物为一体者，孰能以知夫子之心乎？若其“遁世无闷”[⑥]，“乐天知命”[⑦]者，则固“无入而不自得”，“道并行而不相悖”也。

【注释】①语出《论语·宪问》。②语出《论语·宪问》。③语出《论语·微子》。④语出《论语·微子》。⑤语出《论语·宪问》。

⑥语出《周易·乾卦·文言》："遁世无闷，不见是而无闷。" ⑦语出《周易·系辞传上》。

【译文】孔子活着的时候，有人说他谄媚，有人说他巧言谄媚，有人诋毁他并不贤明，有人诋毁他不懂礼仪，而污辱他是东家丘，有人忌妒和诅咒他，有人憎恶而想杀死他，就连当时的贤士晨门、荷蒉这些人也说："这就是那位知道做不到却一定要去做的人吗？""磬声硁硁响！可鄙呀！没有人知道自己，就这样算了吧。"虽然子路的学问已经在登堂入室之列，尚且不能不怀疑他所看到的一切，对于孔子想要去的地方也不高兴，而且认为孔子迂腐，可见当时不信任孔子的人又岂止十分之二三？然而孔子匆匆忙忙，好像在路上寻找丢失的儿子，席不暇暖，难道就是为了乞求别人相信自己、了解自己而已吗？因为他有与天地万物为一体的仁爱之心，深切感受这种病痛，即使想放手不管，却不容停止。所以他说："我若不同人群打交道，又同什么去打交道呢？""原想不玷污自身，却扰乱了人世间的伦常秩序。""好坚决！没有办法说服他了！"哎！如果不是那些确实把天地万物当作一体的人，谁能了解孔子的心呢？至于"遁世无闷"、"乐天知命"，自然"无入而不自得"，与"道并行而不相悖"了。

【6】仆之不肖，何敢以夫子之道为己任？顾其心亦已稍知疾痛之在身，是以彷徨四顾，将求其有助于我者，相与讲去其病耳。今诚得豪杰同志之士扶持匡翼，共明良知之学于天下，使天下之人皆知自致其良知，以相安相养，去其自私自利之蔽，一洗谗妒胜忿之习，以济于大同，则仆之狂病，固将脱然以愈，而终免于丧心之患矣，岂不快哉！

嗟乎！今诚欲求豪杰同志之士于天下，非如吾文蔚者，而谁望之乎？如吾文蔚之才与志，诚足以援天下之溺者。今又既知其具之在我而无假于外求矣，循是而充，若决河注海，孰得而御哉？文蔚所谓"一人信之不为少"，其又能逊以委之何人乎？

【译文】我才疏学浅，怎敢以孔子之道而自任呢？不过我的心已经稍微知道了身上的病痛，因而心中彷徨，审视四周，以便找到能帮助我的人，一起根除病痛。现在如果真能得到豪杰之士、志同道合之人来支持我、匡正辅佐我，共同将良知的学说彰显于天下，使天下人都知道去呈现自己的良知，互相帮助，互相存养，摒弃自私自利的弊病，清除诋毁、嫉妒、好胜、易怒的恶习，以实现天下大同，那么我这疯狂的疾病，必将舒缓痊愈，而最终免于丧心的疾病，这是多么痛快啊！

哎！现在真的想要在天下人中寻找豪杰之士和志同道合之人，除了像文蔚你这样的人，还能指望谁呢？以文蔚的才能与志向，是真正能够拯救天下苦难的人。如今你又已经知道良知就在我们的心中，无需向外探求，遵循良知进而扩充它，则良知就会像决口的河水注入大海之中，谁能抵御得了呢？你所说的“一人相信不算少”，那么向天下人讲明良知之学的重任，你又能谦让而托付给谁呢？

【7】会稽素号山水之区，深林长谷，信步皆是，寒暑晦明，无时不宜，安居饱食，尘嚣无扰，良朋四集，道义日新，优哉游哉，天地之间宁复有乐于是者！孔子云：“不怨天，不尤人，下学而上达。”仆与二三同志，方将请事斯语，奚暇外慕？独其切肤之痛，乃有未能恝[①]然者，辄复云云尔。咳疾暑毒，书札绝懒。盛使远来，迟留经月，临岐执笔，又不觉累纸。盖于相知之深，虽已缕缕至此，殊觉有所未能尽也。

【注释】①恝（jiá）：恝然，即淡然，不经心的样子。

【译文】会稽向来以山水风景著称，幽深的树林，狭长的山谷，随处可见，冬夏阴晴，四季宜人，安定地生活，衣食无忧，没有世俗干扰，好朋友聚在一起，切磋道义，悠闲自在，天地之间还有像这样快乐的事情吗？孔子说：“不怨天，不尤人，下学而上达。”我和几位志同道合的朋友，正要遵从孔子的这一段话，哪有时间向外探求呢？只是对于这切肤之痛，不能漠不关心，于是又写了这么多。我有咳嗽之病，加之天气炎热，懒于写信。你派来的信使远道而来，逗留了一个月左右，临别时提笔写信，不知不觉写了这么多。这大概是因为我们相知颇深，虽然详细地写了这么多，但仍觉得有好多话还没有说完。

答聂文蔚（二）

【1】得书，见近来所学之骤进，喜慰不可言。谛视数过，

其间虽亦有一二未莹彻处，却是致良知之功尚未纯熟，到纯熟时，自无此矣。譬之驱车，既已由于康庄大道之中，或时横斜迂曲者，乃马性未调，衔勒不齐之故，然已只在康庄大道中，决不赚入傍蹊曲径矣。近时海内同志到此地位者，曾未多见。喜慰不可言，斯道之幸也！

贱躯旧有咳嗽畏热之病，近入炎方，辄复大作。主上圣明洞察，责付甚重，不敢遽辞。地方军务冗沓，皆舆疾从事。今却幸已平定，已具本乞回养病。得在林下，稍就清凉，或可瘳[①]耳。人还，伏枕草草，不尽倾企。外惟濬[②]一简，幸达致之。

【注释】①瘳（chōu）：病愈。 ②陈九川（1494—1562），字惟濬，号明水，江西临川人，正德九年（1514）进士，授太常博士，官至礼部郎中，王阳明的学生，江右王门的重要代表，著有《明水先生集》。

【译文】收到你的来信，看到你近来学问精进，欣喜快慰之心难以言表。你的信我仔细看了几遍，中间虽然也有一两处不清晰透彻的地方，也只是致良知工夫还没有纯熟的缘故，如果纯熟了，自然就没有这种毛病。这就好比驾车，已经走上康庄大道，有时候马车会横着斜着走些弯路，这是因为马性还没有驯服，马嚼口和马笼头没有齐整，然而已经走在康庄大道上，就绝不会拐到岔道弯路之中。近来海内同仁达到你这种程度的还不多见。欣喜快慰之情难以表达，这是圣人之道的幸运！

我原本就有咳嗽怕热的疾病，最近到炎热的南方，又发作。皇上圣明洞察，将重要的责任交付给我，我不敢立即推辞。地方上军务繁杂，我都是带病处理。如今所幸已经平定叛乱，我已备办呈本，请求皇上准我回乡养病。如果能在幽静之地，稍微感受下清凉，或许可以痊愈。信使就要回去，我卧病在床，草草写了这封回信，难以表达我的仰慕之情。另外，给惟濬的一封信，希望你转交。

【2】来书所询，草草奉复一二。

近岁来山中讲学者，往往多说“勿忘勿助”工夫甚难，问之则云：“才着意便是助，才不着意便是忘，所以甚难。”区区因问之云：“忘是忘个甚么？助是助个甚么？”其人默然无对。始请问。区区因与说我此间讲学，却只说个“必有事焉”，不说“勿忘勿助”。“必有事焉”者只是时时去集义。若时时去用“必有事”的工夫，而或有时间断，此便是忘了，即须勿忘。时时去用“必有事”的工夫，而或有时欲速求效，此便是助了，即须勿助。其工夫全在“必有事焉”上用，“勿忘勿助”，只就其间提撕警觉而已。若是工夫原不间断，即不须更说勿忘；原不欲速求效，即不须更说勿助。此其工夫，何等明白简易！何等洒脱自在！今却不去“必有事”上用工，而乃悬空守着一个“勿忘勿助”，此正如烧锅煮饭，锅内不曾渍水下米，而乃专去添柴放火，不知毕竟煮出个甚么物来！吾恐火候未及调停，而锅已先破裂矣。近日，一种专在“勿忘勿助”上用工者，其病正是如此。终日悬空去做个勿忘，又悬空去做个勿助，漭漭荡荡[①]，全无实落下手处。究竟工夫只做得个沉空守寂，学成一个痴騃[②]汉，才遇些子事来，即便牵滞纷扰，不复能经纶宰制。此皆有志之士，而乃使之劳苦缠缚，担阁一生，皆由学术误人之故，甚可悯矣！

【注释】①漭漭（mǎng）荡荡：洪水浩荡广大之貌。 ②騃（ái）：愚，呆。

【译文】你信中所询问的问题，我简单地回答一下。

近年来到山中讲学的人，常常说“勿忘勿助”的工夫很难。我问原因，他们就说：“稍起意念就是助，不去留意就是忘，所以感觉很难。”我问：“忘是忘什么？助是助什么？”他们又无言以对，开始向我请教。我就对他们说，我这里讲学，只讲“必有事焉”，不说“勿忘勿助”。“必有事焉”就是时刻去“集义”。如果时时去做“必有事”的工夫，偶尔间断，这就是“忘”，就必须“勿忘”。时刻去做“必有事”的工夫，偶尔想急于见到效果，这就是“助”，就必须“勿助”。全部在“必有事焉”上下工夫，“勿忘勿助”只是这个过程中的提醒警觉而已。如果工夫原本就没有间断，那就不必再说“勿忘”，如果原本没有急求效果，就不必再说“勿助”。这个工夫是多么简单明了，多么洒脱自在。如今却不在“必有事”上下功夫，只是空守着一个“勿忘勿助”。这就好比像烧锅做饭，锅里没有放水下米，却一味地添柴烧火，不知最后能煮出什么东西来？我担心火候还没来得及调好，锅就已经先烧破了。近来一些专门在“勿忘勿助”上用功的人，所犯的毛病正在这里。

整天凭空去做“勿忘”的工夫，又凭空去做“勿助”的工夫，浩浩荡荡，完全没有落实之处。到头来只会变成一个空洞枯寂的痴呆汉，只要遇到一点事就会心思纷扰，不能再治理和控制。这些人都是有志之士，却使得他们劳苦缠身，耽误一生，这都是因为学术误人，真叫人怜悯啊！

【3】夫“必有事焉”只是“集义”，“集义”只是致良知。说“集义”则一时未见头脑，说致良知即当下便有实地步可用工。故区区专说“致良知”，随时就事上致其良知，便是格物；着实去致良知，便是诚意；着实致其良知，而无一毫意必固我，便是正心；着实致良知，则自无忘之病；无一毫意必固我，则自无助之病。故说“格致诚正”，则不必更说个“忘助”。孟子说“忘助”，亦就告子得病处立方。告子强制其心，是助的病痛，故孟子专说助长之害。告子助长，亦是他以义为外，不知就自心上集义，在“必有事焉”上用功，是以如此。若时时刻刻就自心上集义，则良知之体洞然明白，自然是是非非纤毫莫遁，又焉有“不得于言，勿求于心；不得于心，勿求于气”[①]之弊乎？孟子“集义”、“养气”之说，固大有功于后学，然亦是因病立方，说得大段；不若《大学》“格致诚正”之功，尤极精一简易，为彻上彻下，万世无弊者也。

【注释】①语出《孟子·公孙丑上》：“告子曰：‘不得于言，勿求于心；不得于心，勿求于气。’”意为如果不能通过言语有所收获，就不必求助于内心；不能在内心有所得，就不必求助于意气。

【译文】“必有事焉”就是“集义”，“集义”就是致良知。说“集义”一时还不得要领，说致良知立马就可以落实用功。所以我专门讲“致良知”，随时在事情中呈现良知就是“格物”，切切实实去呈现良知就是诚意，切切实实地呈现良知，没有丝毫的意、必、固、我，就是“正心”。切切实实地呈现良知，自然就没有“忘”的毛病；没有丝毫意、必、固、我，自然就没有“助”的毛病。所以一讲格物、致知、诚意、正心，就不必再讲“勿忘勿助”了。孟子谈“勿忘勿助”，是针对告子的毛病开的药方。告子强制人心，犯了“助”的毛病，所以孟子专门讲“助长”的危害。告子讲助长，就是因为他认为义在心外，不知道在自己内心“集义”，在“必有事焉”上做工夫，所以才这样。如果时刻在自己心中“集义”，那么良知的本体就会洞然明白，自然各种是是非非就会一览无余，又怎么会有“不得于言，勿求于心；不得于心，勿求于气”的毛病呢？孟子“集义”、“养气”的学说，当然对后世学者有很大贡献，但他也是对症下药，说个大概；不如《大学》中的格物、致知、诚意、正心的工夫，特别精粹专一，简单易行，上下贯通，千秋万世都没有弊病。

【4】圣贤论学，多是随时就事，虽言若人殊，而要其工夫头脑若合符节。缘天地之间，原只有此性，只有此理，只有此良知，只有此一件事耳。故凡就古人论学处说工夫，更不必搀和兼搭而说，自然无不吻合贯通者。才须搀和兼搭而说，即是自己工夫未明彻也。近时有谓集义之功必须兼搭个致良知而后备者，则是集义之功尚未了彻也。集义之功尚未了彻，适足以为致良知之累而已矣。谓致良知之功必须兼搭一个“勿忘勿助”而后明者，则是致良知之功尚未了彻也。致良知之功尚未了彻也，适足以为“勿忘勿助”之累而已矣。若此者，皆是就文义上解释牵附，以求混融凑泊，而不曾就自己实工夫上体验，是以论之愈精，而去之愈远。文蔚之论，其于“大本达道”既已沛然无疑，至于“致知”“穷理”及“忘助”等说，时亦有搀和兼搭处，却是区区所谓康庄大道之中，或时横斜迂曲者。到得工夫熟后，自将释然矣。

【译文】圣贤讨论学问，往往随时就不同事来发挥，虽然说法好像各不相同，但是工夫的主旨却是一致的。因为天地之间，只有这一个性，只有这一个天理，只有这一个良知，只有这一件事。所以凡是古人讨论学问时所讲的工夫，都不必掺和搭配来讲，自然没有不吻合贯通的。如果需要掺和搭配来讲，那就是自己的工夫没有明白透彻。近来有人认为“集义”的工夫必须搭配上致良知才算完备，这是“集义”的工夫还不明白透彻。“集义”的工夫还没有彻底明白，正好成为致良知工夫的拖累。认为致良知的工夫必须搭配上“勿忘勿助”后才能明白，就是致良知的工夫还没有明白。致良知的工夫没有明白，正好成为“勿忘勿助”的拖累。像这种情形，都是因为在文辞句意上牵强附会地解释，以求含混凑合，却没有在自己实实在在的工夫上去体验，因此论证得越精致，反而偏离圣人之道越远。文蔚你的观点在“大本达道”上已经盛大恢宏，了然无疑，至于对“致知”、“穷理”及“勿忘勿助”等学说，还偶尔有掺和搭配的地方，这就是我说的“走上康庄大道，偶尔马车会横着斜着走些弯路”的情形。等到工夫纯熟后，自然不会有这种情形。

【5】文蔚谓“致知之说，求之事亲从兄之间，便觉有所持循”者，此段最见近来真切笃实之功。但以此自为不妨，自有得力处；以此遂为定说教人，却未免又有因药发病之患，亦不可不一讲也。盖良知只是一个天理自然明觉发见处，只是一个真诚恻怛，便是他本体。故致此良知之真诚恻怛以事亲，便是孝；致此良知之真诚恻怛以从兄，便是弟；致此良知之真诚恻怛以事君，便是忠：只是一个良知，一个真诚恻怛。若是从兄的良知不能致其真诚恻怛，即是事亲的良知不能致其真诚恻怛矣；事君的良知不能致其真诚恻怛，即是从兄的良知不能致其真诚恻怛矣。故致得事君的良知，便是致却从兄的真知；致得从兄的良知，便是致却事亲的良知。不是事君的良知不能致，却须又从事亲的良知上去扩充将来。如此，又是脱却本原，着在支节上求了。良知只是一个，随他发见流行处，当下具足，更无去来，不须假借。然其发见流行处，却自有轻重厚薄，毫发不容增减者，所谓“天然自有之中”[①]也。虽则轻重厚薄，毫发不容增减，而原又只是一个；虽则只是一个，而其间轻重厚薄，又毫发不容增减。若可得增减，若须假借，即已非其真诚恻怛之本体矣。此良知之妙用，所以无方体，无穷尽，“语大天下莫能载，语小天下莫能破”[②]者也。

【注释】①语出朱熹《大学或问》：“程子所谓天然自有之中。” ②语出《中庸》第十二章：“故君子语大，天下莫能载焉，语小，天下莫能破焉。”

【译文】你认为“致知的主张，从孝敬父母、尊敬兄长上去探求，就感到遵循起来有根据”，由此可知你近来真切笃实的工夫。但你自己按照这种方法去做倒也无妨，自然有支撑。但如果把这个当成定论去教人，就难免有因为用药而引发致病的担忧，这就不能不讲清楚。良知就是天理自然明白呈现的地方，就是真诚恻隐，这是它的本体。呈现良知的真诚恻隐去奉养父母就是孝，呈现良知的真诚恻隐去尊敬兄长就是悌，呈现良知的真诚恻隐去侍奉君主就是忠。就是一个良知，一个真诚恻隐。如果尊敬兄长的良知不能实现真诚恻隐，也就是奉养父母的良知不能实现真诚恻隐；如果侍奉君主的良知不能实现真诚恻隐，也就是尊敬兄长的良知不能实现真诚恻隐。所以实现了侍奉君主的良知，就是实现了尊敬兄长的良知；实现了尊敬兄长的良知，就是实现了奉养父母的良知。不是说侍奉君主的良知不能呈现，必须从奉养父母的良知上去扩充开来。如果这样，这就脱离了本原，在枝节上寻求了。良知只有一个，随着它的呈现和流行，当下就已完备，不会消失，也不需向外假借。但是它发挥和呈现的地方，自然有它的轻重、厚薄，丝毫不能增减，这就是所谓的“天然自有之中”。虽然轻重、厚薄丝毫不能增减，但良知还是原来的那一个。虽然就是那一个良知，但其中的轻重厚薄又丝毫不能增减。如果可以增减，如果必须有所凭借，那就不是真诚恻隐的本体了。这就是良知的妙用没有方位形体，没有穷尽，“讲到宏大之处，天下也承载不了，讲到精微之处，天下也无人能识破”的原因。

【6】孟氏“尧舜之道，孝弟而已”①者，是就人之良知发见得最真切笃厚、不容蔽昧处提省人，使人于事君、处友、仁民、爱物，与凡动静语默间，皆只是致他那一念事亲从兄真诚恻怛的良知，即自然无不是道。盖天下之事虽千变万化，至于不可穷诘，而但惟致此事亲从兄、一念真诚恻怛之良知以应之，则更无有遗缺渗漏者，正谓其只有此一个良知故也。事亲从兄一念良知之外，更无有良知可致得者。故曰：“尧舜之道，孝弟而已矣。”此所以为“惟精惟一”之学，放之四海而皆准，施诸后世而无朝夕②者也。

文蔚云：“欲于事亲、从兄之间，而求所谓良知之学。”就自己用工得力处如此说，亦无不可；若曰“致其良知之真诚恻怛，以求尽夫事亲从兄之道焉”，亦无不可也。明道云：“行仁自孝弟始。孝弟是仁之一事，谓之行仁之本则可，谓是仁之本则不可。”[3]其说是矣。

【注释】①语出《孟子·告子下》。 ②语本《礼记·祭义》：“夫孝，置之而塞乎天地，溥之而横乎四海，施诸后世而无朝夕，推而放诸东海而准，推而放诸西海而准，推而放诸南海而准，推而放诸北海而准。” ③语出《河南程氏遗书》卷十八，这句话实际上是程颐所说。

【译文】孟子说：“尧舜之道，也就是孝和悌而已。”这是从人的良知呈现得最真切笃实、不容蒙蔽的地方提醒人，使人在侍奉君主、交友、爱民、爱物以及一切运动静止谈话沉默的过程中，都只是去呈现他那一念服侍父母、尊敬兄长的真诚恻隐的良知，就自然没有不是合于道的。天下的事情虽然千变万化，乃至于不能穷问，但只要把这个一想到要服侍父母、尊敬兄长的真诚恻隐的良知呈现出来应对，就不会有遗漏缺失，正因为只有一个良知。除了服侍父母、尊敬兄长的良知之外，再没有别的良知可以呈现。所以孟子说：“尧舜之道，也就是孝和悌而已。”这就是“惟精惟一”的学问放之四海而皆准，即便在后世施行也不会过时的原因。

你说：“想在服侍父母、尊敬兄长的活动中探求良知的学问。”如果从自己用功有体会的角度这么讲倒也无妨。如果说“呈现良知的真诚恻隐，以穷尽服侍父母、尊敬兄长的道理”，也没关系。程明道说：“践行仁爱从孝悌开始。孝悌是体现仁的一种活动，说它践行了仁爱的根本是对的，但说它是仁的根本就不对了。”这个说法很正确。

【7】“亿”、“逆”、“先觉”之说，文蔚谓“诚则旁行曲防[1]，皆良知之用”，甚善甚善！间有搀搭处，则前已言之矣。惟濬之言亦未为不是。在文蔚须有取于惟濬之言而后尽，在惟濬又须有取于文蔚之言而后明；不然，则亦未免各有倚着之病也。舜察迩言[2]而询刍荛[3]，非是以迩言当察、刍荛当询而后如此，乃良知之发见流行，光明圆莹，更无罣[4]碍遮隔处，此所以谓之大知；才有执着意必，其知便小矣。讲学中自有去取分辨，然就心地上着实用工夫，却须如此方是。

【注释】①语出《孟子·告子下》：“无曲防，无遏籴，无有封而不告。”意为不遍设堤防，不禁止采购粮食，不要有封赏却不上告。 ②语出《中庸》第六章：“舜其大知也与！舜好问而好察迩言。” ③语出

《诗经·大雅·板》："先民有言，询于刍荛。"刍荛，采薪之人。 ④罣（guà）：同"挂"。

【译文】关于"臆测"、"逆诈"、"先觉"等观点，你认为"只要内心真诚，即使是步履歪斜、遍设堤防，也都是良知的作用"。这话讲得很好很好！至于偶尔掺杂搭配的说法，前面已经指出来了。陈九川的看法也不能说错。就你而言，要吸取陈九川的话才完备，而陈九川又必须吸取你的话才透彻。否则你们各自的说法难免都有偏执。舜对于那些浅近的话都喜欢审慎思考并向樵夫请教，并不是因为浅近的话应当思考、樵夫应当请教，舜才这样去做，而是因为良知的呈现和流行光明透彻，没有丝毫障碍蒙蔽，这就是所谓的大智。只要有了执著和臆断，智就变小了。讲学中自然有取舍分辨，但是在心中着实下功夫，就必须这样才对。

【8】尽心三节，区区曾有"生知、学知、困知"之说，颇已明白，无可疑者。盖尽心、知性、知天者，不必说存心、养性、事天，不必说"夭寿不贰、修身以俟"，而存心、养性与修身以俟之功已在其中矣。存心、养性、事天者，虽未到得尽心、知天的地位，然已是在那里做个求到尽心知天的工夫，更不必说"夭寿不贰，修身以俟"，而"夭寿不贰，修身以俟"之功已在其中矣。譬之行路，尽心知天者，如年力壮健之人，既能奔走往来于数千里之间者也；存心事天者，如童稚之年，使之学习步趋于庭除之间者也；"夭寿不贰、修身以俟"者，如襁抱之孩，方使之扶墙傍壁，而渐学起立移步者也。既已能奔走往来于数千里之间者，则不必更使之于庭除之间而学步趋，而步趋于庭除之间自无弗能矣。既已能步趋于庭除之间，则不必更使之扶墙傍壁而学起立移步，而起立移步自无弗能矣。然学起立移步，便是学步趋庭除之始；学步趋庭除，便是学奔走往来于数千里之基，固非有二事。但其工夫之难易，则相去悬绝矣。心也，性也，天也，一也。故及其知之成功则一；然而三者人品力量自有阶级，不可躐等[①]而能也。细观文蔚之论，其意似恐尽心知天者，废却存心修身之功，而反为尽心知天之病。是盖为圣人忧工夫之或间断，而

不知为自己忧工夫之未真切也。吾侪用工，却须专心致志在“夭寿不贰、修身以俟”上做，只此便是做尽心知天功夫之始。正如学起立移步，便是学奔走千里之始。吾方自虑其不能起立移步，而岂遽虑其不能奔走千里，又况为奔走千里者而虑其或遗忘于起立移步之习哉？

文蔚识见本自超绝迈往，而所论云然者，亦是未能脱去旧时解说文义之习。是为此三段书分疏比合，以求融会贯通，而自添许多意见缠绕，反使用工不专一也。近时悬空去做“勿忘勿助”者，其意见正有此病，最能耽误人，不可不涤除耳。

【注释】①躐（liè）等：越级。

【译文】关于“尽心”三节，我曾经分析过“生而知之”、“学而知之”、“困而知之”，已经很清楚，应该没什么可怀疑的。通常尽心、知性、知天的人，就不必再去说存心、养性、事天，也不必说“修身以俟”，而存心养性和修身以俟的工夫已经包括在其中了。能存心、养性、事天的人，虽然没有达到尽心、知天的程度，但是已经在那里做工夫以求达到尽心、知天的程度，就不必再说“夭寿不贰、修身以俟”，而“夭寿不贰、修身以俟”的工夫已经包含在其中了。譬如走路，尽心、知天的人，就像年轻力壮的人，已经能够来回奔走几千里。存心、事天的人就像儿童，只能让他们在庭院里学习走路。“夭寿不贰、修身以俟”的人就像襁褓中的婴儿，只能刚好让他们扶着墙壁，慢慢学站立和移步。已经能来回奔跑几千里路的人，就没必要再让他们去庭院里学习走路，而他们自然都会在庭院里走路。已经能在庭院里走路的人，就没必要再让他们扶着墙学站立和移步，因为他们自然都能站立和移步。但是学站立和移步是在庭院里学习走路的开始，在庭院里学习走路是来回奔跑几千里的基础，本来就是一体之事。但是这三个层次的工夫难易程度相差很大。心、性、天，本就是一体，所以等到他们的良知完全呈现，则都是一样的。然而这三种人在人品、才智方面本就有层级之分，不能跨越各自的等级去做工夫。细看你的主张，似乎担心尽心、知天的人废弃了存心、修身的工夫，反而成了尽心、知天的人的弊病。你这是担心圣人的工夫会有间断，而不知道担心自己的工夫上不真切。我们这种人用功，必须专心致志在“夭寿不贰、修身以矣”上下功夫，只有这样做才是尽心、知天工夫的开始。这就好比学习站立移步是行走千里的开始。我正担心自己不能站立移步，哪能急着去担忧不能奔走千里呢？又怎能替奔走千里的人担心他们忘记站立移步的能力呢？

你的见识原本超群绝伦，远胜凡俗，但你的这番讲论之所以这样，还是因为没能去掉以前在文辞句意上辨析的习惯。所以你才把这三个层次的工夫进行分疏、综合，以达到融会贯通的目的，结果自己增添了许多个人的理解，纷扰不清，反而使自己用功不专一。近来那些凭空去做“勿忘勿助”工夫的人，他们的主张正是因为有这个毛病，这个弊病最耽误人，不能不清除。

【9】所谓“尊德性而道问学”一节，至当归一，更无可疑。此便是文蔚曾着实用工，然后能为此言。此本不是险僻难见的道理，人或意见不同者，还是良知尚有纤翳潜伏。若除去此纤翳，即自无不洞然矣。

【译文】你认为尊德性和道问学应当统一，这没有什么可疑的。这就是你笃实用功后才能说出这番话。这本来不是艰深晦涩难懂的道理，人们之所以有不同的看法，还是因为良知中仍潜伏着细微的蔽障。如果除去这些蔽障，那么良知自然会光明透彻。

【10】已作书后，移卧簷间，偶遇无事，遂复答此。文蔚之学既已得其大者，此等处久当释然自解，本不必屑屑如此分疏。但承相爱之厚，千里差人远及，谆谆下问，而竟虚来意，又自不能已于言也。然直戇①烦缕已甚，恃在信爱，当不为罪。惟濬及谦之②、崇一处，各得转录一通，寄视之，尤承一体之好也。

【注释】①直戇（gàng）：憨厚而刚直。 ②邹守益（1491—1562），字谦之，号东廓，江西安福人。正德六年（1511）授翰林编修，后议大礼，下狱，谪为广德判官，后起为南京国子监祭酒。王阳明的学生，江右王门的重要代表，著有《东廓集》。

【译文】写完信后，我躺在屋檐下，一时没别的事，于是又解答了这些。你的学问已经抓住了主旨，我所回答的这些问题，时间长了，你自然会完全明白，本来没必要这样琐碎地一一辨析。但承蒙你的厚爱，千里迢迢派人前来，诚恳地下问于我，为了不辜负你的一片心意，我自然不能不说。然而我过于直率和琐碎，就是仗着你对我的信任和厚爱，应该不会怪罪我。请把这封信抄录一遍，分别寄给惟濬、谦之、崇一他们看看，让他们感受你情同一体的好意。

训蒙大意示教读刘伯颂等

【1】古之教者，教以人伦。后世记诵词章之习起，而先王之教亡。今教童子，惟当以孝弟忠信礼义廉耻为专务。其栽培涵养之方，则宜诱之歌诗，以发其志意，导之习礼，以肃其威仪，讽之读书，以开其知觉。今人往往以歌诗、习礼为不切时务，此皆末俗庸鄙之见，乌足以知古人立教之意哉！

大抵童子之情，乐嬉游而惮拘检，如草木之始萌芽，舒畅之则条达，摧挠之则衰痿。今教童子，必使其趋向鼓舞，中心喜悦，则其进自不能已。譬之时雨春风，霑被卉木，莫不萌动发越，自然日长月化。若冰霜剥落，则生意萧索，日就枯槁矣。故凡诱之歌诗者，非但发其志意而已，亦所以洩其跳号呼啸于咏歌，宣其幽抑结滞于音节也；导之习礼者，非但肃其威仪而已，亦所以周旋揖让，而动荡其血脉，拜起屈伸，而固束其筋骸也；讽之读书者，非但开其知觉而已，亦所以沉潜反复而存其心，抑扬讽诵以宣其志也。凡此皆所以顺导其志意，调理其性情，潜消其鄙吝，默化其粗顽，日使之渐于礼义而不苦其难，入于中和而不知其故。是盖先王立教之微意也。

若近世之训蒙穉者，日惟督以句读课仿，责其检束，而不知导之以礼；求其聪明，而不知养之以善；鞭挞绳缚，若待拘囚。彼视学舍如囹狱而不肯入，视师长如寇仇而不欲见，窥避掩覆以遂其嬉游，设诈饰诡以肆其顽鄙，偷薄庸劣，日趋下流。是盖驱之于恶而求其为善也，何可得乎？

凡吾所以教，其意实在于此。恐时俗不察，视以为迂，且吾亦将去，故特叮咛以告。尔诸教读，其务体吾意，永以为训；毋

辄因时俗之言，改废其绳墨，庶成“蒙以养正”[①]之功矣。念之念之！

【注释】①蒙以养正：语出《周易·蒙卦·彖传》：“蒙以养正，圣功也。”意为将蒙昧无知的人培养成具有正确道德的人，这是圣人的功业。

【译文】古代的教育，把人伦纲常作为教育内容。后世兴起了背诵诗文之风，先王的教化就消亡了。现在的儿童教育，应当专心致力于孝、悌、忠、信、礼、义、廉、耻的教育。至于具体的教学培养方法，应当通过诗歌来教导他们，以抒发心中的志向，以礼仪来引导他们，以整肃他们的仪表，劝谏他们读书，以开发他们的智力。现在的人往往认为咏唱诗歌、学习礼仪不合时宜，这都是浅陋粗鄙的看法，怎么能理解古人设立教育的本意呢？

一般来讲，儿童的天性是喜欢游戏玩乐而讨厌约束。这就像草木刚开始萌芽，让它舒畅生长，枝条就能迅速长起来，如果摧残压抑它就会枯萎衰败。现在教育儿童，也必须因势利导，鼓励他们，使他们心中感到愉快，他们就会不断进步。譬如受到春风细雨滋润的花草树木，无不生意萌动，焕发生机，自然日日成长，月月变化。如果遭遇冰霜摧残，就会生机萧条，日益枯萎。所以通过诗歌来教导，不仅仅是抒发他们的志向和意趣，也是为了让他们在诗歌吟唱之中宣泄蹦跳呼喊的精力，在音律节拍之中抒发抑郁与不快。通过礼仪来教导，不仅可以整肃仪容，还可以使他们在打恭作揖的行为中促进血脉畅通，在叩拜弯腰伸展的活动中强健筋骨。劝谏他们读书，不仅是为了开发他们的智力，也是为了在让他们在潜心反复的研读中存养心性，在抑扬顿挫的讽诵中抒发志向。所有这些都是为了顺利引导他们的志向和情趣，调理他们的性情，逐渐消除他们的鄙陋，慢慢改变他们的愚顽，使他们日益符合礼仪而不会感到痛苦和困难，在不知不觉中使他们的性情达到中正平和。这就是先王设立教育的宗旨。

至于近世教育儿童的人，每天只知道用标点断句和课业练习来监管他们，严格要求行为举止却不知道用礼仪引导，只要求他们能聪明，而不知道用善来教育他们，用绳子捆，用鞭子打，就像对待囚犯一样。他们把学校看成是监狱，而不愿意上学，把老师看作敌人而不想见，于是他们窥探和逃避老师，以达到游戏玩耍的目的，设置陷阱，掩饰诡计，以极尽顽鄙之能事，猥琐浅薄，庸俗顽劣，日益堕落。这是逼着他们为恶而又要求他们向善，这怎么可能呢？

我的教育主张，本意就在这里。我担心人们还不理解，认为这种做法迂腐，并且我马上就要离开了，所以特意嘱咐。你们这些教师一定要体察我的用意，永远遵守，不要因为世俗的言论而废除我定的规矩，希望可以达到“蒙以养正”的效果。切记切记。

教约

【1】每日清晨，诸生参揖毕，教读以次遍询诸生：在家所以爱亲敬长之心，得无懈忽，未能真切否？温凊定省之仪，得无亏缺，未能实践否？往来街衢，步趋礼节，得无放荡，未能谨饬否？一应言行心术，得无欺妄非僻，未能忠信笃敬否？诸童子务要各以实对，有则改之，无则加勉。教读复随时就事，曲加诲谕开发，然后各退就席肄业。

【译文】每天清晨，学生参拜行礼后，老师依次询问学生：在家里孝敬父母、尊敬长辈之心是否懈怠，有没有真切？昏定晨省的礼仪是否到位，有没有着实践行？在街道上行走，行为举止是否符合礼仪，有没有放纵而没有谨慎检束？各种言行心思，是否欺骗乖僻，有没有忠信虔敬？各位学生务必要诚实应对，有过错就改正，没有就借此勉励自己。老师还要随时就日常之事委婉地教导和启发，然后（学生）各自回到自己的座位上学习。

【2】凡歌诗，须要整容定气，清朗其声音，均审其节调；毋躁而急，毋荡而嚣，毋馁而慑。久则精神宣畅，心气和平矣。每学量童生多寡，分为四班，每日轮一班歌诗，其余皆就席，敛容肃听。每五日则总四班递歌于本学。每朔望则集各学会歌于书院。

【译文】凡是吟唱诗歌，必须要仪容整肃，气息平静，声音清朗，节奏匀称，不急躁，不放纵，不气馁，不害怕，久而久之，自然精神舒畅，心气平和。每次学习根据学生的多少，分为四个班，每天一个班，轮流吟唱诗歌，其余学生都坐在座位上，整肃仪容，认真听。每五天汇集四个班依次歌吟于学校，每个月初和月中则汇集各个学堂的学生在书院里歌诵。

【3】凡习礼，须要澄心肃虑，审其仪节，度其容止，毋忽而惰，毋沮而怍，毋径而野，从容而不失之迂缓，修谨而不失之拘局。久则礼貌习熟，德性坚定矣。童生班次，皆如歌诗。每间一日，则轮一班习礼，其余皆就席，敛容肃观。习礼之日，免其课仿。每十日则总四班递习于本学。每朔望，则集各学会习于书院。

【译文】凡是学习礼仪，必须静心，整肃思虑，端正仪节，揣摩容色，不要懈怠懒惰，不要沮丧自满，不要随意粗野，从容但不迟疑缓慢，谨慎而不拘束。久而久之就会熟悉各种礼仪习俗，德性坚定。学生分班次，和吟唱诗歌一样。每隔一天，就轮流一班学习礼仪，其余的学生都坐下，整肃仪容，认真看。学习礼仪的日子，免除学生的课业学习。每十天就会集四个班的学生在学校里依次练习。每个月初和月中，会集各个学堂的学生在书院里表演。

【4】凡授书不在徒多，但贵精熟。量其资禀，能二百字者，止可授以一百字。常使精神力量有余，则无厌苦之患，而有自得之美。讽诵之际，务令专心一志，口诵心惟，字字句句细绎反覆，抑扬其音节，宽虚其心意，久则义礼浃洽，聪明日开矣。

【译文】凡是讲授，不要只追求多，而贵在精熟。考虑学生的资质禀赋，凡是能够学习两百字的人，只教授一百字。使他们常常感觉精力充裕，就没有厌烦和痛苦的担忧，而有自得的乐趣。诵读的时候，必须要让他们专心致志，嘴里诵读，字字句句反复推导阐释，使他们音节抑扬顿挫，心志情趣宽松，久而久之，礼仪自然融会贯通，日益聪慧了。

【5】每日工夫，先考德，次背书诵书，次习礼，或作课仿，次复诵书讲书，次歌诗。凡习礼歌诗之类，皆所以常存童子之心，使其乐习不倦，而无暇及于邪僻。教者知此，则知所施矣。虽然，此其大略也，神而明之，则存乎其人①。

【注释】①语出《周易·系辞上》：“极天下之赜者存乎卦；鼓天下之动者存乎辞；化而裁之存乎变；推而行之存乎通；神而明之存乎其人；

默而成之，不言而信，存乎德行。”

【译文】每天的工夫次序，先考察德行，然后背书和诵读，再次学习礼仪，或者课业学习，然后再诵读讲解，接着吟唱诗歌。凡是学习礼仪、吟唱诗歌之类的教学内容，都是为了存养儿童的心，使他们喜欢学习而不倦怠，无暇顾及乖谬不正当之事。教师如果把握了这一点，就知道如何具体实施了。尽管如此，这也只是一个大概，能否真正心领神会，就看个人的修为了。

卷下

陈九川录

【1】正德乙亥，九川初见先生于龙江[①]。先生与甘泉[②]先生论格物之说。甘泉持旧说。先生曰："是求之于外了。"甘泉曰："若以格物理为外，是自小其心也。"九川甚喜旧说之是。先生又论"尽心"一章，九川一闻，却遂无疑。后家居，复以格物遗质。先生答云："但能实地用功，久当自释。"山间乃自录《大学》旧本读之，觉朱子格物之说非是；然亦疑先生以意之所在为物，"物"字未明。

己卯，归自京师，再见先生于洪都[③]。先生兵务倥偬，乘隙讲授，首问："近年用功何如？"九川曰："近年体验得'明明德'功夫只是'诚意'。自'明明德于天下'，步步推入根源，到'诚意'上，再去不得，如何以前又有'格致'工夫？后又体验，觉得意之诚伪，必先知觉乃可，以颜子'有不善未尝不知，知之未尝复行'[④]为证，豁然若无疑，却又多了格物功夫。又思来吾心之灵，何有不知意之善恶？只是物欲蔽了，须格去物欲，始能如颜子未尝不知耳。又自疑功夫颠倒，与诚意不成片段。后问希颜[⑤]。希颜曰：'先生谓格物致知是诚意功夫，极好。'九川曰：'如何是诚意功夫？'希颜令再思体看。九川终不悟，请问。"先生曰："惜哉！此可一言而悟，惟濬所举颜子事便是了。只要知身、心、意、知、物是一件。"九川疑曰："物在外，如何与身、心、意、知是一件？"先生曰："耳目口鼻四肢，身也，非心安能视听言动？心欲视听言动，无耳目口鼻四肢亦不能。故无心则无身，无身则无心。但指其充塞处言之谓之身，指其主宰处言之谓之心，指心之发动处谓之意，指意之灵明处谓之知，指意之涉着处谓之物：只是一件。意未有悬空的，必着事物，故欲诚意，则随意所在某事而格之，去其人欲而归于天理，则良知之在此事者，无蔽而得致矣。此便是诚意的功夫。”九川乃释然，破数年之疑。又问：“甘泉近亦信用《大学》古本，谓‘格物’犹言‘造道’，又谓穷理如穷其巢穴之穷，以身至之也，故格物亦只是‘随处体认天理’，似与先生之说渐同。”先生曰：“甘泉用功，所以转得来。当时与说‘亲民’字不须改，他亦不信，今论‘格物’亦近，但不须换‘物’字作‘理’字，只还他一‘物’字便是。”后有人问九川曰：“今何不疑‘物’字？”曰：“《中庸》曰‘不诚无物’，程子曰‘物来顺应’，又如‘物各付物’⑥、‘胸中无物’⑦之类，皆古人常用字也。”他日，先生亦云然。

【注释】①龙江：今江苏南京。 ②湛若水（1466—1560），字元明，号甘泉，广西增城人。从学于陈白沙，主张“随处体认天理”，与王阳明及其弟子素有交往。历南京礼部、吏部、兵部尚书，著有《湛甘泉集》。 ③洪都：古地名，今江西南昌。 ④语出《易经·系辞下》：“颜氏之子，其庶几乎！有不善未尝不知，知之未尝复行也。”通行本多误作“有不善未尝知之”。 ⑤希颜：生平不详。陈荣捷先生怀疑“希颜”乃“希渊”之误，姑备一说。 ⑥语出程颐，见《河南程氏遗书》卷十八。 ⑦语出《河南程氏外书》卷十一。

【译文】正德十年，我在龙江与先生初次见面。当时，先生正与湛甘泉先生探讨格物学说。甘泉先生坚持朱子的理解。先生说：“这种理解是在心外寻求事物之理。”甘泉先生说：“如果认为寻求事物之理是心外活动，那就把自己的心看得太小了。”我很赞同朱熹的理解。先生又谈到了《孟子》的“尽心”一章，我听完后，对先生的格物学说没有疑问了。后来我回家，再次就格物问题请教于先生。先生回答道：“只要能实实在在地用功，时间久了，自然会明白。”山居期间，我亲自抄录了《大学》古本来读，觉得朱子对格物的解释不正确。但也怀疑先生将意念之所在认为是物的看法，这个“物”字还没有理解。

正德十四年，我从京都回来，在洪都再次见到先生。先生军务缠身，抽空给我讲授，首先询问我近年来用功的情况。我说：“近年来领会到‘明明德’的工夫就是‘诚意’，从‘明明德于天下’开始，逐步追溯本源，到了‘诚意’上，再不能追溯了，为什么诚意之前又有格物致知的工夫？后来通过体验，觉得意念的真诚与否，必须在知觉之前才行。以颜回的‘有不善未尝不知，知之未尝复行’来验证，顿时豁然开朗，再无疑问，但是怎么又多了一个格物致知的工夫。我又想，我心的灵敏岂能不知道意念的善恶？就是因为被物欲蒙蔽了。只有格除物欲，才能像颜回一有不善马上会知道。于是，我怀疑我的工夫是否做反了，以至于和诚意不相关。后来我问于希颜，希颜说：‘先生主张格物致知是诚意的工夫，十分正确。’我说：‘诚意的工夫到底指什么呢？’希颜让我去作深入思考。但我还是不能领悟，特请教于先生。”先生说：“真可惜啊！一句话就能说明这个问题，你列举的颜回的事就是例子。只要理解身、心、意、知、物均是一回事就行了。”我仍疑惑地问：“物在外，与身、心、意、知怎么会是一回事？”先生说：“耳目口鼻及四肢，是人的身体，若没有心岂能视、听、言、动？心想视、听、言、动，若没有耳目口鼻及四肢也不行。因此没有心就没有身，没有身也就没有心。从它充盈空间上来说称为身，从它主宰上来说称为心，从心的发动上来说称为意念，从心的灵明上来说称为良知，从意念附着之处来说称为事物，都是一回事。意念不能悬空，必须牵扯到事物上。所以，要想诚意，就跟随意念所在的某件事去‘格’，剔除私欲而回归到天理，那么，良知在这件事上，就不会被蒙蔽而能够‘致’了。诚意的工夫正在这里。”听了先生这番话，我积存在心的疑虑终于消除了。我接着又问：“甘泉先生最近深信《大学》的古本，他认为格物犹如求道，又认为穷理的穷犹如穷巢穴的穷，要亲自到巢穴中去。因此，格物也就是随处体认天理。这好像与您的主张逐渐接近了。”先生说：“甘泉肯用功，所以脑筋转弯也快。从前我对他说‘亲民’无须改为‘新’民，他也不相信。如今，他说的‘格物’也基本上正确了。但不用把‘物’改成‘理’，‘物’字无须改变。”后来当有人这样问我：“如今怎么不对‘物’疑虑了？”我回答说：“《中庸》上说‘不诚无物’。程颐也说‘物来顺应’，‘物各付物’，‘胸中无物’等等。可知‘物’字是古人常用字。”后来有一天，先生说我这种理解是正确的。

【2】九川问：“近年因厌泛滥之学，每要静坐，求屏息念虑，非惟不能，愈觉扰扰，如何？”先生曰：“念如何可息？只是要

正。”曰：“当自有无念时否？”先生曰：“实无无念时。”曰：“如此却如何言静？”曰：“静未尝不动，动未尝不静。戒谨恐惧即是念，何分动静？”曰：“周子何以言‘定之以中正仁义而主静？’①”曰：“无欲故静，是‘静亦定，动亦定’的定字，主其本体也。戒惧之念是活泼泼地。此是天机不息处，所谓‘维天之命，於穆不已’②，一息便是死。非本体之念，即是私念。”

【注释】①语出周敦颐《太极图说》：“五性感动而善恶出分，万事出矣。圣人定之以中正仁义而主静，立人极焉。” ②语出《诗经·周颂·维天之命》，意为上天的命令，无尽的美好啊。

【译文】我问：“近年来因为厌恶泛滥的学问，每当要静坐屏息念头时，不但不能做到，反而觉得念头纷扰，怎么办？”先生说：“意念怎么可以停止？只是要改正。”我问：“是否存在没有意念的时候呢？”先生说：“没有无意念的时候。”我说：“如果这样的话，那怎么能讲静呢？”先生说：“静止未尝不运动，运动也未尝不静止。谨慎恐惧就是意念，怎么区分动静？”我说：“周敦颐为什么说‘定之以中正仁义而主静’呢？”先生说：“没有欲望，所以宁静，这是‘静亦定，动亦定’的‘定’字，是从本体角度来讲的。戒惧的意念是活跃的。这是天机不停息的地方，所谓‘维天之命，於穆不已’，一停止就是死亡。不是本体萌发的意念，就是私念。”

【3】又问：“用功收心时，有声色在前，如常闻见，恐不是专一。”曰：“如何欲不闻见？除是槁木死灰，耳聋目盲则可。只是虽闻见而不流去便是。”曰：“昔有人静坐，其子隔壁读书，不知其勤惰，程子称其甚敬①。何如？”曰：“伊川恐亦是讥他。”

【注释】①语出程颐，见《河南程氏遗书》卷二：“许渤与其子隔一窗而寝，乃不闻其子读书与不读书。先生谓：‘此人持敬如此。’”

【译文】我又问：“当用功收敛身心的时候，有美好的声音和颜色出现面前，如果还像平常那样去听去看，恐怕就是不专一了吧？”先生说：“怎么想去不听不看呢？除非是心如槁木死灰之人，或者聋子、瞎子。但是尽管听见了看见了，只要心不追逐着它奔流而去就行了。”我说：“从前有人静坐，他儿子在隔壁读书，他却不知道儿子是否在用功还是偷懒，程颐称赞他能够‘持敬’，这是怎么回事呢？”先生说：“程伊川大概是在讽刺他。”

【4】又问："静坐用功，颇觉此心收敛，遇事又断了，旋起个念头，去事上省察。事过又寻旧功，还觉有内外，打不作一片。"先生曰："此格物之说未透。心何尝有内外？即如惟濬，今在此讲论，又岂有一心在内照管？这听讲说时专敬，即是那静坐时心，功夫一贯，何须更起念头？人须在事上磨炼做功夫，乃有益。若只好静，遇事便乱，终无长进。那静时功夫，亦差似收敛，而实放溺也。"后在洪都，复与子中①、国裳②论内外之说，渠皆云"物自有内外，但要内外并着功夫，不可有间耳"，以质，先生曰："功夫不离本体，本体原无内外。只为后来做功夫的分了内外，失其本体了。如今正要讲明功夫不要有内外，乃是本体功夫。"是日俱有省。

【注释】①夏良胜，字子中，江西人，正德三年（1508）进士，官吏部考功员外郎，王阳明的学生。 ②舒芬（1484—1527），字国裳，号梓溪，江西进贤人，官翰林院修撰，著有《舒文节公全集》（又名《梓溪文钞》）。

【译文】我又问："静坐用功时，感觉到心思收敛集中，但碰到事情时又分散了。马上兴起念头，到所遇之事上去省察。等事情过后，回头寻找原来的功夫，依然觉得有内外之分，始终不能融为一体。"先生说："这是因为你对格物的理解还不透彻。其实心何尝有内外之分？正如此刻你在这里讨论，难道还有一个心在里面照管着？这个听讲和论说时的专一虔敬之心，就是那个静坐时的心。功夫是融贯一体的，哪里需要另外兴起一个念头？人必须在事情上磨炼做功夫才有益处。如果只是喜好宁静，一遇到事情发生就会慌乱，最终不会有进步。那个宁静时所做的功夫，也勉强像是收敛，实际上却是放纵沉沦。"后来在洪都时，我又和子中、国裳探讨心的内外问题。他们都认为事物本有内有外，但内外都要同时下功夫，不能间断。以此向先生请教。先生说："功夫离不开本体，本体原无内外之分。只是因为后来做功夫的人将它分成内外，丧失了本体。现在正是要讲明功夫不要分内外，这才是本体功夫的真实涵义。"这一天，大家都有所领悟。

【5】又问："陆子之学何如？"先生曰："濂溪、明道之后，

还是象山，只是粗些。”九川曰：“看他论学，篇篇说出骨髓，句句似针膏肓，却不见他粗。”先生曰：“然。他心上用过功夫，与揣摹依仿，求之文义，自不同。但细看有粗处，用功久，当见之。”

【译文】我又问：“陆九渊的学说怎么样？”先生说：“自周敦颐、程颢之后，就只有陆九渊了，只是他的学说稍显粗糙。”我说：“看他的学术讨论，每篇好像都说出了精义，句句好像针刺入膏肓，却看不出他学说的粗糙之处。”先生说：“是的。他曾在心上下过功夫。这和那些在文词句义上探求效仿的人相比，自然不同，但仔细看他的学说，仍然有粗疏的地方。这一点，用功久后，就能认识到。”

【6】庚辰往虔州[1]，再见先生，问：“近来功夫虽若稍知头脑，然难寻个稳当快乐处。”先生曰：“尔却去心上寻个天理，此正所谓‘理障’[2]。此间有个诀窍。”曰：“请问如何？”曰：“只是致知。”曰：“如何致？”曰：“尔那一点良知，是尔自家底准则。尔意念着处，他是便知是，非便知非，更瞒他一些不得。尔只不要欺他，实实落落依着他做去，善便存，恶便去。他这里何等稳当快乐！此便是格物的真诀，致知的实功。若不靠着这些真机，如何去格物？我亦近年体贴出来如此分明，初犹疑只依他恐有不足，精细看，无些小欠阙。”

【注释】①虔州：今江西赣县。 ②理障：佛教用语，指以理阻碍正确的认知。

【译文】正德十五年，我前往虔州，再次见到了先生。我问：“最近做功夫，虽然稍微掌握了要领，但很难发现一个稳妥快乐的地方。”先生说：“你只要到心上去寻找一个天理，这就是所谓的‘理障’。这中间有一个诀窍。”我问：“请问怎么去做？”先生说：“就是呈现良知。”我问：“怎么去呈现？”先生说：“你的那点良知，是你自己的行为准则。你的意念所指，正确的就知道正确，错误的就知道错误，不能欺瞒它一毫。你只要不去欺骗良知，实实在在地遵循良知去做，是善就保存，是恶就摒除。良知在这种情形下是多么稳当快乐！这就是格物的秘诀，致良知的实实在在的工夫。如果不依靠这个诀窍，怎么去格物？我也是最近几年才领悟得如此清楚，刚开始还怀疑仅靠良知恐怕不够，但仔细体察，没有一点欠缺。”

【7】在虔，与子中、谦之同侍。先生曰：“人胸中各有个圣人，只自信不及，都自埋倒了。”因顾子中曰：“尔胸中原是圣人。”子中起，不敢当。先生曰：“此是尔自家有的，如何要推？”子中又曰：“不敢。”先生曰：“众人皆有之，况在子中？却何故谦起来？谦亦不得。”子中乃笑受。又论：“良知在人，随你如何，不能泯灭，虽盗贼亦自知不当为盗，唤他作贼，他还忸怩。”子中曰：“只是物欲遮蔽，良心在内，自不会失，如云自蔽日，日何尝失了！”先生曰：“子中如此聪明，他人见不及此。”

【译文】在虔州的时候，我和子中、邹守益一块陪着先生。先生说：“每个人的心中都有一个圣人，但因为自认为达不到，自己都把圣人给埋没了。”先生回头对子中说：“你的心中原本是一个圣人。”子中站起来，示意不敢当。先生说：“这是你自己所有的，为什么要推辞？”子中仍然说：“实在不敢当。”先生说：“每个人都有，何况是你呢？你为什么却要谦让？这是谦让不得的。”子中于是笑着接受了。先生又说：“良知在人心中，不管你怎么样，它都不会泯灭。即使是盗贼也自己清楚不应当去偷盗，你叫他贼，他还会感觉羞愧。”子中说：“就是因为被物欲蒙蔽了，良知在人心中，绝不会自己消失。就好像白云遮住了太阳，太阳难道会因为遮蔽就不存在！”先生说：“子中这样聪明，别人的见识还达不到这种程度。”

【8】先生曰：“这些子看得透彻，随他千言万语，是非诚伪，到前便明，合得的便是，合不得的便非。如佛家说‘心印’[①]相似，真是个试金石、指南针。”

【注释】①语本《祖庭事苑》：“达摩西来，不立文字，单传心印，直指人心，见性成佛。”

【译文】先生说：“这些道理都理解透彻了，随他万语千言，是非真伪，一看就明白。符合良知的就是正确，不合良知的就是错误。这与佛教所说的‘心印’差不多，的确是个试金石、指南针。”

【9】先生曰：“人若知这良知诀窍，随他多少邪思枉念，这

里一觉，都自消融。真个是‘灵丹一粒，点铁成金’①。”

【注释】①语出《景德传灯录》：“还丹一粒，点铁成金；至理一言，点凡成圣。”

【译文】先生说：“人要是知道了这个良知的诀窍，随便多少歪思邪念，只要被良知发觉，都自然消除。良知真像‘一粒灵丹，可以点铁成金’。”

【10】崇一曰：“先生致知之旨，发尽精蕴，看来这里再去不得。”先生曰：“何言之易也？再用功半年，看如何？又用功一年，看如何？功夫愈久，愈觉不同，此难口说。”

【译文】欧阳崇一说：“先生把致良知的宗旨阐发得淋漓尽致，讲到这个层次已经再没法深入了。”先生说：“怎么能轻易这么说呢？再用功半年，看看会怎么样？再用功一年，看看会怎样？做功夫越久，越感觉不同，这一点很难用言语表达。”

【11】先生问九川：“于‘致知’之说体验如何？”九川曰：“自觉不同。往时操持常不得个恰好处，此乃是恰好处。”先生曰：“可知是体来与听讲不同。我初与讲时，知尔只是忽易，未有滋味。只这个要妙，再体到深处，日见不同，是无穷尽的。”又曰：“此‘致知’二字，真是个千古圣传之秘；见到这里，‘百世以俟圣人而不惑！’”

【译文】先生问我：“你对致知之说的体验怎么样？”我说：“感觉不同于以往。过去操持时通常不能恰到好处，而现在正是恰到好处。”先生曰：“由此可知，自己体验过来与听人讲论得来不同。我刚开始和你讲时，知道你只是恍惚游离，没有体会真味。就是良知这个要妙，再次体验到深处，每天都不一样，没有穷尽。”又说：“‘致知’这两个字，确实是千古圣贤相传的秘诀，理解了这一点，就能‘百世以俟圣人而不惑’。”

【12】九川问曰：“伊川说到‘体用一原，显微无间’处，门人已说是泄天机。先生致知之说，莫亦泄天机太甚否？”先生曰：“圣人已指以示人，只为后人揜匿，我发明耳，何故说泄？此是

人人自有的，觉来甚不打紧一般。然与不用实功人说，亦甚轻忽可惜，彼此无益；与实用功而不得其要者提撕之，甚沛然有力。”

【译文】我问：“程伊川说到‘体用一源，显微无间’时，门人就说泄露了天机。先生的致良知学说，是不是也泄露天机太多了？”先生说：“圣人已经将良知指示出来，只是因为后人把它隐匿了，我不过发现了并且重新彰显它而已，为什么说泄露？良知是人人自身都具有的，也就觉得没有什么要紧。如果和那些不着实用功的人说，也很容易被忽视，彼此没有好处。对那些着实用功但又没掌握要领的人来讲，则十分有益。”

【13】又曰：“知来本无知，觉来本无觉，然不知则遂沦埋。”

【译文】先生又说：“知晓后就会发现良知本没有新的知觉，觉悟后就知道良知本没有新的觉悟，但如果不通过这种知觉活动，本体良知就会被埋没。”

【14】先生曰：“大凡朋友，须箴规指摘处少，诱掖奖劝意多，方是。”后又戒九川云：“与朋友论学，须委曲谦下，宽以居之[①]。”

【注释】①宽以居之：语出《周易·乾卦·文言》：“君子学以聚之，问以辩之，宽以居之，仁以行之。”

【译文】先生说：“一般说来，朋友之间，要少点劝诫规谏和指摘，要多点奖掖劝勉，这样才对。”后来告诫我说：“和朋友一起探讨学术，必须委婉谦虚，宽容相待。”

【15】九川卧病虔州。先生云：“病物亦难格，觉得如何？”对曰：“功夫甚难。”先生曰：“常快活便是功夫。”

【译文】在虔州时，我病倒了。先生说：“生病这一事物难以格正，你感觉如何？”我回答道：“功夫的确很难。”先生说：“常常保持身心愉悦就是工夫。”

【16】九川问：“自省念虑，或涉邪妄，或预料理天下事，思到极处，井井有味，便缱绻[①]难屏，觉得早则易，觉迟则难，用

力克治，愈觉扞格[②]。惟稍迁念他事，则随两忘。如此廓清，亦似无害。”先生曰：“何须如此！只要在良知上着功夫。”九川曰：“正谓那一时不知。”先生曰：“我这里自有功夫，何缘得他来？只为尔功夫断了，便蔽其知。既断了，则继续旧功便是，何必如此？”九川曰：“直是难鏖，虽知，丢他不去。”先生曰：“须是勇。用功久，自有勇。故曰：‘是集义所生者。’胜得容易，便是大贤。”

【注释】①缱绻：缠绕，胶着。 ②扞（hàn）格：抵牾，格格不入。

【译文】我问：“我反省自己的思虑，有时觉得邪妄，有时想去治理天下事务。思虑到达极致的时候，津津有味，缠绕胶着而难以摒弃，这种情形觉醒得早则还容易摒除，觉醒得晚就很难弃绝。用力克制，越发觉得抵牾，矛盾。只有稍稍将思虑转向其他事情，则随之而来的就是两件事都忘却了。照这样去廓清思虑，好像没有什么害处。”先生说：“何必如此，只要在良知上下功夫就够了。”我说：“正是因为那一刻不知道良知。”先生说：“我这里自然有工夫，哪里会怕思虑过来？只是因为你工夫间断，于是被蒙蔽了良知。既然断了，那么就继续做工夫便可以了，何必要这样呢？”我说：“就是难以战胜，虽然知道，但摒弃不掉。”先生说：“必须要勇敢。工夫久了之后，自然就勇敢了。所以说：‘这是长期积聚正义感所产生的。’很容易战胜，那就是大贤人。”

【17】九川问：“此功夫却于心上体验明白，只解书不通。”先生曰：“只要解心。心明白，书自然融会。若心上不通，只要书上文义通，却自生意见。”

【译文】我问：“这个工夫只能在心上去体会明白，光靠解释书上的文义讲不通。”先生说：“只需要在心上理解。内心理解了，书上的涵义自然融会贯通。如果内心不能理解通透，仅追求书本上的文义通晓，那么只会产生偏见。”

【18】有一属官，因久听讲先生之学，曰：“此学甚好，只是簿书讼狱繁难，不得为学。”先生闻之，曰：“我何尝教尔离了簿

书讼狱，悬空去讲学？尔既有官司之事，便从官司的事上为学，才是真格物。如问一词讼，不可因其应对无状，起个怒心；不可因他言语圆转，生个喜心；不可恶其嘱托，加意治之；不可因其请求，屈意从之；不可因自己事务烦冗，随意苟且断之；不可因旁人谮毁罗织，随人意思处之：这许多意思皆私，只尔自知，须精细省察克治，惟恐此心有一毫偏倚，枉人是非，这便是格物致知。簿书讼狱之间，无非实学；若离了事物为学，却是着空。”

【译文】有一位长期听先生讲学的下属官员说：“先生的学说确实很精彩，只是我平常文书诉讼事务繁杂，没有时间去做学问。”先生听后，对他说：“我何尝教你放弃诉讼文书工作而悬空去探究学问？你既然要处理案件，就从处理案件这件事上去求学，这才是真正的格物。比如当你质问诉状时，不能因为对方应对无礼而恼怒；不能因为对方言语圆滑通畅而高兴；不能因为厌恶请托求情而存心整治他；不能因为他的哀求而屈意宽容他；不能因为自己的事务烦冗而随意草率结案；不能因为别人的诋毁和陷害而随别人的意愿去处理。这里所讲的一切情况都是私，只有你自己清楚，必须省察克治，唯恐心中有丝毫偏离，冤枉是非，这就是格物致知。处理文件与诉讼，全是切实的学问。如果抛开事物去学，反而会不着边际。”

【19】虔州将归，有诗别先生云：“良知何事系多闻，妙合当时已种根。好恶从之为圣学，将迎无处是乾元。”先生曰：“若未来讲此学，不知说‘好恶从之’从个甚么？”敷英[①]在座曰：“诚然。尝读先生《大学古本序》，不知所说何事，及来听讲许时，乃稍知大意。”

【注释】①敷英，生平不详，王阳明的学生。

【译文】我即将离开虔州，写了一首诗向先生告别：“良知何事系多闻？妙合当时已种根；好恶从之为圣学，将迎无处是乾元。”先生说：“你如果没有来这里探究致良知的学问，还不知道‘好恶从之’所依从的是什么呢？”在座的敷英说：“确实如此。我曾读先生的《大学古本序》，不知道所讲的是什么。等来到这里听讲一段时间，才稍微理解其中的大意。”

【20】子中、国裳辈同侍食。先生曰：“凡饮食只是要养我

身，食了要消化；若徒蓄积在肚里，便成痞了，如何长得肌肤？后世学者博闻多识，留滞胸中，皆伤食之病也。”

【译文】子中、国裳等人陪先生一起就餐。先生说：“饮食只是为了滋养我的身体，吃了就要消化。如果只把吃的食物积存在肚子里，就成了痞积，怎么能滋养身体？后世的学者泛观博览，博闻强记，把各种知识留滞在心中，都是患了消化不良的痞积。”

【21】先生曰：“圣人亦是‘学知’，众人亦是‘生知’。”问曰：“何如？”曰：“这良知人人皆有，圣人只是保全，无些障蔽，兢兢业业，亹亹[①]翼翼，自然不息，便也是学；只是生的分数多，所以谓之‘生知安行’。众人自孩提之童，莫不完具此知，只是障蔽多，然本体之知，自难泯息，虽问学克治，也只凭他；只是学的分数多，所以谓之‘学知利行’。”

【注释】①亹亹（wěi wěi）：勤勉不倦的样子。

【译文】先生说：“圣人也是‘学而知之’，普通人也是‘生而知之’。”我问：“为何这么说？”先生说：“良知人人都有，圣人只是保全了它，没有丝毫遮蔽，兢兢业业，勤勉谨慎，良知自然生生不息，这也就是学习。圣人只是天生的成分比较多，所以称之为‘生知安行’。普通人从年幼即无不具备这个良知，只是被遮蔽得太多。然而，本体的良知自然难以泯灭，即便求学克治，也只是遵循良知。不过，通过学习而获得的成分多，所以称之为‘学知利行’。”

黄直[①]录

【1】黄以方问：“先生格致之说，随时格物以致其知，则知是一节之知，非全体之知也，何以到得‘溥博如天，渊泉如渊’[②]地位？”先生曰：“人心是天渊。心之本体，无所不该，原是一个天。只为私欲障碍，则天之本体失了。心之理无穷尽，原是一个渊。只为私欲窒塞，则渊之本体失了。如今念念致良知，将此障碍窒塞一齐去尽，则本体已复，便是天渊了。”乃指天以示之曰：

“比如面前见天，是昭昭之天；四外见天，也只是昭昭之天。只为许多房子墙壁遮蔽，便不见天之全体。若撤去房子墙壁，总是一个天矣。不可道眼前天是昭昭之天，外面又不是昭昭之天也。于此便见一节之知，即全体之知；全体之知即一节之知：总是一个本体。”

【注释】①黄直：字以方，江西金溪人，嘉靖二年（1523）进士，官漳州推官，王阳明的学生。 ②语出《中庸》第三十二章。

【译文】我问：“先生的格物致知学说，主张随时格物以推致良知。那么，这个知就是部分的知，而非整体的知，又怎么能达到‘溥博如天，渊泉如渊’的境界?”先生说：“人心是天渊。心的本体，涵盖万千，本来就是一个全体之天。只是因为被私欲蒙蔽，丧失了本来面目。心中的理没有穷尽，原本就是一个深渊。只是因为被私欲窒塞，则深渊丧失了本来面目。如今，时刻不忘致良知，把这些蒙蔽和窒塞全部清除干净，那么心的本体就能恢复，心就又是天渊了。”先生指着天说：“比如眼前所看到的天，是明朗透彻的天，在四周所看见的天仍然是这个明朗透彻的天。只是因为被许多房子和墙壁遮蔽了，我们就看不到天的全貌。如果把这些房子墙壁全都拆除，就又是一个天了。不能说眼前看到的天是明朗透彻的天，而外面所看到的天就不是明朗透彻的天。由此可知，部分的知也就是整体的知，整体的知也就是部分的知。知的本体只有一个。”

【2】先生曰：“圣贤非无功业气节，但其循着这天理，则便是道，不可以事功气节名矣。”

【译文】先生说：“圣贤不是没有功勋事业、志气节操，只是他们能遵循天理，这就是圣人之道。圣贤不是因为功勋事业、志气节操而闻名天下。”

【3】“‘发愤忘食’[①]，是圣人之志如此，真无有已时；‘乐以忘忧’，是圣人之道如此，真无有戚时。恐不必云得不得[②]也。”

【注释】①语出《论语·述而》：“叶公问孔子于子路，子路不对。子曰：‘女奚不曰，其为人也，发愤忘食，乐以忘忧，不知老之将至云尔。’” ②得不得：语本朱熹《论语集注·述而》：“未得，则发愤以忘食；已得，则乐之而忘忧。”

【译文】“‘发愤忘食’，因为圣人的志向就是这样，实在没有停息的时候；‘乐以忘忧’，因为圣人之道就是这样，实在没忧患的时候。恐怕不能用未得与已得来解释。”

【4】先生曰：“我辈致知，只是各随分限所及。今日良知见在如此，只随今日所知，扩充到底；明日良知又有开悟，便从明日所知，扩充到底。如此方是精一功夫。与人论学，亦须随人分限所及。如树有这些萌芽，只把这些水去灌溉，萌芽再长，便又加水。自拱把以至合抱，灌溉之功皆是随其分限所及。若些小萌芽，有一桶水在，尽要倾上，便浸坏他了。”

【译文】先生说：“我们这些人致知，也只是根据各自的天分尽力而为。今天良知能达到这样的认识程度，就只按照今天所理解的彻底扩充良知。明天良知又有新的领悟，那就按照明天所理解的彻底扩充良知。这样才是精粹专一的工夫。和别人探讨学问，也必须依据各自的天分进行。这就好比树木有多少萌芽，就用多少量的水去浇灌，树芽稍长了一点，再多浇一点水。树木从手握那么大长到合抱那么大，灌溉的工夫都是按照树木吃水能力的大小进行。如果刚有一点萌芽，只要有一桶水，就全部倒上去，那么就会把树苗泡坏去。”

【5】问知行合一。先生曰：“此须识我立言宗旨。今人学问，只因知行分作两件，故有一念发动，虽是不善，然却未曾行，便不去禁止。我今说个‘知行合一’，正要人晓得一念发动处，便即是行了。发动处有不善，就将这不善的念克倒了，须要彻根彻底，不使那一念不善潜伏在胸中。此是我立言宗旨。”

【译文】有人向先生请教知行合一的问题。先生说：“这必须理解我讲‘知行合一’的宗旨。现在的人做学问，就是因为把知与行分成了两件事情，所以有一个念头萌动，虽然是不善的，但只要没有去实行，就不去禁止。我现在说个‘知行合一’，就是要让人明白，念头一产生就已经是‘行’了。萌发的念头中有不善的，就将这个不善的念头克制住，必须要彻底根除，不让这个不善的念头潜伏在心中，这就是我倡导‘知行合一’的宗旨。”

【6】“圣人无所不知，只是知个天理；无所不能，只是能个天理。圣人本体明白，故事事知个天理所在，便去尽个天理。不是本体明后，却于天下事物都便知得，便做得来也。天下事物，如名物度数、草木鸟兽之类，不胜其烦。圣人虽是本体明了，亦何缘能尽知得？但不必知的，圣人自不消求知；其所当知的，圣人自能问人。如‘子入太庙，每事问’[①]之类，先儒谓‘虽知亦问，敬谨之至’[②]。此说不可通。圣人于礼乐名物，不必尽知，然他知得一个天理，便自有许多节文度数出来。不知能问，亦即是天理节文所在。”

【注释】①语出《论语·八佾》。 ②语出尹焞，朱子《论语集注·八佾第三》引之：“礼者，敬而已矣。虽知亦问，谨之至也，其为敬莫大于此。”

【译文】“圣人无所不知，只是知道天理；圣人无所不能，只是能遵循天理。圣人明白了良知本体，所以什么事都知道其天理之所在，就要将天理彻底扩充到这件事上去。但不是本体明白后，天下任何事物就都知道，都能做。天下的事物如名物度数、草木鸟兽之类，数不胜数，圣人虽然明白了本体，但又怎么能全都知道呢？但凡不需要知道的，圣人自然不用知道；而应当知道的，圣人自然能够询问别人。比如‘孔子进入太庙，每件事情都问别人’之类，尹和靖说孔子‘即便知道了也还是去问，可见孔子十分虔敬谨慎’。这种理解不正确。圣人对于礼乐制度、事物名目，不必然都知道，但他知道了天理，就自然能够制定很多礼仪、准则法度。不知道的东西能够去问，这也是天理。”

【7】问：“先生尝谓‘善恶只是一物’。善恶两端，如冰炭相反，如何谓只一物？”先生曰：“至善者，心之本体。本体上才过当些子，便是恶了。不是有一个善，却又有一个恶来相对也。故善恶只是一物。”直因闻先生之说，则知程子所谓“善固性也，恶亦不可不谓之性”[①]。又曰：“善恶皆天理。谓之恶者本非恶，但于本性上过与不及之间耳。”其说皆无可疑。

【注释】①语出程颢，见《河南程氏遗书》卷一。

【译文】我问："先生曾经说'善恶只是一物'。善恶两端，就像冰和炭一样互相对立，怎么能说它是一个事物呢？"先生说："至善是心的本体。本体上有一点不适当，就是恶了。不是说有一个善，另外有一个恶与它相对应，所以说善恶只是一个事物。"我因为听了先生的学说，于是明白了程子所说的"善确实是人之本性，但恶也不能不被叫做人性。"先生又说："善恶都是天理，称之为恶并不是本来就是恶，只是由于在本性上有过和不及罢了。"我对这些说法都不再疑惑了。

【8】先生尝谓："人但得好善如好好色，恶恶如恶恶臭，便是圣人。"直初闻之，觉甚易，后体验得来，此个功夫着实是难。如一念虽知好善、恶恶，然不知不觉，又夹杂去了。才有夹杂，便不是好善如好好色、恶恶如恶恶臭的心。善能实实的好，是无念不善矣；恶能实实的恶，是无念及恶矣。如何不是圣人？故圣人之学，只是一诚而已。

【译文】先生曾经说过："人只要能喜好善像喜好美色一样，讨厌恶像厌恶恶臭一样，就是圣人了。"我刚听到这句话时，觉得很容易，后来经过亲身体验，才发现这个工夫确实很难。比如内心虽然知道好善恶恶，但不知不觉中，就有一些闲杂念头掺杂进来。一旦掺杂其他念头，内心就不能像喜好美色那样喜好善，像厌恶恶臭那样讨厌恶。如果能实实在在地喜好善，那么就没有不善的念头了；如果能实实在在地讨厌恶，那么就没有恶念了。这样去做怎么能不是圣人呢？所以圣人的学问，就是使自己内心意念真诚而已。

【9】问："《修道说》[①]言'率性之谓道'，属圣人分上事；'修道之谓教'，属贤人分上事。"先生曰："众人亦率性也，但率性在圣人分上较多，故'率性之谓道'属圣人事。圣人亦修道也，但修道在贤人分上多，故'修道之谓教'属贤人事。"

又曰："《中庸》一书，大抵皆是说修道的事。故后面凡说君子，说颜渊，说子路，皆是能修道的；说小人，说贤知、愚不肖，说庶民，皆是不能修道的；其它言舜、文、周公、仲尼至诚至圣之类，则又圣人之自能修道者也。"

【注释】①《修道说》，王阳明撰写的一篇短文，见《王阳明全集》卷七。

【译文】问："《修道说》把'率性之谓道'列为圣人分内的事；把'修道之谓教'列为贤人分内的事。"先生说："普通人也能遵循本性，但圣人更能遵循本性，所以说'率性之谓道'是圣人分内的事。圣人也修习道，但贤人修习道更多，所以说'修道之谓教'是贤人分内的事。"

先生又说："《中庸》一书，大都是讲'修道'的事。所以后面凡是讲到君子，颜渊，子路，都是能'修道'的人；讲到小人，讲贤者智者，讲愚顽不肖的人，讲平民，都是不能'修道'的人；其他的讲舜、周文王、周公、孔子等这些至诚至圣的人，则是讲那些能自觉'修道'的圣人。"

【10】问："儒者到三更时分，扫荡胸中思虑，空空静静，与释氏之静只一般，两下皆不用，此时何所分别?"先生曰："动静只是一个。那三更时分，空空静静的，只是存天理，即是如今应事接物的心。如今应事接物的心，亦是循此天理，便是那三更时分空空静静的心。故动静只是一个，分别不得。知得动静合一，释氏毫厘差处亦自莫揜矣。"

【译文】问："儒者在三更时候，涤荡心中的思虑，虚空宁静，和佛教的寂静一样，儒佛两家都不与外物相接，那么这个时候要怎么去区别两者呢?"先生说："动静之中只有一个本体在。半夜三更时空灵虚静的心，只是在存养天理，也就是如今应接外物的心。如今应接外物的心也只是遵循天理，也就是那半夜三更时空灵虚静的心。所以动静只是一个心体在主导，不能区别。知道了动静合一，佛教同儒家的细微差别也就自然不能遮掩了。"

【11】门人在座，有动止甚矜持者。先生曰："人若矜持太过，终是有弊。"曰："矜得太过，如何有弊?"曰："人只有许多精神，若专在容貌上用功，则于中心照管不及者多矣。"有太直率者，先生曰："如今讲此学，却外面全不检束，又分心与事为二矣。"

【译文】在座的门人中，有人的举止过于矜持。先生说："人如果太过于矜持，终归有弊端。"有人问："过于矜持，为什么会有弊端呢?"先生说：

"人只有那么多精力，如果专门在容貌举止上下功夫，那很多时候就无暇顾及内心了。"门人中有过于直率的人。先生说："现在讲习致良知之学，如果在行为举止上完全不加检点，又是把心与事看做两个东西了。"

【12】门人作文送友行，问先生曰："作文字不免费思，作了后又一二日常记在怀。"曰："文字思索亦无害，但作了常记在怀，则为文所累，心中有一物矣，此则未可也。"又作诗送人。先生看诗毕，谓曰："凡作文字要随我分限所及，若说得太过了，亦非'修辞立诚'[①]矣。"

【注释】①语出《周易·乾卦·文言》："子曰：'君子进德修业，忠信，所以进德也。修辞立其诚，所以居业也。'

【译文】有一个弟子写文章为朋友送行，问先生说："写文章难免费心思，写过后一两天还总记挂在心上。"先生说："写文章时思考并无害处，但是写完了还常常记在心里，就会被文章所牵累，心中有一个事物，这样就不对了。"又有人写诗送人。先生看完后说："凡是写东西都要根据自己的天分，如果说得太过头，就不是'修辞立诚'了。"

【13】"文公格物之说，只是少头脑。如所谓'察之于念虑之微'[①]，此一句不该与'求之文字之中'，'验之于事为之著'，'索之讲论之际'混作一例看，是无轻重也。"

【注释】①语出朱熹《大学或问》："若其用力之方，则或考之事为之著，或察之念虑之微，或求之文字之中，或索之讲论之际。"

【译文】先生说："朱子的'格物'学说，只是欠缺主旨。就像他所说的'察之于念虑之微'，这一句不应该和'求之文字之中'、'验之于事为之著'、'索之讲论之际'混为一个层面的东西来谈，这是不分轻重！"

【14】问"有所忿懥"[①]一条。先生曰："忿懥几件，人心怎能无得？只是不可有耳！凡人忿懥，着了一分意思，便怒得过当，非廓然大公之体了。故有所忿懥，便不得其正也。如今于凡忿懥等件，只是个物来顺应，不要着一分意思，便心体廓然大公，得

其本体之正了。且如出外见人相斗，其不是的，我心亦怒。然虽怒，却此心廓然，不曾动些子气。如今怒人，亦得如此，方才是正。”

【注释】①有所忿懥：语出《大学》：“所谓修身在正其心者：身有所忿懥，则不得其正；有所恐惧，则不得其正；有所好乐，则不得其正；有所忧患，则不得其正。”

【译文】有人向先生请教“有所愤懥”一节。先生说：“愤怒等情绪，人心怎能没有呢？只是不应当有罢了。一个人在愤怒时，只要带了一份私意，愤怒就会过当，就不是心体廓然大公的状态。因此说有所愤怒，心就不能达到中正。如今对于愤怒等情绪，只要做到物来顺应，不掺杂一毫私意，心体自然就能廓然大公，达到本体的中正平和状态。就好比出门看见有人在争斗，对于有错的一方，我的心也会愤怒。然而即使愤怒，这个心却仍处于廓然大公的状态，没有动一点气。现在对别人发怒也应该这样，这才是中正。”

【15】先生尝言：“佛氏不着相①，其实着了相，吾儒着相，其实不着相。”请问。曰：“佛怕父子累，却逃了父子；怕君臣累，却逃了君臣；怕夫妇累，却逃了夫妇：都是为个君臣、父子、夫妇着了相，便须逃避。如吾儒有个父子，还他以仁；有个君臣，还他以义；有个夫妇，还他以别：何曾着父子、君臣、夫妇的相？”

【注释】①着相：佛教语。有意识地表现出来的形象状态。

【译文】先生曾经说：“佛教不执着于相，其实是执着于相。儒家执着于相，其实是不执着于相。”学生向先生请教。先生说：“佛教害怕被父子关系牵累，就逃避父子关系；害怕被君臣关系牵累，就逃离君臣关系；害怕被夫妻关系牵累，就逃离夫妻关系。这都是因为执着于君臣、父子、夫妻的相，就一定要去逃避。像我们儒家，有父子关系的，就把仁爱放置在这层关系中；有君臣关系的，就把忠义放置在这层关系中；有夫妻关系的，就把差异放置在这层关系中。何曾有过父子、君臣、夫妻的相呢？”

黄修易录

【1】黄勉叔[①]问："心无恶念时，此心空空荡荡的，不知亦须存个善念否？"先生曰："既去恶念，便是善念，便复心之本体矣。譬如日光，被云来遮蔽，云去，光已复矣。若恶念既去，又要存个善念，即是日光之中添燃一灯。"

【注释】①黄修易，字勉叔，生平不详，王阳明的学生。

【译文】我问："心中没有恶念时，空空荡荡的，此时是否还要存养一个善念呢？"先生说："清除了恶念，就是善念，就是恢复了心的本体。譬如阳光被云层遮蔽，云层散去，阳光又出现了。如果清除了恶念，又要去存养个善念，就像在阳光下点燃一盏灯。"

【2】问："近来用功，亦颇觉妄念不生，但腔子里黑窣窣[①]的，不知如何打得光明？"先生曰："初下手用功，如何腔子里便得光明？譬如奔流浊水，才贮在缸里，初然虽定，也只是昏浊的。须俟澄定既久，自然渣滓尽去，复得清来。汝只要在良知上用功。良知存久，黑窣窣自能光明矣。今便要责效，却是助长，不成工夫。"

【注释】①黑窣窣：真正漆黑一片，越地俗语。

【译文】问："我近来用功，也确实觉得不再产生妄念，但心里还是阴沉沉的，不知要怎样才能使它光明？"先生说："刚开始下手做工夫，怎么能使心里马上光明呢？譬如奔腾的浊水，刚倒进水缸中，一开始的样子虽然是静定下来，但仍然还是混浊的。必须等到澄定时间久了，渣滓自然全部沉淀下去，恢复到清澈状态。你只要在良知上做工夫，良知涵养时间长了，阴暗自然能变成光明。现在马上就要见到清澈的效果，就是拔苗助长一样，不是真正的工夫了。"

【3】先生曰："吾教人致良知，在格物上用功，却是有根本的学问。日长进一日，愈久愈觉精明。世儒教人事事物物上寻

讨，却是无根本的学问。方其壮时，虽暂能外面修饰，不见有过，老则精神衰迈，终须放倒。譬如无根之树，移栽水边，虽暂时鲜好，终久要憔悴。”

【译文】先生说：“我教别人致良知，要在这致良知上用功，这才是有根本的学问。天天进步，越久越觉得精敏聪明。世上的儒者教人到事物上去寻求，那是没有根本的学问。当学者少壮时，虽然暂时能在外面修饰一下，不会出现过失。一到老年，精力衰竭，终究会垮下去。就像没有根底的树木，移栽到水边，虽然暂时新鲜，终究会憔悴的。”

【4】问“志于道”[①]一章。先生曰：“只‘志道’一句，便含下面数句功夫，自住不得。譬如做此屋，‘志于道’是念念要去择地鸠材，经营成个区宅。‘据德’却是经画已成，有可据矣。‘依仁’却是常常住在区宅内，更不离去。‘游艺’却是加些画采，美此区宅。艺者，义也，理之所宜者也，如诵诗、读书、弹琴、习射之类，皆所以调习此心，使之熟于道也。苟不‘志道’而‘游艺’，却如无状小子；不先去置造区宅，只管要去买画挂做门面，不知将挂在何处？”

【注释】①语出《论语·述而》：“子曰：‘志于道，据于德，依于仁，游于艺。’”

【译文】有人问《论语》中“志于道”这一章。先生说：“‘志道’这一句话，就包含着后面几句话的工夫，自然不能停留在‘志于道’一句上。譬如建房屋，‘志于道’是想着去选择地基，收集材料，打造成一个住宅；‘据德’则是经营策划好已有的房屋，已经可以居住了；‘依仁’则是经常住在房屋里面，不再离开；‘游艺’就是在这房屋里添加一些图画彩饰，美化它。‘艺’就是‘义’，天理的适宜之处，比如诵诗、读书、弹琴、习射之类，都是用来修习这个心，使他精熟于道的方法。如果不先去‘志于道’而去‘游艺’，就像不成器的小子，不先去建造房屋，只顾着去买画来装饰门面，不知道这些画要挂在哪里。”

【5】问：“读书所以调摄此心，不可缺的。但读之之时，一种科目意思牵引而来，不知何以免此？”先生曰：“只要良知真

切，虽做举业，不为心累；总有累，亦易觉克之而已。且如读书时，良知知得强记之心不是，即克去之；有欲速之心不是，即克去之；有夸多斗靡之心不是，即克去之：如此，亦只是终日与圣贤印对，是个纯乎天理之心。任他读书，亦只是调摄此心而已，何累之有？"曰："虽蒙开示，奈资质庸下，实难免累。窃闻穷通有命，上智之人恐不屑此，不肖为声利牵缠，甘心为此，徒自苦耳。欲屏弃之，又制于亲，不能舍去，奈何？"先生曰："此事归辞于亲者多矣，其实只是无志。志立得时，良知千事万为只是一事。读书作文安能累人？人自累于得失耳！"因叹曰："此学不明，不知此处担阁了几多英雄汉！"

【译文】问："读书是为了调适自己的心，不可缺少。但读书的时候，就会牵引出读哪一个科目的思虑来，不知要如何克服它？"先生说："只要你良知真切，即便是考科举，也不会被心拖累。就是有了拖累，也容易察觉并克服它。比如在读书时，有勉强记诵的心思，良知知道不对，就去克服它；有追求快速的心思，知道不对，就去克服它；有夸耀学识渊博的心思，知道不对，就去克服它。像这样去做，也就是成天与圣贤印证比较，就是颗纯然天理的心。任凭他怎样读书，也只是在调整自己的心而已，又有什么拖累呢？"问："虽然承蒙您的指点，无奈我天资低下，实在难以免去这种拖累。我听说'穷通有命'，很聪明的人恐怕对科举不屑一顾，不肖的人被名利缠绕，甘心情愿地去考科举，只不过是自寻烦恼罢了。想要抛弃科举呢，又受父母的牵制而不能割舍，这可怎么办呢？"先生说："把这种事归咎于父母的人很多，实际上就是自己没有志向。如果志向确立了，良知之学千事万事，只有一件事。读书作文，怎么会成为拖累呢？不过是每个人自己被得失拖累罢了。"先生因此而叹道："这良知之学不明白，不知在这耽误了多少英雄汉啊！"

【6】问："'生之谓性'，告子亦说得是，孟子如何非之？"先生曰："固是性，但告子认得一边去了，不晓得头脑。若晓得头脑，如此说亦是。孟子亦曰'形色，天性也'[①]，这也是指气说。"又曰："凡人信口说，任意行，皆说'此是依我心性出来'，此是所谓生之谓性。然却要有过差。若晓得头脑，依吾良知上说出

来，行将去，便自是停当。然良知亦只是这口说，这身行，岂能外得气，别有个去行去说？故曰：‘论性不论气，不备；论气不论性，不明。’气亦性也，性亦气也，但须认得头脑是当。”

【注释】①语出《孟子·尽心上》：“孟子曰：‘形色，天性也；惟圣人然后可以践形。’”意为人的身体相貌是天生的，只有圣人才能真正自觉地意识到这一点，并且去做这形体相貌应当去做的事。

【译文】问：“‘生之谓性’，告子这句话说得也算正确，孟子为什么反对呢?”先生说：“天生的固然是性，但告子只看到一方面，不知道本旨。如果知道本旨，这样说也是对的。孟子也说过‘形色，天性也’，这是指构成身体的气而言。”先生又说：“一般人信口开河，恣意而行，都说‘这是依照我内心本性来做’，这就是所谓‘生之谓性’。但这样理解要出差错。如果知道了本旨，遵循我所讲的良知去说去做，就自然是正确的。但良知也就是体现在言说和身体力行上，哪能离得开气，另有一个东西去说去做呢？所以说：‘论性不论气，不备；论气不论性，不明。’气也就是性，性也就是气。但是必须把握主旨才行。”

【7】又曰：“诸君功夫，最不可助长。上智绝少，学者无超入圣人之理。一起一伏，一进一退，自是功夫节次。不可以我前日用得工夫了，今却不济，便要矫强，做出一个没破绽的模样，这便是助长，连前些子功夫都坏了。此非小过。譬如行路的人，遭一蹶跌，起来便走，不要欺人做那不曾跌倒的样子出来。诸君只要常常怀个‘遁世无闷，不见是而无闷’之心，依此良知，忍耐做去，不管人非笑，不管人毁谤，不管人荣辱，任他功夫有进有退，我只是这致良知的主宰不息，久久自然有得力处，一切外事亦自能不动。”又曰：“人若着实用功，随人毁谤，随人欺慢，处处得益，处处是进德之资；若不用功，只是魔也，终被累倒。”

【译文】先生又说：“诸位做工夫，切不可助长。绝顶聪明的人极少，一般学者没有直接进入圣人境界的道理。一起一伏，一进一退，本来就是做工夫的规律。不能因为前天做了工夫，今天却没有起作用，就偏要做出一个没有破绽的样子，这就是‘助长’，就会连先前做的工夫都损坏了。这不是小过失。譬如走路的人，摔了一跤爬起来就走，不要骗人，装作没有摔过跤的样子。你们只要常常怀着‘遁世无闷，不见是而无闷’的心思，遵循良知，忍耐着做下去，不管别人非难讥笑，不管别人诽谤，不管别人赞赏、侮辱，任凭他工夫进退，我只是坚持致良知的工夫不停息。久而久之，自然感到有力，纵然一切外在事物纷纷扰扰，我自然不为之动心。”又说：“人如果笃实用功，随便别人诋毁、诽谤、欺骗、怠慢，随处得益，处处是增进德性的动力。如果不用功，别人的诽谤、欺慢就是魔鬼，终究会被拖累倒。”

【8】先生一日出游禹穴，顾田间禾曰：“能几何时，又如此长了！”范兆期[①]在旁曰：“此只是有根。学问能自植根，亦不患无长。”先生曰：“人孰无根？良知即是天植灵根，自生生不息；但着了私累，把此根戕贼蔽塞，不得发生耳。”

【注释】①范引年，字兆期，号半野，王阳明的学生。

【译文】有一天先生到禹陵游览，看着田里的禾苗说：“什么时候又长了这么多。”范兆期在旁边说：“这只是因为禾苗有根，做学问如果能自觉扎好根，也不怕不成长。”先生说：“谁没有根底？良知就是天生的灵根，本来生生不息，但受私欲牵累，将这灵根破坏堵塞了，不能生根发芽罢了。”

【9】一友常易动气责人，先生警之曰：“学须反己。若徒责人，只见得人不是，不见自己非。若能反己，方见自己有许多未尽处，奚暇责人？舜能化得象的傲，其机括只是不见象的不是。若舜只要正他的奸恶，就见得象的不是矣。象是傲人，必不肯相下，如何感化得他？”是友感悔。曰：“你今后只不要去论人之是非，凡当责辩人时，就把做一件大己私克去方可。”

【译文】有一位朋友经常容易生气、责备别人。先生提醒他说：“学习必须切己自反。如果只知道责备别人，就只看到别人的不对，看不到自己的过失。如果能反省自己，才能看见自己有很多不正确的地方，哪有时间责备别人呢？舜之所以能感化象的傲慢，关键就在于他看不见象的不对。如果舜只是要去纠正象的奸恶，就看见他的不对之处了。象是傲慢的人，一定不肯听从，怎么能感化他呢？”这个朋友受到触动而悔改。先生说：“你今后不要只去议论别人的是非，每当要指责别人时，就把它当做自己的一个大毛病去克服才行。”

【10】先生曰：“凡朋友问难，纵有浅近粗疏，或露才扬己，皆是病发。当因其病而药之可也，不可便怀鄙薄之心，非君子‘与人为善’[①]之心矣。”

【注释】①语出《孟子·公孙丑上》：“取诸人以为善，是与人为善者也。故君子莫大乎与人为善。”

【译文】先生说：“每当朋友们在一起辩论时，即便有浅显疏漏的地方，或者自我矜夸、自我炫耀等，那都是毛病发作。可以对症下药，但不能鄙薄他人，因为这不是君子‘与人为善’的心。”

【11】问：“《易》，朱子主卜筮，《程传》主理，何如？”先生曰：“卜筮是理，理亦是卜筮。天下之理孰有大于卜筮者乎？只为后世将卜筮专主在占卦上看了，所以看得卜筮似小艺。不知今之师友问答，博学、审问、慎思、明辨、笃行之类，皆是卜筮。卜筮者，不过求决狐疑，神明吾心而已。《易》是问诸天，人有疑，自信不及，故以《易》问天：谓人心尚有所涉，惟天不容伪耳。”

【译文】问：“对于《易经》，朱子认为主要是讲卜筮，而《伊川易传》则认为主要是阐明天理。为什么会这样呢？”先生说：“卜筮是讲天理，天理也是在卜筮之中。天下的理，哪有比卜筮更大的呢？只因为后代专门从占卦的角度来看待卜筮，所以把卜筮看成是微不足道的技艺。却不知道现在师生、朋友之间的问答，博学、审问、慎思、明辨、笃行等等活动，都属于卜筮。卜筮，不过是为了解决疑难，使自己的心神明而已。《易经》是向上天请示，人们有疑问，自认为不能解决，所以通过《易经》向上天请示：认为人心还有所偏私，只有上天容不得虚假。”

黄省曾录

【1】黄勉之问：“‘无适也，无莫也，义之与比。’[①]事事要如

此否？”先生曰：“固是事事要如此，须是识得个头脑乃可。义即是良知，晓得良知是个头脑，方无执着。且如受人馈送，也有今日当受的，他日不当受的；也有今日不当受的，他日当受的。你若执着了今日当受的，便一切受去，执着了今日不当受的，便一切不受去，便是‘适’‘莫’，便不是良知的本体，如何唤得做义？”

【注释】①语出《论语·里仁》：“子曰：‘君子之于天下也，无适也，无莫也，义之与比。’”意为君子对于天下的事情，没规定要怎样做，也没规定不要怎样做，只要怎样做合理恰当，就怎样去做。

【译文】我问：“《论语》中的‘无适也，无莫也，义之与比’，是否所有的事情都要这样？”先生说：“当然是所有的事情都要这样，但必须把握主旨才行。义就是良知，懂得良知是主旨，才能不执着。就像接受别人的馈赠，有的是今天可以接受，但其他日子不该接受；也有的是今天不该接受，而其他日子却可以接受。你如果执着于今天可以接受，就一切日子都去接受；或执着于今天不该接受，就一切日子都不去接受，这就是‘适’，就是‘莫’，就不是良知的本体了，怎么能叫做‘义’呢？”

【2】问：“‘思无邪’①一言，如何便盖得三百篇之义？”先生曰：“岂特三百篇？《六经》只此一言，便可该贯，以至穷古今天下圣贤的话，‘思无邪’一言，也可该贯。此外更有何说？此是一了百当的功夫。”

【注释】①语出《论语·为政》：“子曰：‘诗三百，一言以蔽之，曰思无邪。’”

【译文】问：“‘思无邪’一句话，怎么能概括《诗经》三百篇的含义呢？”先生说：“哪里只是《诗经》？就是《六经》，也只是这一句话就可以概括，甚至所有古今天下圣贤的话，都可以用‘思无邪’一句话来概括。除此之外还有什么话可以概括呢？这是一了百了的工夫。”

【3】问道心人心。先生曰：“‘率性之谓道’，便是道心。但着些人的意思在，便是人心。道心本是无声无臭，故曰‘微’。

依着人心行去，便有许多不安稳处，故曰‘惟危’。”

【译文】问“道心”与“人心”。先生说：“‘率性之谓道’，就是道心。但只要掺杂了一点私意，就是人心了。道心本来是无声无味的，所以说‘微’。依照人心去做，就有许多不安稳的地方，所以说‘危’。”

【4】问：“‘中人以下，不可以语上’①，愚的人与之语上，尚且不进，况不与之语可乎？”先生曰：“不是圣人终不与语，圣人的心，忧不得人人都做圣人。只是人的资质不同，施教不可躐等。中人以下的人，便与他说性、说命，他也不省得，也须慢慢琢磨他起来。”

【注释】①语出《论语·雍也》：“子曰：‘中人以上，可以语上也；中人以下，不可以语上也。’”意为中等水平以上的人，可以告诉他高深学问；中等水平以下的人，不可以告诉他高深学问。

【译文】问：“孔子说‘中人以下，不可以语上’，跟愚顽的人讲高深的学问，都没有任何进步，何况不跟他们说话呢？”先生说：“不是圣人始终不跟他们说话，圣人的心思，巴不得人人都做圣人。但是人的资质不同，教化时不能越级。中等层次以下的人，就跟他说‘性’，说‘命’，他也不懂得，必须慢慢地教化他。”

【5】一友问：“读书不记得如何？”先生曰：“只要晓得，如何要记得？要晓得已是落第二义了，只要明得自家本体。若徒要记得，便不晓得；若徒要晓得，便明不得自家的本体。”

【译文】一位朋友问：“读书不记得怎么办？”先生说：“只要领会了就行，何必要记住呢？要领会都已经是第二层要求了，关键是要明白自己的良知本体。如果只要求记得，就未必领会；如果只要求领会，就未必明白自己的本体。”

【6】问：“‘逝者如斯’①，是说自家心性活泼泼地否？”先生曰：“然。须要时时用致良知的功夫，方才活泼泼地，方才与他川水一般。若须臾间断，便与天地不相似。此是学问极至处，圣

人也只如此。”

【注释】①语出《论语·子罕》：“子在川上，曰：‘逝者如斯夫！不舍昼夜。’”

【译文】问：“孔子的‘逝者如斯’，是说自己的心性活泼泼的吗？”先生说：“是的。必须时时刻刻用致良知的工夫，才能活泼踊跃，才能与那流水一样。如果片刻间断了，就与天地不相类了。这是学问的最高境界，圣人也就是这样。”

【7】问“志士仁人”[①]章。先生曰：“只为世上人都把生身命子看得来太重，不问当死不当死，定要宛转委曲保全，以此把天理却丢去了。忍心害理，何者不为？若违了天理，便与禽兽无异，便偷生在世上百千年，也不过做了千百年的禽兽。学者要于此等处看得明白。比干[②]、龙逢[③]，只为他看得分明，所以能成就得他的人。”

【注释】①语出《论语·卫灵公》：“子曰：‘志士仁人，无求生以害仁，有杀身以成仁。’” ②比干：商纣的叔父，劝谏纣王，结果被杀。③龙逢：即关龙逢，夏桀时的贤臣，劝谏夏桀，结果被杀。

【译文】有人请教《论语》的“志士仁人”这一章。先生说：“只因为世人都把自身性命看得太重，不管是否应当去死，一定要想方设法保全自身，因而把天理都抛弃了。忍心损害天理，还有什么不敢做？人如果违背了天理，那就与禽兽没有什么区别了，即便偷生在世上活了千百年，也不过是做了千百年的禽兽。求学之人要把这个问题看明白。比干、龙逢，都是因为他们看得明白，所以才能成就他们的人格。”

【8】问：“叔孙、武叔毁仲尼，大圣人如何犹不免于毁谤？”先生曰：“毁谤自外来的，虽圣人如何免得？人只贵于自修，若自己实实落落是个圣贤，纵然人都毁他，也说他不着。却若浮云揜日，如何损得日的光明？若自己是个象恭色庄、不坚不介的，纵然没一个人说，他的恶慝终须一日发露。所以孟子说‘有求全之毁，有不虞之誉’[①]。毁誉在外的，安能避得？只要自修何

如尔。”

【注释】①语出《孟子·离娄上》：“孟子曰：‘有不虞之誉，有求全之毁。’”意为有料想不到的赞誉，有过于苛求的诋毁。

【译文】问：“叔孙、武叔诋毁孔子，孔子这样的大圣人为什么还不免被诋毁诽谤？”先生说：“诋毁诽谤都是外来的，即便是圣人，怎么能免除？人贵在自我修养，如果自己实实在在是个圣贤，即使别人都诋毁他，也说他不倒。就像浮云遮蔽太阳一样，怎么能损害太阳的光明呢？如果自己是个表面端庄、内心虚弱的人，即使没有一个人说他，他潜在的丑陋，也总有一天会暴露出来。所以孟子才说‘有求全之毁，有不虞之誉’。毁誉都是外来的，怎么能避得开？只要加强自我修养，毁誉又能怎么样？”

【9】刘君亮[①]要在山中静坐。先生曰：“汝若以厌外物之心去求之静，是反养成一个骄惰之气了；汝若不厌外物，复于静处涵养，却好。”

【注释】①刘君亮，字元道，王阳明的学生。

【译文】刘君亮要在山中静坐修养。先生说：“如果你用厌倦外界事物的心去寻求安静，这就反而养成了一个骄傲懒惰的脾气；如果你不厌倦外物，再到安静之处修养，那倒不错。”

【10】王汝中[①]、省曾侍坐。先生握扇命曰：“你们用扇。”省曾起对曰：“不敢。”先生曰：“圣人之学，不是这等捆缚苦楚的，不是妆做道学的模样。”汝中曰：“观‘仲尼与曾点言志’一章略见。”先生曰：“然。以此章观之，圣人何等宽洪包含气象！且为师者问志于群弟子，三子皆整顿以对，至于曾点，飘飘然不看那三子在眼，自去鼓起瑟来，何等狂态。及至言志，又不对师之问目，都是狂言。设在伊川，或斥骂起来了。圣人乃复称许他，何等气象！圣人教人，不是个束缚他通做一般，只如狂者便从狂处成就他，狷者便从狷处成就他。人之才气如何同得？”

【注释】①王畿（1498—1583），字汝中，号龙溪，浙江山阴（今绍兴）人，王阳明的学生，为浙中王门的创始人，著有《龙溪全集》。

【译文】我和王汝中陪先生坐。先生拿着扇子说："你们用扇子吧。"我站起身来说："不敢当。"先生说："圣人的学问不是这样拘束痛苦的，不是要装出一副道学的模样。"王汝中说："从《论语》'曾点言志'一章大致可以看出来。"先生说："是的。就这章来看，圣人是多么宽舒从容的气象！老师向学生询问志向，三个人都很庄重地回答，至于曾点则悠悠然，不把那三人的回答看在眼里，自己去弹起瑟来，多么狂放啊！等到他谈自己的志向时，又所答非所问，说出一番狂放言论。假如是程伊川，也许就要责骂起来了。孔子却称赞了他，这是什么样气度啊！孔子教育学生，不是捆绑着他们按照一个模式来教化，而是狂放的，就从狂放上来教化他；保守的，就从保守上来锤炼他。人的才能气质，怎么可能完全相同呢？"

【11】先生语陆元静曰："元静少年亦要解《五经》，志亦好博。但圣人教人，只怕人不简易，他说的皆是简易之规：以今人好博之心观之，却似圣人教人差了。"

【译文】先生谈论陆元静道："元静年轻时也想要注解《五经》，志向也是喜好广博。但圣人教导人，唯恐不简易，他说的都是简单易行的方法：用当世人喜好博学的心来看，好像圣人教人的方法错了。"

【12】先生曰："孔子无'不知而作'[①]；颜子有'不善未尝不知'：此是圣学真血脉路。"

【注释】①语出《论语·述而》："子曰：'盖有不知而作之者，我无是也。多闻择其善者而从之，多见而识之，知之次也。'"

【译文】先生说："孔子没有'不知而作'的毛病；颜回有'不善未尝不知'，这就是圣人之学的真正精神。"

钱德洪录

【1】何廷仁[①]、黄正之、李侯璧[②]、汝中、德洪侍坐。先生顾而言曰："汝辈学问不得长进，只是未立志。"侯璧起而对曰："珙亦愿立志。"先生曰："难说不立，未是必为圣人之志耳。"对曰："愿立必为圣人之志。"先生曰："你真有圣人之志，良知上

更无不尽。良知上留得些子别念挂带，便非必为圣人之志矣。”洪初闻时，心若未服，听说到，不觉悚汗。

【注释】①何廷仁（1486—1551），字性之，号善山，江西雩县人，王阳明的学生。 ②李珙，字侯璧，浙江永康人，王阳明的学生。

【译文】何延仁、黄正之、李侯璧、王汝中和我一起陪伴先生坐着，先生环顾道：“你们这些人学问不长进，只因为还没有立志。”李侯璧站起来说：“我很想立志。”先生说：“很难说你不立志，只是没有立一定要成为圣人的志向而已。”李侯璧答道：“我愿立下必为圣人的志向。”先生说：“如果你真有必为圣人的志向，就不能不在良知上穷尽一番。如果良知上留下些杂念牵挂，就不是必为圣人的志向了。”我刚听到时，内心还不服气，听到先生讲这一番话时，不觉警觉流汗。

【2】先生曰：“良知是造化的精灵。这些精灵，生天生地，成鬼成帝，皆从此出，真是与物无对。人若复得他完完全全，无少亏欠，自不觉手舞足蹈，不知天地间更有何乐可代。”

【译文】先生说：“良知是造化的精灵。这些精灵创造天地，成就鬼神、上帝，一切无不由良知所创造，良知真的是无物可以匹对，卓然独立！人们如果完完整整地恢复它，没有一丝欠缺，自然就会不知不觉地手舞足蹈，不知道天地之间还有什么快乐可以代替它。”

【3】一友静坐有见，驰问先生。答曰：“吾昔居滁[①]时，见诸生多务知解，口耳异同，无益于得，姑教之静坐。一时窥见光景，颇收近效。久之，渐有喜静厌动、流入枯槁之病。或务为玄解妙觉，动人听闻。故迩来只说致良知。良知明白，随你去静处体悟也好，随你事上磨炼也好，良知本体原是无动无静的：此便是学问头脑。我这个话头，自滁州到今，亦较过几番，只是‘致良知’三字无病。医经折肱，方能察人病理。”

【注释】①滁，即滁州（今安徽滁县）。

【译文】有一个朋友静坐时有所体会，跑来请教先生。先生说：“我过去在滁州时，看见学生们大多专心于文辞句意的辨析，口说耳听，时有异同，对于内心的体验没有帮助。所以暂且教他们静坐。他们一时有所体会，颇有即时效果。然而时间一长，他们渐渐地就有喜欢宁静而厌恶行动、遁入空虚枯寂的毛病。也有人专门追求玄妙的悟解，耸人听闻。所以我近来只讲致良知。明白了良知，任凭你去静坐体悟也好，去事情上磨炼也好，良知本体原本不分动静，这就是学问的主旨。我这句话从滁州说到现在，也反复琢磨过，只有'致良知'这三个字没有毛病。这就像医生要经过反复实践，才能察觉到病人的病理一样。"

【4】一友问："功夫欲得此知时时接续，一切应感处反觉照管不及。若去事上周旋，又觉不见了。如何则可？"先生曰："此只认良知未真，尚有内外之间。我这里功夫，不由人急心，认得良知头脑是当，去朴实用功，自会透彻。到此便是内外两忘，又何心事不合一？"

【译文】一个朋友问："我下功夫想要这个良知时刻接续不停息，而一旦应对事物时反而觉得良知也顾不上了。如果到事情上去周旋，又感觉良知不见了，怎么办才好呢？"先生说："这只是因为你对良知的体认还不真切，仍然有个内外之分。我这里的致良知工夫，不能心焦，真正知道了良知这个主旨，笃实用功，自然会透彻。到了那个程度，就会内外两忘，又何愁心事不合一呢？"

【5】又曰："功夫不是透得这个真机，如何得他充实光辉？若能透得时，不由你聪明知解接得来。须胸中渣滓浑化，不使有毫发沾带始得。"

【译文】先生又说："下功夫，如果不是透彻地了解良知这个诀窍，怎么能达到充实光明的境界呢？要想透彻了解，不是凭着你的聪明去在文辞句意上辨析获得。必须净化胸中的渣滓，不能有丝毫的沾附才能获得。"

【6】先生曰："'天命之谓性'，命即是性；'率性之谓道'，性即是道；'修道之谓教'，道即是教。"问："如何道即是教？"曰："道即是良知。良知原是完完全全，是的还他是，非的还他非，是非只依着他，更无有不是处，这良知还是你的明师。"

【译文】先生说："'天命之谓性'，命就是性；'率性之谓道'，性就是道。'修道之谓教'，道就是教。"有人问："为什么说'道就是教'呢？"先生说："道就是良知。良知原本是完完全全，对的，就还他个对；错的，就还他个错。对错都只要依照它就行，再没有不正确的地方。这良知还是你的明师。"

【7】问："'不睹不闻'是说本体，'戒慎恐惧'是说功夫否？"先生曰："此处须信得本体原是'不睹不闻'的，亦原是'戒慎恐惧'的，'戒慎恐惧'不曾在'不睹不闻'上加得些子。见得真时，便谓'戒慎恐惧'是本体，'不睹不闻'是功夫，亦得。"

【译文】问："《中庸》'不睹不闻'是说本体吗？'戒慎恐惧'是讲工夫吗？"先生说："这里必须知道本体原本是看不见听不到的，也原本就是戒慎恐惧的，戒慎恐惧没有在看不见听不到上添加丝毫东西。真正理解了，说戒慎恐惧是讲本体，不睹不闻是讲工夫，也可以。"

【8】问"通乎昼夜之道而知"①。先生曰："良知原是知昼知夜的。"又问："人睡熟时，良知亦不知了。"曰："不知何以一叫便应？"曰："良知常知，如何有睡熟时？"曰："向晦宴息②，此亦造化常理。夜来天地混沌，形色俱泯，人亦耳目无所睹闻，众窍俱翕，此即良知收敛凝一时。天地既开，庶物露生，人亦耳目有所睹闻，众窍俱辟，此即良知妙用发生时。可见人心与天地一体，故'上下与天地同流'③。今人不会宴息，夜来不是昏睡，即是妄思魇寐。"曰："睡时功夫如何用。"先生曰："知昼即知夜矣。日间良知是顺应无滞的，夜间良知即是收敛凝一的，有梦即先兆。"

又曰："良知在夜气发的，方是本体，以其无物欲之杂也。学者要使事物纷扰之时，常如夜气一般，就是'通乎昼夜之道而知'。"

【注释】①语出《周易·系辞上》，意为通晓昼夜更替的道理而具有知识。 ②语本《周易·随卦·象传》:“君子以向晦入宴息。”意为君子在天降黑时入室休息。 ③语出《孟子·尽心上》:“夫君子所过者化,所存者神,上下与天地同流,岂曰小补之哉?”

【译文】有人请教《易经》的“通乎昼夜之道而知”。先生说:“良知原本就知道昼和夜。”又问:“人在熟睡时,良知也就不能知了。”先生说:“不知道为什么一叫就有反应呢?”问:“如果良知经常知道,那为什么有熟睡的时候呢?”先生说:“到夜晚就要休息,这也是自然界的规律。夜晚天地万物混成一体,形体、颜色都泯灭了,人的耳目也就听不到看不到什么了,人的器官都合闭,这就是良知的收敛凝聚之时。一旦天地开启,万物苏醒,人们的耳目也有所见闻了,所有器官开始活动,这就是良知产生神奇作用之时。由此可见,人心与天地万物一体,所以孟子说‘上下与天地同流’。今天的人不懂夜晚的休息,夜晚不是昏沉酣睡就是邪思妄想。”问:“睡觉时怎样做工夫呢?”先生说:“知道做白天的工夫也就知道做夜间的工夫了。白天良知顺畅而不阻隔,夜晚良知收敛而凝聚,有梦就是先兆。”

先生又说:“在夜晚生发的良知才是其本体,因为他没有物欲的混杂。求学的人要在事物纷杂的时候,经常保存其良知如同在夜晚一样,就是‘通乎昼夜之道而知’”。

【9】先生曰:“仙家说到虚,圣人岂能虚上加得一毫实?佛氏说到无,圣人岂能无上加得一毫有?但仙家说虚,从养生上来;佛氏说无,从出离生死苦海上来:却于本体上加却这些子意思在,便不是他虚无的本色了,便于本体有障碍。圣人只是还他良知的本色,便不着些子意在。良知之虚,便是天之太虚;良知之无,便是太虚之无形。日月风雷,山川民物,凡有貌象形色,皆在太虚无形中发用流行,未尝作得天的障碍。圣人只是顺其良知之发用,天地万物,俱在我良知的发用流行中,何尝又有一物超于良知之外,能作得障碍?”

【译文】先生说:“道教说到‘虚’,圣人岂能在‘虚’字上再增加一丝一毫‘实’?佛教说到‘无’,圣人又岂能在‘无’上再增加一丝一毫‘有’?但道教所说的‘虚’是从养生角度而言;佛教所说的‘无’,是从脱离苦海生死的角度而言。都在良知本体上添加了一些私意,就不再是‘虚’和

‘无’了，在本体上就有了障碍。圣人只是恢复良知的本来面目，不增加一点私意。良知的虚，就是天的太虚；良知的无，就是太虚的无形。日、月、风、雷、山、川、人民等等，凡是有形体相貌颜色的事物，都在太虚无形之中生长、发育、运动，没有成为天的障碍。圣人只是顺着良知的发动，天地万物都在我的良知发动流行之中，哪有一个事物能够超越良知之外，能够成为障碍呢？”

【10】或问：“释氏亦务养心，然要之不可以治天下，何也？”先生曰：“吾儒养心，未尝离却事物，只顺其天，则自然就是功夫。释氏却要尽绝事物，把心看做幻相，渐入虚寂去了。与世间若无些子交涉，所以不可治天下。”

【译文】有人问：“佛教也致力于养心，但关键是不能用来治理天下，为什么呢？”先生说：“我们儒家养心时，从来没有脱离事物，只是顺着万物的本性，自然就是功夫了。而佛教却抛弃世间的事物，把心当做幻相，渐渐地遁入虚无空寂中去了。对世间好像没有什么关联了，所以不能治理天下。”

【11】或问异端。先生曰：“与愚夫愚妇同的，是谓同德；与愚夫愚妇异的，是谓异端。”

【译文】有人请教异端。先生说：“和愚夫愚妇相同的叫‘同德’；和愚夫愚妇不同的就叫‘异端’。”

【12】先生曰：“孟子不动心，与告子不动心，所异只在毫厘间。告子只在不动心上着功，孟子便直从此心原不动处分晓。心之本体，原是不动的，只为所行有不合义，便动了。孟子不论心之动与不动，只是集义，所行无不是义，此心自然无可动处。若告子只要此心不动，便是把捉此心，将他生生不息之根反阻挠了。此非徒无益，而又害之。孟子集义工夫，自是养得充满，并无馁歉，自是纵横自在，活泼泼地，此便是浩然之气。”

【译文】先生说：“孟子的不动心与告子的不动心，差别只在毫厘之间。告子只是在不动心上用功夫，孟子却直接从这个心原本不动的地方去知晓。心之本体原本是不动的，只因为所做的不合道义，因而动了。孟子不讨论心是动还是不动，只是主张积聚日常的正义感，所做的没有不符合正义的，这个心自然就没有运动之处。而告子则只是要求自己的心不动，这就是人为地束缚住这个心，反而将它生生不息的根阻碍了。这不仅没有好处，而且损害了它。孟子'集义'的功夫，自然把心培育得充实，没有气馁和抱歉，自然来去自如，生机勃勃，这就是'浩然之气'。"

【13】又曰："告子病源，从'性无善无不善'上见来。性无善无不善，虽如此说亦无大差。但告子执定看了，便有个无善无不善的性在内。有善有恶又在物感上看，便有个物在外。却做两边看了，便会差。无善无不善，性原是如此，悟得及时，只此一句便尽了，更无有内外之间。告子见一个性在内，见一个物在外，便见他于性有未透彻处。"

【译文】先生又说："告子的病根是从性无善无不善上体现出来的。性无善无不善，虽然这样讲也没有什么大毛病，但告子执着去看，就有个无善无不善的性夹在心内。有善有恶，又从外物的感受来看，就有个物在心外。这就分成两边来看了，就会出错。无善无不善，性原来就是这样的。领悟得到时，只要这一句就说尽了，再没有内外之间。告子看见有一个性在内，又看见一个物在外，就可见他对于性还有了解不透彻的地方。"

【14】朱本思[①]问："人有虚灵，方有良知。若草木瓦石之类，亦有良知否？"先生曰："人的良知，就是草木瓦石的良知。若草木瓦石无人的良知，不可以为草木瓦石矣。岂惟草木瓦石为然？天地无人的良知，亦不可为天地矣。盖天地万物，与人原是一体，其发窍之最精处，是人心一点灵明，风雨露雷，日月星辰，禽兽草木，山川土石，与人原只一体。故五谷禽兽之类，皆可以养人；药石之类，皆可以疗疾：只为同此一气，故能相通耳。"

【注释】①朱本思，名得之，号近斋，江苏靖江人。

【译文】朱本思问："人有心灵，才有良知。像草木瓦石之类的事物，也有良知吗？"先生说："人的良知就是草木瓦石的良知。如果草木瓦石没有人的良知，那么就不是人类生活世界中的草木瓦石了。哪岂止草木瓦石是这样？天地如果没有人的良知，也不是人类生活世界中的天地了。天地万物和人，原本就是一个整体。这个整体中最灵敏精粹的地方，就是人心这点聪明灵慧。风雨露雷、日月星辰、禽兽草木、山川土石，和人类原本就是一个整体。所以五谷禽兽之类，都可以供养人类；而药物砭石之类，都可以治疗疾病。就是因为同源于一气，所以能够相通。”

【15】先生游南镇，一友指岩中花树问曰：“天下无心外之物，如此花树，在深山中自开自落，于我心亦何相关？”先生曰：“你未看此花时，此花与汝心同归于寂；你来看此花时，则此花颜色一时明白起来，便知此花不在你的心外。”

【译文】先生游览南镇，一个朋友指着岩石中开花的树说：“您说天下没有心灵之外的事物，像这一树花，长在深山中，自开自落，和我们的心灵又有什么关系呢？”先生说：“你没有看到这些花时，这些花和你的心灵同处在沉寂的状态；你来此看到这些花时，这些花的颜色顿时彰显出来。由此可知，这些花并不在你的心灵之外。”

【16】问：“大人与物同体，如何《大学》又说个厚薄①？”先生曰：“惟是道理自有厚薄。比如身是一体，把手足捍头目，岂是偏要薄手足？其道理合如此。禽兽与草木同是爱的，把草木去养禽兽，又忍得？人与禽兽同是爱的，宰禽兽以养亲与供祭祀，燕宾客，心又忍得。至亲与路人同是爱的，如箪食豆羹，得则生，不得则死，不能两全，宁救至亲，不救路人，心又忍得。这是道理合该如此。及至吾身与至亲，更不得分别彼此厚薄。盖以仁民爱物，皆从此出；此处可忍，更无所不忍矣。《大学》所谓厚薄，是良知上自然的条理，不可踰越，此便谓之义；顺这个条理，便谓之礼；知此条理，便谓之智；终始是这个条理，便谓之信。”

【注释】①语出《大学》：“其本乱而末治者否矣，其所厚者薄，而其所薄者厚，未之有也！”意为修身这个根本问题没有做好却想要治理天下国家是不可能的，应当用功的根本问题却忽略了，而不应当花大力气的枝节问题却格外重视，这样做却希望得到好的结果是不可能的。

【译文】问：“圣人和万物同为一体，为什么《大学》又说‘厚薄’呢？”先生说：“只是因为道理本来就有厚薄。比如人的身体是一个整体，拿手脚去保护头和眼睛，难道是故意要轻视手脚？道理本该如此。禽兽与草木都是我们喜爱的，拿草木去喂养禽兽，又怎么忍心呢？人和禽兽都是我们喜爱的，宰杀禽兽去奉养父母、供奉祭祀、招待宾客，又怎么忍心呢？至亲的人和过路人都是我们喜爱的，如果只有一碗饭，一杯豆汁，吃了就能活下去，不吃就会死去，这点食物不能同时救活两个人，宁可去救至亲的人而不救过路人，又怎么忍心呢？这是道理应当如此。至于我们自身和至亲的人，更不能分个彼此厚薄。大概‘仁民爱物’的心，都根源于此。这种地方可以忍心，就没有不能忍心的地方了。《大学》所说的‘厚薄’，是良知上自然的道理，不能逾越，这就叫做‘义’；遵循这个道理，就叫做‘礼’；懂得这个道理，叫做‘智’；始终坚守这个道理，就叫做‘信’。”

【17】又曰：“目无体，以万物之色为体；耳无体，以万物之声为体；鼻无体，以万物之臭为体；口无体，以万物之味为体；心无体，以天地万物感应之是非为体。”

【译文】先生又说：“眼睛没有本体，以万物的颜色为本体；耳朵没有本体，以万物的声音为本体；鼻子没有本体，以万物的气味为本体；嘴巴没有本体，以万物的味道为本体。人的心没有本体，以感应天地万物做出的是非判断为本体。”

【18】问“夭寿不贰”。先生曰：“学问功夫，于一切声利嗜好，俱能脱落殆尽，尚有一种生死念头毫发挂带，便于全体有未融释处。人于生死念头，本从生身命根上带来，故不易去。若于此处见得破，透得过，此心全体方是流行无碍，方是尽性至命之学。”

【译文】有人请教“夭寿不贰”。先生说：“做学问的工夫，在于能够彻底清除一切名利、嗜好，但如果还有稍许生死之念缠绕心头，那么对于本体的理解就不能释然通透。人的生死念头原本是生来与俱的，所以不容易清除。如果对生死都看得透，良知本体才能畅通无阻地发挥作用，这才是尽性至命。”

【19】一友问："欲于静坐时，将好名、好色、好货等根，逐一搜寻，扫除廓清，恐是剜肉做疮否?"先生正色曰："这是我医人的方子，真是去得人病根。更有大本事人，过了十数年，亦还用得着。你如不用，且放起，不要作坏我的方子!"是友愧谢。少间曰："此量非你事，必吾门稍知意思者为此说以误汝。"在坐者皆悚然。

【译文】一个朋友问："想要在静坐时，把好名、好色、好财等病根逐一搜寻出来，清除干净。恐怕是剜肉补疮吧?"先生严肃地说："这正是我治疗人的药方，确实能清除人的病根。即便那些能力大的人，过了十几年，也还用得着。你如果不用，就放在一边，不要糟蹋了我的药方。"这个朋友感到惭愧而道歉，过了一会儿，先生又说："我估计也不是你自已想出来的，一定是我门下那些一知半解的人所讲，误导了你。"在座的人都肃然恭敬。

【20】一友问工夫不切。先生曰："学问工夫，我已曾一句道尽，如何今日转说转远，都不着根!"对曰："致良知盖闻教矣，然亦须讲明。"先生曰："既知致良知，又何可讲明?良知本是明白，实落用功便是；不肯用功，只在语言上转说转糊涂。"曰："正求讲明致之之功。"先生曰："此亦须你自家求，我亦无别法可道。昔有禅师，人来问法，只把麈尾[①]提起。一日，其徒将其麈尾藏过，试他如何设法。禅师寻麈尾不见，又只空手提起。我这个良知就是设法的麈尾，舍了这个，有何可提得?"少间，又一友请问功夫切要。先生旁顾曰："我麈尾安在?"一时在坐者皆跃然。

【注释】①麈（zhǔ）尾，即拂尘。

【译文】一个朋友请教工夫不真切怎么办。先生说："学问工夫，我曾经一句话讲清楚了，为什么现在越说越远，把握不住要领呢?"这位朋友回答道："您说的致良知学说，我们已经听说过了，但还是要说明白。"先生说："既然已经懂得致良知，又有什么需要讲明白的?良知本就明白昭彰，只要踏实用功就行；不肯用功，只口头上说，越说越糊涂。"朋友回答道：

“正盼望讲明白寻求良知的工夫。”先生说：“这就得你自己去寻求了，我也没有其他办法讲清楚。从前有个禅师，别人来向他问佛法，他只是把拂尘提起来。有一天，学生把他的拂尘藏起来，看他怎么施展法术。禅师找不到拂尘，只得空手做出提起拂尘的样子。我所讲的这个良知，就是实施法术的拂尘。要是没有这个，有什么可讲的呢？”一会儿，又有一个朋友请教做工夫的关键。先生看着旁边说：“我的拂尘在哪？”当时在座的人都笑起来。

【21】或问“至诚前知”[①]。先生曰：“‘诚’是实理，只是一个良知。实理之妙用流行就是‘神’，其萌动处就是‘几’。‘诚’、‘神’、‘几’曰圣人。圣人不贵‘前知’。祸福之来，虽圣人有所不免。圣人只是知‘几’，遇变而通耳。良知无前后，只知得见在的几，便是一了百了。若有个前知的心，就是私心，就有趋避利害的意。邵子[②]必于前知，终是利害心未尽处。”

【注释】①语出《中庸》第二十四章：“至诚之道，可以前知。”意为至诚之人可以预知未来的事情。 ②邵雍（1011—1077），字尧夫，谥号康节，北宋范阳人，著名理学家，著有《伊川击壤集》、《皇极经世》等。

【译文】有人请教对《中庸》“至诚前知”的理解。先生说：“诚是真实的天理，就是一个良知。天理的作用与流行就是‘神’，发动之处就是‘几’。具备了‘诚’、‘神’、‘几’就是圣人。圣人并不重视“前知”。当祸福来临时，即使是圣人也有所不免。圣人只是知道‘几’，遇到变化有应对之道罢了。良知不分前后，只要知道了现时的‘几’，就是一了百了。如果有一个追求‘前知’的心，那就是私心，就有了趋利避害的私意。邵雍一定要追求预先知道，终究是他没有完全清除趋利避害的私心。”

【22】先生曰：“无知无不知，本体原是如此。譬如日未尝有心照物，而自无物不照。无照无不照，原是日的本体。良知本无知，今却要有知；本无不知，今却疑有不知，只是信不及耳。”

【译文】先生说：“本体原本是无知无不知的。譬如太阳，并没有存心去照耀万物，但自然无不朗照万物。太阳的本体原本就是无照无不照。良知原本没有知，现在却要求它有知；本来没有不知，现在却怀疑它有所不知，就是因为还不能坚信良知而已。”

【23】先生曰：“‘惟天下至圣，为能聪明睿知’①，旧看何等玄妙！今看来原是人人自有的。耳原是聪，目原是明，心思原是睿知，圣人只是一能之尔。能处正是良知，众人不能，只是个不致知。何等明白简易！”

【注释】①语出《中庸》第三十一章，意为只有天下至明的圣人才能够如此聪明睿智。

【译文】先生说：“‘惟天下至圣，为能聪明睿知’，以前看到这句话，觉得多么神妙！现在看来，原来是人人自身都具备的。耳朵原本就是聪敏的，眼睛原本就是明亮的，心思原本就是睿智的，圣人只是充分地呈现其本性而已。本性呈现之处就是良知。普通人不能做到，就是因为他们不去推致良知。这是多么明白简易啊！”

【24】问：“孔子所谓‘远虑’①，周公‘夜以继日’②，与‘将迎’不同。何如？”先生曰：“远虑不是茫茫荡荡去思虑，只是要存这天理。天理在人心，亘古亘今，无有终始。天理即是良知，千思万虑，只是要致良知。良知愈思愈精明，若不精思，漫然随事应去，良知便粗了。若只着在事上茫茫荡荡去思，叫做远虑，便不免有毁誉、得丧、人欲搀入其中，就是将迎了。周公终夜以思，只是‘戒慎不睹，恐惧不闻’的工夫，见得时，其气象与将迎自别。”

【注释】①语出《论语·卫灵公》：“子曰：‘人无远虑，必有近忧。’” ②语出《孟子·离娄下》：“周公思兼三王，以施四事；其有不合者，仰而思之，夜以继日；幸而得之，坐以待旦。”

【译文】有人问：“孔子所谓‘远虑’，和周公的‘夜以继日’，与‘将迎’有不同，怎么区分？”先生说：“‘远虑’不是指不着边际地去思虑，只是要存养这个天理。天理在人心之中，横贯古今，无始无终。天理就是良知，千思万虑，只是要致良知。良知越思考越明白，如果不去深入思考，漫无目的，随事应付，良知就生疏了。如果只是在具体事情上不着边际地思索，这就叫做‘远虑’，就难免掺杂毁誉、得失、人欲，就是着意逢迎了。周公整夜所思考的，只是‘戒慎不睹，恐惧不闻’的工夫。理解了这一点，‘夜以继日’与‘将迎’的区分自然一目了然。”

【25】问：“‘一日克己复礼，天下归仁’[①]，朱子作效验说，如何？”先生曰：“圣贤只是为己之学，重功夫，不重效验。仁者以万物为体，不能一体，只是己私未忘。全得仁体，则天下皆归于吾仁，就是‘八荒皆在我闼’[②]意。天下皆与，其仁亦在其中。如‘在邦无怨，在家无怨’[③]，亦只是自家不怨，如‘不怨天，不尤人’[④]之意。然家邦无怨，于我亦在其中，但所重不在此。”

【注释】①语出《论语·颜渊》：意为一旦这样做到了，天下的人都会称许你是仁人。 ②语出吕大临《克己铭》。 ③语出《论语·颜渊》，意为在工作岗位上不对工作有怨恨，就是不在工作岗位上也没有怨恨。 ④语出《论语·宪问》：“子曰：‘不怨天，不尤人，下学而上达。知我者，其天乎？’”

【译文】有人问：“‘一日克己复礼，天下归仁’，朱熹认为是在讲效验，怎么样？”先生说：“圣贤的学问是为了自己，重视下功夫，而不重视效果。仁者以天地万物为一体，如果不能做到一体，只是因为没有忘记一己之私。如果恢复了仁的全体面貌，那么天下就都统归于我的仁之中，也就是‘八荒皆在我闼’的意思。天下都统归于仁了，他们的仁也就在其中了。比如像‘在邦无怨，在家无怨’，也只是自己没有怨恨，就像‘不怨天，不尤人’的意思。然而家、国都没有怨恨，自己当然也包括在其中，只是侧重点不在讲效验。”

【26】问：“孟子‘巧力圣智’[①]之说，朱子云：‘三子力有余而巧不足。’[②]何如？”先生曰：“三子固有力，亦有巧，巧力实非两事。巧亦只在用力处，力而不巧，亦是徒力。三子譬如射，一能步箭，一能马箭，一能远箭，他射得到，俱谓之力，中处，俱可谓之巧。但步不能马，马不能远，各有所长，便是才力分限有不同处。孔子则三者皆长。然孔子之和，只到得柳下惠[③]而极；清，只到得伯夷而极；任，只到得伊尹而极。何曾加得些子？若

谓‘三子力有余而巧不足’，则其力反过孔子了。‘巧力’只是发明‘圣智’之义，若识得‘圣智’本体是何物，便自了然。”

【注释】①语出《孟子·万章下》：“孔子，圣之时者也。孔子之谓集大成。集大成也者，金声而玉振之也。金声也者，始条理也；玉振之也者，终条理也。始条理者，智之事也；终条理者，圣之事也。智，譬则巧也；圣，譬则力也。” ②语出朱熹《孟子集注·万章下》。意为伯夷、伊尹、柳下惠这三位圣人，作为圣人的材质有余，但智慧不足，就好比射箭时力气有余，但技巧不足。 ③柳下惠：即展获，字禽，鲁国大夫，贤人。居柳下，谥号曰惠。

【译文】有人问：“孟子有‘巧、力、圣、智’的说法，朱子说：‘三子力有余而巧不足。’这种理解如何？”先生说：“伯夷、伊尹、柳下惠三人固然有力气，但也有技巧，因为技巧和力气实际上并不是两回事。技巧也只是体现在用力的地方，光用力气而没有技巧，那也只是白费力气。譬如这三个人射箭，一个能步行射箭，一个能骑马射箭，一个能远距离射箭。他们都能射到靶子，都可以称为有力气，射中目标，都可以称为有技巧。但是步行射箭的不能骑马射箭，骑马射箭的不能射远箭。各有所长，这是人的材质能力有不同。孔子则是三种技能都擅长。但孔子的‘和’也只能达到柳下惠的高度而止，‘清’也只能达到伯夷的高度而止，任职之能力也只能达到伊尹的高度而止。哪里还能更深入呢？如果说‘三子力有余而巧不足’的话，那么他们的力气反倒超过孔子了。‘巧’与‘力’只是用来说明‘圣’与‘智’的含义。如果知道了‘圣’、‘智’的本体，就自然明了。”

【27】先生曰：“‘先天而天弗违’，天即良知也；‘后天而奉天时’，良知即天也。”

【译文】先生说：“‘先于天而行动，天不会与这种行动相违背’，因为天就是人的良知。‘后于天而行动，却也能遵循天之道’，因为人的良知就是天。”

【28】“良知只是个是非之心，是非只是个好恶，只好恶就尽了是非，只是非就尽了万事万变。”又曰：“是非两字是个大规矩，巧处则存乎其人。”

【译文】“良知就是一个辨明是非的心，而是非就是本于爱好与憎恶，只要真诚地去爱好和憎恶，也就充分地彰显了是非，只要是发自本心的是非，也就完全体现了万事万物的变化。”又说：“‘是非’两个字是一个根本原则，具体实现程度就看个人的修为。”

【29】“圣人之知，如青天之日，贤人如浮云天日，愚人如阴霾天日。虽有昏明不同，其能辨黑白则一。虽昏黑夜里，亦影影见得黑白，就是日之余光未尽处。困学功夫，亦只从这点明处精察去耳。”

【译文】“圣人的良知就像蓝天下的太阳，贤人的良知就像飘着浮云的天空中的太阳，愚人的良知就像阴霾天气中的太阳。虽然有光明与昏暗的不同，但他们能分辨黑白都相同。即使是昏暗的黑夜里，也能隐隐约约地看到黑白，这就是太阳的余光还没有完全消失。在困境中学习的工夫，也就是从这点光明的地方去精思明察而已。”

【30】问：“知譬日，欲譬云，云虽能蔽日，亦是天之一气合有的，欲亦莫非人心合有否?”先生曰：“喜怒哀惧爱恶欲，谓之七情。七者俱是人心合有的，但要认得良知明白。比如日光，亦不可指着方所，一隙通明，皆是日光所在，虽云雾四塞，太虚中色象可辨，亦是日光不灭处，不可以云能蔽日，教天不要生云。七情顺其自然之流行，皆是良知之用，不可分别善恶，但不可有所着。七情有着，俱谓之欲，俱为良知之蔽。然才有着时，良知亦自会觉，觉即蔽去，复其体矣！此处能勘得破，方是简易透彻功夫。”

【译文】问：“良知譬如太阳，人欲譬如浮云，浮云虽然能遮蔽太阳，也是自然气候中本来就有的，人的欲望莫非也是人心所具有的吗?”先生说：“喜、怒、哀、惧、爱、恶、欲，称为‘七情’。这七情都是人心所具有的，但要认清楚良知。比如太阳光，就不能只照向一个方向，只要有一线光明，就都是阳光所在。即便有云雾闭塞四周，还是可以看清天地间的颜色形象，这也因为太阳光没有消失，不能因为浮云能遮蔽太阳，就要求天不产生浮云。七情顺其自然地发散流行，都是良知的作用，不能区分为善、恶，但也不能执着。一旦执着七情，就都成了‘人欲’，都成为良知的障碍。刚一执着，良知也自然会发觉，觉察后就会清除这层蔽障，恢复良知本体。如果能看得透这一层，才是简单彻底的工夫。”

【31】问：“圣人生知安行是自然的，如何有甚功夫？”先生曰：“知行二字即是功夫，但有浅深难易之殊耳。良知原是精精明明的。如欲孝亲，生知安行的，只是依此良知落实尽孝而已；学知利行者，只是时时省觉，务要依此良知尽孝而已；至于困知勉行者，蔽锢已深，虽要依此良知去孝，又为私欲所阻，是以不能，必须加人一己百、人十己千之功，方能依此良知以尽其孝。圣人虽是生知安行，然其心不敢自是，肯做困知勉行的功夫。困知勉行的，却要思量做生知安行的事，怎生成得！”

【译文】问：“圣人的生知安行是自然如此，怎么会有工夫呢？”先生说：“‘知行’这两个字就是工夫，不过有深浅难易的差别罢了。良知原本是精粹光明的。比如想要孝敬父母，那些生知安行的人，只是依照着自己的良知实实在在地去尽孝而已；学知利行的人，只是时时反省，一定要依照着良知去尽孝而已；至于那些困知勉行的人，遮蔽已经很深，即使想要依照着自己的良知去孝，但又被私欲阻隔，因而不能尽孝，必须比别人多下百倍的工夫，才能依照自己的良知去尽孝。圣人虽然生知安行，但他的内心不敢自以为是，愿意去做困知勉行的工夫。那困知勉行的人，却想着去做生知安行的事，怎么能成功呢？”

【32】问：“乐是心之本体，不知遇大故于哀哭时，此乐还在否？”先生曰：“须是大哭一番了方乐，不哭便不乐矣。虽哭，此心安处即是乐也，本体未尝有动。”

【译文】问：“快乐是心的本体，不知道遭遇大变故而痛哭时，这种快乐还存在吗？”先生说：“必须痛哭一番之后才有快乐，如果不哭就没有快乐了。即使在哭，自己的内心所处的安稳状态就是一种快乐，本体的快乐并没有改变。”

【33】问：“良知一而已。文王作《彖》，周公系《爻》，孔子

赞《易》，何以各自看理不同？”先生曰：“圣人何能拘得死格？大要出于良知同，便各为说何害？且如一园竹，只要同此枝节，便是大同。若拘定枝枝节节，都要高下大小一样，便非造化妙手矣。汝辈只要去培养良知，良知同，更不妨有异处。汝辈若不肯用功，连笋也不曾抽得，何处去论枝节？”

【译文】问：“良知只有一个。文王作彖辞，周公作爻辞，孔子作《十翼》，为什么各自所看到的天理不相同呢？”先生说：“圣人怎么能死板地拘泥一个模式呢？本旨都同出于良知，就是各自立说又有什么影响呢？就像一园竹子，只要共同都有枝节，就是大同。如果拘泥于每一枝每一节，都要高低大小一样，那就不是大自然的神妙造化所致了。你们只管去培养良知，良知相同，各自有差异也不碍事。你们如果不肯用功，连竹笋都没有长出来，到哪里去讨论枝节呢？”

【34】乡人有父子讼狱，请诉于先生，侍者欲阻之。先生听之，言不终辞，其父子相抱恸哭而去。柴鸣治入问曰：“先生何言，致伊感悔之速？”先生曰：“我言舜是世间大不孝的子，瞽瞍①是世间大慈的父。”鸣治愕然，请问。先生曰：“舜常自以为大不孝，所以能孝。瞽瞍常自以为大慈，所以不能慈。瞽瞍记得舜是我提孩长的，今何不曾豫悦我，不知自心已为后妻所移了，尚谓自家能慈，所以愈不能慈。舜只思父提孩我时如何爱我，今日不爱，只是我不能尽孝，日思所以不能尽孝处，所以愈能孝。及至瞽瞍底豫时，又不过复得此心原慈的本体。所以后世称舜是个古今大孝的子，瞽瞍亦做成个慈父。”

【注释】①瞽瞍：舜的父亲。

【译文】乡下有两父子打官司，请先生去判案，先生的侍者想阻拦他们。先生听了他们的诉说，劝解的话还没有说完，父子相拥痛哭离去。柴鸣治进来问道：“先生说了什么话，使他们这么快就感动悔悟了？”先生说：“我说舜是天下最不孝的儿子，而瞽瞍是天下最慈爱的父亲。”柴鸣治惊愕不已，请教先生为何这么说。先生说：“舜常常自以为最不孝顺，所以他能尽力去孝顺。瞽瞍常常自认为是最慈爱的，所以他不能真正地慈爱。瞽瞍只记得舜是自己从小抚养大的，现在为什么不能使自己愉快呢？不知道自己的心已经被后妻改变了，仍然以为自己能慈爱，所以越不能慈爱。舜只想着父亲从小抚养自己时，是如何如何爱自己，如今却不爱了，只因为自己不能尽孝，每天反思没能尽孝的地方，所以就越能孝顺。等到瞽瞍高兴的时候，也不过是恢复了自己心中原有慈爱的本体。所以后世称舜是古今的大孝子，而瞽瞍也成为慈祥的父亲。"

【35】先生曰："孔子有鄙夫来问[①]，未尝先有知识以应之，其心只空空而已；但叩他自知的是非两端，与之一剖决，鄙夫之心便已了然。鄙夫自知的是非，便是他本来天则，虽圣人聪明，如何可与增减得一毫？他只不能自信，夫子与之一剖决，便已竭尽无余了。若夫子与鄙夫言时，留得些子知识在，便是不能竭他的良知，道体即有二了。"

【注释】①语本《论语·子罕》："子曰：'吾有知乎哉？无知也。有鄙夫问于我，空空如也，我叩其两端而竭焉。'"

【译文】先生说："有一个村夫来请教孔子，孔子并非先具备了知识来应对，他的心中没有什么知识。但孔子能从来人心中自知的是非两方面去盘问，跟他一辨析，他的心就了然明白了。村夫自己知道的是非，就是他天生的准则，虽然圣人聪明，怎么能对这种准则增减一丝一毫呢？他只是不自信，等到孔子跟他一讲，就完全显现无疑了。如果孔子与粗鄙之人谈话时，留下一些知识在，就不能完全呈现他的良知了，因而道体也就分为两截了。"

【36】先生曰："'烝烝乂，不格奸'[①]，本注[②]说象已进进于义，不至大为奸恶。舜征庸后，象犹日以杀舜为事，何大奸恶如之！舜只是自进于义，以乂熏烝，不去正他奸恶。凡文过揜慝，此是恶人常态；若要指摘他是非，反去激他恶性。舜初时致得象要杀己，亦是要象好的心太急，此就是舜之过处。经过来，乃知功夫只在自己，不去责人，所以致得'克谐'；此是舜动心忍性、增益不能处。古人言语，俱是自家经历过来，所以说得亲切；遗之后世，曲当人情。若非自家经过，如何得他许多苦心处？"

【注释】①语出《尚书·尧典》："瞽子，父顽，母嚚，象傲；克谐以孝，烝烝乂，不格奸。"瞎子的儿子舜，父亲顽劣，母亲愚蠢，弟弟象傲慢，但舜却能够与他们和睦相处，尽孝而已，逐渐达到自治，而不至于恶的境地。 ②本注：指孔安国传注说："谐，和。烝，进也。言能以至孝和谐顽象昏傲，使进进以善自治，不至于奸恶。"

【译文】先生说："《尚书》说'烝烝乂，不格奸'，孔安国的注说象已经接近了义，不至于放肆去做奸恶之事。舜被征用做官后，象仍然每天都谋划着杀死舜，什么样的奸恶能达到这样的程度呢！但舜只是逐渐地去完善自我，用善行去感化象，不去纠正他的奸邪。凡是有过错就去掩饰，这是邪恶之人的一贯做法。如果去指责他的是非，反而会激发他的恶性。舜当初之所以招致象要杀自己，也是因为自己想要象变好的心太急切，这也是舜的过错。经过这一番事变后，舜才知道工夫只在自己身上，不是去指责别人，所以能够实现和谐。这是舜动心忍性、增益原本不能做到的地方。古人所说的话，都是自己经历过的，所以说得亲切。流传到后世，变通过后仍然能够合乎人情。如果不是自己经历过，怎么能理解他那么多的苦心呢？"

【37】先生曰："古乐不作久矣。今之戏子，尚与古乐意思相近。"未达，请问。先生曰："《韶》之九成[①]，便是舜的一本戏子；《武》之九变，便是武王的一本戏子。圣人一生实事，俱播在乐中，所以有德者闻之，便知他尽善尽美与尽美未尽善处。若后世作乐，只是做些词调，于民俗风化绝无关涉，何以化民善俗！今要民俗反朴还淳，取今之戏子，将妖淫词调俱去了，只取忠臣孝子故事，使愚俗百姓人人易晓，无意中感激他良知起来，却于风化有益。然后古乐渐次可复矣。"曰："洪要求元声不可得，恐于古乐亦难复。"先生曰："你说元声在何处求？"对曰："古人制管候气，恐是求元声之法。"先生曰："若要去葭灰黍粒中求元声，却如水底捞月，如何可得？元声只在你心上求。"曰："心如何求？"先生曰："古人为治，先养得人心和平，然后作乐。比如在此歌诗，你的心气和平，听者自然悦怿兴起，只此便是元声之始。《书》云：'诗言志。'[②]志便是乐的本；'歌永言'，歌便

是作乐的本；'声依永，律和声'，律只要和声，和声便是制律的本。何尝求之于外？"曰："古人制候气法，是意何取？"先生曰："古人具中和之体以作乐，我的中和，原与天地之气相应；候天地之气，协凤凰之音，不过去验我的气果和否？此是成律已后事，非必待此以成律也。今要候灰管，先须定至日。然至日子时恐又不准，又何处取得准来？"

【注释】①《韶》之九成：《韶》是舜所作的乐曲名。成，走完一章相当于一成。 ②语出《尚书·舜典》："诗言志，歌永言，声依永，律和声。"

【译文】先生说："古代的乐曲已经很久没有演奏了。现在的戏曲和古代乐曲的大意相近。"我没理解，向先生请教。先生说："《韶》乐的九章，就是舜的一本戏曲；《武》乐的九变，就是周武王的一本戏曲。圣人一生事业都记录在乐曲之中。所以有道德的人听了，就明白其中的尽善尽美和尽美而未尽善的地方。至于后代创作乐曲，只是写些歌词小调。对民俗风化完全没有关系，怎么能够教化百姓，使民风纯善呢？如果要民风返璞归真，就把当今的戏曲拿来，全部删除淫靡的词调，只用那些忠臣孝子的故事，让愚昧粗浅的百姓人人知道，在不知不觉中，感化他们的良知，对于移风易俗有好处。然后古代的乐曲才能逐渐恢复。"我说："我想寻找元声都找不到，恐怕很难恢复古代的音乐。"先生问："你认为元声应到哪里去寻找？"我答道："古时候的人制造律管来占候节气，这或许是寻找元声的办法。"先生说："如果要在芦草灰、米粒中去寻找元声，就像水底捞月一样，怎么找得到？元声只能在你的内心去寻找。"我问："在内心怎么寻找呢？"先生说："古人要治理天下，首先要培养人们内心平和，然后才能制作乐曲。比如在这里吟诵诗歌，你心平气和了，听众自然会感到愉悦满意，这就是元声的开端。《尚书》说'诗言志'，这个'志'就是乐曲的根本；'歌永言'，这'歌'就是制作乐曲的根本；'声依永，律和声'，音律只要求和声音和谐一致，这声音和谐就是制作音律的根本。又怎么能到心外去寻找呢？"我问："那么古人用律管占候节气的方法，用意何在呢？"先生说："古人具备了中和的乐曲之本体，然后才去制作乐曲。而我的中和原本与天地之气一致，占候天地间的节气，与凤凰之声相和谐，这不过是去验证我的气是否果然达到了中和。这是制订音律以后的事，并不是以此来制作音律。如今使用律管飞灰来占候节气，必须先要确定冬至。到了冬至的子时，恐怕又不准确，那又到哪里去取标准呢？”

【38】先生曰：“学问也要点化，但不如自家解化者，自一了百当。不然，亦点化许多不得。”

【译文】先生说：“学问也需要别人的指点和教导，但不如自己的理解觉悟，这样自然能一了百当。不然的话，别人指点得再多也没有用。”

【39】孔子气魄极大，凡帝王事业，无不一一理会，也只从那心上来。譬如大树，有多少枝叶，也只是根本上用得培养功夫，故自然能如此，非是从枝叶上用功，做得根本也。学者学孔子，不在心上用功，汲汲然去学那气魄，却倒做了。

【译文】孔子的气魄非常大，就是帝王的事业，他也全都领会，但也只是从自己内心上来领会。就像大树，不论有多少枝叶，也都是从根本上来做培养的工夫，所以自然枝叶茂盛，而不是从枝叶上去做工夫培养树根。学习孔子的人，不在内心下功夫，急切地去学他那气魄，就把工夫做倒了。

【40】人有过，多于过上用功，就是补甑，其流必归于文过。

【译文】人有了过错，多半就在过错上用功，这就像修补破瓦罐，必然导致文过饰非的毛病。

【41】今人于吃饭时，虽无一事在前，其心常役役不宁，只缘此心忙惯了，所以收摄不住。

【译文】现在的人在吃饭的时候，虽然眼前没什么事干扰，但他们的内心常常劳苦不息，片刻不宁，就是因为这个心忙乱成习惯了，所以把持不住。

【42】琴瑟简编，学者不可无，盖有业以居之①，心就不放。

【注释】①语出《周易·乾卦·文言》：“修辞立其诚，所以居业也。”

【译文】琴瑟和书卷，学者们不能或缺。因为有了些事业去做，内心就不会放失。

【43】先生叹曰："世间知学的人，只有这些病痛打不破，就不是'善与人同'[①]。"崇一曰："这病痛只是个好高不能忘己尔。"

【注释】①语出《孟子·公孙丑上》："大舜有大焉，善与人同，舍己从人，乐取于人以为善。"

【译文】先生感叹道："世间知道学习的人，只要不改掉这些毛病，就不能达到'善与人同'。"崇一说："这个毛病就是好高骛远，不能忘掉自己罢了。"

【44】问："良知原是中和的，如何却有过、不及？"先生曰："知得过、不及处，就是中和。"

【译文】问："良知原本是中和的，为什么却有过头与不及的情况？"先生说："知道了过头与不及，这就是中和。"

【45】"'所恶于上'[①]是良知，'毋以使下'即是致知。"

【注释】①语出《大学》："所恶于上，毋以使下；所恶于下，毋以事上。"意为被上级所厌恶的行为，就不再用来对待下级；被下级所厌恶的行为，就不再用来对待上级。

【译文】"'所恶于上'是良知，'毋以使下'是致良知。"

【46】先生曰："苏秦、张仪之智，也是圣人之资。后世事业文章，许多豪杰名家，只是学得仪、秦故智。仪、秦学术善揣摸人情，无一些不中人肯綮，故其说不能穷。仪、秦亦是窥见得良知妙用处，但用之于不善尔。"

【译文】先生说："苏秦、张仪的才智，也是圣人的资质。后代的事业文章，许多豪杰名人，仅仅学到了张仪、苏秦用过的智谋。苏秦、张仪之学善于揣摩人心，没有不切中别人要害的，所以他们的学问难以穷尽。张仪、苏秦也能发现良知的妙用处，只是没有用在正道上。"

【47】或问"未发已发"。先生曰："只缘后儒将未发已发分

说了，只得劈头说个无未发已发，使人自思得之。若说有个已发未发，听者依旧落在后儒见解。若真见得无未发已发，说个有未发已发，原不妨，原有个未发已发在。”问曰：“未发未尝不和，已发未尝不中。譬如钟声，未扣不可谓无，既扣不可谓有。毕竟有个扣与不扣，何如？”先生曰：“未扣时原是惊天动地，既扣时也只是寂天寞地。”

【译文】有人请教“未发已发”。先生说：“只因为后世的儒者把未发和已发分开来说，所以动不动就说没有未发、已发，让人自己去思考体会。如果说有未发已发，听到这话的人仍然局限在后儒的见解中。如果真的理解了没有什么未发、已发，那么说个未发已发，并不碍事，原本就有个未发已发存在。”问：“未发并非不是‘和’的状态；已发并非不是‘中’的状态。譬如敲钟的声音，没有敲击时不能说就没有声音，敲击之后也不能说就有声音。毕竟有敲与不敲的区别，这话对吗？”先生说：“没有敲钟时原本就是惊天动地，敲打之后也只是沉寂无声。”

【48】问：“古人论性，各有异同，何者乃为定论？”先生曰：“性无定体，论亦无定体，有自本体上说者，有自发用上说者，有自源头上说者，有自流弊处说者。总而言之，只是这个性，但所见有浅深尔。若执定一边，便不是了。性之本体，原是无善无恶的，发用上也原是可以为善、可以为不善的，其流弊也原是一定善、一定恶的。譬如眼有喜时的眼，有怒时的眼，直视就是看的眼，微视就是觑的眼。总而言之，只是这个眼。若见得怒时眼，就说未尝有喜的眼，见得看时眼，就说未尝有觑的眼，皆是执定，就知是错。孟子说性，直从源头上说来，亦是说个大概如此。荀子性恶之说，是从流弊上说来，也未可尽说他不是，只是见得未精耳。众人则失了心之本体。”问：“孟子从源头上说性，要人用功在源头上明彻；荀子从流弊说性，功夫只在末流上救正，便费力了。”先生曰：“然。”

【译文】问：“古人讨论人性，各有异同，哪一个是定论？”先生说：“人性并没有一个固定的形态，讨论也没有固定的角度。有的从本体上谈性，有的从生发流行上谈性，有的从本源上说性，有的从流弊上说性。总而言之，人性只有一个，但人们所见有浅有深。如果执着一边就不对了。性之本体原来是无所谓善无所谓恶的。在生发运用上原来也可以为善，也可以为不善，性的流弊也本来是一定有善一定有恶的。譬如眼神，有喜悦时的眼神，也有发怒时的眼神，直视的时候就是看的眼神，微视的时候就是斜视的眼神。总而言之，只是这个眼睛在看。如果人们看到的是发怒时的眼睛，就说没有喜悦时的眼神。看到直视时的眼神，就说没有斜视时的眼神，这都是执着，就知道是错误的。孟子说的人性，是直接从源头上说的，也只是说个大概如此。荀子的性恶之说，是从流弊上说的。也不能说他完全不对，只是考察得还不深入而已。众人则失去了心的本体。"问："孟子从源头上说性，要人在源头上明彻；荀子从流弊上说性，只在末流上补救，就有些费力了。"先生说："对。"

【49】先生曰："用功到精处，愈着不得言语，说理愈难。若着意在精微上，全体功夫反蔽泥了。"

【译文】先生说："工夫做到精微之处，越不能执着于语言，这个时候通过言说来阐明天理也就越困难。如果执着在精微上，整个工夫反而被蔽障了。"

【50】杨慈湖[①]不为无见，又着在无声无臭上见了。

【注释】①杨简（1140—1226），字敬仲，浙江慈溪人，世称慈湖先生，陆九渊的学生。

【译文】杨慈湖不是没有见识，然而他又执着在无声无臭上去体认。

【51】人一日间，古今世界都经过一番，只是人不见耳。夜气清明时，无视无听，无思无作，淡然平怀，就是羲皇世界。平旦时，神清气朗，雍雍穆穆，就是尧、舜世界。日中以前，礼仪交会，气象秩然，就是三代世界。日中以后，神气渐昏，往来杂扰，就是春秋、战国世界。渐渐昏夜，万物寝息，景象寂寥，就是人消物尽世界。学者信得良知过，不为气所乱，便常做个羲皇已上人。"

【译文】人在一天之中，把古今时代都经历了一遍，只是人们自己没有觉察到罢了。当夜气清明时，人们看不到，听不到，没有思虑，没有作为，心胸平和宁静，这就是伏羲时代的气象。清晨时，人们神志清朗，祥和肃穆，这就是尧、舜的时代。正午以前，人们遵循礼仪交往，秩序井然，这就是夏、商、周三代之时。正午以后，人的精神气质逐渐昏暗，人事往来繁杂纷扰，这就是春秋战国时代。逐渐到了昏暗的夜晚，万物安定休息，景象冷落萧条，这就是人类消弭、万物衰亡的时代。学者只要笃信良知，不被血气私欲干扰，就能经常做伏羲时代以上的人。

【52】薛尚谦、邹谦之、马子莘、王汝止[①]侍坐，因叹先生自征宁藩[②]已来，天下谤议益众，请各言其故。有言先生功业势位日隆，天下忌之者日众；有言先生之学日明，故为宋儒争是非者亦日博；有言先生自南都以后，同志信从者日众，而四方排阻者日益力。先生曰："诸君之言，信皆有之，但吾一段自知处，诸君俱未道及耳。"诸友请问。先生曰："我在南都已前，尚有些子乡愿的意思在。我今信得这良知真是真非，信手行去，更不着些覆藏。我今才做得个狂者的胸次，使天下之人都说我行不掩言也罢。"尚谦出，曰："信得此过，方是圣人的真血脉。"

【注释】①王艮（1483—1541），初名银，王阳明替他改名为艮，字汝止，号心斋，泰州安丰场（今江苏东台）人，王阳明的学生，泰州学派创始人，其孙将其著作编为《心斋全集》。　②征宁藩：指正德十四年（1519），王阳明平定宁王朱宸濠的叛乱。

【译文】薛尚谦、邹谦之、马子莘、王汝止侍奉先生在座，大家感叹先生自从平定宁王叛乱以来，天下非议诋毁先生的人越来越多，先生让各位说说其中的原因。有的说先生的功业权势日益显赫，因而天下嫉妒的人越来越多；有的说先生的学说日益传播，因而为宋儒辩护的人也就越来越多；有的说自从先生在南京讲学以后，志同道合的人崇信先生的越来越多，因而天下排挤阻挠的人也越来越厉害。先生说："你们所讲的原因，我相信可能都有，但我自己有一段亲身体会，各位都没有谈到。"大家询问先生。先生说："我在南京以前，还有一些乡愿的想法。如今我相信这个良知就是真是真非，放手去践行，再也不用躲躲藏藏。现在我刚刚做到'狂者'的心胸，即便天下人都讲我行为不符合言说也无所谓。”薛尚谦站起来说：“相信了这个良知，才是圣人的真血脉。”

【53】先生锻炼人处，一言之下，感人最深。一日，王汝止出游归，先生问曰：“游何见？”对曰：“见满街人都是圣人。”先生曰：“你看满街人是圣人，满街人倒看你是圣人在。”又一日，董萝石[①]出游而归，见先生曰：“今日见一异事。”先生曰：“何异？”对曰：“见满街人都是圣人。”先生曰：“此亦常事耳，何足为异？”盖汝止圭角未融，萝石恍见有悟，故问同答异，皆反其言而进之。洪与黄正之、张叔谦[②]、汝中丙戌会试归，为先生道途中讲学，有信有不信。先生曰：“你们拿一个圣人去与人讲学，人见圣人来，都怕走了，如何讲得行！须做得个愚夫愚妇，方可与人讲学。”洪又言：“今日要见人品高下最易。”先生曰：“何以见之？”对曰：“先生譬如泰山在前，有不知仰者，须是无目人。”先生曰：“泰山不如平地大，平地有何可见？”先生一言翦裁，剖破终年为外好高之病，在座者莫不悚惧。

【注释】①董沄（1457—1533），字复宗，号萝石，浙江海宁人，六十七岁时问学于王阳明。　②张元冲，字叔谦，号浮峰，浙江山阴（今绍兴）人，嘉靖十七年（1538）进士，官至右副都御史，晚年问学于王阳明。

【译文】先生指点人，有时候一句话就能感人肺腑。有一天，王汝止外出游历回来。先生问他：“在外面看到了什么？”王汝止答道：“我看到满街的人都是圣人。”先生说：“你看到满街的人都是圣人，他们倒把你看做圣人。”又有一天，董萝石外出游历回来，对先生说：“今天看到一件奇怪的事。”先生说：“什么奇怪的事？”他答道：“我看到满街的人都是圣人。”先生说：“这是平常事，有什么值得大惊小怪的？”因为王汝止锋芒毕露，棱角犹在，董萝石恍然觉悟，所以问题相同，但回答却不同，先生都是就他们的话启发他们。我与黄正之、张叔谦、王汝中参加完丙戌会试回来，对先生说途中讲学之事，有的人相信，有的人不相信。先生说：“你们摆着一个圣人的姿态去给别人讲学，人们看见圣人来了，都吓跑了，怎么能讲得成呢？必须先做个普通人，才能给别人讲学。”我又说：“如今要看出人品的高低很容易。”先生说：“何以见得？”我回答道：“先生道德学问，就像泰山矗立眼前。如果有不知道敬仰先生的人，那就是没有眼睛的人。”先生说：“泰山没有平地广阔，在平地上又能看到什么？”先生只言片语的指点，剖析击破了终年好高骛远的弊病，在座的人无不警觉戒惧。

【54】癸未春，邹谦之来越问学。居数日，先生送别于浮峰。是夕，与希渊诸友移舟宿延寿寺，秉烛夜坐，先生慨怅不已，曰："江涛烟柳，故人倏在百里外矣！"一友问曰："先生何念谦之之深也？"先生曰："曾子所谓'以能问于不能，以多问于寡，有若无，实若虚，犯而不校'[①]，若谦之者，良近之矣！"

【注释】①语出《论语·泰伯》。

【译文】癸未春季，邹谦之来到浙江问学。居住了几天，先生到浮峰送行。这天晚上，先生与蔡希渊等几位朋友乘船到延寿寺过夜，大家秉烛夜坐，先生无限感慨，他说道："江水奔腾，烟柳飘飞，谦之顷刻就在百里之外了。"有位朋友问："先生为何对谦之如此思念。"先生说："曾子说过：'有能力却向无能力的人请教，知识丰富却向知识缺少的人请教；有学问像没学问一样，满腹知识像空无所有一样；纵被欺侮，也不计较'，谦之差不多就是这种人啊！"

【55】丁亥年九月，先生起复[①]征思、田[②]。将命行时，德洪与汝中论学。汝中举先生教言："无善无恶是心之体，有善有恶是意之动，知善知恶是良知，为善去恶是格物。"德洪曰："此意如何？"汝中曰："此恐未是究竟话头。若说心体是无善无恶，意亦是无善无恶的意，知亦是无善无恶的知，物亦是无善无恶的物矣。若说意有善恶，毕竟心体还有善恶在。"德洪曰："心体是'天命之性'，原是无善无恶的。但人有习心，意念上见有善恶在，格致诚正修，此正是复那性体功夫。若原无善恶，功夫亦不消说矣。"是夕侍坐天泉桥，各举请正。先生曰："我今将行，正要你们来讲破此意。二君之见，正好相资为用，不可各执一边。我这里接人，原有此二种。利根之人，直从本源上悟入，人心本

体原是明莹无滞的，原是个未发之中。利根之人一悟本体，即是功夫，人己内外，一齐俱透了。其次不免有习心在，本体受蔽，故且教在意念上实落为善去恶，功夫熟后，渣滓去得尽时，本体亦明尽了。汝中之见，是我这里接利根人的。德洪之见，是我这里为其次立法的。二君相取为用，则中人上下皆可引入于道。若各执一边，眼前便有失人，便于道体各有未尽。”既而曰：“已后与朋友讲学，切不可失了我的宗旨。无善无恶是心之体，有善有恶是意之动，知善知恶的是良知，为善去恶是格物。只依我这话头，随人指点，自没病痛，此原是彻上彻下功夫。利根之人，世亦难遇。本体功夫一悟尽透，此颜子、明道所不敢承当，岂可轻易望人！人有习心，不教他在良知上实用为善去恶功夫，只去悬空想个本体，一切事为俱不着实，不过养成一个虚寂。此个病痛不是小小，不可不早说破。”是日德洪、汝中俱有省。

【注释】①起复：古代官员遇父母丧事，要停职回家守孝，是谓丁忧，守丧期满后重新任职叫做起复。 ②思、田：思即思恩，今广西武鸣县北，田即田州，今广西田阳县北。

【译文】丁亥年九月，先生丁忧结束，重新任职讨伐思恩和田州。即将启程时，我和王汝中探讨学问。王汝中引用先生的话说：“无善无恶是心之体，有善有恶是意之动，知善知恶是良知，为善去恶是格物。”我说：“你认为这几句话怎样?”王汝中说：“这恐怕还没有说到根源处。如果说心体是无善无恶的，意也是无善无恶的，知也是无善无恶的，物也是无善无恶的。如果说意念有善恶，那么心体上终究还有善恶之分。”我说：“心体是天命之性，原本是无善无恶的。但是人受到习俗影响，在意念上就有善恶之分。格物、致知、诚意、正心、修身，这些正是要恢复那性体的工夫。如果说意念原本没有善恶，那么工夫也就不必再说了。”这天夜晚，我和王汝中在天泉桥陪先生坐，两人分别谈了自己的理解，请先生指正。先生说：“如今我将要远征，正想给你们来讲清楚这一点。两位的见解正好可以互相补充，不能偏执于一方。我这里接受的人原本有两种。资质高的人，直接从本源上休悟，人心之本体原来是晶莹畅通，原本就是未发之中的状态。资质高的人只要稍微体悟到本体，也就是工夫了，他人和自我、内心和外物都一起彻底贯通。次一点的人，受习俗影响，本体被蒙蔽，所以教导他们在意念上笃实去做为善除恶的工夫，等到工夫纯熟后，渣滓彻底清除后，本体也就彻底光明了。汝中的见解，是我用来开导资质高的人。德洪的见解，是我用来教导次一点的人所使用的方法。两位如果互相借鉴以为用，那么资质中等以上和以下的人都能引入正道。如果两位各执着于一边，那么眼下就会有人偏离正道，也就不能完全认识道体。"先生接着说："今后和朋友讲学，千万不能抛弃我的宗旨。无善无恶是心之体，有善有恶是意之动，知善知恶是良知，为善去恶是格物。只要按照我的话，因人施教，自然没有弊病，这原本是上下贯通的工夫。资质高的人，世上罕见。对本体工夫一次领悟全部彻底理解，就是颜回、程明道也不敢说做到了，岂能轻易指望他人！人心受到习俗浸染，如果不教导人在良知上踏实做为善除恶的工夫，只是去凭空思索本体，所有事情都不着实际，只是养成了一个虚静沉寂的毛病。这个毛病不是小事情，不能不早点向你们讲清楚。"这一天，我和王汝中都有所得。

先生初归越时，朋友踪迹尚寥落。既后四方来游者日进。癸未年已后，环先生而居者比屋，如天妃、光相诸刹，每当一室，常合食者数十人；夜无卧处，更相就席，歌声彻昏旦。南镇、禹穴、阳明洞诸山远近寺刹，徙足所到，无非同志游寓所在。先生每临讲座，前后左右环坐而听者，常不下数百人，送往迎来，月无虚日；至有在侍更岁，不能遍记其姓名者。每临别，先生常叹曰："君等虽别，不出在天地间，苟同此志，吾亦可以忘形似矣！"诸生每听讲出门，未尝不跳跃称快。尝闻之同门先辈曰："南都以前，朋友从游者虽众，未有如在越之盛者。此虽讲学日久，孚信渐博，要亦先生之学日进，感召之机，申变无方，亦自有不同也。"

【译文】先生刚回浙江绍兴时，来拜访的朋友还不多。后来，从四面八方前来问学的人日益增多。癸未年之后，在先生周围居住的人很多，像天妃、光相等寺庙，每间屋子经常是几十人在一块吃饭。晚上没有睡觉的地方，大家能轮流着休息，歌声通宵达旦。在南镇、禹穴、阳明洞等山中的远近寺庙里，只要可以到达的地方，都有游学同志的寓所。先生每次讲座，前后左右围着的听众，经常不少于几百人。送走一批又迎来一批，每个月没有一天停歇。甚至有人在这里学习一年多，都不能完全记清所有人的姓名。每当告别时，先生常感叹说："虽然你们离开了我，但依旧生活于天地之间。如果有共同的志向，我也可以忘掉你们形体相貌了。"学生们每次听讲出门时，无不感到兴奋痛快。曾听同门前辈说："在南京之前，求学问道的朋友虽多，但比不上绍兴时兴盛。这固然是因为先生讲学的时间长了，获得的信任也就多，但根本还是先生的学问日益精进，感召学生的方法和技巧，变化多端，不拘一格，自然也就与以前不同。”

黄以方录

【1】黄以方问：“‘博学于文”，为随事学存此天理，然则谓‘行有余力，则以学文’①，其说似不相合。”先生曰：“《诗》、《书》、六艺②，皆是天理之发见，文字都包在其中。考之《诗》、《书》、六艺，皆所以学存此天理也，不特发见于事为者方为文耳。余力学文，亦只‘博学于文’中事。”

或问“学而不思”③二句。曰：“此亦有为而言，其实思即学也。学有所疑，便须思之。‘思而不学’者，盖有此等人，只悬空去思，要想出一个道理，却不在身心上实用其力，以学存此天理。思与学作两事做，故有‘罔’与‘殆’之病。其实思只是思其所学，原非两事也。”

【注释】①语出《论语·学而》。意为躬行实践之后，有剩余力量，就再去学习文献。②六艺：一是指儒家所谓的礼（礼仪）、乐（音乐）、射（射箭）、御（驾车）、书（识字）、数（计算）”六种技能，是古代教育学生的六个科目；一是指儒家所崇奉的《诗》、《书》、《礼》、《乐》、《易》、《春秋》六部经典，也叫做“六经”。③语出《论语·为政》：“子曰：‘学而不思则罔，思而不学则殆。’”意为只读书而不思考，就会迷茫而无所得；只是空想而不读书，就会精神疲惫而无所得。

【译文】我问：“‘博学于文’，先生认为是在事情上去学存此天理，然而孔子说‘行有余力，则以学文’，这与先生的说法好像不一致。”先生说：“《诗》、《书》以及六艺，都是天理的呈现，文字都包含在其中。对《诗》、《书》、六艺进行研究，都是为了学会存此天理，并非仅仅呈现在事情中的才是‘文’。有多余的精力就去学文化知识，也就是‘博学于文’中的事情。”

有人请教“学而不思则罔，思而不学则殆”两句。先生说：“这是有目的而说的，其实思就是学。学习有了疑问，就要去思考。‘思而不学’，是指有些人只是漫无边际思考，想要思考出一个道理来，而不在身心上着实用功以存此天理。把思和学当做两件事去做，所以有‘罔’和‘殆’的弊端。实际上，思就是思考所学的东西，本就不是两件事。”

【2】先生曰：“先儒解‘格物’为格天下之物，天下之物如何格得？且谓‘一草一木亦皆有理’，今如何去格？纵格得草木来，如何反来诚得自家意？我解‘格’作‘正’字义，‘物’作‘事’字义。《大学》之所谓‘身’，即耳目口鼻四肢是也。欲修身，便是要目非礼勿视，耳非礼勿听，口非礼勿言，四肢非礼勿动。要修这个身，身上如何用得工夫？心者身之主宰，目虽视，而所以视者心也。耳虽听，而所以听者心也。口与四肢虽言、动，而所以言动者心也。故欲修身，在于体当自家心体，常令廓然大公，无有些子不正处。主宰一正，则发窍于目，自无非礼之视；发窍于耳，自无非礼之听；发窍于口与四肢，自无非礼之言、动：此便是‘修身在正其心’。然至善者，心之本体也。心之本体那有不善？如今要正心，本体上何处用得功？必就心之发动处才可着力也。心之发动不能无不善，故须就此处着力，便是在诚意。如一念发在好善上，便实实落落去好善；一念发在恶恶上，便实实落落去恶恶。意之所发，既无不诚，则其本体如何有不正的？故欲正其心在诚意。工夫到诚意，始有着落处。然诚意之本，又在于致知也。所谓‘人虽不知而己所独知’者，此正是吾心良知处。然知得善，却不依这个良知便做去，知得不善，却不依这个良知便不去做，则这个良知便遮蔽了，是不能致知也。吾心良知既不能扩充到底，则善虽知好，不能着实好了；恶虽知恶，不能着实恶了，如何得意诚？故致知者，意诚之本也。然亦不是悬空的致知，致知在实事上格。如意在于为善，便就这件事上去为；意在于去恶，便就这件事上去不为。去恶固是‘格不正以归于正’，为善则不善正了，亦是‘格不正以归于正’也。如此，则吾心良知无私欲蔽了，得以致其极，而意之所发，好善去恶，无有不诚矣！诚意工夫，实下手处在格物也。若如此格物，

人人便做得，‘人皆可以为尧舜’，正在此也。”

【译文】先生说：“程、朱主张‘格物’就是格天下之物。天下事物如何能格尽？就说‘一草一木皆有理’，如今怎么去格？即便能够格到草木，又怎么能反过来使自己的意念真诚呢？我把‘格’字理解为‘正’，‘物’就是‘事’。《大学》中所谓的‘身’，就是指人的耳目口鼻及四肢。想要修身，就是要做到眼睛不看不符合礼的东西，耳朵不听不符合礼的东西，嘴巴不讲不符合礼的话，四肢不做不符合礼仪的行为。要修养这个身，怎么能在身上做工夫呢？心是身体的主宰，眼睛虽然在看，但主导眼睛去看的是心；耳朵虽然能听，但主导耳朵去听的是心；嘴巴与四肢虽然能说能动，但主导嘴巴与四肢去说去动的是心。所以想要修身，就必须在自己心体上去体悟，常常保持心体廓然大公，没有一丝不恰当。主宰身体的心端正了，体现在眼睛上，就没有不合于礼的看，体现在耳朵上，就没有不符合礼的听，体现在嘴巴和四肢上，就没有不符合礼的言说和举止。这就是《大学》中所谓的‘修身在于正心’。然而至善是心的本体，心的本体哪有不善的？现在要正心，怎么在本体上用功呢？必然要在心的发动处用功。心的发动不能没有不善，所以必须在这个地方使力，这就是诚意。如果有一个念头喜好善，就笃实去喜好善；有一个念头厌恶恶，就笃实去讨厌恶。意念所发动，既然没有不真诚，那么本体怎么会有不端正的呢？所以想要正心，就要诚意。工夫到了诚意上才有落实的地方。但诚意的根本又在于致知。所谓‘人虽不知而已所独知’，就正是我内心的良知所在。但如果知道善，却不遵从这个良知去做，知道不善，却不遵从这个良知不去做，那么这个良知就被蒙蔽了，就不能致知了。我内心的良知既然不能彻底扩充，那么即便知道应当去喜好善的东西，也不能切实地去喜好，即便知道应当去憎恶那些恶的东西，也不能切实地去憎恶，又怎么能使意念真诚呢？所以致知是诚意的根本。但也不是无根据地去致知，致知要在实实在在的事情上去端正。例如意念旨在为善，就在这件事上去为善，意念旨在除恶，就在这件事上不去做恶。除恶，本来就是格去不正以归于正道。为善，就是不善的得到纠正了，也是格去不正以归于正。这样的话，我内心的良知就不会被私欲蒙蔽，可以到达极限，而意念的产生，好善除恶，没有不真诚的了。格物就是诚意工夫切实着手的地方。像这样去格物，则人人都能做到，所谓‘人皆可以为尧舜’，正是这个意思。”

【3】 先生曰：“众人只说格物要依晦翁，何曾把他的说去用！

我着实曾用来。初年与钱友同论做圣贤，要格天下之物，如今安得这等大的力量？因指亭前竹子，令去格看。钱子早夜去穷格竹子的道理，竭其心思至于三日，便致劳神成疾。当初说他这是精力不足，某因自去穷格，早夜不得其理，到七日，亦以劳思致疾。遂相与叹圣贤是做不得的，无他大力量去格物了。及在夷中三年，颇见得此意思，方知天下之物，本无可格者。其格物之功，只在身心上做，决然以圣人为人人可到，便自有担当了。这里意思，却要说与诸公知道。”

【译文】先生说：“大家只知道讲格物要依照朱子的观点，谁又按照他的观点去做过？我倒是切实体验过。当年我和朋友钱某一起探讨做圣贤，要去格天下之物，现在哪有这么大的力量？我指着亭前的竹子，让他去格。钱某从早到晚都去穷格竹子的道理，竭尽心思，到第三天时，就导致劳神过度，病倒了。当时我认为这是因为他精力不足，所以自已亲自去穷格，从早到晚也没有理解到竹子的理，到了第七天，也因为思虑过度而病倒了。于是我们共同感叹，圣贤是做不成了，主要是没有圣贤那么大的力量去格物。后来在贵州龙场住了三年，深深体会到格物的含义，才知道天下之物本就没什么可格的。格物的工夫就在自已身心上做，我坚信人人都可以成为圣人，于是就有了一种责任感。这个道理，应该说出来让各位都知道。”

【4】门人有言邵端峰论童子不能格物，只教以洒扫应对之说。先生曰：“洒扫应对就是一件物，童子良知只到此，便教去洒扫应对，就是致他这一点良知了。又如童子知畏先生长者，此亦是他良知处。故虽嬉戏中见了先生长者，便去作揖恭敬，是他能格物以致敬师长之良知了。童子自有童子的格物致知。”又曰：“我这里言格物，自童子以至圣人，皆是此等工夫。但圣人格物，便更熟得些子，不消费力。如此格物，虽卖柴人亦是做得，虽公卿大夫以至天子，皆是如此做。”

【译文】门人中有人说，邵端峰认为儿童不能格物，只能教导他们洒扫应对。先生说：“洒扫应对本身就是一个事物，因为儿童的良知只能认识到这个程度，教他去洒扫应对，也就是致他的这一点良知了。又比如儿童知道敬畏师长，这也是他的良知所在。因此即便是在嬉闹时，看到了先生长辈，他就去作揖，恭恭敬敬，这就是他能格物以致他尊敬师长的良知了。儿童自然有儿童的格物致知。”先生又说：“我这里讲格物，从儿童到圣人，都是这样的工夫。只是圣人格物更为熟练些，不费什么力气。这样去格物，就是卖柴人也做得到，就是公卿大夫，以至天子，都是这样去做。”

【5】或疑知行不合一，以“知之匪艰”[①]二句为问。先生曰：“良知自知，原是容易的；只是不能致那良知，便是‘知之匪艰，行之惟艰’。”

【注释】①语出《尚书·说命》：“非知之艰，行之惟艰。”意为知道并不难，实行起来才艰难。

【译文】有人怀疑知行不能合一，向先生请教“非知之艰，行之惟艰”两句话。先生说：“良知自然能知，本来就很简单；就是因为不能致那个良知，于是就有了‘知之匪艰，行之惟艰’的说法。”

【6】门人问曰：“知行如何得合一？且如《中庸》言‘博学之’，又说个‘笃行之’，分明知、行是两件。”先生曰：“博学只是事事学存此天理，笃行只是学之不已之意。”又问：“《易》‘学以聚之’[①]，又言‘仁以行之’，此是如何？”先生曰：“也是如此。事事去学存此天理，则此心更无放失时，故曰‘学以聚之’。然常常学存此天理，更无私欲间断，此即是此心不息处，故曰‘仁以行之’。”又问：“孔子言‘知及之，仁不能守之’[②]，知、行却是两个了？”先生曰：“说‘及之’，已是行了，但不能常常行，已为私欲间断，便是‘仁不能守’。”又问：“心即理之说，程子云‘在物为理’，如何谓心即理？”先生曰：“在物为理，‘在’字上当添一‘心’字，此心在物则为理。如此心在事父则为孝，在事君则为忠之类。”先生因谓之曰：“诸君要识得我立言宗旨。我如今说个心即理是如何，只为世人分心与理为二，故便有许多病痛。如五伯攘夷狄，尊周室，都是一个私心，便不当理。人却说他做得当理，只心有未纯，往往悦慕其所为，要来外面做得好

看，却与心全不相干。分心与理为二，其流至于伯道之伪而不自知。故我说个心即理，要使知心理是一个，便来心上做工夫，不去袭取于义，便是王道之真。此我立言宗旨。”又问：“圣贤言语许多，如何却要打做一个？”曰：“我不是要打做一个，如曰‘夫道，一而已矣’，又曰‘其为物不贰，则其生物不测’[③]，天地圣人皆是一个，如何二得？”

【注释】①语出《周易·乾卦·文言》：“君子学以聚之，问以辩之，宽以居之，仁以行之。”意为君子通过学习来积累知识，通过问难来辨明是非，用宽容来存心，以仁心来行事。 ②语出《论语·卫灵公》：“子曰：‘知及之，仁不能守之；虽得之，必失之。’”意为聪明才智足以得到它，仁德不能保持它；就是得到，一定会丧失。 ③语出《中庸》第二十六章，意为造物者诚一不贰，化生万物有不可测知的奥妙。

【译文】有学生问：“知行怎么能合一？就如《中庸》上讲‘博学之’，又讲一个‘笃行之’。分明是把知、行当两件事看。”先生说：“博学就是每件事情上都学会存此天理，笃行就是指学习而不停止的意思。”学生又问：“《易传》讲‘学以聚之’，又讲‘仁以行之’，这是什么意思？”先生说：“也是一个道理。每件事情上都学会存此天理，那么这个心就没有放逐丢失的时候，因此说‘学习聚之’。经常学会存此天理，就没有任何私欲使本心间断，这就是此心的生生不息，因此说‘仁以行之’。”又问：“孔子曾说‘知及之，仁不能守之’，知与行就是两件事？”先生说：“说‘及之’，就已经是行了。但不能常常去行，内心就被私欲隔断了，也就是‘仁不能守’。”弟子又问：“心就是理这种观点，程颐认为‘在物为理’，怎么说心就是理呢？”先生说：“在物为理，‘在’字前面应添加一个‘心’字。这个心在物上就是理。例如这个心在奉养父母身上就是孝，在侍奉君主上就是忠等等。”先生接着对他说：“各位要知道我立论的宗旨，我现在说‘心即理’是为什么呢？就因为世人把心和理区分为两个东西，所以产生了许多弊端。比如五霸攻击夷狄，尊崇周王室，都是为了一个私心，因而不合乎理。但人们说他们做的合乎合理，这是因为人们的心不纯净，往往欣赏他们的作为，只追求外表好看，与内心毫不相干。把心和理区分为两个东西，流弊就在于自己已陷入霸道却还没自觉到。所以我说‘心即理’，就是要让人们明白心和理只是一个统一体，就在心上做工夫，而不到心外去寻找，这才是王道的真谛。这就是我立论的宗旨。”弟子问：“圣人说了那么多话，为什么一定要归结为一个？”先生说：“我不是要把它说成一个，比如《孟子》上说‘夫道，一而已矣’，再如《中庸》说‘其为物不贰，则其生物不测’。天地与圣人都只是一个，怎么能区分为二呢？”

【7】心不是一块血肉，凡知觉处便是心，如耳目之知视听，手足之知痛痒，此知觉便是心也。

【译文】心并不是指一块血肉，只要有知觉的地方就是心。例如，耳目知道听与看，手脚知道痛与痒，这个知觉就是心。

【8】以方问曰：“先生之说‘格物’，凡《中庸》之‘慎独’及‘集义’、‘博约’等说，皆为格物之事。”先生曰：“非也，格物即慎独，即戒惧。至于‘集义’、‘博约’，工夫只一般，不是以那数件都做‘格物’底事。”

【译文】我问：“先生的格物观点，是不是《中庸》中的‘慎独’，《孟子》中的‘集义’，《论语》中的‘博约’等主张，都是格物呢？”先生说：“不是的。格物就是慎独，就是戒惧。至于‘集义’和‘博约’，功夫都一样，不能把那几件事都看做是格物。”

【9】以方问“尊德性”一条。先生曰：“‘道问学’即所以‘尊德性’也。晦翁言‘子静以尊德性诲人，某教人岂不是道问学处多了些子’[①]，是分尊德性、道问学作两件。且如今讲习讨论，下许多工夫，无非只是存此心，不失其德性而已。岂有尊德性只空空去尊，更不去问学，问学只是空空去问学，更与德性无关涉？如此，则不知今之所以讲习讨论者，更学何事！”问“致广大”二句。曰：“‘尽精微’即所以‘致广大’也，‘道中庸’即所以‘极高明’也。盖心之本体自是广大底，人不能‘尽精微’，则便为私欲所蔽，有不胜其小者矣。故能细微曲折，无所不尽，则私意不足以蔽之，自无许多障碍遮隔处，如何广大不致？”又问：“精微还是念虑之精微，是事理之精微？”曰：“念虑

之精微，即事理之精微也。”

【注释】①语出朱熹《朱子文集》卷五十四。

【译文】我请教“尊德性”这一章。先生说：“‘道问学’就是为了‘尊德性’。朱熹说：‘子静以尊德性教育人，我教人难道不是在道问学上多了一些。’这是把‘尊德性’与‘道问学’当作两件事。像现在我们讲习讨论，下了很多工夫，无非就是存养这个心，使它不丧失德性而已。哪有‘尊德性’只是空洞地去尊，而不去问学呢？哪有问学只是空洞地去学习，而与德性无关呢？如果这样的话，那么不知道我们今天之所以讲习讨论，究竟要学些什么东西！”我又向先生请教“致广大而尽精微，极高明而道中庸”这两句话。先生说：“‘尽精微’就是为了‘致广大’，‘道中庸’就是为了‘极高明’。心的本体原本宽广宏大，人如果不能‘尽精微’，就会被私欲蒙蔽，被私欲蒙蔽的细微之处不能穷尽。因此如果能够穷尽一切细微曲折之处，那么私意就不能蒙蔽，自然就没有很多障碍和遮蔽，又有什么广大不能实现呢？”又问：“精微是指思虑的精微，还是指事物道理的精微？”先生说：“思虑的精微就是事物道理的精微。”

【10】 先生曰：“今之论性者，纷纷异同，皆是说性，非见性也。见性者，无异同之可言矣。”

【译文】先生说：“如今探讨人性的人，都争论着异同。他们都是在言辞上辨析人性，而没有理解真实的本性。真正理解了本性的人，根本没有异同可言。”

【11】 问：“声色货利，恐良知亦不能无。”先生曰：“固然。但初学用功，却须扫除荡涤，勿使留积，则适然来遇，始不为累，自然顺而应之。良知只在声色货利上用功，能致得良知精精明明，毫发无蔽，则声色货利之交，无非天则流行矣。”

【译文】问：“声音、美色、财货、实利，恐怕良知也不能缺少。”先生说：“确实如此。但是初学者做工夫，必须把这些清除涤荡干净，不使它们存留积聚在心中。这样的话，偶然遭遇到了，才不会成为累赘，自然会顺着良知去应对。致良知就是在声色货利上用功，如果能使良知清澈光明地呈现，毫无一丝遮蔽，那么，即便与声音、美色、财货、实利打交道的各种行为，没有不符合天理的。”

【12】先生曰：“吾与诸公讲致知格物，日日是此，讲一二十年，俱是如此。诸君听吾言，实去用功，见吾讲一番，自觉长进一番。否则只作一场话说，虽听之亦何用？”

【译文】先生说：“我给你们讲解格物致知的观点，天天是这样，讲一二十年也还是这样。你们听了我的话，笃实去用功，那么听我讲一次，就自然觉得工夫长进了一番。否则把我每次讲的话都只当做一次话来听，即使听了又有什么作用呢？”

【13】先生曰：“人之本体，常常是寂然不动的，常常是感而遂通的。‘未应不是先，已应不是后’①。”

【注释】①语出程颐，见《河南程氏遗书》卷十五。

【译文】先生说：“人心的本体，常常是寂然不动的，常常是感觉事物而通畅的。‘没有反应时不是先，已经感应了不是后’。”

【14】一友举“佛家以手指显出，问曰：‘众曾见否？’众曰：‘见之。’复以手指入袖。问曰：‘众还见否？’众曰：‘不见。’佛说还未见性”。此义未明。先生曰：“手指有见有不见，尔之见性常在。人之心神只在有睹有闻上驰骛，不在不睹不闻上着实用功。盖不睹不闻是良知本体，戒慎恐惧是致良知的工夫。学者时时刻刻常睹其所不睹，常闻其所不闻，工夫方有个实落处。久久成熟后，则不须着力，不待防检，而真性自不息矣。岂以在外者之闻见为累哉！”

【译文】一位朋友举佛教的一个例子：有人伸出手指问别人：“大家看见了吗？”众人都说：“看见了。”此人把手放到袖子里，又问：“大家还能看见吗？”众人说：“看不见。”佛教认为众人还没有领悟佛性。这个朋友不明白其中意思。先生说：“手指有呈现的时候有隐藏的时候，但你的本性却时刻存在。人的心思只在看得见听得到的东西上忙碌，不在看不到听不到的东西上笃实用功。听不见看不到的是良知的本体，戒慎恐惧是致良知的工夫。

学者只有时时刻刻去看那些看不到的东西，听那些听不到的东西，工夫才能有落实的地方。久而久之，等到工夫纯熟后，就不需要费力，不需要防范省察，真性自然生生不息。怎么能被外在所闻所见的东西牵累呢？”

【15】问：“先儒谓‘鸢飞鱼跃’[①]与‘必有事焉’，同一活泼泼地[②]。”先生曰：“亦是。天地间活泼泼地，无非此理，便是吾良知的流行不息。‘致良知’便是‘必有事’的工夫。此理非惟不可离，实亦不得而离也。无往而非道，无往而非工夫。”

【注释】①鸢飞鱼跃：语本《诗经·大雅·旱麓》：“鸢飞戾天，鱼跃于渊。”意为鸢鸟在天上飞翔，鱼儿在深渊里跳跃。程颢曾引用，见《河南程氏遗书》卷三：“‘鸢飞戾天，鱼跃于渊’，言其上下察也。此一段子思吃紧为人处，与‘必有事焉，而无心正’之意同一活泼泼地。”②语本朱熹《中庸集注》：“故程子曰：‘此一节，子思吃紧为人处，活泼泼地，读者其致思焉。’”

【译文】问：“先儒认为‘鸢飞鱼跃’和‘必有事焉’同样都是生机勃勃的？”先生说：“这样说也对。天地间生机活跃的无非是天理，就是我良知的运动不息。‘致良知’就是‘必有事焉’的工夫。天理不但不能离开，实际上也没有离开过。世上一切东西都是道的体现，一切都是可以通过工夫去体验。”

【16】先生曰：“诸公在此，务要立个必为圣人之心，时时刻刻，须是一棒一条痕，一掴一掌血，方能听吾说话，句句得力。若茫茫荡荡度日，譬如一块死肉，打也不知痛痒，恐终不济事。回家只寻得旧时伎俩而已，岂不惜哉！”

【译文】先生说：“诸位在这里一定要立下必做圣人的志向，每时每刻，必须要有一棒抽出一条伤痕，一掌打出一道血印的精神，才能听我讲学后，感到句句有力，影响深刻。如果整天浑浑噩噩地过日子，就像一块死肉，打起来也不知道痛，恐怕最终也不管用。回家后只是找出以前的旧手法而已，岂不可惜啊！”

【17】问：“近来妄念也觉少，亦觉不曾着想定要如何用功，

不知此是工夫否?”先生曰:“汝且去着实用工，便多这些着想也不妨，久久自会妥帖。若才下得些功，便说效验，何足为恃!”

【译文】有人问:“我近来觉得虚妄的想法少了，也觉得没有着意去想一定要怎么用功，不知道这是不是工夫?”先生说:“你只管切实去用功，即便有这些想法也不要碍事，时间长了，自然会妥帖。如果刚下了一点工夫就去讲求效果，怎么靠得住!”

【18】一友自叹:“私意萌时，分明自心知得，只是不能使他即去。”先生曰:“你萌时这一知处，便是你的命根，当下即去消磨，便是立命工夫。”

【译文】一位朋友感叹:“私意刚刚萌发时，自己的内心明明知道，就是不能立刻将它清除掉。”先生说:“你这种对私意萌发的觉察就是你的命根，马上就去消除私意，这就是立命的工夫。”

【19】“夫子说‘性相近’[①]，即孟子说‘性善’，不可专在气质上说。若说气质，如刚与柔对，如何相近得?惟性善则同耳。人生初时，善原是同的，但刚的习于善则为刚善，习于恶则为刚恶；柔的习于善则为柔善，习于恶则为柔恶，便日相远了。”

【注释】①语出《论语·阳货》:“性相近也，习相远也。”

【译文】先生说:“孔子说的‘性相近’，就是孟子说的‘性善’，不能只从气质上说。如果只从气质上说，像刚和柔是相对立的，怎么能相近呢?只有性善这一点是相同的。人刚出生时，性善原本是相同的，但气质刚烈的人受善的熏陶就成了刚善，受恶的习染就成了刚恶；气质柔和的人受善的熏陶就成了柔善，受恶的习染就成了柔恶，差异日益远了。”

【20】先生尝语学者曰:“心体上着不得一念留滞，就如眼着不得些子尘沙，些子能得几多?满眼便昏天黑地了。”又曰:“这一念不但是私念，便好的念头，亦着不得些子。如眼中放些金玉屑，眼亦开不得了。”

【译文】先生曾经对学者说:“人的心体上不能容留一丝杂念，就像眼睛里揉不得一点沙子。一点沙子能有多少？但留滞一点沙子就使人满眼天昏地暗了。”又说：“这个想法不仅指私念，就是好的想法也不能沾染。好比眼中放一些金玉屑，眼睛就睁不开了。”

【21】问：“人心与物同体，如吾身原是血气流通的，所以谓之同体。若于人便异体了，禽兽草木益远矣，而何谓之同体？”先生曰：“你只在感应之几上看，岂但禽兽草木，虽天地也与我同体的，鬼神也与我同体的。”请问。先生曰：“你看这个天地中间，甚么是天地的心？”对曰：“尝闻人是天地的心①。”曰：“人又甚么教做心？”对曰：“只是一个灵明。”“可知充天塞地中间，只有这个灵明。人只为形体自间隔了。我的灵明，便是天地鬼神的主宰。天没有我的灵明，谁去仰他高？地没有我的灵明，谁去俯他深？鬼神没有我的灵明，谁去辩他吉凶灾祥？天地鬼神万物，离却我的灵明，便没有天地鬼神万物了。我的灵明离却天地鬼神万物，亦没有我的灵明。如此，便是一气流通的，如何与他间隔得！”又问：“天地鬼神万物，千古见在，何没了我的灵明，便俱无了？”曰：“今看死的人，他这些精灵游散了，他的天地鬼神万物尚在何处？”

【注释】①人是天地的心：语本《礼记·礼运》：“人者，天地之心也，五行之端也。”

【译文】有人问：“人心与天地万物同为一个整体，就像我的身体原本是气血流通的，所以称之为同体。如果相对于人而言，就不是同体了，和禽兽草木相差得更远，为什么还称之为同体呢？”先生说：“你只要从人感应天地万物的微妙之处上去看，岂止禽兽草木，即使天地也与我同体，鬼神也与我同体。”请先生解释。先生说：“你认为天地中间，什么是天地的心？”回答说：“我听说人是天地的心。”先生说：“人为什么被称作是天地的心呢？”回答说：“就是因为人的心灵。”先生说：“可见流行于天地之间的只有人的这个心灵，人只是因为形体与天地万物隔离开了。我的心灵就是天地鬼神的主宰。天如果没有我的心灵，谁去仰望它的高远？地如果没有我的心灵，谁去俯视它的深厚？鬼神如果没有我的心灵，谁去辨别它的吉凶与灾祥？天地鬼神万物离开了我的心灵，就不是天地鬼神万物了。我的心灵离开了天地鬼神万物，也就不再是我的心灵了。由此，人与天地万物都是一气相通的，怎么能把他们分开呢？”又问：“天地鬼神万物，千古长存，为什么没有我的心灵，就都不存在了呢？”先生说：“你去看看那些死人，他们的灵魂都游散了，他们的天地万物与鬼神又在哪里呢？”

【22】先生起行征思、田，德洪与汝中追送严滩，汝中举佛家实相幻相[①]之说。先生曰：“有心俱是实，无心俱是幻；无心俱是实，有心俱是幻。”汝中曰：“有心俱是实，无心俱是幻，是本体上说工夫；无心俱是实，有心俱是幻，是工夫上说本体。”先生然其言。洪于是时尚未了达，数年用功，始信本体、工夫合一。但先生是时因问偶谈，若吾儒指点人处，不必借此立言耳。

【注释】①实相、幻相：佛教用语。实相，就词义而言，指一切现象之真实不虚的相貌。就教理而言，与真如、涅槃、性空、法性、真性等概念含义雷同。幻相指一切虚幻不实的现象。

【译文】先生被起用征讨思恩、田州，我和王汝中一起送先生到严滩。王汝中提出佛教中的实相幻相问题请教于先生。先生说：“有心都是实相，无心都是幻相；无心都是实相，有心都是幻相。”王汝中说：“有心都是实相，无心都是幻相，这是从本体上说工夫；无心都是实相，有心都是幻相，这是从工夫上说本体。”先生赞同他的理解。我当时还没有理解，又经过几年工夫，才相信本体与工夫是统一的。但当时先生是因为王汝中提问偶然谈起，如果我们儒家教化人，不必借用这种说法来立论。

【23】尝见先生送一二耆宿出门，退坐于中轩，若有忧色。德洪趋进请问。先生曰：“顷与诸老论及此学，真圆凿方枘。此道坦如道路，世儒往往自加荒塞，终身陷荆棘之场而不悔，吾不知其何说也！”德洪退，谓朋友曰：“先生诲人，不择衰朽，仁人悯物之心也。”

【译文】我曾经看见先生送几位老先生出门，回来后坐在长廊上，似乎面带忧色。我上前询问先生。先生说：“刚刚和那几位老先生谈到我的致良知学说，真的就像要把方榫头放入圆榫眼中一样，格格不入。圣人之学像大路一样平坦，后世儒者往往自我昏聩闭塞，终身陷入荆棘中而不知道悔悟，我真不知道该说什么！”我出来对朋友说：“先生教导人，不管对方是否年老体衰，真是有一颗仁人爱物的心啊。”

【24】先生曰：“人生大病，只是一傲字。为子而傲，必不孝；为臣而傲，必不忠；为父而傲，必不慈；为友而傲，必不信。故象与丹朱俱不肖，亦是一傲字，便结果了此生。诸君常要体此。人心本是天然之理，精精明明，无纤介染着，只是一‘无我’而已。胸中切不可有，有即傲也。古先圣人许多好处，也只是无我而已，无我自能谦。谦者众善之基，傲者众恶之魁。”

【译文】先生说：“人生最大的毛病就是一个傲字。作为儿子如果傲慢，必定不孝顺；作为臣子如果傲慢，必定不忠诚；作为父亲如果傲慢，必定不慈爱；作为朋友如果傲慢，必定不诚信。所以象和丹朱都不肖，也就是因为这个傲字，断送自己的一生。你们要常常记住人心本来是天生的道理，精明纯净，没有丝毫污染，只是一个‘无我’罢了。因此，人心中千万不能‘有我’，‘有我’就是傲。古代圣人有许多优点，也就是‘无我’而已，‘无我’自然能够谦虚。谦虚是一切善的根基，傲慢是一切恶的魁首。”

【25】又曰：“此道至简至易的，亦至精至微的。孔子曰：‘其如示诸掌乎！’[①]且人于掌，何日不见？及至问他掌中多少文理，却便不知。即如我良知二字，一讲便明，谁不知得？若欲的见良知，却谁能见得？”问曰：“此知恐是无方体[②]的，最难捉摸。”先生曰：“良知即是‘易’，‘其为道也屡迁，变动不居，周流六虚，上下无常，刚柔相易，不可为典要，惟变所适’[③]。此知如何捉摸得？见得透时便是圣人。”

【注释】①语出《中庸》第十九章：“明乎郊社之礼，禘尝之义，治国其如示诸掌乎。”意为明白了祭祀天地的礼节和天子宗庙大祭与秋祭的意义，那么治理国家就像把东西放到手掌上一样容易。 ②语出《周易·系辞上》：“故神无方而易无体。” ③语出《周易·系辞下》。

【译文】先生又说：“良知之学是极其简单容易的，也是极其精粹微妙的。孔子说：‘其如示诸掌乎。’手掌对于人而言，哪天没看到呢？可是等你去问他手掌上有多少纹理时，他却不知道。这就像我说的良知一样，一说就明白，谁不知道？但如果要体认这个良知，又有谁能体认到呢？”问：“这个良知恐怕是没有方位形体的，所以最难把握。”先生说：“良知就是‘易’，‘它所体现的道理在于经常变动，运动变化不停，周遍流转六个爻位，爻的变化或者在上卦，或者在下卦，没有一定，或者阳爻变阴爻，或者阴爻变阳爻，不可以设下固定法则，只是趋向于变罢了’。这个良知怎么能把捉得住呢？体认通透了就是圣人。”

【26】问：“孔子曰：‘回也，非助我者也。’①是圣人果以相助望门弟子否？”先生曰：“亦是实话。此道本无穷尽，问难愈多，则精微愈显。圣人之言，本自周遍，但有问难的人，胸中窒碍，圣人被他一难，发挥得愈加精神。若颜子闻一知十，胸中了然，如何得问难？故圣人亦寂然不动，无所发挥，故曰‘非助’。”

【注释】①语出《论语·先进》：“子曰：‘回也非助我者也，于吾言无所不说。’”意为颜回不是对我有所帮助的那种人，对于我的话没有不喜欢的。

【译文】有人问：“孔子说：‘回也，非助我者也。’圣人是否真的希望弟子有助于他呢？”先生说：“这也是实话。圣人之道本来没有穷尽，诘问与质疑的越多，则精微之处就越发彰显。圣人的话本来就周全完满，但质疑询问的人，心中有疑问阻塞，圣人受他质疑与诘问的挑战，发挥得更加充分。像颜回那样的人，听一知十，道理已经了然于心，又怎么会去诘问呢？所以圣人也就不再多言，不怎么发挥，所以孔子说‘非助’。”

【27】邹谦之尝语德洪曰：“舒国裳曾持一张纸，请先生写‘拱把之桐梓’①一章。先生悬笔为书，到‘至于身而不知所以养之者’，顾而笑曰：‘国裳读书中过状元来，岂诚不知身之所以当养？还须诵此以求警！’一时在侍诸友皆惕然。”

【注释】①语出《孟子·告子上》：“孟子曰：‘拱把之桐梓，人苟欲生之，皆知所以养之者。至于身，而不知所以养之者，岂爱身不若桐梓哉？弗思甚也。’”

【译文】邹谦之曾经对我说："舒国裳曾拿一张纸，请先生书写'拱把之桐梓'一章。先生悬肘运笔，书写到'至于身，而不知所以养之者'时，回过头笑着说：'国裳读过书，中过状元，哪有不知道该怎样修身的？但他还是要诵读这一章来警醒自己！'一时间在座的朋友们都警觉起来。"

钱德洪跋

嘉靖戊子冬，德洪与王汝中奔师丧，至广信[1]，讣告同门，约三年收录遗言。继后同门各以所记见遗。洪择其切于问正者，合所私录，得若干条。居吴时，将与《文录》并刻矣。适以忧去未遂。当是时也，四方讲学日众，师门宗旨既明，若无事于赘刻者，故不复营念。去年，同门曾子才汉得洪手抄，复傍为采辑，名曰《遗言》，以刻行于荆。洪读之，觉当时采录未精，乃为删其重复，削去芜蔓，存其三之一，名曰《传习续录》，复刻于宁国[2]之水西精舍。今年夏，洪来游蕲[3]，沈君思畏[4]曰："师门之教久行于四方，而独未及于蕲。蕲之士得读遗言，若亲炙夫子之教；指见良知，若重睹日月之光。惟恐传习之不博，而未以重复之为繁也，请裒[5]其所逸者增刻之，若何？"洪曰："然。"师门致知格物之旨，开示来学，学者躬修默悟，不敢以知解承，而惟以实体得，故吾师终日言是，而不惮其烦；学者终日听是，而不厌其数。盖指示专一，则体悟日精，几迎于言前，神发于言外，感遇之诚也。今吾师之没，未及三纪，而格言微旨，渐觉沦晦，岂非吾党身践之不力，多言有以病之耶？学者之趋不一，师门之教不宣也。乃复取逸稿，采其语之不背者，得一卷。其余影响不真，与《文录》既载者，皆削之，并易中卷为问答语，以付黄梅尹张君增刻之。庶几读者不以知解承，而惟以实体得，则无疑于是录矣！嘉靖丙辰夏四月，门人钱德洪拜书于蕲之崇正书院。

【注释】①广信：今江西上饶。 ②宁国：今安徽宁国。 ③蕲：今湖北蕲春。 ④沈宠：字思畏，号古林，安徽宣城人，官至湖广兵备佥事。曾问学于欧阳德与王畿，是王阳明的再传弟子。 ⑤裒（póu），收集。

【译文】嘉靖七年（1528）冬天，我和王汝中到江西上饶处理先生的丧事，向同门子弟发出讣告，约定三年收集先生留传下来的话语。随后，同门子弟各自把自己记录的语录寄过来。我选择其中那些最能准确体现先生思想的话语，加上我自己所记录的，一共有若干条。在苏州时，我打算把这些语录同先生的《文录》一起刻印刊行。刚好赶上我回家守丧，未能如愿。当时各地讲学日益兴盛，先生的学说宗旨已经昌明天下，似乎没有必要再刊刻，所以我也就没再考虑这件事。去年，同门子弟曾才汉先生，得到了我的手抄本，又广为收集，取名为《遗言》，在荆州刻印刊行。我读了后，觉得当时采录不精当，于是删去其中重复的，去掉一些冗杂散乱的内容，保留了三分之一的内容，取名为《传习续录》，又在安徽宁国的水西书院刻印刊行。今年夏天，我到湖北蕲春，沈思畏先生对我说："先生的学说在其他地方传播已经很久了，唯独还没有传播到蕲春，这里的读书人如能读到《遗言》，就像亲自聆听了先生的教诲一样。理解了良知，就像重新看到日月的光辉。他们只担心先生语录流传学习得还不够广泛，而不会因为重复而觉得繁杂，恳请您收集那些散逸的语录加以增刻刊行，怎么样？"我说："行。"先生致知格物的宗旨，开导启发了以后求学的人。学者亲身修养，默默体验，不敢只从文词句义上解读先生的学说，而希望通过实践来体悟，所以先生整天讲而不厌其烦，学生们整天听而不嫌重复。由于指明的学术宗旨专一，因而体悟日益精深。精微之处往往在言说之前呈现，神妙的体验在言说之后如期而至，这确实体现了师生之间心灵感应的真诚。现在先生去世还不到三年，而他的言论与宗旨已经逐渐沉沦昏昧，这难道不是我们这些人躬行践履不着实，空谈过多而造成的弊端吗？学者们的志向不同，先生的学说不能发扬光大。于是我又收集了一些散逸的稿子，采纳其中没有违背先生原意的语录，汇编为一卷。其余一些传闻根据不真切，以及在《文录》中已经刊刻的，都删去，并把中卷改成问答的形式，交给黄梅的县令尹张先生增订刊行。希望读者不要从文词句义上理解，而能亲身切实践行体悟，那么就不会质疑此书的刊行了。

嘉靖三十五年（1556）夏天四月，学生钱德洪谨拜书于蕲春崇正书院。

附录一

传习录拾遗

【1】千古圣人只有这些子。又曰："人生一世，惟有这件事。"

【译文】千古圣人也只有这个东西。先生又说："人生一世，只有致良知这件事。"

【2】先生曰："良知犹主人翁，私欲犹豪奴悍婢。主人翁沉疴在床，奴婢便敢擅作威福，家不可以言齐矣。若主人翁服药治病，渐渐痊可，略知检束，奴婢亦自渐听指挥。及沉疴脱体，起来摆布，谁敢有不受约束者哉？良知昏迷，众欲乱行。良知精明，众欲消化，亦犹是也。"

【译文】先生说："良知好比是主人翁，私欲好比是凶悍的奴婢，主人翁卧病在床，奴婢便敢作威作福，家庭就得不到整治。如果主人翁服药治病，逐渐痊愈，稍微知道检点约束，奴婢也就自然逐渐听指挥。等到病痛完全脱身，起来主持家庭事务，谁敢不服约束呢？良知昏迷后，各种欲望横行。良知精明觉醒，各种欲望自然消除，也就像这样。"

【3】先生曰："合着本体的是工夫，做得工夫的方识本体。"

【译文】先生说："符合本体的是工夫，做了工夫的才能认识本体。"

【4】薛尚谦、邹谦之、马子莘、王汝止侍坐。请问乡愿、狂者之辩。曰："乡愿以忠信廉洁见取于君子，以同流合污无忤于小人。故'非之无举，刺之无刺'①。然究其心，乃知忠信廉洁，所以媚君子也；同流合污，所以媚小人也，其心已破坏矣，故不

可与入尧舜之道。狂者志存古人，一切纷嚣俗染，不足以累其心，真有凤凰干千仞之意。一克念，即圣人矣。惟不克念，故洞略事情，而行常不掩。惟行不掩，故心尚未坏而庶可与裁。”曰：“乡愿何以断其媚也？”曰：“自其讥狂狷知之。曰：‘何为踽踽凉凉？生斯世也，为斯世也，善斯可矣。’[②]故其所为，皆色取不疑，所以谓之似。然三代以下，士之取盛名于时者，不过得乡愿之似而已。究其忠信廉洁，或未免致疑于妻子也。虽欲纯乎乡愿，亦未易得，而况圣人之道乎？”曰：“狂狷为孔子所思，然至乎传道，不及琴张[③]辈，而传习曾子。岂曾子乃狂狷乎？”曰：“不然。琴张辈，狂者之禀也。虽有所得，终止于狂。曾子，中行之禀也。故能悟入圣人之道。”

【注释】①语出《孟子·尽心下》。 ②语出《孟子·尽心下》。③琴张：有人说是颛孙师，字子张。

【译文】薛尚谦、邹谦之、马子莘、王汝止陪先生在座。请问乡愿和狂者的区别。先生说：“乡愿因忠信廉洁被君子引为同道，因同流合污而不得罪于小人。所以‘批评他吧，没有什么可以拿来说的，指责他吧，又没有什么可以责骂的’。然而考究乡愿者的本心，就能知道他们的忠信廉洁是为了献媚于君子，他们的同流合污是为了取媚于小人，他们的本心已经破损，所以不能进入尧舜之道。狂者志向在于效法古人，一切尘世中的纷乱喧嚣和习俗，不足以牵累他们的本心，真有凤凰飞跃千仞之巅峰的心志。一旦克除私念，就是圣人了。不克除私念，所以洞察事情，常常行为放纵而不加修饰。正因为行为不加修饰，所以本心还没有损害，差不多可以栽培。”问：“怎么断定乡愿有谄媚心理呢？”先生说：“从他们讥笑狂者、狷者可以看出来。他们说：‘为什么要这样落落寡合呢？生活在这个时代，就为这个世道做点事，过得去就行了。’所以他们的所作所为，都是安于所取而不疑，所以称之为相似。然而三代以下，士大夫获取盛名以治世，不过和乡愿相似而已。考察他们的忠信廉洁，有时候恐怕连他们的妻子儿女都不免怀疑。即便想要纯粹归于乡愿，也不容易实现，何况圣人之道呢？”问：“孔子曾考虑过狂者和狷者这一类人，但至于传承圣人之道，并没有传给子夏、子张这些人，而传给了曾子。难道曾子是狂狷一类吗？”先生说：“不是的。子夏、子张这些人，是狂者的禀赋。虽然有所得，但最终只是狂者而已。曾子具有中道的禀赋，所以能体悟圣人之道。”

【5】南逢吉[1]曰：吉尝以《答徐成之书》请问。先生曰：“此书于格致诚正，及尊德性而道问学处说得尚支离。盖当时亦就二君所见者将就调停说过。细详文义，然犹未免分为两事也。”尝见一友问云：“朱子以存心、致知为二事。今以道问学为尊德性之功，作一事如何?”先生曰：“天命于我谓之性，我得此性之谓德。今要尊我之德性，须是道学问。如要尊孝之德性，便须学问个孝；尊弟之德性，便须学问个弟。学问个孝，便是尊孝之德性；学问个弟，便是尊弟之德性。不是尊德性之外，别有道问学之功；道问学之外，别有尊德性之事也。心之明觉处谓之知，知之存主处谓之心，原非有二物。存心便是致知，致知便是存心，亦非有二事。”曰：“存心恐是静养意，与道问学不同。”曰：“就是静中存养，还谓之学否？若亦谓之学，亦即是道问学矣。观者宜以此意求之。”

【注释】①南逢吉，南大吉之弟，字元贞，陕西渭南人。

【译文】南逢吉说：我曾经以《答徐成之书》这封信请教先生。先生说：“这封信对于格致诚正，以及尊德性而道问学这些地方讲得仍然有些支离。大概是因为当时就朱子、陆象山两人所认识到的东西将就调停。仔细考察文义，未免仍然分为两件事。”曾经看到一位朋友问先生：“朱子把存心和致知分为两件事，如今把道问学看做是尊德性的工夫，作为一件事看怎么样?”先生说：“天命赋予我的叫作性，我得到这个性叫作德。现在要尊崇我的德性，必须道问学。如果要尊重孝的德性，就必须去学习思考孝；尊崇悌的德性，就必须去学习思考悌。学习追问孝，就是尊崇孝的德性；学习追问悌，就是尊崇悌的德性。不是在尊崇德性之外，另有一个道问学的功夫；也不是在道问学之外，另有尊崇德性的事情。心的自觉明朗之处称之为良知，良知所存养的地方称之为心，原本就不是两个东西。存心就是致知，致知也就是存心，也不是两件事。”问：“存心似乎是静养的意思，和道问学不同。”先生说：“就是在宁静之中涵养，还称之为学习吗？如果也称之为学习，那就是道问学了。你们应当按照这种理解去思考。”

【6】先生曰："舜不遇瞽瞍，则处瞽瞍之物无由格。不遇象，则处象之物无由格。周公不遇流言忧惧，则流言忧惧之物无由格。故凡'动心忍性，增益其所不能'者，正吾圣门致知格物之学。正不宜轻易放过，失此好光阴也。知此则夷狄患难，将无入不自得矣。"

【译文】先生说："舜如果没有遭遇瞽瞍这样的父亲，那么和瞽瞍相处这件事就没办法端正。不遭遇象这样的兄弟，那么和象相处这件事就没法端正。周公如果不遭受流言蜚语和忧惧，那么流言蜚语、忧惧这种事情上就没办法端正。所以凡是'动心忍性，增加那些不能的'，正是我们儒家圣人致知格物的学问。就是不要轻易放弃，丧失这种好机会。理解了这一点，则身处未开化之地也好，身处患难之地也好，无论处于什么地位，都能从中有所得。"

【7】问："据人心所知，多有误欲作理，认贼作子处，何以乃见良知？"先生曰："尔以为何如？"曰："心所安处，才是良知。"曰："固是。但要省察，恐有非所安而安者。"

【译文】有人问："根据人心来认知，经常有时候误把人欲当做天理，认贼作子，怎么样才能呈现良知呢？"先生说："你认为要怎么做？"回答道："内心安定的时候才是良知。"先生说："这固然是。但还要反省，恐怕有些不应当安定的情形却安定了。"

【8】先生自南都以来，凡示学者，皆令存天理、去人欲以为本。有问所谓，则令自求之，未尝指天理为何如也。黄冈郭善甫[①]挈其徒良吉，走越受学。途中相与辩论，未合。既至，质之先生。先生方寓楼饘，不答所问，第目摄良吉者再，指所饘盂语曰："此盂中下乃能盛此饘，此案下乃能载此盂，此楼下乃能载此案，地又下乃能载此楼。惟下乃大也。"

【注释】①郭善甫，名庆，其余不详。

【译文】先生从南都以来，凡是跟学者们讲的，都是要以存天理、去人欲为本。有人问为什么要这样去做，先生就叫他们自己去探求，而不指出天理是什么。黄冈郭善甫带着他的弟子良吉，前来浙江绍兴求学。途中师徒两人互相辩论，分歧很大。到了后，两人请教于先生。先生刚在住所吃饭，没有回答他的提问，只是两次用严厉的目光震慑良吉，指着盛粥的钵子说："这个钵中间凹陷下去才能盛这个粥，这个桌子在下面才能放这个钵子，这个楼在下面才能存放这个桌子，土地在下面才能承载这栋楼。只有处下才是大。"

【9】一日，市中哄而诟，甲曰："尔无天理。"乙曰："尔无天理。"甲曰："尔欺心。"乙曰："尔欺心。"先生闻之，呼弟子，曰："听之。夫夫哼哼讲学也。"弟子曰："诟也，焉学？"曰："汝不闻乎？曰'天理'，曰'心'，非讲学而何？"曰："既学矣，焉诟？"曰："夫夫也，惟知责诸人，不知及诸己故也。"

【译文】一天，集市中有人闹哄哄地叫骂。甲说："你没有天理。"乙说："你没有天理。"甲说："你欺骗自己的良心。"乙说："你欺骗自己的良心。"先生听见了，叫弟子前来说："你们听，这些人都是在讲学呢！"弟子说："他们在互相诟骂，怎么是讲学？"先生说："你没有听见吗？他们讲'天理'，讲'良心'，这不是讲学是什么呢？"弟子说："既然学习了，为什么还要骂人？"先生说："这些人，只知道指责别人，不知道反省自己。"

【10】先生尝曰："吾良知二字，自龙场以后，便已不出此意，只是点此二字不出。于学者言，费却多少辞说。今幸见出此意，一语之下，洞见全体，真是痛快，不觉手舞足蹈。学者闻之，亦省却多少寻讨功夫。学问头脑，至此已是说得十分下落。但恐学者不肯直下承当耳。"又曰："某于良知之说，从百死千难中得来，非是容易见得到此。此本是学者究竟话头。可惜此理沦埋已久，学者苦于闻见障蔽，无入头处。不得已与人一口说尽，但恐学者得之容易，只把作一种光景玩弄，孤负此知耳。"

【译文】先生曾经说："我所说的良知两个字，自从离开龙场以后，就没有超出这个宗旨，就是讲这两个字不出。对于求学的人来说，费劲了不少言辞。如今有幸呈现这个宗旨，一语之下，洞察了良知全体，真是痛快，不知不觉手舞足蹈了。学者听到这个宗旨，也节省了不少探究的工夫。学问的宗旨，说到这里已经是十分彻底。就怕学者不能直接接受罢了。”又说：“我的良知学说，是从无数次生死困境之中体验出来的，不是很容易理解到这一点。这本来是学者们追求的终极之言。可惜这个道理埋没很久了，学者们因为受所见所闻的遮蔽，不知如何下手。不得已跟别人只用两个字来概括，就怕学者们很容易地获得，却把它当做一种玄妙的景象来对待，辜负了这个良知。”

【11】语友人曰：“近欲发挥此，只觉有一言发不出。”津津然含诸口，莫能相度。久乃曰：“近觉得此学更无有他，只是这些子，了此更无余矣。”旁有健羡不已者，则又曰：“连这些子亦无放处，今经变后始有良知之说。”

【译文】先生对友人说：“近来想要发挥这一点，就是感觉有一句话讲不出来。”像嘴里含着东西一样，不能揣度。过了一会才说：“近来感觉这个学问再没有别的什么东西，就是这些，领悟了这一点也就没有遗憾了。”旁边有人羡慕不已，先生又说：“连这一点点东西也没有存放之处，如今改变一下才有良知的学说。”

【12】一友侍，眉间有忧思，先生顾谓他友曰：“良知固彻天彻地，近彻一身。人一身不爽，不须许大事，第头上一发下垂，浑身即是为不快。此中那容得一物耶？”

【译文】一位朋友陪伴先生，眉宇间有忧思，先生回头对其他朋友说：“良知本来是贯通天地，贯通人全身。人身体不爽快时，未必一定是什么大事，哪怕只是头上一根头发垂下来，浑身就感觉不爽快。良知哪能容忍一个事物的变化却不知？”

【13】先生初登第时，上边务八事①，世艳称之。晚年有以为问者，先生曰：“此吾少时事，有许多抗厉气。此气不除，欲以身任天下，其何能济？”或又问平宁藩，先生曰：“当时只合如此做，但觉来尚有挥霍意。使今日处之，更别也。”

【注释】①上边务八事：弘治十二年（1499），当时朝廷正在热议西北边防事务问题，王阳明上疏，提出从八个方面改进边防事务的措施。

详见《王阳明全集》卷九《陈言边务疏》。

【译文】先生刚登进士第的时候，上疏谈论西北边疆防务八个方面的工作，当世之人盛赞先生这一举动。晚年有人拿这件事情来请教先生。先生说："那是我年轻时候的事情，当时有许多冲动和豪气。这种毛病不摒除，想要投身治理天下，怎么能够成功呢？"有人请问先生平定宁藩之事，先生说："当时是应当这样去做，但感觉还是有些放纵的意思。假使今天碰到这样的事情，就会另外相待了。"

【14】直问："许鲁斋言学者以治生为首务，先生以为误人，何也？岂士之贫，可坐守不经营耶？"先生曰："但言学者治生上尽有工夫，则可；若以治生为首务，使学者汲汲营利，断不可也。且天下首务，孰有急于讲学耶？虽治生亦是讲学中事，但不可以之为首务，徒启营利之心。果能于此处调停得心体无累，虽终日做买卖，不害其为圣为贤。何妨于学？学何贰于治生？"

【译文】黄直问："许鲁斋说学者以治理生计为首要任务，先生认为这是误人，为什么呢？难道贫困的读书人，可以安于贫困不去经营致富吗？"先生说："如果说学者在治理生计中有笃实的工夫是可以的，但如果说把治理生计看做是首要任务，使学者们忙于追逐实利，就万万不可。并且天下首要的任务，哪有比讲学更为急迫的呢？虽然治理生计也是讲学中的事情，但不能将它看做是首要任务，这样只会开启学者们的逐利之心。如果能够在这个地方调整心体，没有牵累，那么即便整天做买卖，也不妨碍他成为圣贤。哪里会妨碍学问？学问怎么会与治理生计分开呢？"

【15】先生曰："凡看书，培养自家心体。他说得不好处，我这里用得着，俱是益。只要此志真切。有昔郢人夜写书与燕国[①]，误写举烛二字。燕人误解：烛者明也，是教我举贤明其理也，其国大治。故此志真切，因错致真，无非得益。今学者看书，只要归到自己身心上用。"

【注释】①郢书燕说：典出《韩非子·外储说左上》，意为穿凿曲解。

【译文】先生说："看书是为了培养自己的心体。别人说的不好的地方，我这里如果能够用得上，都是有好处的。只要这个志向真切。曾经有个楚国人晚上写信给燕国，将举烛两个字写错了。燕国人误解为：烛是明亮的意思，这是教我举荐贤明之人来治理国家，后来他的国家臻于至治。所以这个志向真切笃实，错误反而导致了真诚，无不得益。如今学者看书，就是要归结到自己身心上去。”

【16】从目所视，妍丑自别，不作一念，谓之明。从耳所听，清浊自别，不作一念，谓之聪。从心所思，是非自别，不作一念，谓之睿。

【译文】顺从自己的眼睛去看，美与丑自然区别开来，不产生私念，称之为明。顺从耳朵去听，清音浊音自然区别开，不产生私意，称之为聪顺。依从本心去思考，是非自然区别开，不产生私念，称之为睿。

【17】尝闻先生曰：“吾居龙场时，夷人言语不通，所可与言者中土亡命之流。与论知行之说，更无抽格。久之，并夷人亦欣欣相问。及出与士夫言，反多纷纷同异，拍格不入。学问最怕有意见的人，只患闻见不多。良知闻见益多，覆蔽益重。反不曾读书的人，更容易与他说得。”

【译文】曾经听先生说：“我在龙场住的时候，少数民族语言不通，能够说得上话的都是中原亡命之徒。跟他们讲知行学说，没有隔阂。久而久之，少数民族的人也高兴地来求教。等到离开龙场和士大夫们谈话，反而分歧纷纷扰扰，格格不入。学问最怕有私意的人，只担心所见所闻不够丰富。良知因为闻见越多，反而遮蔽越严重。反而那些不读书的人，更加容易和他说得明白。”

【18】先生用功，到人情事变极难处时，见其愈觉精神。向在洪都处张、许之变①，尝见一书与邹谦之，云：“自别省城，即不得复有相讲如虔中者。虽自己柁柄不敢放手，而滩流悍急，须仗有方如吾谦之者持篙而来，庶能相助，更上一滩耳。”

【注释】①张、许之变：正德十四年（1519），王阳明平定宁王叛乱，生擒朱宸濠，但太监张忠、安边伯许泰等商议释放朱宸濠，让明武宗亲自率军和他交战，然后再平定他，以此奏凯论功。

【译文】先生用功，在人情事变极其艰难的时候，越能觉得精神抖擞。以前在洪都遭遇张许兵变，曾看见他写一封信给邹谦之说：“自从省城一别，就再也没有看到像在虔中讲学时的人。虽然自己掌握着船舵不敢放手，但是河滩水流太急，必须依仗像谦之这样的人拿着船篙前来，或许能帮得上忙，再上一河滩。”

【19】门人有疑知行合一之说者。直曰：“知行自是合一。如今人能行孝，方谓之知孝。能行弟，方谓之知弟。不是只晓得个孝字弟字，遽谓之知。”先生曰：“尔说固是。但要晓得一念动处，便是知，亦便是行。”

【译文】门人中有人怀疑知行合一学说。黄直说：“知行本就是合一。如今人们能做孝顺的事，才称之为知道孝顺。能做尊敬兄长的事，才称之为知道悌。不是仅仅知道了个孝字和悌字，就可以称之为知道孝知道悌。”先生说：“你所讲的诚然是。但要知道思虑一发动时就是知，也就是行。”

【20】先生曰：“人必要说心有内外，原不曾实见心体。我今说无内外，尚恐学者流在有内外上去。若说有内外，则内外益判矣。况心无内外，亦不自我说。明道《定性书》有云：‘且以性为随物于外，则当其在外时，何者为在内！’[①]此一条最痛快。”

【注释】①语出程颢《答横渠张子厚先生书》，见《河南程氏文集》卷二。

【译文】先生说：“人们一定要说心有内外，原本并没有真正领悟心体。我现在说心没有内外，还是担心学者们沉浸在有内外之分上去。如果说有内外，那么内外之别更明显了。何况心没有内外，也不是我最先讲的。程明道的《定性书》曾说：‘如果认为本性随着外物到了外面，那么当他在外面的时候，什么东西在里面呢！’这一句话说得最痛快！”

【21】或问：“孟子‘始条理者智之事，终条理者圣之事’[①]。知行分明是两事。”直曰：“要晓得始终条理，只是一个条理而始终之耳。”曰：“既是一个条理，缘何三子却圣而不智？”直曰：

"也是三子所知分限只到此地位。"先生尝以此问诸友。黄正之曰："先生以致知各随分限之说，提省诸生。此意最切。"先生曰："如今说三子，正是此意。"

【注释】①语出《孟子·万章下》："金声也者，始条理也；玉振之也者，终条理也。始条理者，智之事也；终条理者，圣之事也。"

【译文】有人问："孟子所讲的'条理的开始在于智，条理的终结在于圣'，知行分明是两件事。"黄直说："要知道始终条理，只是一个条理而贯穿始终而已。"问："既然只是一个条理，为什么伯夷、伊尹、柳下惠三个人是圣而不智慧？"黄直说："这是三个人的材质只能达到这个程度。"先生曾经拿这个问其他人。黄正之说："先生认为致知是每个人各随自己的材质去做，提醒了各位弟子，这个用意最真切。"先生说："现在以这三个人为例来讲，正是这个意思。"

【22】先生曰："'易则易知'[①]，只是此天理之心，则你也是此心。你便知得人人是此心，人人便知得，如何不易知？若是私欲之心，则一个人是一个心，人如何知得？"

【注释】①语出《周易·系辞上》："乾以易知，坤以简能。易则易知，简则易从。"意为乾以平易作为智慧，坤以简单作为它的性能，平易就容易理解，简单就容易遵从。

【译文】先生说："'易则易知'，就是指这个蕴含天理的心。你也有这个心，你就知道人人都有这个心，人人都知道，怎么不容易理解？如果这个心是充满私欲的心，那么一个人就是一个心，人怎么能够知道呢？"

【23】先生曰："人但一念善，便实实是好；一念恶，便实实是恶。如此才是学。不然，便是作伪。"尝问门人：圣人说"知之为知之"[①]二句，是何意思？二友不能答。先生曰："要晓得圣人之学，只是一诚。"直自陈喜在静上用功。先生曰："静上用功固好，但终自有弊。人心自是不息，虽在睡梦，此心亦是流动。如天地之化，本无一息之停。然其化生万物，各得其所，却亦自静也。此心虽是流行不息，然其一循天理，却亦自静也。若专在

静上用功，恐有喜静恶动之弊。动静一也。”直曰：“直固知静中自有知觉之理。但伊川答吕学士[②]一段可疑。伊川曰：‘贤且说静时如何？’吕学士曰：‘谓之有物则不可，然自有知觉在。’伊川曰：‘既有知觉，却是动也。如何言静？’[③]”先生曰：“伊川说还是。”直因思伊川之言，分明以静中无知觉矣。如何谓伊川说还是？考诸晦翁亦曰：“若云知寒觉暖，便是知觉已动。”[④]又思知寒觉暖，则知觉着在寒暖上，便是已发。所谓有知觉者，只是有此理，不曾着在事物，故还是静。然瞌睡也有知觉，故能做梦，故一唤便醒。槁木死灰，无知觉，便不醒矣。则伊川所谓：“既有知觉，却是动也，如何言静？”正是说静而无静之意，不是说静中无知觉也。故先生曰：“伊川说还是。”

【注释】①语出《论语·为政》：“知之为知之，不知为不知，是知也。”意为知道就是知道，不知道就是不知道，这就是聪明智慧。 ②吕大临（1044—1090），字与叔，京兆蓝田（今陕西蓝田）人，先投身张载门下，后问学于二程，理学家。 ③语出程颐《答苏季明》，见《河南程氏遗书》卷十八。 ④语出朱熹《朱子语类》卷九十六：“如知得寒，觉得暖，便是知觉一个物事。”

【译文】先生说：“人如果一想到善，就实实在在地去洗好它，一想到恶，就实实在在地去厌恶它。这样才是为学。不然，就是作伪。”先生曾经问门人：“圣人说‘知之为知之’两句是什么意思？”两位朋友不能回答。先生说：“要知道圣人之学，就是一个意念真诚。”黄直自陈喜欢在宁静上用功。先生说：“宁静上用功固然不错，但终究有毛病。人心本来生生不息，即便在睡梦之中，也还在运动。就像天地变化，本没有一刻停息。然而天地生化万物，万物各得其所，但也是自然宁静。这个心虽然运转不停息，但始终遵循天理，也是自然宁静。如果专门在宁静上用功，恐怕会有喜欢宁静厌恶运动的弊端。动静本就是一体。”黄直说：“我确实知道宁静中自然有知觉的道理，但我对程伊川回答吕大临一段话有疑问。伊川说：‘你且说宁静时是什么样？’吕大临说：‘不能说宁静时有一事物在，但知觉确实存在。’伊川说：‘既然有知觉，就是运动了，怎么说宁静呢？’”先生说：“伊川说的对。”黄直琢磨伊川的话，分明是认为宁静中没有知觉，为什么说伊川讲的正确？考察朱熹也曾讲过：“如果说知道寒冷和暖和，就是知觉已经在运动了。”又想知觉寒暖，知觉到了寒暖，就是已发。所谓有知觉，就是有这个天理之心，但还没有附着在事物上，所以还是宁静状态。瞌睡时也有知觉，所以能做梦，所以一喊就醒来。如果是槁木死灰，就没有知觉，也就不醒了。伊川所谓：“既然有了知觉，就是运动了，怎么能说宁静呢？”正是讲宁静但不是有意识地去宁静，不是说宁静时没有人的知觉活动。所以先生认为伊川说的对。

【24】直问：“戒慎恐惧是致和，还是致中？”先生曰：“是和上用功。”曰：“《中庸》言致中和。如何不致中？却来和上用功？”先生曰：“中和一也，内无所偏倚。少间发出，便自无乖戾。本体上如何用功？必就他发处，才着得力。致和便是致中。万物育，便是天地位。”直未能释然。先生曰：“不消去文义上泥，中和是离不得底。如面前火之本体是中，火之照物处便是和。举着火，其光便自照物。火与照如何离得？故中和一也。近儒亦有以戒惧即是慎独非两事者。然不知此以致和即便以致中也。”他日崇一谓直曰：“未发是本体，本体自是不发底。如人可怒，我虽怒他，然怒不过当，却也是此本体未发。”后以崇一之说问先生，先生曰：“如此却是说成功。子思说发与未发，正要在发时用功。”

【译文】黄直问：“戒慎恐惧是达到和的状态，还是达到中的状态？”先生说：“是和上用功。”黄直说：“《中庸》讲致中和，为什么不致中，却去和上用功？”先生说：“中和是一体，内部没有偏倚。稍微发出来，自然没有乖离。本体上怎么用功？必须从他发动处用功，才用得上力。达到和就是达到中。万物化育，就是天地各得其位。”黄直没有理解。先生说：“不必在文义上咬文嚼字，中和是不能分开的。比如火的本体是中，火照耀事物的地方就是和。举起火把，火的光芒自然就照耀事物，火与照耀怎么分得开？所以说中和是一体。近来儒者也有人认为戒惧就是慎独，不是两件事。但不知道以这个达到和也就是达到中。”另外一天，欧阳德对黄直说：“未发是本体，本体自然是不发散。比如人可以发怒，我虽然对他发怒，但怒气不过火，也应当是本体未发状态。”后来黄直把崇一的说法拿去请教先生，先生说：“这种说法是在讲结果。子思说发和未发，正是要在发出时用功。”

【25】艾铎问："如何为天理？"先生曰："就尔居丧上体验看。"曰："人子孝亲，哀号哭泣。此孝心便是天理。"先生曰："孝亲之心真切处才是天理。如真心去定省问安，虽不到床前，却也是孝。若无真切之心，虽日日定省问安，也只与扮戏相似，却不是孝。此便见心之真切，才为天理。"

【译文】艾铎问："怎么做才是天理？"先生说："就从你守孝这件事上去体验。"艾铎说："为人之子，孝顺尊亲，哀号哭泣。这个孝心就是天理。"先生说："真真切切孝顺尊亲的心才是天理。如果真心去早晚问安，虽然没有到床前，也是孝顺。如果没有真切的孝心，虽然天天早晚问安，也就和演戏一样，不是孝。由此可知，真真切切的心才是天理。"

【26】直问："颜子择中庸，是如何择？"先生曰："亦是戒慎不睹，恐惧不闻。就己心之动处，辨别出天理来。'得一善'，即是得此天理。"后又与正之论颜子"虽欲从之，末由也已"。正之曰："先生尝言：'此是见得道理如此。如今日用，凡视听言动，都是此知觉。然知觉却在何处？捉定不得。所以说"虽欲从之，末由也已。"颜子见得道体后，方才如此说。'"

【译文】黄直问："颜回选择中庸，请问如何选择？"先生说："也是在别人看不到的地方保持谨慎，在别人听不到的地方保持敬畏。从自已的内心活动中去辨别天理。'得一善'就是得到这个天理。"后来又和黄正之讨论颜子"要想再向前迈进一步，又不知怎样着手了"。黄正之说："先生曾说：'这是理解了圣人之道后才如此。如今日常用功，凡是视听言动，都是这个知觉。然而知觉在哪里？把捉不得。所以说"要想再向前迈进一步，又不知怎样着手了。"颜子见到大道本体后，才这样说。'"

【27】直问："'物有本末'一条，旧说似与先生不合。"先生曰："譬如二树在此，一树有一树之本末。岂有以一树为本、一树为末之理？明德亲民，总是一物，只是一个工夫。才二之，明德便是空虚，亲民便是袭取矣。'物有本末'云者，乃指定一物

而言。如实有孝亲之心，而后有孝亲之仪文节目。‘事有终始’云者，亦以实心为始，实行为终。故必始焉有孝亲之心，而终焉则有孝亲之仪文节目。事长、事君，无不皆然。自意之所着谓之物，自物之所为谓之事。物者事之物，事者物之事也，一而已矣。”

【译文】黄直问：“‘物有本末’一节，先前的学说似乎和先生所讲的不一致。”先生说：“譬如两棵树在这里，一棵树有一棵树的本末。岂有把一棵树做本，另一棵树做末的道理？明德亲民，都是一个东西，就是一个工夫。一旦把它们分开，明德就是空虚，亲民就是逢场作戏。‘物有本末’，是就一个具体事物而言。比如确实有孝亲的心，然后才有孝亲的各种礼节程序。讲‘事有终始’，也是以实实在在的心作为开始，实实在在的行动为终点。所以必须一开始有孝亲的心，最终才有孝亲的礼仪程序。侍奉长辈、侍奉君主，都是这样。从意念所附着的角度来说称之为物，从作用于事物而言叫做事。物是事情中的事物，事情是关于事物的事情，都是一体的。”

【28】先生曰：“朋友相处，常见自家不是，方能点化得人之不是。善者固吾师，不善者亦吾师。且如见人多言，吾便自省亦多言否？见人好高，吾自省亦好高否？此便是相观而善，处处得益。”

【译文】先生说：“朋友之间相处，常常看到自己的不对，才能指点出别人的不对。善者固然是我的老师，不善者也是我的老师。比如看见别人话很多，我就反省自己是否也话多？看见别人好高骛远，我反省自己是否也好高骛远？这就是互相考察而达到善，随处获益。”

【29】先生曰：“至诚能尽其性①，亦只在人物之性上尽。离却人物，便无性可尽得。能尽人物之性，即是至诚致曲②处。致曲工夫，亦只在人物之性上致，更无二义。但比至诚有安勉不同耳。”

【注释】①语出《中庸》第二十二章：“唯天下至诚，为能尽其性；能尽其性，则能尽人之性；能尽人之性，则能尽物之性。” ②致曲：语出《中庸》第二十三章："其次致曲，曲能有诚，诚则形，形则著，著则明，明则动，动则变，变则化，唯天下至诚为能化。"

【译文】先生说："至诚能够充分发挥本性，也只有在人和物上才能充分发挥本性。离开人和物，也就没有本性可以去发挥了。能够充分发挥人和物的本性，就是至诚致曲的地方。致曲工夫，也就是在人和物的本性上去实现，再没有其他理解。但和至诚相比，有'生知安行'与'困知勉行'的区分。"

【30】先生曰："学者读书，只要归在自己身心上。若泥文着句，拘拘[①]解释，定要求个执定道理，恐多不通。盖古人之言，惟示人以所向往而已。若于所示之向往，尚有未明，只归在良知上体会方得。"

【注释】①拘拘：即拘拘，拘泥的样子。

【译文】先生说："学者读书，只要在自己身心上用功。如果拘泥于文句，咬文嚼字，一定要追求一个不变的道理，恐怕多有不通。通常古人的言论，只是告诉人所追求的目标而已。如果对于所揭示的目标，还有不明白，只有回到良知上体会才能得到。"

【31】先生曰："气质犹器也，性犹水也。均之水也，有得一缸者，得一桶者，有得一甕者，局于器也。气质有清浊、厚薄、强弱之不同，然其为性则一也。能扩而充之，器不能拘矣。"

【译文】先生说："气质好比容器，性好比是水。考察水，有人得到一缸水，有人得到一桶水，有人得到一钵水，这是因为容器的大小所致。气质有清浊，厚薄，强弱的不同，然而本性都是一样的。能够扩充开来，容器不能限制它。"

【32】直问："'圣人情顺万事而无情'。夫子哭则不歌，先儒解为余哀未忘[①]，其说如何？"先生曰："情顺万事而无情，只谓应物之主宰，无滞发于天理不容已处，如何便休得？是以哭则不歌。终不然只哭一场后，便都是乐？更乐更无痛悼也。"

【注释】①余哀未忘：朱熹《论语集注》曰："日之内，余哀未忘，自不能歌也。”

【译文】黄直问：“‘圣人情顺万事而无情’，孔子哭泣则不再唱歌，朱子解释为哀痛还没有完全忘记，这种说法怎么样?”先生说：“情顺万事而无情，是说顺应万物的主宰，不在天理不容的地方停滞，怎么能够停止？所以哭则不歌。难道只哭过一场后，便都是快乐？变成快乐后就没有痛苦哀悼了。”

【33】或问：“致良知工夫，恐于古今事变有遗?”先生曰：“不知古今事变从何处出，若从良知流出，致知焉尽之矣。”

【译文】有人问：“致良知工夫，恐怕对于古往今来的事情有所遗漏?”先生说：“不知道古往今来的事情变化从哪里产生，如果从良知产生出来，那么致良知就足够了。”

【34】先生曰：“颜子‘欲罢不能’，是真见得道体不息，无可罢时。若功夫有起有倒，尚有可罢时，只是未曾见得道体。”

【译文】先生说：“颜子‘欲罢不能’，是确实体验得道体生生不息，没有停止之时。如果工夫有起落，还有停止的时候，只因为没有体验道体。”

【35】先生曰：“夫妇之与知与能①，亦圣人之所知所能。圣人之所不知不能，亦夫妇之所不知不能。”又曰：“夫妇之所与知与能，虽至圣人之所不知不能，只是一事。”

【注释】①语出《中庸》第十二章：“君子之道费而隐。夫妇之愚，可以与知焉，及其至也，虽圣人亦有所不知焉；夫妇之不肖，可以能行焉，及其至也，虽圣人亦有所不能焉。”

【译文】先生说：“普通人可以知道的与有能力去做的，也是圣人所知道的和所能做到的。圣人所不知道的和不能做到的，也是普通人所不知道的和不能做到的。”又说：“普通人可以知道的和能够做到的，以及圣人所不知道的和不能做到的，就是一件事。”

【36】先生曰：“虽小道必有可观，如虚无、权谋、术数、技能之学，非不可超脱世情。若能于本体上得所悟入，俱可通入精

妙。但其意有所着，欲以之治天下国家，便不能通，故君子不用。”

【译文】先生说：“虽然是小技巧也一定有值得肯定的地方，如虚无之术、权谋之术、术数之学、技能之学，并非不可超脱世情。如果能在本体上有所体悟，都可以进入精妙。但是这些小技艺毕竟拘执于具体事物，想要用这些技艺来治理天下是行不通的，所以君子不采用。”

【37】童克刚[①]问：“《传习录》中以精金喻圣，极为明切。惟谓孔子分两不同万镒之疑，虽有躯壳起念之说，终是不能释然。”师不言，克刚请之不已。师曰：“看《易经》便知道了。”克刚必请明言。师乃叹曰：“蚤知如此起辨生疑，当时便多说这一千也得。今不自锻炼金之成色，只是问他人金之轻重。奈何!”克刚曰：“坚若蚤得闻教，必求自见。今老而幸游夫子之门，有疑不决。怀疑而死，终是一憾。”师乃曰：“伏羲作易，神农、黄帝、尧、舜用易，至于文王演卦于羑里，周公又演爻于居东。二圣人比之用易者似有间矣。孔子则又不同。其壮年之志，只是东周，故梦亦周公[②]。尝曰：‘文王既没，文不在兹乎?’[③]自许其志，亦只二圣人而已。况孔子玩《易》，韦编乃至三绝[④]，然后叹易道之精，曰：‘假我数年，五十以学易，可以无大过。’[⑤]比之演卦演爻者更何如？更欲比之用易如尧、舜，则恐孔子亦不自安也。其曰：‘我非生而知之者，好古以求之者。’[⑥]又曰：‘若圣与仁，则吾岂敢？抑为之不厌。’[⑦]乃其所至之位。”

【注释】①童世坚，字克刚，连城人，王阳明的学生。 ②语本《论语·述而》：“甚矣，吾衰也。久矣，吾不复梦见周公。”意为我衰老得太厉害了，我好长时间没有再梦见周公了。 ③语出《论语·子罕》，意为周文王死了以后，一切文化遗产不都在我这里吗？ ④语本《史记·孔子世家》：“孔子晚而喜《易》，读《易》，韦编三绝。”意为孔子晚年喜好《周易》，读《周易》，穿竹筒的牛皮断了很多次。 ⑤语出《论语·述而》，意为让我多活几年，到五十岁时去学习《易经》，便可以没有大过错了。 ⑥语出《论语·述而》：“我非生而知之者，好古，敏以求之者。”意为我不是生来就有知识的人，而是爱好古代文化，勤奋去探求的人。 ⑦语出《论语·述而》，意为讲到圣和仁，我怎么敢当？不过是学习和做事总不厌倦。

【译文】童克刚问：“《传习录》中以纯金比喻圣人，极为精当准确。只是说孔子分量不同于万镒的疑问，虽然您指出这是执着于形式，但终究不能理解。”先生没有回答。童克刚反复请教。先生说：“看《易经》就知道了。”童克刚一定要请先生说明白。先生于是感叹道：“早知因为这样而产生争议和疑问，当时就多说这一千两也罢。如今不自己去锻炼金子的成色，却质问别人金子的轻重。怎么办呢！”童克刚说：“我要早听到您的教导，必定追求自己明白。如今老了，有幸在先生门下求教，有疑问却不解决，怀着疑问而死，终究是一个遗憾。”先生说：“伏羲制作易，神农、黄帝、尧、舜使用易，至于周文王在羑里制作卦，周公居东制作爻，两位圣人和使用易的人相比，似乎有区别。孔子则又不同，他壮年时的志向只是向往东周的治理盛况，所以梦里也是周公。他曾经说：‘文王既没，文不在兹乎？’自己许下志向，也只是学习两个圣人而已。何况孔子研读《周易》，韦编三绝，然后感叹周易之道理的精深，他说：‘假我数年，五十以学《易》，可以无大过。’和文王推演卦、周公推演爻相比，孔子地位如何呢？进一步去和使用易的尧、舜相比，恐怕孔子自己也不会安心。他说：‘我非生而知之者，好古以求之者。’又说：‘若圣与仁，则吾岂敢？抑为之不厌。’这是他所能达到的地位。”

【38】先生曰：“吾昔居滁时，见学者徒为口耳同异之辩，无益于得，且教之静坐，一时学者亦若有悟。但久之渐有喜静厌动，流入枯槁之病，故迩来只指破致良知工夫。学者真见得良知本体，昭明洞彻，是是非非，莫非天则。不论有事无事，精察克治，俱归一路，方是格致实功，不落却一边。故较来无出致良知，话头无病。何也？良知原无间动静也。”

【译文】先生说：“我曾经住滁州时，看到学者只在所说所闻上辨析同异，无益于身心所得，于是姑且叫他们静坐，一时学者们也好像有所领悟。但时间长了，就逐渐喜好安静厌恶运动，导致枯槁沉寂的毛病，所以近来只讲致良知工夫。学者真正能领悟良知本体光明洞察，那么一切是非都循于天理。不论有事时还是无事时，深刻省察克制，都同归为一条路，这才是格物致知的切实工夫，不会偏在一边。所以仔细考量，只有致良知这话没有弊病。为什么呢？因为良知原本不分动静。”

【39】曰：“昔孔门求中行之士不可得[①]，苟求其次，其惟狂者乎！狂者志存古人，一切声利纷华之染，无所累其衷，真有凤皇翔于千仞气象。得是人而裁之，使之克念，日就平易切实，则去道不远矣。予自鸿胪以前，学者用功尚多拘局。自吾揭示良知，头脑渐觉，见得此意者多，可与裁矣。”

【注释】①语出《论语·子路》：“子曰：‘不得中行而与之，必也狂狷乎！狂者进取，狷者有所不为也。’”

【译文】先生说：“从前孔子寻求不到行为符合中道的人，如果求其次，那么只有狂者了。狂者志向要做古人，一切声音利益等纷纷扰扰，不能牵累其内心，确实有凤凰飞翔于千仞之高的气象。如果能够栽培这种人，使他们克制私念，日益平易切实，那么离圣人之道就不远了。在我升任南京寺卿以前，学者们用功还有很多拘谨。自从我揭示出良知，学者们逐渐觉悟，体会到良知的人多起来，可以栽培了。”

【40】先生尝语学者曰：“作文字亦无妨工夫。如‘诗言志’，只看尔意向如何。意得处自不能不发之于言，但不必在词语上驰骋，言不可以伪为。且如不见道之人，一片粗鄙心，安能说出和平话？总然都做得，后一两句，露出病痛，便觉破此文原非充养得来。若养得此心中和，则其言自别。”

【译文】先生曾经对学者说：“写文学诗词也不妨碍做工夫。像‘诗言志’，关键是看你的意向怎么样。领会到了深意自然不能不说出来，但不必浸淫于文辞，不能说一些虚假的话。就像没有体悟圣人之道的人，内心粗俗鄙陋，怎么能说出心平气和的话呢？纵然写得出文章，但最后一两句露出毛病，就会看清楚这种文章原本不是靠冒充做得出来的。如果涵养这个心到中和状态，那么说出的话自然就不同。”

【41】门人有欲汲汲立言者，先生闻之，叹曰：“此弊溺人，

其来非一日矣。不求自信，而急于人知，正所谓‘以己昏昏，使人昭昭’①也。耻其名之无闻于世，而不知知道者视之，反自贻笑耳。宋之儒者，其制行磊荦，本足以取信于人，故其言虽未尽，人亦崇信之，非专以空言动人也。但一言之误，至于误人无穷，不可胜救。亦岂非汲汲于立言者之过耶？”

【注释】①语出《孟子·尽心下》：“孟子曰：‘贤者以其昭昭，使人昭昭；今以其昏昏，使人昭昭。’”意为贤人必须先使自己彻底明白了，然后才去使别人明白；今天的人，自己还模糊不清，却用这些模糊不清的东西去使别人明白。

【译文】门人中有人想要急切地确立自己的学说，先生听说了，感叹道：“这个弊病害人，由来已久。不追求自己相信，而急切地想要别人知道，这正是孟子所说的‘以己昏昏，使人昭昭’。耻于自己的名字不被世人所知晓，而不知在得道之人看来，反而遭到别人讥笑。宋代儒者，他们的德行光明坦荡，本来就完全可以取信于人，所以他们的话虽然没有说完，但人们也相信他们，不是专门靠空谈言论来打动人。但只要一句话说错，以至于耽误别人无穷，无法挽救。这难道不是那些急切想确立自己学说的人的过错吗？”

【42】先生与黄绾、应良①论圣学久不明，学者欲为圣人，必须廓清心体，使纤翳不留，真性始见，方有操持涵养之地。应良疑其难。先生曰：“圣人之心如明镜，纤翳自无所容，自不消磨刮。若常人之心，如斑诟驳蚀之镜，须痛刮磨一番，尽去驳蚀，然后纤尘即见，才拂便去，亦不消费力。到此已是识得仁体矣。若驳蚀未去，其间固自有一点明处，尘埃之落，固亦见得，才拂便去。至于堆积于驳蚀之上，终弗之能见也。此学利困勉之所由异，幸勿以为难而疑之也。凡人情好易而恶难，其间亦自有私意，气习缠蔽。在识破后，自然不见其难矣。古之人至有出万死而乐为之者，亦见得耳。向时未见得里面意思，此功夫自无可讲处。今已见此一层，却恐好易恶难，使流入禅释去也。”

【注释】①应良（？—1549），字元忠，号南洲，浙江仙居人，正德六年（1511）进士，官至翰林院编修，王阳明的学生。

【译文】先生和黄绾、应良谈论圣人之学长久晦暗不明，学者想要成为圣人，必须澄清心体，不留细微的障蔽，真实的本性才能呈现，才能把握与涵养。应良质疑这种方法的困难。先生说："圣人的心就如明镜一样干净，细微的障蔽自然无处存留，自然无须磨炼克制。如果是平常人的心，就像垢迹斑斑、驳杂腐蚀的镜子，必须彻底磨炼刮除一遍，完全清除驳杂和缺损，然后连细小的灰尘都可以看得见。才一擦拭就清除了，也不怎么费力。到这种程度才是领会仁爱的本体。如果驳杂缺损没有清除，镜子中间本来有一点光明之处，掉下的尘埃，也看得到，一擦就清除了。但如果尘埃堆积到驳杂缺损之上，那么终究看不到。这就是'学知利行'与'困知勉行'之所以有差异的原因，千万不要以之为难而质疑它。通常人的本性喜好容易而厌恶困难，这中间自然有私意，风气积习缠绕遮蔽。理解了后，自然不会觉得困难。古时候，有些人虽然历尽万死一生，但仍然很高兴地去做，也是因为领会了这一点。过去没有理解其中的含义，这个工夫自然没法讲。如今已经理解了这一层含义，却担心因为喜好容易、厌恶困难，而流于佛教的修为。"

【43】孟源问："静坐中思虑纷杂，不能强禁绝。"先生曰："纷杂思虑，亦强禁绝不得，只就思虑萌动处省察克治。则天理精明后，有个'物各付物'[①]的意思，自然精专无纷杂之念。《大学》所谓'知止而后有定'也。"

【注释】①语出《河南程氏遗书》卷六："物各付物，不役其知，则意诚不动。"

【译文】孟源问："静坐的时候思虑纷乱杂扰，不能勉强禁绝。"先生说："纷杂的思虑，也勉强禁绝不了，只要在思虑萌发产生的时候省察克制。在天理精明之后，让万物各自随顺自身，自然思虑精神专一，没有纷杂的念头。这就是《大学》所谓的'知止而后有定'。"

【44】一日，先生喟然发叹。九川问曰："先生何叹也？"曰："此理简易明白若此，乃一经沉埋数百年。"九川曰："亦为宋儒徒知解上入，认识神为性体。故闻见日益，障道日深耳。今先生拈出良知二字，此古今人人真面目，更复奚疑？"先生曰："然。譬之人有冒别姓坟墓为祖墓者，何以为辩？只得开圹，将子孙滴

血[①]，真伪无可逃矣。我此良知二字，实千古圣圣相传一点滴骨血也。”

【注释】①古时候民间迷信辨认亲生骨肉的一个办法就是开棺滴血，即将生者之血滴入死者尸骨上，如血液渗透进入，即是亲骨肉，反之则不是亲骨肉。

【译文】一天，先生喟然感叹。陈九川问：“先生为何感叹？”先生说：“致良知如此简单明白，却沉没了数百年。”陈九川问：“也是因为宋代儒者们只知道从文辞语义上分析解释，认识神明为人性之本体。所以所闻所见日益增多，圣人之道的遮蔽也日益加深。如今先生提出良知两个字，这是古今所有人的真面目，还有什么疑虑呢？”先生说：“是的。譬如有冒充别人坟墓为自己祖坟的，怎么去区别？只要打开棺材，将子孙的血液滴进去，真伪立马就可知。我这良知两个字，确实是千古圣贤相传的一点骨血。”

【45】张元冲在舟中问：“二氏与圣人之学所差毫厘，谓其皆有得于性命也，但二氏于性命中着些私利，便谬千里矣。今观二氏作用，亦有功于吾身者，不知亦须兼取否？”先生曰：“说兼取便不是。圣人尽性至命，何物不具？何待兼取？二氏之用，皆我之用。即吾尽性至命中完养此身，谓之仙；即吾尽性至命中不染世累，谓之佛。但后世儒者不见圣学之全，故与二氏成二见耳。譬之厅堂，三间共为一厅。儒者不知皆吾所用，见佛氏则割左边一间与之，见老氏则割右边一间与之，而己则自处中间。皆举一而废百也。圣人与天地民物同体，儒佛老庄皆吾之用，是之谓大道。二氏自私其身，是之谓小道。”

【译文】张元冲在船上问：“佛道与圣人之学只有毫厘之差，是说他们都在性命之学上有心得体会，但佛道在性命中仍然掺杂了一些私利，这样就相差很远了。如今看佛道效用，也有利于我们修身，不知是否需要兼收并取？”先生说：“说兼收并取就不对。圣人尽性至命，什么东西不包含？何必要兼收并取？佛道的效用，也是我的效用。我在尽性至命中保养完全这个身体，就称之为仙；我在尽性至命之中不沾染尘世之累，就称之为佛。但是后世儒者没有看到圣人之学的全体面貌，所以和佛道二家的学问产生两种不同的见解了。譬如厅堂，三间房子共同构成一个客厅。儒者不知道都可以为我所用，看见佛教就把左边的一间房子割舍给它，看见道家就把右边的一间房子割舍给它，自己就居住在中间。这都是举一而废百。圣人和天地万物及百姓同为一体，儒佛老庄都是我的作用之处，这就叫做大道。佛道只为自身谋私利，这就叫做小道。”

【46】郡守南大吉以座主称门生，然性豪旷，不拘小节。先生与论学有悟，乃告先生曰：“大吉临政多过，先生何无一言？”先生曰：“何过？”大吉历数其事。先生曰：“吾言之矣。”大吉曰：“何？”曰：“吾不言，何以知之？”曰：“良知。”先生曰：“良知非我常言而何？”大吉笑谢而去。居数日，复自数过加密，且曰：“与其过后悔改，曷若预言不犯为佳也？”先生曰：“人言不如自悔之真。”大吉笑谢而去。居数日，复自数过益密，且曰：“身过可勉，心过奈何？”先生曰：“昔镜未开，可得藏垢。今镜明矣，一尘之落，自难住脚。此正入圣之机也，勉之。”

【译文】郡守南大吉作为主考官而拜在先生门下，然而生性豪放，不拘小节。先生和他讨论学问，有所领悟，于是告诉先生说：“我主持政事多年，有很多过错，您为什么不指出来？”先生说：“有什么过错？”南大吉全部清理有过错之事。先生说：“我已经讲过了。”南大吉说：“什么时候讲的？”先生说：“我不说话，怎么知道的呢？”南大吉说：“良知。”先生说：“良知不是我常常讲的吗？”南大吉笑着致谢而去。居住几天后，又多次反省自己的过错，说：“与其有了过错之后悔改，何不请人预先告诉而不去犯错更好？”先生说：“别人指出来不如自己悔悟真诚。”南大吉笑着致谢而去。又过了几天，南大吉反省自己的过错更加细密，说：“身体犯了过错可以勉励改正，心犯了过错怎么办呢？”先生说：“以前镜子没有开光，所以藏得住污垢。如今镜子已经明净了，一点灰尘都难以停留。这正是进入圣人之学的时机，努力吧。”

【47】先生曰：“昔者孔子在陈思鲁之狂士[①]。世之学者，没溺于富贵声利之场，如拘如囚，而莫之省脱。及闻孔子之教，始知一切俗缘，皆非性体，乃豁然脱落。但见得此意，不加实践，以入于精微，则渐有轻灭世故，阔略伦物之病。虽比世之庸庸琐

琐者不同，其为未得于道一也。故孔子在陈思归以裁之，使入于道耳。诸君讲学，但患未得此意。今幸见此，正好精诣力造，以求至于道。无以一见自足，而终止于狂也。”

【注释】①鲁之狂士：语本《论语·公冶长》：“子在陈曰：‘归与！归与！吾党之小子狂简，斐然成章，不知所以裁之。’”意为孔子在陈国说：“回去吧！回去吧！我们那里的学生们狂妄不羁，文采又都斐然可观，我不知道怎样去培养他们。”

【译文】先生说：“孔子曾经在陈国挂念着鲁国的狂者。当世学者，沉溺于富贵声利之场，就像被束缚的囚犯一样，没有去考虑解脱。等听到孔子的教诲，才知道一切俗世中的东西，都不是本性，于是豁然剥除。但如果仅懂得这个意思，不去实践，以进入精微之域，就逐渐有轻视世俗人情，泛泛而谈人伦物理的病痛。虽然和世上那些慵懒猥琐的人不一样，但就没有接近圣人之道而言都是一样的。所以孔子在陈国想着回国去教化鲁国的狂者，使他们进入圣人之道。诸位讲学，只担心没有领会这个含义。如今有幸理解了这一点，正好精心努力培养，以求达到圣人之道。不要因为有所体会就自满，而最终只停留在狂者的程度。”

【48】是月舒柏[①]有敬畏累洒落之问，刘侯有入山养静之问。先生曰：“君子之所谓敬畏者，非恐惧忧患之谓也，‘戒慎不睹，恐惧不闻’之谓耳。君子之所谓洒落者，非旷荡放逸之谓也，乃其心体不累于欲，‘无入而不自得’[②]之谓耳。夫心之本体，即天理也。天理之昭明灵觉，所谓良知也。君子戒惧之功，无时或间，则天理常存，而其昭明灵觉之本体，自无所昏蔽，自无所牵扰，自无所歉馁愧怍。‘动容周旋而中礼’[③]，‘从心所欲而不逾’，斯乃所谓真洒落矣。是洒落生于天理之常存，天理常存生于戒慎恐惧之无间。孰谓敬畏之心，反为洒落累耶？”谓刘侯曰：“君子养心之学，如良医治病。随其虚实寒热而斟酌补泄之，要在去病而已。初无一定之方，必使人人服之也。若专欲入坐穷山，绝世故，屏思虑，则恐既已养成空寂之性，虽欲勿流于空寂，不可得矣。”

【注释】①舒柏，字国用，江西靖安人，官至南宁知府，王阳明的学生。 ②语出《中庸》第十四章："君子无入而不自得焉。" ③语出《孟子·尽心下》："动容周旋中礼者，盛德之至也。"

【译文】这个月，舒柏有敬畏会牵累洒脱的疑问，刘侯请问到山中去静养如何。先生说："君子之所以要心存敬畏，不是恐惧忧患的意思，而是'在别人看不到的地方保持谨慎，在别人听不到的地方保持敬畏'的意思。君子所说的洒脱，不是放荡不羁的意思，而是心体不被私欲所牵累，无处不自得的意思。心的本体就是天理。使得天理光明自觉的，就是良知。君子戒惧的工夫，从不间断，因而天理时常存在，光明自觉的本体，自然没有昏沉遮蔽的时候，自然没有牵绊困扰的时候，自然没有气馁惭愧的时候。'举止仪容的进退揖让都符合礼仪'，'随心所欲而不违背规矩'，这才是所谓真正的洒脱。这种洒脱根源于时常存养的天理，天理存在于不间断的戒慎恐惧之中。谁说敬畏之心反而会牵累洒脱呢？"先生对刘侯说："君子涵养本心的学问，就好像良医治病。针对病人的虚实寒热而斟酌下药，或补养或宣泄，关键在于根除疾病。刚开始并没有固定的药方，必然适合所有人服用。如果一心只想进入穷乡僻壤之地静坐，绝弃世俗人情，摒弃思虑，那么恐怕就会养成空寂的本性，即便想要不流于空寂，也不可能了。"

【49】德洪携二弟德周、仲实读书城南。洪父心渔翁往视之，魏良政[①]、魏良器[②]辈与游禹穴诸胜，十日忘返。问曰："承诸君相携日久，得无妨课业乎？"答曰："吾举子业无时不习。"家君曰："固知心学可以触类而通，然朱说亦须理会否？"二子曰："以吾良知求晦翁之说，譬之打蛇得七寸矣，又何忧不得耶？"家君疑未释，进问先生。先生曰："岂特无妨？乃大益耳。学圣贤者，譬之治家。其产业、第宅、服食、器物，皆所自置。欲请客，出其所有以享之。客去其物具在，还以自享，终身用之无穷也。今之为举业者，譬之治家。不务居积，专以假贷为功。欲请客，自厅事以至供具百物，莫不遍借。客幸而来，则诸贷之物一时丰裕可观，客去则尽以还人，一物非所有也。若请客不至，则时过气衰，借贷亦不备。终身奔劳，作一窭人而已。是求无益于得，求在外也。"明年乙酉大比，稽山书院钱楩与魏良政并发解

江浙。家君闻之笑曰："打蛇得七寸矣。"

【注释】①魏良政，字师伊，江西新建人，魏良弼（1492—1575）之弟，王阳明的学生。 ②魏良器，字师颜，江西新建人，魏良弼之弟，王阳明的学生。

【译文】我带两个弟弟钱德周、钱仲实在城南读书。家父心渔翁前往探视，魏良政、魏良器等人陪同他一起游览禹穴等名胜景点，十天过去了，流连忘返。家父问他们："承蒙诸位带我游览了这么长时间，岂不妨碍了你们的功课学业？"魏氏兄弟回答道："我们时刻都在学习科举功课。"家父说："我知道心学可以触类旁通，但朱子的学说还是需要用功去学习吧？"魏氏兄弟说："以我的良知去探求朱子的学说，就好像打蛇打中了七寸，又担心什么不能理解呢？"家父的疑虑没有消除，进而请问先生。先生说："岂止没有妨碍？实在很有益处。学习圣贤，就好像治理家庭。那些产业、房屋、衣服、食物、器具等，都是自己添置。想要宴请客人，就拿出自己所有的东西来供大家享用。客人离开后，这些物品都还在，恢复原状后自己还可以享用，终身使用不尽。如今那些为科举而学习的人，就好像治理家庭，不去专门添加积蓄物品，而一心去借贷。想要宴请客人，从客厅到供应的器具等物品，全部都是跟人家借的。客人碰巧过来了，则所有借贷的东西一时还挺充裕丰盛，客人走了后，则全部还给别人，没有一件物品是自己所有。如果请不到客人，则时过境迁，神气衰落，连借的物品都不完备了。终身辛苦奔波，仅仅作了一个给别人缝衣裳的人而已。这是因为所追求的东西并不能真正作为心得，只是在追求外在的东西。"第二年乙酉江浙乡试，稽山书院的钱楩与魏良政同时考中举人。家父听到后笑着说："打蛇打到七寸了。"

【50】 樾[①]方自白鹿洞打坐，有禅定意。先生目而得之，令举似。曰："不是。"已而稍变前语。又曰："不是。"已而更端。先生曰："近之矣。此体岂有方所？譬之此烛，光无不在。不可以烛上为光。"因指舟中曰："此亦是光，此亦是光。"直指出舟外水面曰："此亦是光。"樾领谢而别。

【注释】①徐樾（？—1552），字子直，号波石，江西贵溪人，官至云南左布政使，著有《波石集》。初学于王阳明，后受业于王艮，为泰州学派传人。

【译文】徐樾刚从白鹿洞打坐归来，有禅定的倾向。先生看到了，要他讲一讲。先生说："不对。"不久稍稍变换先前所说的话，先生又说："不对。"旋即言语更加端正。先生说："差不多了。这个本体难道有具体方位吗？譬如这支蜡烛，它的光芒无处不在，不能说只有蜡烛上的光才是光。"先生顺势指着船中说："这也是光，这也是光。"接着直接指向船外的水面说："这也是光芒所在。"徐樾领教，感谢先生后离开。

【51】至吉安，诸生偕旧游三百余迎入螺川驿中。先生立谈不倦，曰："尧、舜生知安行的圣人，犹兢兢业业，用困勉的工夫。吾侪以困勉的资质，而悠悠荡荡，坐享生知安行的成功，岂不误已误人？"又曰："良知之妙，真是'周流六虚'，'变通不居'[1]。若假以文过饰非，为害大矣。"临别嘱曰："工夫只是简易真切。愈真切愈简易，愈简易愈真切。"

【注释】①语出《周易·系辞下》："《易》之为书也不可远，为道也屡迁。变动不居，周流六虚，上下无常，刚柔相易，不可为典要，唯变所适。"

【译文】先生到了吉安，学生们和昔日交游的友人三百余人一起迎接先生到螺川驿馆。先生侃侃而谈，毫无倦意，他说："尧、舜是生知安行的圣人，仍然兢兢业业，做困知勉行的工夫。我们这些人只有困知勉行的资质，却悠然自在，只享受生知安行的成功，岂不是耽误自己也耽误别人？"又说："良知的妙用，实在是'周流六虚'，'变通不居'。如果靠着文过饰非，那么危害就大了。"临别时嘱咐到："工夫就是简单真切。越真切越简单，越简单越真切。"

附录二

朱子晚年定论

《定论》首刻于南赣。朱子病目，静久忽悟圣学之渊微，乃大悔中年著述，误己误人，遍告同志。师阅之，喜己学与晦翁同，手录一卷，门人刻行之。自是为朱子论异同者寡矣。师曰："无意中得此一助。"隆庆壬申，虬峰谢君廷杰刻师《全书》，命刻《定论》附《语录》后，见师之学与朱子无相谬戾。则千古正学，同一源矣。并师首叙，与袁庆麟跋，凡若干条。洪僭引其说。

阳明子序曰：洙、泗之传，至孟氏而息；千五百余年，濂溪、明道始复追寻其绪。自后辨析日详，然亦日就支离决裂，旋复湮晦。吾尝深求其故，大抵皆世儒之多言，有以乱之。

守仁早岁业举，溺志词章之习，既乃稍知从事正学，而苦于众说之纷扰疲苶，茫无可入，因求诸老、释，欣然有会于心，以为圣人之学在此矣！然于孔子之教，间相出入，而措之日用，往往缺漏无归；依违往返，且信且疑。其后谪官龙场，居夷处困，动心忍性之余，恍若有悟，体验探求，再更寒暑，证诸《五经》、《四子》，沛然若决江河而放诸海也。然后叹圣人之道坦如大路，而世之儒者妄开窦迳，蹈荆棘，堕坑堑，究其为说，反出二氏之下。宜乎世之高明之士厌此而趋彼也！此岂二氏之罪哉？间尝以语同志，而闻者竞相非议，目以为立异好奇。虽每痛反深抑，务自搜剔斑瑕，而愈益精明的确，洞然无复可疑。独于朱子之说有相牴牾，恒疚于心，切疑朱子之贤，而岂其于此尚有未察？及官留都，复取朱子之书而检求之，然后知其晚岁固已大悟旧说之非，痛悔极艾，至以为自诳诳人之罪，不可胜赎。世之所传《集注》、《或问》之类，乃其中年未定之说，自咎以为旧本之误，思改正而未及。而其诸《语类》之属，又其门人挟胜心以附己见，固于朱子平日之说，犹有大相谬戾者。而世之学者局于见闻，不过持循讲习于此，其于悟后之论，概乎其未有闻，则亦何怪乎予言之不信，而朱子之心无以自暴于后世也乎？

予既自幸其说之不谬于朱子，又喜朱子之先得我心之同然，且慨夫世之学者，徒守朱子中年未定之说，而不复知求其晚岁既悟之论，竞相呶呶，以乱正学，不自知其已入于异端。辄采录而裒集之，私以示夫同志，庶几无疑于吾说，而圣学之明可冀矣！

正德乙亥冬十一月朔，后学余姚王守仁序。

答黄直卿书

为学直是先要立本。文义却可且与说出正意，令其宽心玩味；未可便令考校同异，研究纤密，恐其意思促迫，难得长进。将来见得大意，略举一二节目，渐次理会，盖未晚也。此是向来定本之误。今幸见得，却烦勇革。不可苟避讥笑，却误人也。

答吕子约

日用工夫，比复何如？文字虽不可废，然涵养本原，而察于天理人欲之判，此是日用动静之间，不可顷刻间断底事。若于此处见得分明，自然不到得流入世俗功利权谋里去矣。熹亦近日方实见得向日支离之病，虽与彼中证候不同，然忘己逐物、贪外虚内之失，则一而已。程子说“不得以天下万物扰己，己立后自能了得天下万物”，今自家一个身心不知安顿去处，而谈王说伯，将经世事业别作一个伎俩商量讲究，不亦误乎！相去远，不得面论，书问终说不尽，临风叹息而已。

答何叔京

前此僭易拜禀博观之敝，诚不自揆，乃蒙见是，何幸如此！然观来谕，似有未能遽舍之意，何邪？此理甚明，何疑之有？若使道可以多闻博观而得，则世之知道者为不少矣。熹近日因事方有少省发处，如“鸢飞鱼跃”，明道以为与“必有事焉勿正”之意同者，乃今晓然无疑。日用之间，观此流行之体，初无间断处，有下功夫处。乃知日前自诳诳人之罪，盖不可胜赎也。此与守书册、泥言语全无交涉，幸于日用间察之。知此则知仁矣。

答潘叔昌

示喻“天上无不识字底神仙”，此论甚中一偏之弊。然亦恐只学得识字，却不曾学得上天，即不如且学上天耳。上得天了，却旋学上天人，亦不妨也。中年以后，气血精神，能有几何？不是记故事时节。熹以目昏，不敢着力读书。闲中静坐，收敛身心，颇觉得力。间起看书，聊复遮眼，遇有会心处，时一喟然耳！

答潘叔度

熹衰病，今岁幸不至剧，但精力益衰，目力全短，看文字不得。瞑目静坐，却得收拾放心，觉得日前外面走作不少，颇恨盲废之不早也。看书鲜识之喻，诚然。然严霜大冻之中，岂无些小风和日暖意思？要是多者胜耳。

与吕子约

孟子言“学问之道，惟在求其放心”，而程子亦言“心要在腔子里”。今一向耽着文字，令此心全体都奔在册子上，更不知有已，便是个无知觉不识痛痒之人，虽读得书，亦何益于吾事邪？

与周叔谨

应之甚恨未得相见，其为学规模次第如何？近来吕、陆门人互相排斥，此由各徇所见之偏，而不能公天下之心以观天下之理，甚觉不满人意。应之盖尝学于两家，未知其于此看得果如何？因话扣之，因书谕及为幸也。熹近日亦觉向来说话有大支离处，反身以求，正坐自己用功亦未切耳。因此减去文字工夫，觉得闲中气象甚适。每劝学者亦且看《孟子》“道性善”、“求放心”两章，着实体察收拾为要。其余文字，且大概讽诵涵养，未须大段着力考索也。

答陆象山

熹衰病日侵，去年灾患亦不少，比来病躯方似略可支吾。然精神耗减，日甚一日，恐终非能久于世者。所幸迩来日用工夫颇觉有力，无复向来支离之病，甚恨未得从容面论。未知异时相见，尚复有异同否耳？

答符复仲

闻向道之意甚勤。向所喻“义利之间诚有难择者，但意所疑以为近利者，即便舍去可也。向后见得亲切，却看旧事，又有见未尽、舍未尽者，不解有过当也”。见陆丈回书，其言明当，且就此持守，自见功效，不须多疑多问，却转迷惑也。

答吕子约

日用功夫，不敢以老病而自懈。觉得此心操存舍亡，只在反掌之间。向来诚是太涉支离。盖无本以自立，则事事皆病耳。又闻讲授亦颇勤劳，此恐或有未便。今日正要清源正本，以察事变之几微，岂可一向汩溺于故纸堆中，使精神昏弊，失后忘前，而可以谓之学乎？

与吴茂实

近来自觉向时工夫止是讲论文义，以为积集义理，久当自有得力处，却于日用工夫全少检点。诸朋友往往亦只如此做工夫，所以多不得力。今方深省而痛惩之，亦欲与诸同志勉焉。幸老兄遍以告之也。

答张敬夫

熹穷居如昨，无足言者。自远去师友之益，兀兀度日。读书反己，固不无警省处，终是旁无强辅，因循汩没，寻复失之。近日一种向外走作，心悦之而不能自已者，皆准止酒例，戒而绝之，似觉省事。此前辈所谓"下士晚闻道，聊以拙自修"者，若充扩不已，补复前非，庶其有日。旧读《中庸》"慎独"、《大学》"诚意"、"毋自欺"处，常苦求之太过，措词烦猥。近日乃觉其非，此正是最切近处，最分明处。乃舍之而谈空于冥漠之间，其亦误矣。方窃以此意痛自检勒，懔然度日，惟恐有怠而失之也。至于文字之间，亦觉向来病痛不少。盖平日解经最为守章句者，然亦多是推衍文义，自做一片文字，非惟屋下架屋，说得意味淡薄，且是使人看者，将注与经作两项工夫，做了下稍，看得支离，至于本旨，全不相照。以此方知汉儒可谓善说经者，不过只说训诂，使人以此训诂玩索经文，训诂、经文不相离异，只做一道看了，直是意味深长也。

答吕伯恭

道间与季通讲论，因悟向来涵养工夫全少，而讲说又多强探，必取寻流逐末之弊。推类以求，众病非一，而其源皆在此，恍然自失，似有顿进之功。若保此不懈，庶有望于将来。然非如近日诸贤所谓顿悟之机也。向来所闻诲谕诸说之未契者，今日细思，吻合无疑。大抵前日之病，皆是气质躁妄之偏，不曾涵养克治，任意直前之弊耳。

答周纯仁

闲中无事，固宜谨出，然想亦不能一并读得许多。似此专人来往劳费，亦是未能省事随寓而安之病。又如多服燥热药，亦使人血气偏胜，不得和平，不但非所以卫生，亦非所以养心。窃恐更须深自思省，收拾身心，渐令向里，令宁静闲退之意胜，而飞扬躁扰之气消，则治心养气，处事接物，自然安稳，一时长进，无复前日内外之患矣。

答窦文卿

为学之要，只在着实操存，密切体认，自己身心上理会。切忌轻自表襮，引惹外人辩论，枉费酬应，分却向里工夫。

答吕子约

闻欲与二友俱来而复不果，深以为恨。年来觉得日前为学不得要领，自做身主不起，反为文字夺却精神，不是小病。每一念之，惕然自惧，且为朋友忧之。而每得子约书，辄复恍然，尤不知所以为贤者谋也。且如临事迟回，瞻前顾后，只此亦可见得心术影子。当时若得相聚一番，彼此极论，庶几或有剖决之助。今又失此机会，极令人怅恨也！训导后生，若说得是，当极有可自警省处，不会减人气力。若只如此支离，漫无统纪，则虽不教后生，亦只见得展转迷惑，无出头处也。

答林择之

熹哀苦之余，无他外诱，日用之间，痛自敛饬，乃知敬字之功亲切要妙乃如此。而前日不知于此用力，徒以口耳浪费光阴，人欲横流，天理几灭。今而思之，怛然震悚，盖不知所以措其躬也。

又

此中见有朋友数人讲学，其间亦难得朴实头负荷得者。因思日前讲论，只是口说，不曾实体于身，故在己在人都不得力。今方欲与朋友说日用之间，常切点检气习偏处、意欲萌处，与平日所讲相似与不相似，就此痛着工夫，庶几有益。陆子寿兄弟，近日议论，却肯向讲学上理会。其门人有相访者，气象皆好。但其间亦有旧病。此间学者却是与渠相反，初谓只如此讲学，渐涵自能入德。不谓末流之弊，只成说话，至于人伦日用最切近处，亦都不得毫毛气力。此不可不深惩而痛警也！

答梁文叔

近看《孟子》，见人即道性善、称尧舜，此是第一义。若于此看得透，信得及，直下便是圣贤，便无一毫人欲之私做得病痛。若信不及孟子，又说个第二节工夫，又只引成覸、颜渊、公明仪三段说话，教人如此发愤，勇猛向前，日用之间，不得存留一毫人欲之私在这里，此外更无别法。若于此有个奋迅兴起处，方有田地可下功夫。不然，即是画脂镂冰，无真实得力处也。近日见得如此，自觉颇得力，与前日不同，故此奉报。

答潘叔恭

学问根本，在日用间持敬集义工夫，直是要得念念省察。读书求义，乃其间之一事耳。旧来虽知此意，然于缓急之间，终是不觉有倒置处，误人不少，今方自悔耳。

答林充之

充之近读何书？恐更当于日用之间为仁之本者，深加省察，而去其有害于此者为佳。不然，诵说虽精，而不践其实，君子盖深耻之。此固充之平日所讲闻也。

答何叔景

李先生教人，大抵令于静中体认大本未发时气象分明，即处事应物，自然中节。此乃龟山门下相传指诀，然当时亲炙之时，贪听讲论，又方窃好章句训诂之习，不得尽心于此，至今若存若亡，无一的实见处，辜负教育之意。每一念此，未尝不愧汗沾衣也。

又

熹近来尤觉昏愦无进步处。盖缘日前偷堕苟简，无深探力行之志，凡所论说，皆出入口耳之余，以故全不得力。今方觉悟，欲勇革旧习，而血气已衰，心志亦不复强，不知终能有所济否？

又

向来妄论"持敬"之说，亦不自记其云何。但因其良心发现之微，猛省提撕，使心不昧，则是做工夫底本领。本领既立，自然下学而上达矣。若不察良心发现处，即渺渺茫茫，恐无下手处也。中间一书论"必有事焉"之说，却尽有病。殊不蒙辨诘，何邪？所喻多识前言往行，固君子之所急。熹向来所见亦是如此。近因反求未得个安稳处，却始知此未免支离，如所谓因诸公以求程氏，因程氏以求圣人，是隔几重公案？曷若默会诸心，以立其本，而其言之得失，自不能逃吾之鉴邪？钦夫之学所以超脱自在，见得分明，不为言句所桎梏，只为合下入处亲切，今日说话虽未能绝无渗漏，终是本领是当，非吾辈所及。但详观所论，自可见矣。

答林择之

所论颜、孟不同处，极善极善。正要见此曲折，始无窒碍耳。比来想亦只如此用功。熹近只就此处见得向来未见底意思，乃知“存久自明，何待穷索”之语是真实不诳语。今未能久，已有此验，况真能久邪？但当益加勉励，不敢少弛其劳耳。

答杨子直

学者堕在语言，心实无得，固为大病。然于语言中，罕见有究竟得彻头彻尾者。盖资质已是不及古人，而工夫又草草，所以终身于此，若存若亡，未有卓然可恃之实。近因病后，不敢极力读书，闲中却觉有进步处。大抵孟子所论求其放心，是要诀尔。

与田侍郎子真

吾辈今日事事做不得，只有向里存心穷理，外人无交涉。然亦不免违条碍贯，看来无着力处。只有更攒近里面，安身立命尔。不审比日何所用心？因书及之，深所欲闻也。

答陈才卿

详来示，知日用工夫精进如此，尤以为喜。若知此心理端的在我，则参前倚衡，自有不容舍者，亦不待求而得，不待操而存矣。格物致知，亦是因其所已知者推之，以及其所未知。只是一本，原无两样工夫也。

与刘子澄

居官无修业之益，若以俗学言之，诚是如此。若论圣门所谓德业者，却初不在日用之外，只押文字，便是进德修业地头，不必编缀异闻，乃为修业也。近觉向来为学，实有向外浮泛之弊，不惟自误，而误人亦不少。方别寻得一头绪，似差简约端的，始知文字言语之外，真别有用心处，恨未得面论也。浙中后来事体，大段支离乖僻，恐不止似正似邪而已，极令人难说。只得惶恐，痛自警省！恐未可专执旧说以为取舍也。

与林择之

熹近觉向来乖谬处不可缕数，方惕然思所以自新者，而日用之间，悔吝潜积，又已甚多。朝夕惴惧，不知所以为计。若择之能一来辅此不逮，幸甚！然讲学之功，比旧却觉稍有寸进。以此知初学得些静中功夫，亦为助不小。

答吕子约

示喻日用工夫如此，甚善！然亦且要见一大头脑分明，便于操舍之间有用力处。如实有一物，把住放行在自家手里，不是谩说求其放心，实却茫茫无把捉处也。

子约复书云："某盖尝深体之，此个大头脑本非外面物事，是我元初本有底。其曰'人生而静'，其曰'喜怒哀乐之未发'，其曰'寂然不动'，人汩汩地过了日月，不曾存息，不曾实见此体段，如何会有用力处？程子谓'这个义理，仁者又看做仁了，智者又看做智了，百姓日用不知，此所以君子之道鲜'。此个亦不少，亦不剩，只是人看他不见，不大段信得此话。及其言于勿忘勿助长间认取者，认乎此也。认得此，则一动一静皆不昧矣。恻隐、羞恶、辞让、是非，四端之著也，操存久则发现多。忿懥、忧患、好乐、恐惧，不得其正也，放舍甚则日滋长。记得南轩先生谓'验厥操舍，乃知出入'，乃是见得主脑，于操舍间有用力处之实话。盖苟知主脑不放下，虽是未能常常操存，然语默应酬间历历能自省验，虽其实有一物在我手里，然可欲者是我底物，不可放失；不可欲者非是我物，不可留藏，虽谓之实有一物在我手里，亦可也。若是谩说，既无归宿，亦无依据，纵使强把捉得住，亦止是袭取，夫岂是我元有底邪？愚见如此，敢望指教。"朱子答书云："此段大概甚正当亲切。"

答吴德夫

承喻仁字之说，足见用力之深。熹意不欲如此坐谈，但直以孔子、程子所示求仁之方，择其一二切于吾身者，笃志而力行之，于动静语默间，勿令间断，则久久自当知味矣。去人欲，存天理，且据所见去之存之。工夫既深，则所谓似天理而实人欲者次第可见。今大体未正，而便察及细微，恐有放饭流啜，而问无齿决之讥也。如何如何？

答或人

"中和"二字，皆道之体用。旧闻李先生论此最详，后来所见不同，遂不复致思。今乃知其为人深切，然恨已不能尽记其曲折矣。如云"人固有无所喜怒哀乐之时，然谓之未发，则不可言无主也"，又如先言慎独，然后及中和，此亦尝言之。但当时既不领略，后来又不深思，遂成蹉过，孤负此翁耳！

答刘子澄

日前为学，缓于反己，追思凡百，多可悔者。所论注文字，亦坐此病，多无着实处。回首茫然，计非岁月工夫所能救治，以此愈不自快。前时犹得敬夫、伯恭时惠规益，得以自警省。二友云亡，耳中绝不闻此等语。今乃深有望于吾子澄，自此惠书，痛加镌诲，乃君子爱人之意也。

朱子之后，如真西山、许鲁斋、吴草庐亦皆有见于此，而草庐见之尤真，悔之尤切。今不能备录，取草庐一说附于后。

临川吴氏曰："天之所以生人，人之所以为人，以此德性也。然自圣传不嗣，士学靡宗，汉、唐千余年间，董、韩二子依稀数语近之，而原本竟昧昧也。逮夫周、程、张、邵兴，始能上通孟氏而为一。程氏四传而至朱，文义之精密，又孟氏以来所未有者。其学徒往往滞于此而溺其心。夫既以世儒记诵词章为俗学矣，而其为学，亦未离乎言语文字之末，此则嘉定以后朱门末学之弊，而未有能救之者也。夫所贵乎圣人之学，以能全天之所以与我者尔。天之与我，德性是也，是为仁义礼智之根株，是为形质血气之主宰。舍此而他求，所学何学哉？假而行如司马文正公，才如诸葛忠武侯，亦不免为行不著、习不察，亦不过为资器之超于人，而谓有得于圣学则未也。况止于训诂之精，讲说之密，如北溪之陈、双峰之饶，则与彼记诵词章之俗学，相去何能以寸哉？圣学大明于宋代，而踵其后者如此，可叹已！澄也钻研于文义，毫分缕析，每以陈为未精，饶为未密也，堕此科臼中垂四十年，而始觉其非。自今以往，一日之内子而亥，一月之内朔而晦，一岁之内春而冬，常见吾德性之昭昭，如天之运转，如日月之往来，不使有须臾之间断，则于尊之之道殆庶几乎？于此有未能，则问于人，学于己，而必欲其至。若其用力之方，非言之可喻，亦味于《中庸》首章、《订顽》终篇而自悟可也。"

《朱子晚年定论》，我阳明先生在留都时所采集者也。揭阳薛君尚谦旧录一本，同志见之，至有不及抄写袖之而去者。众皆惮于翻录，乃谋而寿诸梓。谓"子以齿，当志一言"。惟朱子一生勤苦，以惠来学，凡一言一字，皆所当守，而独表章是、尊崇乎此者，盖以为朱子之定见也。今学者不求诸此，而犹踵其所悔，是蹈舛也，岂善学朱子者哉？麟无似，从事于朱子之训余三十年，非不专且笃，而竟亦未有居安资深之地，则犹以为知之未详，而览之未博也。戊寅夏，持所著论若干卷来见先生。闻其言，如日中天，睹之即见；如五谷之艺地，种之即生，不假外求，而真切简易，恍然有悟。退求其故而不合，则又不免迟疑于其间。及读是编，始释然，尽投其所业，假馆而受学，盖三月而若将有闻焉。然后知向之所学，乃朱子中年未定之论，是故三十年而无获。今赖天之灵，始克从事于其所谓定见者，故能三月而若将有闻也。非吾先生，几乎已矣！敢以告夫同志，使无若麟之晚而后悔也。若夫直求本原于言语之外，真有以验其必然而无疑者，则存乎其人之自力，是编特为之指迷耳。

正德戊寅六月望，门人雩都袁庆麟谨识。